国家社科基金
后期资助项目
GUOJIA SHEKE JIJIN HOUQIZIZHU XIANGMU

近现代佛教
空有之争研究

The Discourse of Kong - You
in Contemporary Chinese Buddhism

丁建华　著

社会科学文献出版社
SOCIAL SCIENCES ACADEMIC PRESS (CHINA)

国家社科基金后期资助项目
出版说明

后期资助项目是国家社科基金设立的一类重要项目，旨在鼓励广大社科研究者潜心治学，支持基础研究多出优秀成果。它是经过严格评审，从接近完成的科研成果中遴选立项的。为扩大后期资助项目的影响，更好地推动学术发展，促进成果转化，全国哲学社会科学工作办公室按照"统一设计、统一标识、统一版式、形成系列"的总体要求，组织出版国家社科基金后期资助项目成果。

全国哲学社会科学工作办公室

序

洪修平

  中国佛教经过近两千年的发展，到了近现代，出现了许多与以往不同的新特点。一方面，中国化的佛教潜移默化地渗透到了社会生活和文化的各个领域，特别是与民间信仰和习俗融合在一起，而作为一种相对独立的文化形态，却十分衰落；另一方面，许多忧国忧民的志士仁人，在民族危亡之秋力图到佛教中去寻求救国救民之道和变革社会的精神动力，从而促进了佛教文化的一度复兴，而由于西学的东渐，许多思想家的佛学思想又明显地打上了西学的烙印。一些教门中的有识之士有鉴于教门的衰落而发起的佛教改革运动，更是形成了这个时期佛教文化的基本特点。

  近现代佛教的发展，与近代以来中国社会密切相联，它既是古代佛教的延续，又带有显著的新时代的特征。近现代，中国社会逐渐由传统向现代转型，传统文化也开始向现代转化，而西学东渐对包括佛教在内的中国传统文化的方方面面，冲击都是非常巨大的。在这样的背景下开始复兴的佛教，也就意味着佛教以一种新的姿态与现实社会和社会文化相联系。佛教作为中国传统文化的重要组成部分，需要在与外来文化的互动中彰显自身的主体价值并寻求新的突破与发展。"空有之争"就是在这样的思想文化背景下凸现出来，并被许多研究者所关注。

  "空有之争"指空宗与有宗的争论，既特指中观派与唯识派的论争，从佛教思想的发展来看，又不仅限于此，而是贯穿于佛教思想发展的整个过程，包括经部与有部、上座部与大众部、中观派与如来藏系等。在中国佛教史上，还特别地表现为般若之"空"与佛性之"有"之间的理论交涉，以及被近现代称为如来藏系的中国佛教宗派之学，与中观学、唯识学之间的思想互动。作为佛教哲学的根本问题，空有之争，主要是为了呈现佛教缘起论的根本义，也是为了揭示佛教哲学的终极关怀，或世界的终极意义与本质，从而为佛教的解脱信仰提供理论基础。这也是佛教哲学区别于其他哲学的根本所在。近现代以来，随着唯识学研究的盛行、三论宗与唯识宗典籍从日本传回、藏传中观学传入汉地，"空有之争"被佛学研究者所关注，成为近现代佛学研究的主题之一。通过对"空有之争"的研究，研究者不仅表现出偏"空"与偏"有"的不同立场，而且基于空、有而互相论争。"空有之争"在近现代的佛学研究中备受关注，具有深刻的时代背景与文化内涵。从传统与现代、东方与西方两个不同维度看，通过空有之争，在文化对抗、文化交融的过程中，中国佛教既挺立自身，又实现了中西沟通，并与现代学术相对接。

由此可以看到对近代佛教空有之争进行专题研究的理论意义与实际价值，它既可以从一个侧面梳理出近现代佛教发展的一条内在理路，也可以窥见到中国佛教向现代转型的艰难探索与创新开拓，更可以帮助理解中国佛教的丰厚底蕴、独特的理论贡献及其未来发展的前景。

丁建华君 2011 年来南京大学攻读博士学位，对佛学有特别的兴趣，在自己读书思考及与我交流的过程中，逐渐选定以近现代佛教空有之争为研究课题，2014 年顺利完成了博士学位论文《近现代佛教空有之争——中观与唯识义理之辨》及论文答辩。毕业后，入职浙江工商大学哲学系，在繁忙的教学之余，他又对博士论文进行了深度修改与完善，并以此为基础，于 2017 年以"近代佛教空有之争研究"成功申报国家社科基金后期资助项目，获准立项。经过两年的努力，2019 年项目结项，成果即将由社会科学文献出版社正式出版。从博士论文完成至出版专著，通过近五年的修改与完善，相比较博士论文，本书作为结项成果已做了大幅度的改动，字数从原有的 15 万字增加到 25 万多字，研究也更为深入，研究范围有新的拓展，不仅从中观与唯识的空有之争扩展为中观、唯识、如来藏三系的空有之争，而且浓墨重彩地讨论了《起信论》与《新唯识论》这两个近代佛教史上著名的论战。

从本书的内容来看，首先是从中国近现代特殊的时代背景以及近现代佛教空有之争的理论渊源这两个方面来展开论述，以为后续的研究奠定基础。接下来，参照印度佛教与中国佛教历史上的"空有之争"模式，考察了近现代佛学研究者围绕"空有之争"所作的思考和探究。作者根据论争者的主要思路，将近现代空有之争归纳为汉传、藏传和独创三种向度，首次从这三种向度来考察近现代研究者围绕"空有之争"展开的讨论，并从中发现，这些讨论既有过去历史的影子，又开拓着后来的道路。

汉传向度，意味着对汉传佛教传统的继承，在空有之争问题上坚持如来藏系的立场，融摄中观学与唯识学，并认为两者都是不究竟的，推崇融摄了般若"空"与佛性"有"的"妙有"。藏传向度，以中观宗应成派的理论为正见，在空有之争问题上以"自空"与"他空"来简别，将唯识宗与如来藏系都视为不了义。独创向度，独立于前两种传统之外，在空有之争问题上提出开创性的观点，相比较前两种向度，独创向度引发更大的争议。

通过对近现代空有之争的考察，本书进一步揭示了空有之争这一议题在近现代佛学研究乃至整个佛教发展中的意义，即发展道路的选择。作者认为"围绕'空有之争'这一议题进行探究与论争，近现代研究者实际上是在摸索佛教如何应对现代科学、民主、学术的冲击。面对佛教如何继续发展这一问题，主要分化为两种路径，可以被概括为'真佛教'与'整全佛教'，前者偏重于回归源头（重视究竟），后者更强调重视当下现实（重视方便）"。道路选择的差异，尤其在围绕"空有之争"展开的佛学论争中表现的格外清晰，本书不仅讨论了诸如法尊与欧阳竟无围绕《辩法法性论》的论争、印顺与默如围绕三系判教的论争等，而且特别用两个章节从空有之争的维度考察了关于《起信论》与《新唯识论》的大论战，深入揭示其论战背后的空有维度。

《起信论》论战本身具有极其复杂的脉络，本书通过"空有之争"这一维度，揭示在论战中，不仅是维护传统与改良维新的力量角逐，而且存在着宗教态度与学术立场的张力，更是佛教一直以来就存在的"空"与"有"的较量。相比较《起信论》在佛教内部引起争议，近代佛学研究界对《新唯识论》则比较一致地采取了批判的态度，几乎无人对《新唯识论》采取肯定的态度，但这是否意味着佛学研究者们批判的内容、维度和立场是一致的呢？本书通过研究，揭示出了每位批判者立足于不同的立场，基于不同的维度，针对《新唯识论》不同内容进行的批判，这不仅深化了基于佛学研究角度对《新唯识论》的考察，而且从他们对《新唯识论》的批判中反观每位批判者自身的思想维度，并进一步揭示《新唯识论》大论战在近现代佛学研究乃至近现代佛教思想史中的重要意义。我在拙著《中国佛教文化历程》对《新唯识论》有一个基本判断，"在思想上，熊十力可谓近代哲学家中以儒解佛、融会儒佛思想的主要代表人物。他提出的著名的'新唯识论'，就是以儒为宗，会通佛学，借鉴西学，发挥了《周易》、宋明陆王心学和佛教法相唯识学的思想。他以传统的儒家思想对佛教唯识学的改造发挥，虽不完全符合印度佛教的本意，却推动了近代中国学术思想的发展……"。本书在《新唯识论》的考察中，与我的看法基本保持一致，但通过空有之争这一维度，进一步深化了"不完全符合印度佛教的本意"这一判断的深层原因与哲学意蕴。

本书在讨论过程中，涉及的人物包括杨仁山、欧阳竟无、太虚、印顺、吕澂、王恩洋、法尊、巨赞、熊十力、梁启超等，几乎涵盖了近现代这一阶段最具有代表性的人物，但也并非是泛泛而谈，而是围绕空有之争这一维度，考察这些在近现代佛教转型过程中起到举足轻重作用的人物的思想。以空有之争的维度考察近现代佛学研究者之思想，既通过他们的研究来揭示空有之争这一传统议题的哲学内涵与思考路径，又通过空有之争这一维度来深化对研究者本身的思想深度的探究，就此而言，这一课题既是在讨论佛教哲学的核心议题，又是在探究近现代佛教思想史。

近年来，学界越来越关注近现代佛教这一领域，不仅因为近现代佛教是佛教现代化的关键阶段，而且因为包括欧阳竟无、印顺、吕澂等开辟了佛学研究的道路，实现了从解经注释为主的传统"佛教义学"，向历史、哲学等多学科、多角度的现代学术研究的转变，是我们当代佛学研究的先驱。

我在《儒佛道三教关系与隋唐佛教宗派》一文中曾提出过一个问题，隋唐佛教宗派是印度佛教中国化的成果，它与印度佛教的关系如何？其主流思想如来藏佛性论，是否背离了佛教的真精神？可以说，这一问题同样是摆在近现代佛学研究者们面前的难题。我认为，契理与契机是佛教中国化的基本原则，立足于这一基本原则之上，中国佛教的如来藏佛性理论，渊源于印度佛教，而与众生的慧解脱这一佛陀创教的根本精神一致，但它又在适合中国文化和民众需求的过程中随机有了新的发展，体现了佛教契理契机的有机统一。丁建华博士基于空有之争对近现代佛教思想的考察，可以视为是选择了空有之争这一维度对我所提到的这一关键问题做出解答的一种尝试。这种探索非常可贵，对今天如何更好地传承发展中国特色的佛教文化，也具有重要意义。

近年来，佛教研究呈现出兴盛发达之势，研究人员众多，研究成果丰硕，研究领域也不断扩大，但相比较佛教历史、佛教文献、佛教人物，乃至佛教文学艺术的研究而言，佛教义理的研究相对较少。非常难得的是，丁建华博士对佛教义理一直情有独钟，从钻研佛典开始，认真思考，用心体悟，并持之以恒，取得了较好的成绩，并于去年顺利晋升为副教授。我们期待着丁建华博士在这个领域有更多的新成果问世！

洪修平

2019 年 7 月 9 日于南京大学港龙园

目　录

前　言

　　"空有之争"一般特指中观宗与唯识宗的论争,从佛教思想的发展来看,又不仅限于两宗,而是贯穿于佛教思想发展的整个过程,包括印度佛教时期有部与经部、中观宗与有部之间的宗派论争,也包括中国佛教时期基于如来藏思想对中观学、唯识学的和会与融摄。作为佛教哲学的理论基石,虽然缘起论本身就保有对一般本体论的批判,但是其作为佛教关于形上层面"实在"的基本理解,其重要性无疑又是立足于本体论意义上的。佛教各宗以缘起论为核心展开的思想体系,在比较、论争过程中呈现出空、有的不同倾向,这种基于"实在"层面呈现的空有差异,以及由此产生的批判与回应,才是使得"空有之争"成为佛教哲学基本问题之一的真正的大舞台。

　　印度佛教时期,空有之争表现在佛教内部各宗之间的互相论争,不同宗派基于各自的缘起论诠释体系而表现出空有差异,并基于这种差异而互相批判。罗因认为,印度佛教的空有之争有两次:"在印度佛教的历史发展中,曾经发生过两次'空有之争',第一次是公元二、三世纪之间,小乘部派佛教的说一切有部和大乘佛教的中观学派的义理之争;第二次是发生在公元五、六世纪间,同为大乘佛教的中观学派与唯识学派的'空有之争'。"① 除了唯识宗与中观宗的论争,他特地将中观宗与有部的论争纳入空有之争当中。事实上,中观学确实是在对说一切有部的批判中建构起来的,"在实践上,他们(有部)感到应该建立的,就说成实在的,应该肯定的。在这种基础上建立的理论,发展到最后,一方面,变成了经院哲学,只对佛说作种种证明,证明其实在;另一方面,又把这些法的实在性仅仅看成是概念的东西,真实的实在倒无足轻重,概念的实在才是唯一的实在。……促成了它的反对者中观宗的建立。中

---

① 罗因:《空、有与有、无——玄学与般若学交会问题研究》,台北:台湾大学出版委员会,2003,第 9~10 页。

观宗就是反对婆沙这种对概念实在的极端论而形成的"①。

除上述两次"空有之争",有部与经部的论争也应当被纳入"空有之争"中来。根据《顺正理论》的说法,"于过未实有无中,自古诸师怀朋党执,互相弹斥,竞兴论道,俱申教理,成立己宗,处处传闻,如斯诤论。实有论者广引理教,种种方便,破无立有。实无论者,广引理教,种种方便,破有立无。"② 这里用"实有论"与"实无论"来描述关于"过未有无"问题的两种回答。有部主张"三世实有",即法体恒有,依作用而分为三世,所以《俱舍论》"说三世实有,许说一切有"③。在部派佛教中,与有部"有"的主张相对立的就是经部,主张"二世无",世亲在《俱舍论》中也阐述了经部对有部的破斥,其中最基本的破斥是:既然法体恒有,依据法体的作用也应当是恒有的,而没有产生作用与不产生作用的差别,从根本上质疑了有部关于三世的理解。有部与经部围绕"法体是否恒有"这一问题,产生"三世实有"与"二世无"的差别,正是空有之争在部派佛教中的集中体现。

佛教传入中国后,大乘佛教占据主流,被贬低为小乘佛教的部派,其思想未能在中国产生广泛而深远的影响,也就基本不存在以部派佛教为主角的空有之争,"中国一开始便主张以大乘佛教为中心,实际上只信仰大乘,宣扬大乘经典才是真正的佛说,而小乘属于低下之物,社会上普遍存在这种论调。因此,中国佛教几乎没有大乘和小乘之争"④。义净明确说印度大乘佛教只有中观派与唯识派,他说:"所云大乘,无过二种:一则中观、二乃瑜伽。"⑤ 但是,反观中国佛教的历史,主流从来都不是中观派与唯识派,而是如来藏系。在中国佛教发展历史中,发扬唯识学的慈恩宗与弘扬中观学的三论宗都影响有限,尊奉如来藏系经典并发挥如来藏思想的天台、华严、禅宗、净土等影响广泛。由此,中观宗与唯识宗的空有之争只存在于文本当中被广泛传说与讨论,没有形成如印度佛教历史中宗派论争式的空有之争。事实上,影响着中国佛教发展

① 吕澂:《吕澂佛学论著选集》卷四,齐鲁书社,1991,第 1996 页。
② 《阿毗达磨顺正理论》卷五十,《大正藏》第 29 册,第 621 页。
③ 《阿毗达磨俱舍论》卷二十,《大正藏》第 29 册,第 104 页。
④ 水野弘元:《佛典成立史》,刘欣如译,台北:东大出版公司,2009,第 18 页。
⑤ 义净撰《南海寄归内法传》卷一,《大正藏》第 54 册,第 205 页下。

的空有之争的主角是如来藏思想，但它并未与中观、唯识作论争，而是将空有融摄在统一的脉络当中。

一般认为，中国佛教在隋唐达到鼎盛，隋唐而后，宋代以降，基本上是禅宗的天下，梁启超称唐以后无佛学，原因亦在于此，"禅宗盛行，诸派俱绝。踞座棒喝之人，吾辈实无标准以测其深浅"①。梁启超在这里所揭示的正是佛教的一个历史事实，就是唐以后，义学研究的没落。

在禅宗占据绝对地位的中国佛教传统中，近代出现了一股不一样的风潮，唯识学研究开始兴盛，在原本禅宗天下的中国佛教传统下，显得如此鲜明。唯识学的研究在当时的佛教思想研究中蔚为显学，出现了一大批研究唯识学或者基于唯识学理论来讨论问题的研究者，诸如欧阳竟无、太虚、王恩洋，等。唯识学研究的兴盛有多方面的原因，包括现代化思潮、政治革命以及西方新思想的传入，科学与民主使得佛学研究者以及部分僧人开始思考佛教的发展方向，如何才能适应时代的改变，维持并进一步发展佛教。在思想领域方面，唯识学被认为可以与体系化、概念化等模糊印象下的现代科学相契合，以适应时代的需要。

相比较唯识学被广泛关注，中观学却没有形成相当的影响，这在张曼涛主编的《现代佛教学术丛刊》对近代中观学著述的收录中就有所体现，在《中观思想论集》"编辑旨趣"中这样说道，"就本社而言，原拟将中观论述尽量搜集，俾其能与唯识专集之数量相等，但搜遍各个有关藏书地点或有关佛学专刊所在，都无法获得相等于唯识专集三分之一的数量，此可见我国近数十年来对中观之研究，是如何贫乏"。② 然而，不能否认的是，继三论宗之后，中观学研究在近代再次吸引了学者的关注。③

中观学研究在近代开始兴起，得力于两个重要的契机。一方面，三论宗典籍经过杨文会的努力从日本传回，为近代中观学的复兴提供了文献支持；另一方面，藏传中观学从西藏传入，中观学理论尤其是月称的思想直接影响了当时的学界与教界。从日本传回的只是汉传中观学——三论之学的典籍，而不是三论之学本身，三论宗的没落代表着三论宗传

---

① 梁启超：《佛学研究十八篇》，天津古籍出版社，2005，第 3 页。
② 张曼涛主编《中观思想论集》，台北：大乘文化出版社，1978，第 2 页。
③ 参看丁建华《略论汉传中观学的三期发展》，《理论月刊》2013 年第 12 期。

承的断层，镰田茂雄考证了三论宗的谱系，最后发现"三论学者大都没于七世纪前半。七世纪后半，由于玄奘的法相宗风靡一世，以致三论宗从此走向衰微而消迹"①。也应当承认，直到八世纪，仍有优秀的三论学者出现，《宋高僧传》卷五记载五台山清凉寺澄观"诣金陵玄璧法师传关河三论，三论之盛于江表观之力也"②。然而零星半点的僧人毕竟难以维系思想的传承，隋唐而后，不见踪迹，偶有一星半点，难以堪当传承思想之大任，基本可以认为近现代不可能有三论教义的传承存在。藏传中观学的传入恰是对这种中观学断层状态的一种补足与刺激，之所以说补足，是因为能使当时的学人了解除龙树以外的中观学思想，因为传入的藏传中观学基本上独宗中观应成派月称，对汉传典籍中存在的代表人物清辨也是采取批判的态度；之所以说刺激，则是因为使得秉持传统佛教思想的学者开始有新的思路，来反思三论宗理论乃至整个中国佛教传统。

近现代，随着唯识学研究的盛行，以及中观学研究日益受到关注，中观宗与唯识宗之间的"空有之争"被广泛关注，占据中国佛教主流的如来藏思想对中观、唯识的融摄已经不能满足当时学者的追问。所以，"空有之争"在近现代通过中观学、唯识学、如来藏三系之间的理论交涉，以及由此产生的学术论争，成为近现代佛学研究的主题之一。

---

① 镰田茂雄：《中国佛教通史》第六卷，小林静乃译，高雄：佛光文化事业有限公司，2012，第608页。
② 赞宁撰《宋高僧传》卷五，《大正藏》第50册，第737页。

第一章　近现代佛教空有之争的时代背景

第一节　中国佛教的复兴

清朝末年，国势衰微，在列强强势的军事实力以及先进的经济、文化侵入下，不论是政治，还是经济、文化等，方方面面都在发生着翻天覆地的变化，与传统社会相适应的佛教也随着国势开始出现一片衰败的景象。1911年辛亥革命推翻了清王朝的统治，中国由此进入了一个新的历史时期，民主与科学的诉求、反宗教化倾向等，进一步削弱了佛教，使得佛教更加趋于衰落。

洪修平先生认为："近代佛教的衰落表现在教理荒芜、教制松弛和教产攘夺等许多方面。"[1] 在教理上，近代佛教开始融合民间信仰与世俗信仰，并日趋与鬼神等观念结合起来，通过教理的研习及修行而寻求解脱的佛教，逐渐演化为专门从事各种法事的佛教，与佛教本身的精神相违背。在教制上，不管是剃度、传戒以及主持，都日趋随便和泛滥，大大影响了佛教在社会的影响，从而限制了佛教自身的发展。在教产方面，"庙产兴学"的主张，大大削减了寺庙的物质基础，使得佛教徒的生存不再有经济基础作为依靠，极大地限制了佛教的活动，使得佛教更趋衰落。

由此可见，佛教衰落的原因，既有佛教内部的因素，也有外部环境的影响。佛教内部存在的问题主要是僧人素质普遍的低劣，包括戒律废弛、以经忏为生计、不通义理，等等；外部原因则涉及整个时代环境，清朝在嘉庆以后国势衰弱，加之政府对佛教的严厉政策，以及太平天国运动，等等，至清末民初，又有庙产兴学风潮，并在百日维新中开始付诸实践，进一步撬动了佛教在中国传统社会中的根基。佛教得以维系的

---

[1]　洪修平：《中国佛教文化历程》，江苏教育出版社，2005，第274页。

外部条件失去了，以及自身内在精神的缺失，都使得佛教奄奄一息。

佛教出现的种种衰败，使得佛教界人士开始寻求重新振兴佛教的方法，"近代中国佛教，无可否认的，外受西教东来，即西方文化及机械科学的影响，内受打倒迷信及反宗教运动，以及庙产兴学的迫害，激起佛教徒警觉，一面打倒以往历史传统的观念，革新佛教制度，一面接受新世界知识，以期迎头赶上时代，建设适应新时代社会所需要的新佛教"①。其中，最典型的就是太虚的佛教革命。太虚发起了近代佛教的复兴运动，提出"三大革命"，教理革命、教制革命、教产革命，这就是针对佛教衰落的三个原因而提出的改革方案。教理革命，意味着抛弃佛教中鬼神、祸福等无法与现代科学相匹配的思想，发扬佛教关注现实人生的部分，提倡大乘佛教自利、利他的精神。教制革命，太虚主张改革僧侣生活规制，放弃以前那种传统的丛林制度，建立新的僧伽制度适应现代社会，更为重要的是打破宗派制与子孙制，提倡与现代社会民主精神相适应的选贤制。教产革命，太虚主张将住持掌握的寺庙财产，改为所有僧众共有，打破寺庙遗产私有制，并提倡把寺庙财产用于培育青年僧侣以及兴办僧伽教育等。

除了太虚之外，月霞、谛闲等僧人，欧阳竟无、王恩洋等居士，谭嗣同、章太炎等学者，都为近代佛教复兴做出种种尝试与努力，虽然目的不同，但都客观上使得近代佛教开始出现了新的气象。

近代佛教的复兴，表现在许多方面，最为重要的三个方面包括。

首先，典籍的重印。以杨文会创办的金陵刻经处为首，全国各地纷纷成立刻经处与佛经流通处。近代有不少印经处，比如郑学川于扬州设立的江北刻经处；徐蔚如在天津、北京创办的刻经处，据说刻经达 2000卷；常州天宁寺主办的毗陵刻经处，直到 1937 年，刻印多达 2400 多卷。除此之外，还有佛学书局等。但是，这些印经处良莠不齐、各有所好，比如郑学川非专于佛学，毗陵刻经处所印经典可能最多，但未详细审阅、校刊，质量远不如金陵刻经处。

其次，佛学研究的兴盛。霍姆斯·维慈将典籍重印与佛教学术的兴起作为佛教复兴的重要原因，他说："我认为，佛教的复兴肇始于在家信

---

① 释东初：《中国佛教近现代史》，台北：中华佛教文化馆，1974，第 11 页。

徒努力重印毁于太平起义的典籍。西方佛教学术成就使中国佛教徒意识到学术的必要，基督教传道者入侵中国引发培养佛教弘法者并到印度和西方弘法的念头，这两者都加强了佛教复兴的势头。"① 很多学者回归传统，希望寻求能够救治社会弊病的良方，比如章太炎希望利用佛学中的积极因素推动民主革命运动，他认为，佛教的思想对于革命者坚定自己的信念与立场，是有极大作用的，并可以凭此激励人们进行革命斗争，虽然他的这种理解未必符合佛教原意，但确实客观上扩大了佛教的影响。

最后，各种佛学院及佛教团体不断出现，为佛学研究提供了良好的学术环境。"居士林"作为在家佛教信徒的团体，在 20 世纪二三十年代遍布全国，比如北京、天津、上海等地的居士林，除了居士林之外，还有其他如"上海佛教青年会"等佛教团体，这些佛教团体在创办佛教刊物、组织佛教活动、推动佛学研究、开展慈善事业等方面，做出很多成绩；另一方面，与佛教团体密切相关的就是佛学院，最为著名的有，欧阳竟无主持的支那内学院、太虚主持的武昌佛学院，除此之外还有月霞创办的华严大学、法尊主持的汉藏教理院等，由于佛学院及佛学团体的发展，强有力地推动了近代佛学的发展。

通过佛教复兴三个主要方面的考察，可以发现，佛教复兴很大程度上并不是传统佛教从无到有的重新出现，而是一种革新下的复兴，更准确地说，是佛教走向世俗，这与近代佛教人间化的普遍诉求有极大的关系。"'中国佛教的复兴'这一说法犯了三重错误。首先，大部分情况不是过去的新生，而是一系列的革新；不是宗教复兴，而是把宗教改为世俗……"② "近代中国佛教的复兴与佛教的革新运动有密切的关系，近代中国佛教的发展及其特点与'人间佛教'也紧密相联，而佛教革新运动和人间佛教的提倡与推行，都是与近代佛教史上的著名高僧太虚法师的努力分不开的。"③

人间佛教的提出，确实就是霍姆斯·维慈所说的宗教走向世俗，但又并不准确，因为人间佛教是以佛教内在理路为支撑的，并不是简单的

---

① 霍姆斯·维慈：《中国佛教的复兴》，王雷泉、包胜勇、林倩等译，上海古籍出版社，2006，第 214 页。

② 霍姆斯·维慈：《中国佛教的复兴》，第 218 页。

③ 洪修平：《中国佛教文化历程》，江苏教育出版社，2005，第 290 页。

一种世俗化、人间化，佛教最为核心的"空"义，龙树以二谛诠释而开创的中观学，其理论核心就是缘起即性空、性空不碍缘起，发展至禅宗提出不离世间而求涅槃。近代人间佛教的主张，就是由此内在理路出发，发扬大乘佛教自度、度人精神，从"向死"的经忏佛教转变为"向生"的佛教，更加关注现实人生问题，致力于推动人类社会的进步与世界的改善。"从太虚的反复论证中我们可以看到，他所积极倡导的建设人间佛教、人间净土，就其实质而言，就是要把出世的佛教改造为入世的佛教，把佛教的出世法与世间法更加紧密地结合起来，而这其实也是在新的历史条件下对大乘佛教入世精神特别是唐宋以后中国佛教入世化、人生化倾向的继承和进一步发展。"①

近代佛教的发展，是从衰落中开始复兴，复兴并非意味着从无到有，而是意味着佛教文化以一种新的姿态与现实社会相联系，将致使佛教衰落的外部条件改为促成佛教革新的动力，以适应这些外部条件为复兴的契机。在佛教复兴的大环境中，佛学研究开始兴盛，虽然霍姆斯·维慈认为这种趋向会将佛教这一活生生的宗教，"部分沦为书斋和博物馆里无用的哲学和学术研究的对象"②。

在近代兴起的佛学研究中，最璀璨的就是唯识学的复兴。由于自身理论的特性，如"万法唯识"对主体的强调与高扬，很好地适应了在社会变革中有识之士的诉求，也因为其本身严谨的思想体系与西方学术要求高度一致，唯识学成为近代佛学复兴中的显学。

相较于唯识学的发展，中观学的研究显得相对薄弱，既没有专门的团体以中观学作为主要的研究领域，更没有如唯识学一样多的研究成果。尽管如此，中观学研究在近代仍旧可以认为是进入了第三期发展。③ 正是因为唯识学的兴盛，与中观学的兴起，围绕两宗论争而展开的"空有之争"才被广泛关注。

---

① 洪修平：《中国佛教文化历程》，第 295 页。
② 霍姆斯·维慈：《中国佛教的复兴》，第 222 页。
③ 参看丁建华《略论汉传中观学的三期发展》，《理论月刊》2013 年第 12 期。

第二节　唯识学研究的兴起

唯识学研究的兴盛，正是中国传统思想在西学刺激下的产物，有识之士希望在西学与传统之间构造起桥梁，一方面，通过佛学与西学在某些方面的相似性，使得佛学看上去不那么让人难以接受；另一方面，通过身为传统的佛学与西学的沟通，证明传统并非如看上去那样落后。"晚清好佛学的人，几乎都是趋新之士大夫，他们从日本迅速崛起的背后，似乎读到一个消息，获得一个启示，即佛教也不是那么保守，信仰佛教也可以近代化。佛教原来与西学颇有相通之处。于是恍然大悟，要理解西洋思想，原来看上去不大好懂的梵典佛经倒是一个很好的中介，佛祖之天竺毕竟是在中国与西方之间，用已经理解了的佛学来理解尚未理解的西学，的确是一个好办法，比如西洋那种啰嗦烦琐的逻辑，如果懂了同样复杂的因明就可以比附，西洋对于人类心理的分析，如果借了同样分析人类意识的唯识学就可能理解……"①

当时的佛学研究中，最兴盛的无疑是唯识学，唯识学的兴盛得力于金陵刻经处与内学院，通过考察内学院的课程安排，可以发现，在佛学课程中，重点就在于法相宗，"因为当时杨（文会）认为法相宗是最能与科学相契的宗派"②。霍姆斯·维慈注解道："饶有兴味的是，在哈佛图书馆收藏的金陵刻经处早期出版物都是规范性的经典（如《楞严经》，1869 年；《维摩经》（Vimalakirti—nirdesa Sutra），1870 年；《法华经》（Lotus sutra），1871 年），第一部法相文集出版于 1896 年。这说明杨文会后来兴趣转向理想主义哲学，显然是在其内弟从日本带回法相宗经典之后。"③ 杨文会从日本取得了不少唯识学典籍，并刊刻流通，使得隋唐后成为绝响的唯识学再次复兴。

民国时期有不少印经处，但良莠不齐、各有所好。主持天津、北京刻经处的徐蔚如曾从日本引入四分律随机羯磨，并且也曾刊刻过三论宗

---

① 葛兆光：《中国思想史》，复旦大学出版社，2013，第 453~454 页。
② 霍姆斯·维慈：《中国佛教的复兴》，第 8 页。
③ 同上。

典籍比如《肇论》①，但刊刻的重点主要还是华严学，"所刻经典，以'华严搜玄记''华严探玄记''华严纲要'等部帙最大，其对华严教学之贡献，殆无以为匹"②。如果说华严学得力于徐蔚如的刻经处的话，唯识学典籍的引入，则完全得力于杨文会。

从 1890 年到 1894 年，杨文会从日本获得佛教典籍 200 多种，并且从中选择比较重要的典籍加以刻印流通。根据南条文雄的《赠书始末》以及《清国杨文会请示南条文雄送致书目》，从 1890 年到 1893 年底，杨文会一共有四个购书单，别单与甲乙丙三种，所列 221 种，购得 145 种。③ 罗琤根据金陵刻经处刻印经籍尾叶、杨文会出国期间致杨自超函、《杨仁山居士遗著》以及南京图书馆、上海图书馆、复旦图书馆藏金陵刻经处印经籍，统计发现，金陵刻经处"晚清至宣统年间共刻印经籍 253 种，民国以后至解放前刻印经籍 201 种"④。其中，典型的唯识学经典及注疏就有 40 种左右，窥基一人所作就达到十几种，"大乘论与法相宗典籍逐步增多"⑤。

除了唯识学典籍的重获，还出现专以唯识学为主要研究对象的团体，木村泰贤说："近来支那对于佛教，感特异之兴味，而占研究之中心者，则为法相学与密宗，甚有发扬的现象。盖法相学之理论精致，耐人寻味，杨仁山氏已极力提倡于前。近如南京内学院，募集百万基金，预备成立法相大学。太虚法师之佛学院，于法相学亦热心研究，已发刊多数之讲义。又前述之梅光羲氏，著有相宗纲要、相宗史传略录。此外尚有二三著述家，故唯识学之进步，实超出预想之外也。"⑥ 木村泰贤讲演中这段话发表于 1924 年，正是对当时中国佛教状况的概述。

近代法相唯识学的复兴得力于三个系统的推动，以欧阳竟无、吕澂为首的内学院系，以太虚、唐大圆等为首的武昌佛学院系，以韩清净、朱芾煌等为代表的三时学会系。虽然三系都倡导唯识学，但由于各自偏好而表现出不同的特点。内学院以经论为主入手研究法相唯识学，尤为

---

① 据周叔迦 1931 年《释家艺文提要》，其中《肇论》处标注为"此处本天津刻"。

② 释东初：《中国佛教近代史》，第 250 页。

③ 参看陈继东《清末日本传来佛教典籍考》，《原学》第五辑。

④ 罗琤：《金陵刻经处研究》，上海社会科学院出版社，2010，第 157 页。

⑤ 罗琤：《金陵刻经处研究》，第 182 页。

⑥ 木村泰贤：《法舫文集》第一卷，法舫译，金城出版社，2010，第 108 页。

推崇鸠摩罗什和玄奘的译籍，以经论为核心试图复归印度佛教本源宗旨。武昌佛学院系试图会通中国佛教和印度佛教，在圆融中印佛教思想的基础上来研究法相唯识。三时学会以《瑜伽师地论》的研读为核心，主要是传统义学的注疏章句科寻方法。

韩清净初读《瑜伽师地论》与《成唯识论》等唯识学典籍，并不能理解，继而发奋研读，于1921年在北平与韩哲武等人共同组办了一个佛学研究团体"法相研究会"，其宗旨就是研究唯识学，韩清净主讲《成唯识论》。1927年，在北平创办"三时学会"，韩清净每星期会有一次讲学，所讲都以唯识学为主。"刻印经典亦为三时学会工作重点之一，唯亦以法相唯识为主"①"韩氏不仅讲学，亦兼刻唯识学古典，持正古义，实为唯识学古典派。其于北方学术界启发颇大。朱芾煌、徐鸿宝、周叔迦等教授皆出其门下。韩氏身前重要著作，均属唯识学方面……"②

相比较韩清净，欧阳竟无的影响更大，初随杨文会学习"起信""华严""楞严"，年过四十而专研唯识。1922年内学院开学，欧阳竟无讲《成唯识论》，先做了名为"唯识抉择谈"的讲话，认为当世佛法有五弊，斥责台、贤、禅、净之流弊，认为只有唯识学才能克服弊端，"欲祛上五弊，非先入唯识、法相之门不可"③。这与韩清净的主张是一致的，"清净毕生致力于法相唯识的研究。他主张：研究佛典，必先研究法相唯识，而《瑜伽师地论》和《摄大乘论》更是必读的两大论典"④。

欧阳竟无一系偏重教理的抉择，韩清净则注重逐字逐句的考证辨析，相比较他们，太虚的唯识学研究更看重唯识学与时代思想现实的结合，以方便为枢纽，适应现实人生。不仅对唯识的内涵进行了适当的诠释，而且以三性抉择佛法、会通唯识学与其他学科。

以欧阳竟无、韩清净、太虚三系为代表，唯识学在近代开始兴盛起来，"唯识学成为本世纪中国佛学最有成就的学问"⑤，"唯识思想的流

①　于凌波：《中国近现代佛教人物志》，宗教文化出版社，1995，第517页。
②　释东初：《中国佛教近代史》，第671页。
③　欧阳竟无：《唯识抉择谈》，《欧阳大师遗集》，台北：新文丰出版公司，1976，第1360页。
④　于凌波：《中国近现代佛教人物志》，第518页。
⑤　黄夏年：《二十世纪的中国佛学研究》，《佛教与中国传统文化》，宗教文化出版社，1997，第148页。

行"①成为中国近代佛教复兴的标志。

第三节　中观学研究的兴起

唐朝从鼎盛走向衰落，佛教的发展同样伴随着李唐王朝的没落而进入另一个时期。中央政权支持下的佛教宗派，随着政权的更迭也急转直下，在地方军政官僚的支持下，农禅自足的禅宗得到广泛的发展，佛教各宗林立的状态一改而为禅宗的天下。华严、天台、三论等偏重义学研究的"教下"各宗的没落，始于典籍的丧失，与此同时，由于义学没落脱颖而出的禅宗对义学也抱持着批判的态度，使得义学更为萧条，作为中观宗中国化宗派的三论宗也在其中。

"吉藏之后的三论宗逐渐走向沉寂，成为绝学，到宋明时代，已无声音，连基本典籍也难以找寻，这和唐武宗的会昌法难和后周世宗的法难对于佛教经典的荡灭也有关系……"②两次法难不仅焚毁经典，而且大大缩减僧侣的人数，对佛教义学当然是一个极大的打击。"新三论宗自初唐以至中唐，约一百五十余年而歇。"③这样的情况一直持续到民国，通过被誉为中国近代佛学之父的杨文会的努力，才得以改观。

根据陈继东甲、乙、丙书单及送致目录，杨文会想要购得的书及实际购得的书中，署名吉藏的著述见表1。

表1　杨文会所购书目及送致情况

序号	书名	见于藏经　署名吉藏	送致情况
	甲字单		
1	《胜鬘经宝窟》三卷	《胜鬘经宝窟》三卷	《胜鬘经宝窟》三卷
	乙字单		
2	《大经义疏》一卷	未见	未送致
3	《观经疏》一卷	《观无量寿经义疏》一卷	未送致
4	《妙法莲华经游意》二卷	《法华游意》一卷	送致

---

① 肖平：《中国近代佛教复兴与日本》，高雄：佛光山文教基金会，2001，第6页。

② 董群：《中国三论宗通史》，凤凰出版社，2008，第348页。

③ 周叔迦：《周叔迦佛学论著全集》第一册，中华书局，2006，第369页。

续表

序号	书名	见于藏经　署名吉藏	送致情况
5	《百论疏》三卷	《百论疏》三卷	《百论疏》四卷
6	《妙法莲华经疏》十二卷	《法华义疏》十二卷	《妙法莲华经疏》十二卷
7	《妙法莲华经玄论》十卷	《法华玄论》十卷	《妙法莲华经玄论》五卷
8	《大般若经游意》一卷	《大品经游意》一卷	未送致
9	《大般若经广疏》十卷①	《大品经义疏》九卷	未送致
10	《维摩经略疏》五卷	《维摩经略疏》五卷	未送致
11	《中论疏》十卷	《中观论疏》十卷	《中论疏》九卷
12	《十二门论疏》二卷	《十二门论疏》三卷	窥基《十二门论疏》四卷②
13	《大乘玄论》五卷	《大乘玄论》五卷	未送致
	丙字单		
14	《维摩经游意》一卷	未见	未送致
15	《金光明经疏》一卷	《金光明经疏》一卷	《金光明经疏》一卷
16	《十地论玄义》一卷	未见	未送致
17	《法华论疏》十三卷	《法华论疏》三卷	《法华论疏》三卷
18	《二谛章》三卷	《二谛章》三卷	《二谛章》三卷
19	《三论玄义》二卷	《三论玄义》一卷	《三论玄义》二卷
20	《仁王般若经疏》三卷	《仁王般若经疏》三卷	《仁王般若经疏》三卷
21	《维摩经广疏》六卷	《维摩经义疏》六卷	《维摩经广疏》六册
22	《唯识略解》十卷	未见	未送致
23		未见	送致《三乘玄论》五卷
24		《无量寿经义疏》一卷	《无量寿经义疏》一卷

注：①对比肖平《中国近代佛教复兴与日本》中甲乙丙书目与陈继东《原学》《杨仁山全集》中的目录，差异在于乙书单，肖平乙书单中有署名吉藏的《般若心经》，而陈继东的书单中是"同　广疏十同"，这里是书单的习惯写法，前者是书名同，后者是作者同，而这一条的前面是吉藏的一卷《大般若经游意》，后者是守千的三卷《般若心经崆峒记》，所以乙书单可能就是与吉藏的前一条同目，成为《大般若经广疏》，而不是与后者同成为乙书单中《般若心经》。《中国三论宗通史》亦是如此看待。这个十卷的《大般若经广疏》很可能就是吉藏九卷的《大品经义疏》。

②在藏经中窥基并没有留存《十二门论疏》，现代学者也未发现有此著述，所以此处指的应该就是吉藏的《十二门论疏》。

根据表1，杨文会共希望购入吉藏著作22种，对比《大正藏》《续藏经》中署名吉藏的著述，未见《大经义疏》一卷、《维摩经游意》一卷、《十地论玄义》一卷、《唯识略解》十卷，意味着杨文会希望购得的吉藏著述中只有 18 种确定是属于吉藏的。

根据"清国杨文会请求南条文雄氏送致目录",送致书目中署名吉藏的有 15 种,15 种中《三乘玄论》五卷在购书书目中未见,也不存于藏经。另外虽然没有寄达乙书单的《观无量寿经义疏》,但是购得了《无量寿经义疏》,故总计寄致 14 种。

购书目录中的 9 种没有送致,除了上面所说的 4 种不是吉藏所著的典籍外,真正欲购而未得的是 5 种,包括《观经疏》《大品经游义》《大品经义疏》《维摩经略疏》《大乘玄论》。所以,基本可以认为,杨文会希望购得的吉藏著述有 18 种,寄致而获得的是 13 种。

甲、乙、丙三个书单共有典籍总计 202 部,杨文会希望购得以为是吉藏著述的有 22 种,可见,仅吉藏个人就占 1/10,而窥基仅仅 13 种。并且,除了吉藏的著述外,中观学典籍还包括僧肇的《注维摩经义疏》,法藏的《十二门论宗致义记》,圆测等人的《仁王般若经》注疏等。从这样的数据可以表明,杨文会对唯识学并没有特别的偏好,反而颇为重视三论之学,难怪他要说"吉藏有《疏》若干卷,今从日本传来,或者此宗其再兴乎?"①

关于购得书目的刊刻,肖平根据南条文雄《怀旧录》与《南条师〈怀旧录〉草稿之断简》,发现杨文会刊刻日本购回书目,两个目录略有不同,其中《怀旧录》7 种无中观学典籍,而《断简》中有《三论玄义》,另有一个"仁山居士杨文会氏寄赠目录"上有《三论玄义》。杨文会在逝世前,手定《大藏辑要》,除了当年从日本购得的佛典外,还有从日本新刊各藏中选择的部分,其中包括赠送给南条文雄的《三论玄义》,另外还有《十二门论疏》。这就意味着杨文会购得的典籍并非在他去世前均有刊刻。但是有一点应当注意,从杨文会购书单中可以发现,大量的三论宗典籍尤其是吉藏的著述是在这个时期从日本购得的,根据《寄致目录》所标时间,基本上是在 1891～1893 年三年之间获得。

根据罗琤的"晚清时期刻印经籍目录",晚清至民国刻印中观学的典籍包括:1887 年印行僧肇著《维摩诘所说经注》,1888 年《肇论略注》,1896 年《十二门论》与《十二门论宗致义记》,1898 年重印《般

---

① 杨仁山:《杨仁山集》,中国社会科学出版社,1995,第 2 页。

若灯论》，1899 年《三论玄义》，1900 年《胜鬘经宝窟》，1908 年《大乘中观释论》与《中论疏》。除此之外，还有《心经》《金刚经》等般若经系统的原文及注疏。另外，根据民国时期刻印经典的目录发现，如果除去《金刚经》等般若类经典，其中属于中观学的论、疏只有 6 种，包括 1914 年《中观论疏》、1915 年《十二门论疏》、1917 年吉藏《金刚般若波罗蜜经义疏》、1918 年吉藏《金光明经疏》、1920《大乘掌珍论》、《掌珍论疏》。可见，刻经处实际印行的中观学典籍，与唯识学典籍相比，显得十分稀少，唯识经典以及注疏大致 40 种左右，其中窥基个人所作的就达 15 种之多，中观学却仅有 6 种，差距何其之大！

除了金陵刻经处外，民国时期还有可能印行中观学典籍的还有徐蔚如的北京、天津刻经处以及汉藏教理院等。另外，1923 年商务印书馆影印的《续藏经》[①] 的刊行也为三论、中观典籍的研究提供了条件，周叔迦这样评价说"自《续藏》刊行之后，隋唐佚失，重辉中化，若嘉祥三论，窥基之唯识，尤为学人所重，是故三论、慈恩及秘密之教最为时人所称道"[②]。

不过，从周叔迦、印顺、太虚等人阅读的中观学典籍来看，三论宗以吉藏著疏为主的典籍主要是金陵刻经处印的。如果仅仅以金陵刻经处的流通书目来说，对比杨文会从日本取得的中观学典籍与刻经处印行的典籍，发现杨文会取得仅吉藏的作品就有 14 种之多，但实际印行的仅仅是《中论疏》与《十二门论疏》两种，对比之下可以推论出两个原因，一方面是印行者的兴趣；另一方面是社会的兴趣。杨文会是尽可能多地将重要典籍悉数取得，他对唯识学并没有表示出特殊的偏好。但是，随着西学的传入，思想领域对唯识学表现出极大的偏好之后，以上数据对比所反映的局面就出现了。

除了三论宗典籍的回归与刊行外，藏传中观学的传入也为中观学研究注入了活力。近代藏传高僧来汉地传法的不在少数，九世班禅、白普仁喇嘛多杰觉拔格西、诺那呼图克图、贡嘎呼图克图以及喜饶嘉措，等等，但是传法内容多以密教为主，比如班禅大师在汉地佛教学院与佛教

① 参看印顺编《太虚法师年谱》，宗教文化出版社，1995，第 89 页。
② 周叔迦：《周叔迦佛学论著选集》第一册，第 357 页。

组织中逐步设立密宗学院,多杰觉拔格西在各地设坛灌顶,贡嘎呼图克图在南京传授喜金刚、上药金刚、玄母等法①,诸如此类,高僧传法多须契合时局,当时汉地民众多喜密教,故而多传密,而少说显教。所以,虽然来汉地传法的藏地高僧不少,但将藏传中观学传入并广为弘传的仍旧是汉地僧侣,汉藏教理院无疑就是重要的传法中心。

汉藏教理院为近代藏传佛教在汉地的传播起到了积极的推动作用,尤其是在典籍的刊印方面。巨赞在文章中引用了《辨了不了义论》就有标注为"汉藏教理院刻本"②,印顺直到1988年出版《印度佛教思想史》中所引用藏传中观的典籍包括《辨了不了义善说藏论》《入中论》都标注有"汉院刊本"。根据汉藏教理院自己公布的刊刻名目,这些典籍基本上是由汉藏教理院翻译处翻译的,实际上,承担主要翻译工作的是法尊。

据《法尊法师自述》,在扎噶寺学习时,法尊翻译了《宗喀巴大师传》《阿底峡尊者传》,并发表在《海潮音》③;1931年,依止安东格什就开始翻译《菩提道次第广论》;1936年在拉萨翻译《辨了不了义论》及《释》,并与《菩提道次第广论》《密宗次第略论》一起在武昌出版;1937年秋,翻译《密宗道次第广论》;抗战期间,翻译了《入中论善显密意疏》,并于成都佛学社出版。④

在法尊与法舫的书信中,充分体现了他翻译的艰辛,在1934年一段关于人生无常的论述中,他这样说道:"不管在哪天死,只要活一天,我就抱着一部《菩提道次》和一部《密咒道次》在翻,写一张算一张,要死就死,我办不到的,死了却也不后悔。"⑤在1936年绕道印度、南洋回国的途中,这样写道:"在船上如头不晕,当译《辨了不了义论》,若病而不能译,则只有请法师恕宥而已耳。《菩提道次第》后当先印《密宗道次论》五卷,请先阅一遍,作一赞善广告。"⑥"尊翻《辨了不了

① 参看王海燕《民国时期汉藏佛教界文化交流的历史进程》,中央民族大学,博士学位论文,2007。
② 参看巨赞《巨赞法师全集》第一卷,社会科学文献出版社,2008,第252页。
③ 法尊:《与法舫法师书》,《法尊法师论文集》,台北:大千出版社,2002,第461页。
④ 参看法尊《与福海先生书》,第481页。
⑤ 法尊:《与法舫法师书》,第461页。
⑥ 法尊:《与法舫法师书》,第471页。

义》，'唯识宗'一段，须参考《瑜伽》《摄大乘》《庄严经论》等。故在仰光略住译就两卷，以下中观派尚有三卷宋译，此途（骑马走）间绝无翻译之机会也。只好待至藏后或回国再译。"① "弟现在虽病，每日亦勉力译《辨了不了义》一页或半页，令不空过，译完后即当寄上也。"② 可以发现，很多典籍都是法尊个人在回国途中就已经翻译了的，并且异常艰辛。

虽然民国时期汉藏佛教之间的互动很多，但由于水平、兴趣等因素，实际上对藏传中观学典籍的翻译做出巨大贡献的是法尊。

三论宗典籍从日本传回，以及藏传中观学的译介，使得近现代佛学研究者有了研究中观学的条件。作为近现代中观学研究的代表，印顺首先读到的中观学典籍就是《中论》《三论玄义》及吉藏的三论疏，这是在他出家之前就接触到了的，而《三论玄义》与吉藏的三论疏正是杨文会从日本购得的。印顺最初了解三论之学，在于阅读了商务印书馆的译作《三论宗纲要》，他在讲述这段经历时忘记了作者，据推测应该是日本学者前田慧云。

颇重中观学的巨赞所用典籍基本上是金陵刻经处本，比如，青目释用的是《藏要》本，清辨的《般若灯论》《大乘掌珍论》、安慧的《大乘中观释论》以及吉藏的《中论疏》《十二门论疏》《百论疏》等，《百字论》《顺中论》等则是内院本，《大智度论》则用的是姑苏刻经处及《藏要》本。巨赞在关于《大智度论》的笔记中提到《现观庄严论》，说道："中国不知有《现观庄严论》，但现存梵本写本。又有西藏译全体八品二七二颂，题弥勒造。……西藏般若学以此论为中心。……"③ 巨赞标注这些说法是内学院《藏要·智论》底本卷初所附，并推测说应该是吕澂所记录的。

非专研中观的研究者也开始关注中观学，比如周叔迦与梅光曦。"近代四海交通，嘉祥《三论疏》自扶桑传来，梅撷芸居士见而爱之，玩味不释手。"④ 周叔迦 1931 年写成的《释家艺文提要》，每一本经典都

　　① 法尊：《与法舫法师书》，《法尊法师论文集》，第 472 页。
　　② 法尊：《与法舫法师书》，《法尊法师论文集》，第 474 页。
　　③ 巨赞：《巨赞法师全集》第五卷，第 2358 ~ 2359 页。
　　④ 杨文会：《杨仁山居士遗著》第八册，金陵刻经处印。

有标注刻印处，《中观论疏》《十二门论疏》《百论疏》《三论玄义》等中观重要典籍都标注有金陵刻经处刻。

综观印顺、巨赞、周叔迦、梅光曦等人获得中观学典籍的情况，可以发现两点。一是，典籍主要来自金陵刻经处及内学院系统；二是，三论宗典籍的回传与藏传中观学的传入，引起了当时佛学研究者相当的关注，不仅出现周叔迦、梅光曦等注意到中观学的研究者，也出现印顺、巨赞等专研中观学的研究者。法舫曾就当时的中观学研究有一概括："唐宋迄今，几无人研究。民初刘玉子居士作《三论宗略说》，湖南张化声居士倾心斯学，曾在武昌佛学院讲三论，颇多精论。近年印顺法师力治龙树中观之学，作《中观今论》，对于此宗作有价值有系统之研究，且有英俊后学，从他探讨；同时，法尊法师译出西藏所传的中观派各书，如《菩提道次第广论》，《辨了不了义》，都偏说中观见者。又译月称之《入中论》，并于成都、重庆等地讲之，大有助于斯学之复兴，所以三论宗才有重兴的曙光，和光辉的境界。"①

根据《民国佛教期刊文献集成》及《补编》，从中整理出有关中观学研究的论述，可以大体反映出近现代关于中观学研究的轮廓，现将涉及中观学研究之文章的篇名与作者整理如表2。

表 2　民国佛教期刊中有关中观学研究情况

序号	篇名	作者
1	三论宗之思想及其弘传	洪林
2	三论宗之源流与立教	周叔迦
3	中论史之研究	印顺
4	法性般若学的基本观	茗山
5	三论宗在讲学上之地位及价值	妙空
6	三论宗破显概论	月耀
7	三论宗脉略谱	满智
8	三论宗略说	刘玉子
9	三论宗历史之研究	洪林
10	三论宗历史之研究（续）	洪林

———————

① 法舫：《法舫文集》第二卷，第12页。

续表

序号	篇名	作者
11	三论所遮之自性与唯识所表之自性之研究	会觉
12	论三论与唯识之关系	性空
13	论三论宗在佛学中之地位及价值	致中
14	论三论宗在世界诸哲学中之地位及价值	妙空
15	论三论宗在世界诸哲学中之地位及价值	觉归
16	论三论宗在世界诸哲学中之地位及价值	真量
17	震旦三论宗之传承	哑言
18	中观今论	印顺
19	中观的诸法实相（上）	印顺
20	中观的诸法实相（下）	印顺
21	有·时·空·动——中观今论之七章	印顺
22	中论因缘品何以注重破自生	会觉
23	中论探玄记	万均
24	三论家底中道论	黄忏华
25	三论源流考	涵虚
26	三论学者之唯识观	龙松生
27	三论宗二谛与中道之研究	印顺
28	三论宗之人生观	蒋维乔
29	三论宗之宇宙观	蒋维乔
30	三论宗之宇宙观	竹庄
31	龙树大士的因缘观	月耀
32	龙树的教学	佐佐木月樵
33	龙树及其论典	印顺
34	龙树世亲二菩萨的教系	境野哲
35	龙树无著中道观同异之一解	雪松
36	龙树法相学	欧阳竟无
37	龙树菩萨像及略传	传默
38	龙树世亲二菩萨的教系	林秋梧
39	龙树世亲二菩萨的教系（完）	林秋梧
40	法性宗之传承	端甫
41	法性宗之传承（续）	端甫
42	略论空有之争	巨赞

序号	篇名	作者
43	大乘空有二宗异同论	唐大定
44	大乘空有二宗异同论	象贤
45	清辨与护法	印顺
46	吉藏大师的法华观	印顺
47	法性宗明纲论	端甫
48	法性宗明纲论（贯摄）	端甫
49	法性宗明纲论（贯摄）（续）	端甫
50	法性宗明纲论（贯摄）（续）	端甫
51	法性宗明纲论（续）	端甫
52	法性宗明纲论（续）	端甫
53	法性宗明纲论（续）	端甫
54	法性宗明纲论（续）	端甫
55	法性宗明纲论（续）	端甫
56	法性宗明纲论（续）	端甫
57	法性宗明纲论（续）	端甫
58	法性宗明纲论（续）	端甫
59	由空无有三字来抉择空有之意见	智严
60	空有二宗的有无自性观	演培
61	空有会违	满月
62	空有之间	印顺
63	法性宗哲学（一）	林玠宗
64	法性宗哲学（二）	林玠宗
65	法性宗哲学（三）	林玠宗
66	法性宗哲学（四）	林玠宗
67	法性宗哲学（五）	林玠宗
68	法性宗哲学（六）	林玠宗
69	法性宗哲学（完）	林玠宗
70	法性宗之东来	端甫
71	法性空慧学概论	太虚
72	法性空慧学概论	太虚
73	法性空慧学概论	太虚
74	法性空慧学概论	太虚

续表

序号	篇名	作者
75	法性空慧学概论	太虚
76	法性空慧学概论（续完）	太虚
77	法性空慧学概论（一续）	太虚
78	空宗有宗之异同点	惺僧
79	念佛净宗无异般若空宗	成心
80	龙树出世年代的研究	林屋友次郎　弘洋译
81	读中论与般若灯札记	明性
82	三论之平等义及殊胜议	悦安

82 篇发表的中观学研究文章中，除连载外，共有 57 篇文章，其中虽有同名如《论三论宗在世界诸哲学中之地位及价值》与《大乘空有二宗异同论》，但是确实是不同作者所作的不同内容的文章；《三论宗之宇宙观》发表于《佛心丛刊》与《狮子吼》，是蒋维乔的同一篇文章，所以除去此文，文章共有 56 篇。林玠宗的《法性宗哲学》虽然是以般若部经典《心经》《金刚经》为分析文本，但以所讲内容来说，多接近太虚、印顺分判的真如系思想，其法性宗所指并非是相对于法相宗之空宗，所以严格来说不能算是中观学研究。端甫《法性宗明纲论》等所讲的法性宗确实是中观宗，所以他关于法性宗的考察确实是中观学研究。除去林玠宗的《法性宗哲学》，则还剩下 55 篇。

从表 2 所综合的中观学研究论文，可以总结出四个近现代中观学研究的主题，为当时研究者所关注：（1）从历史研究的角度，考证三论宗宗史，包括周叔迦《三论宗之源流与立教》、满智《三论宗脉略谱》、洪林《三论宗历史之研究》、《三论宗之思想及其弘传》、印顺《震旦三论宗之传承》等。（2）从教义的角度，研究三论宗之思想，包括月耀《三论宗破显概论》、刘玉子《三论宗略说》、致中《论三论宗在佛学中之地位及价值》、印顺《中观的诸法实相》《有·时·空·动——中观今论之七章》等等。（3）从文献的角度，单独探讨中观某个文献，包括万均《中论探玄记》、印顺《中论史之研究》等，相比较前两个路向，这个路向的成果较少。（4）关于"空有之争"的研究，以中观宗与唯识宗的论争为主要研究内容。这四个路向，基本上可以概括近现代中观学研究的主题了。

其中，尤以"空有之争"最为研究者所关注。仅表2中关于"空有之争"研究的文章就有16篇，占总数近1/3：欧阳竟无《龙树法相学》、会觉《三论所遮之自性与唯识所表之自性之研究》、性空《论三论与唯识之关系》、雪松《龙树无著中道观同异之一解》、智严《由空无有三字来抉择空有之意见》、演培《空有二宗的有无自性观》、满月《空有会违》、印顺《空有之间》《清辨与护法》、巨赞《略论空有之争》、唐大定《大乘空有二宗异同论》、象贤《大乘空有二宗异同论》、龙松生《三论学者之唯识观》、境野哲《龙树世亲二菩萨的教系》、林秋梧《龙树世亲二菩萨的教系》、惺僧《空宗有宗之异同点》。

除以中观学为基点对"空有之争"的研究外，还有唯识学角度的切入，比如法尊的《〈唯识三十论〉悬论》、印顺的《唯识学探源》《评熊十力〈新唯识论〉》、演培的《以唯识的思想明诸法无自性义》、欧阳竟无的《唯识抉择谈》、太虚的《佛法总抉择谈》《阅〈入中论〉》《评〈印度之佛教〉》等。

近现代大多数学者在研究唯识学的同时，基本上会对"空有之争"这一问题展开思考与研究，并进一步有所论述。原因在于，当时的诸多学人在研究唯识学的时候，往往都会遭遇到"空有之争"这个问题，表现为，或是读到中观宗与唯识宗的互相驳难，或是读到历史上存在的论师之间的争论。近现代佛教学者面对两宗互相抵触的义理建构，基于对佛陀言教真实内涵的探寻，需要在两者之间进行抉择，那么，对于空有之争所涉及的义理问题，就需要做一番研究。需要讨论中观学对唯识学的诸多问难，进而探讨两者之间的关系，以及两者与佛教根本理论之间的关系等，因为这些思考与研究决定了学者如何看待以及定位唯识学研究。

综上所述，在近现代中观学研究四个路向中，尤以"空有之争"议题最为研究者所关注，当然也是唯识学作为显学之兴盛所致。

第二章　近现代佛教空有之争的理论渊源

第一节　印度佛教空有之争

作为近现代佛学研究主题之一，空有之争有着深刻的理论渊源，从佛教产生的一开始就伴随着佛教理论的发展。穆帝就将佛教作为"无我论"，与源于《奥义书》的"有我论"相对立，视为印度哲学两大传统①，"有我论"与"无我论"的对立只是空有之争的不同表达而已。

印度佛教时期空有之争的主要形式是宗派论争，尤以有部与经部、有部与中观宗、中观宗与唯识宗之间的论争最为明显：通过基于空有的论争彰显与深化佛教理论。佛教最根本的"所诠"对象，可以用"实相""真如""法体"等范畴去概括，但在真谛层面却是超越语言而不可言说的，各个宗派就从不同的侧面去描述、说明，从而建立起不同的理论体系，表现出"空""有"两种倾向而形成争论。

说一切有部坚持法体恒有，以"自性"为"法"的基本内涵，将一切"法"的内在规定性理解为永恒存在，"一则轨生物解，二乃能持自性，故名为法"②。中观宗对"自性"进行了破斥，提出基本命题"不生亦不灭，不常亦不断，不一亦不异，不来亦不出"③。以此来诠释"因缘"，认为因缘就是对自性的否定，从而彻底否定了有部永恒的内在规定性的理解。

唯识学是在有部与中观宗空有论争之上的另一种提升，"唯识说大量采用部派佛教的阿毗达摩思想，但是并不是阿毗达摩佛教直接的后继者，而是立于空的立场批判地摄取了阿毗达摩佛教。因此大乘空的思想与阿

---

① 参看穆帝《中观哲学》，郭忠生译，贵州大学出版社，2013，第9页。
② 《俱舍论颂疏论本》卷一，《大正藏》第41册，第815页。
③ 《中论》卷一，《大正藏》第30册，第1页。

毗达摩有的思想，在唯识佛教中综合起来而得到调和"①。唯识学一方面肯定有部"法"具有维持自相的内涵，但另一方面，也肯定中观宗对有部的批判，认为法虽保持自相，但并非"三世恒有"的永恒，所以《成唯识论》在解释"由假说我法"时这样写道："世间圣教说有我法，但由假立，非实有性，我谓主宰，法谓轨持。"② 明确表明我、法的非永恒性。

虽然唯识学是在龙树所开创的中观学基础上发展起来的，但是唯识学因为大量采用部派佛教阿毗达摩思想，所以其本身就具有与中观学相异的特质，随着两宗的发展，这种不同的倾向被激化，终于在以清辨、月称为代表的中期中观学阶段浮现为空有论争。

根据《大唐西域记》记载："城南不远有大山岩，婆毗吠伽（唐言清辨）论师住阿素洛宫，侍见慈氏菩萨成佛之处。论师雅量弘远，至德深邃，外示僧佉之服，内弘龙猛之学。闻摩揭陀国护法菩萨宣扬法教，学徒数千，有怀谈议，杖锡而往。至波吒釐城，知护法菩萨在菩提树，论师乃命门人曰：'汝行诣菩提树护法菩萨所，如我辞曰：菩萨宣扬遗教，导诱迷徒，仰德虚心，为日已久。然以宿愿未果，遂乖礼谒。菩提树者，誓不空见，见当有证，称天人师。护法菩萨谓其使曰：'人世如幻，身命若浮，渴日勤诚，未遑谈议。'人信往复，竟不会见。"③ 之后，清辨决定等待弥勒成佛，来解决自身的疑惑，这被视为空有之争典型事件之一，但这里的记载并不详细，首先并没有说明清辨的疑惑是什么，清辨在这个故事里被描述成一个极有热情的学者，并没有攻击护法，只是慕名而去讨论问题，护法则被描述成对辩论这种思辨性活动并不感兴趣。但这一描述极为简略的故事却为后世不断地引以为证，直到近现代也是如此，"清辨、护法之争，千余年来，迄未能息，恐亦终无息时"④。

除了上述这件广泛引证的事件外，另外还有两件，一件是根据藏传佛教传说，月称在那烂陀寺大弘中观的时候，作为瑜伽行派的月官特地找他议论，往返争辩达七年，从传说的结果来看，世人发现龙树的宗义

---

① 平川彰：《印度佛教史》，庄坤木译，台北：商周出版社，2002，第335页。
② 《成唯识论》卷一，《大正藏》第31册，第1页。
③ 玄奘：《大唐西域记》卷十，《大正藏》第51册，第930页。
④ 巨赞：《巨赞法师全集》第一卷，第242页。

有药也有毒，而无著却是众生甘露。另一件是关于玄奘的，《续高僧传》中，"初那烂陀寺大德师子光等，立《中》《百》论宗，破瑜伽等义。奘曰，圣人作论终不相违，但学者有向背耳，因造《会宗论》三千颂，以呈戒贤诸师，咸称善"①。在《大唐大慈恩寺三藏法师传》中有更详细的记载，玄奘的态度是和会两派的，晚年热衷于翻译六百卷的《大般若经》就可见一斑，玄奘的态度对近现代空有之争研究有着非同一般的影响。

由于近现代佛教空有之争主要是围绕中观宗与唯识宗的"空有之争"展开讨论，所以，现就作为两宗代表的清辨与护法的论争进行深入探究。

一　清辨对护法的批判

清辨主要论著有《般若灯论》《大乘掌珍论》《中观心论》等，前两部都有汉译，后一部直到2011年才发表其中一品《入抉择瑜伽师真实品》，由吕澂翻译。吕澂认为《中观心论》很重要，尤其是这一品，是清辨对护法系唯识思想批判的代表性文献。

> 本来，瑜伽和中观之争是由清辨引起的，他的《中观心论》就是这场争论的导火线。但清辨反说争论是无著、世亲乃至陈那（自然也包括护法在内，但未明指）引起的。清辨说他们曲解了龙树、提婆学说，并且荒唐地认定：能够真正证得真实的只有瑜伽行派。因此，他才抱不平，对瑜伽行派进行了批判，最后，清辨简直出了恶声，进行谩骂。清辨以为瑜伽行派提到的恶取空是诽谤中观学派的，说这是血口喷人。其实瑜伽行派并无此意，无著也注释了龙树的《中论》名《顺中论》，其中并无轻视龙树之处；至于菩萨地里批判的恶取空，也不一定就是指龙树一系的人。所以，清辨的说法，只是给这场争论找个借口。清辨既已引起争论，后来他的门下也一直与瑜伽行派争论不绝。关于这方面的资料，在西藏保存了下来②。

---

① 道玄：《续高僧传》卷四，《大正藏》第50册，第452页。
② 吕澂：《吕澂佛学论著选集》卷四，齐鲁书社，1991，第2276～2277页。

从吕澂的描述可以发现，清辨是由于感到无著有意曲解龙树的思想，故而发动这样的批判。关键问题是，无著的理解是否与龙树本身的思想违背？并且，是有意的歪曲，还是另一种创说？

对于汉传佛教来说，《中观心论》没有任何影响，在空有之争的框架中被一再讨论的文献是清辨的前两部作品，《般若灯论》与《大乘掌珍论》，直到近现代还是如此。1961年，吕澂先生在佛学班的讲演稿《印度佛学源流略讲》中，提到《般若灯论》中对瑜伽行派有一大段批评附在二十五品末，"针对三性说，专加批判"①。但可能由于翻译者波罗颇蜜多罗本身是瑜伽行派，所以没有翻译这一段，吕澂猜测也可能是那烂陀寺学问融合的风格所致。

不管如何，从汉译《般若灯论》来看，并没有明显批判唯识学的地方，而且并未被后人所广泛使用引证说明中观宗对唯识宗的批判。② 论述相对比较明确，且引用最广泛的，无疑是《大乘掌珍论》中对相应师的批判，印顺认为："《掌珍》所破之相应师，一往似非护法，而实与护法之思想吻合。"③

清辨在《大乘掌珍论》中先确立了他的核心观点，"真性有为空，如幻缘生故。无为无有实，不起似空花"。他从有为法空与无为法空两方面进行论述和辩难，以对立的立场进行反驳的对手很多，包括"有性论者"、"不善正理论者"、毗婆沙师、异空慧者、数论及胜论等，其中，"相应论者"一般认为是护法，而清辨对护法的质难，就被视作空有之争，"由于清辨在《掌珍论》中建构了两个论证，来证明胜义谛中有为法和无为法都是空，因此，不但在印度引起来'空有之争'，而在中国的唯识宗中，也同样引起了热烈的反驳。这些争论的产生，无疑地，并不只是因为清辨之于护法或窥基之于清辨之间的思想差异，而是牵涉到

---

① 吕澂：《吕澂佛学论著选集》卷四，第2246页。
② 《般若灯论》二十五品对三性的批判现在存于西藏的《般若灯论》与《中观心论》中，现在有英译 M. D. Exkel, Bhavaivekas Critique of Yogacara Philosophy in Chapter xxv of the Prajnpradipa，日译安井广济《中观思想研究》附录，及藏文校定本，台湾辅法光佛学研究所教授曹志成也做过研究，发表有《清辨对瑜伽行派的三性思想之批判的探讨》《对〈藏传佛教格鲁派宗义书〉论清辨'名言中自相有'之看法的探讨》等文章。
③ 印顺：《清辨与护法》，《唯识学的发展与传承》，《现代佛教学术丛刊》第24号，台北：大乘文化出版社，1978，第314页。

龙树所创立之中观哲学与唯识宗哲学之间的根本差异"①。

相应论者的观点是："成立遍计所执自性为空，及依他起自性为有，契当正理。若此义言，依他起性亦无所有，故立为空，汝便堕落如上所说过失深坑，亦复成就诽谤世尊圣教过失。"② 从三性的角度来看，相应论者认为遍计所执性是空，依他起性不空。但是，清辨以"真性有为空"主张有为法都是空的，也就意味着，依他起性也应当是空，因为依他起性不可能是无为法。在相应论者看来，这种否定依他起性的理解存在断灭空的错误。

相应论者之所以认为依他起性不空，有正反两方面的原因，一方面，认为遍计所执性是在依他起性上妄执有自性，所以遍计所执性本空，但作为"所依"的依他起性是自性有的，"诸有为法从众缘生非自然有，就生无性立彼为空"③。另一方面，相应论者认为，如果连依他起、缘生事都空的话，就是落入了极端错误的断灭空。清辨阐述相应论者的理论说："此教意言：遍计所执，依他起上，自性本无，非彼性故。以非如能诠有所诠性，亦非如所诠有能诠性故。依他起自性有上遍计所执自性本无。由彼故空，即妄计事，彼自性无。依此故空，即缘生事，此自性有。此若无者，则为断灭。于何事上，说谁为空？此缘生事，即说名为，依他起性。依此得有色受想等自性差别，假立性转。此若无者，假法亦无，便成无见，不应与言，不应共住，自堕恶趣，亦令他堕。"④

因为这是清辨的设论，未必能完全客观地描述作为"相应论者"出现的瑜伽行派，但是可以从上文看出，在清辨的眼中，相应论者对中观宗的攻击集中在依他起性上，认为中观学以此为空，实际上就是断灭邪见。

清辨对瑜伽行者质疑的回答是："无性故空，不应说言，就生无性，说彼为空。若彼起时，就胜义谛有自性生，云何说为生无自性？若实无生此体无故，不应说有唯识实性，若尔，则有违自宗过。若依他起，自然生性，空无有故，说之为空。是则还有，立已成过。既许依他众缘而

---

① 杨惠南：《龙树与中观哲学》，台北：东大出版社，1988，第64～65页。
② 《大乘掌珍论》卷一，《大正藏》第30册，第272页。
③ 《大乘掌珍论》卷一，第271页。
④ 同上。

生。实不空故应不名空，我则不尔。云何迷成相应师义。"① 清辨也是从正反两方面来论述，一方面，清辨认为之所以说有为法空，是因为无自性故空，并非因为从众缘生、非自然有的生无性故空。其实，他表达的意思就是诸法自性本空，并不需要观待或者依靠生无性才是空的，所以并非是观待不空的依他起性而说遍计所执性空；另一方面，清辨认为如果按照对方的思路，诸法缘生而起时是有自性的，那么为什么要说"生无性"，在清辨看来，这是实不空而名空，并且，生无性与唯识实性存在理论矛盾。

上一段第二句"若彼起时，就胜义谛有自性生，云何说为生无自性？"之所以清辨要在问难之前加胜义谛简别，关键就在于清辨并不完全否定依他起性即缘生事，只是在胜义谛上说依他起性空，而世俗谛并没有否认，他说："是诸愚夫觉慧所行，世俗似有自性显现。以胜义谛觉慧寻求，犹如幻士都无实性。是故说言，由彼故空，彼实是无，为欲遮堕常边过故。如为弃舍堕常边过说彼为无，亦为弃舍堕断边过，说此为有，谓因缘力所生眼等世俗谛摄，自性是有，不同空华，全无有物，但就真性，立之为空。是故说言，依此故空，此实是有。如是空性，是天人师，如实所说。若就此义，说依他起自性是有，则为善说。如是自性我亦许故，随顺世间言说所摄，福德智慧二资粮故，世俗假立所依有故，假法亦有。然复说言，此若无者，假法亦无，便成无见，不应与语，如是等过，皆不成就。"② 在这整一段论述中，清辨表达了一个意思，关于依他起自性空不空的问题，他认为依他起性与所有有为法一样，在真谛层面是空，而在俗谛层面是有。所以相应论者以依他起自性空来质疑清辨落入断灭，是错将依他起自性空与"全无有物"等同起来，没有区别真谛与俗谛。

在中观学的思想体系中，二谛是关键性范畴，龙树"诸佛依二谛，为众生说法，一谓世俗谛，二谓胜义谛。若人不能知，分别于二谛。则于深佛法，不知真实义。若不依俗谛，不得第一义。不得第一义，则不得涅槃"③。按照汉译青目的解释，俗谛就是言语，所以《中论》的二谛

① 《大乘掌珍论》卷一，第 272 页。
② 同上。
③ 《中论》卷四，《大正藏》第 30 册，第 32 页。

是在能诠、所诠的框架中建构起来的，青目解释说："第一义皆因言说，言说是世俗，是故若不依世俗，第一义则不可说。"①

吕澂认为，清辨的二谛与龙树之二谛是有差别的，清辨多从境界上说："讲到胜义与世俗的定义时，清辨也有新的说法。在《中论》讲到的真俗二谛，原是指说法（言教）的格式，如讲缘起、蕴处界，就是世俗谛的说法，而菩提、涅槃，则是胜义谛的说法。清辨对二谛的理解，已超出言教的范围，而是指境界说的了。一般说，世智（凡智）的境界属世俗，般若智（圣智，亦即根本无分别智）的境界属胜义。"②

如果根据《般若灯论》中的说法，清辨的二谛是与龙树相统一的，世俗就是言说，因为清辨注释上面两偈说："世谛者，谓世间言说。如说色等起住灭相，如说提婆达多去来，毗师奴蜜多罗喫食，须摩达多坐禅，梵摩达多解脱，如是等谓世间言说，名为世谛。"③ 但是清辨也确实表达过在境界的框架中理解二谛："世俗谛者，一切诸法，无生性空。而众生颠倒故，妄生执：于世间为实。诸贤圣了达世间颠倒性故，知一切法皆空无自性，于圣人是第一义谛，亦名为实。"④ 既然在汉译《般若灯论》一个文本中，清辨表达了前者世俗谛是言说，后者世俗谛是众生颠倒、执以为实，胜义谛是圣人认识真实的境界，两种意思在一个文本里存在，就表示作者认为两者是统一的而不是矛盾的，所以，吕澂说清辨二谛的理解是"超出言教的范围"，是合理的，但是，并不能说清辨二谛的理解就与龙树言教二谛不同。

如果再从《掌珍论》来看的话，就会更为清晰，清辨二谛的安立是："真性有为空，如幻缘生故。此中世间同许有者，自亦许为世俗有故。世俗现量生起因缘，亦许有故，眼等有为，世俗谛摄，牧牛人等皆共了知，眼等有为是实有故，勿违如是自宗所许，现量共知。故以真性简别立宗，真义自体说名真性，即胜义谛，就胜义谛，立有为空，非就世俗。"⑤ 可见，清辨从二谛的角度来谈依他起性的缘生事，真谛空而俗

① 《中论》卷四，《大正藏》第 30 册，第 33 页。
② 吕澂：《吕澂佛学论著选集》卷四，第 2248 页。
③ 《般若灯论释》卷十四，《大正藏》第 30 册，第 125 页。
④ 同上。
⑤ 《大乘掌珍论》卷一，《大正藏》第 30 册，第 268 页。

谛有。

如果说在有为法这个问题上，清辨与护法的争论在于依他起性是否空的话，在无为法的问题上，就集中在真如是否空这一问题上。"相应论师有作是说，于胜义上更无胜义，真如即是诸法胜义。故就胜义，说真如空，此言称理。而言真如，非实有者，此不称理，云何出世无分别智及此后得清净世智？缘无为境是应正理。"① 相应论师认为，无为法包含真如无为，真如本身就是胜义。瑜伽行派认为，要是连无为法的真如都被否定的话，将真如作为认识对象的无分别智也将被否定，而这一点是绝不能被容许的。

清辨对此的回答是："缘真如智非真出世无分别智，有所缘故，及有为故，如世缘智。"② "真如非真胜义，是所缘故，犹如色等。"③ "彼所计离相离言真如胜义，是所缘故，如余所缘不成胜义。"④ 在这里，清辨表达得很明确，作为能缘的真如智与作为所缘的真如，都不是真正的胜义，因为还有能（认识主体）、所（认识对象）的差别，与世间智、色法等有为法一样。清辨认为真如是离能缘、所缘等差别相的，怎么会因为需要作为无分别智的所缘而非自性空呢？"就胜义谛，如是出世无分别智亦非实有，从缘生故，犹如幻士。"⑤ "由此圣教应知，真如唯是一切分别永灭，非实有性，非离非有。实性真如转依为相，法身成就。由得观空真对治道，一切分别遍计所执种子所依异熟识中分别等种无余永断，因缘无故，毕竟不生。本性无生，本性常住，是名如来转依法身。"⑥

清辨不仅从胜义没有能、所差别来反驳瑜伽行派，并且进一步批判其离言真如就是外道所执我，不符合佛教理论："若言真如虽离言说，而是实有，即外道我，名想差别说为真如。如彼真如，虽是实有，而就胜义有、非有等分别不成。我亦如是，彼亦计我，虽是实有周遍常住。作者、受者而离分别，以非语言所行处故，分别觉慧所不缘故，名离分别。彼教中说，言说不行，心意不证，故名为我。我相既尔，而复说言，缘

---

① 《大乘掌珍论》卷二，《大正藏》第 30 册，第 274 页。
② 同上。
③ 同上。
④ 《大乘掌珍论》卷二，《大正藏》第 30 册，第 276 页。
⑤ 《大乘掌珍论》卷二，《大正藏》第 30 册，第 277 页。
⑥ 《大乘掌珍论》卷二，《大正藏》第 30 册，第 274 页。

真如智，能得解脱，非缘我智。此有何别，并无言说，有实性故。唯执朋党，说如是言，故我不能信受如是似我真如实有非有。"① 清辨认为，虽然瑜伽行派说真如非有非无，但是，他认为这只是宗派争论下的语言游戏，实际上与瑜伽行派所批判执我的部派、外道是一样的，因为实有自性之真如与"我"没有差别，清辨这一"似我真如"的斥责一直为后来的支持者与反对者所引证。

二　护法对清辨的回应

清辨一系列的批判，护法是否有回答呢？根据吕澂的说法，"护法在《广百论释》最后一品：《教诫弟子品》，还是答复了清辨在《般若灯论》中提出的问题的"②。护法确实在《教诫弟子品》中关于三性进行了深入的讨论。

此品中，关于三性的讨论是从一个质疑开始的：若断灭的对象与证得的果都是空，那么，即使断除了烦恼也要继续轮回，同时，即使没有种下善根也能获得涅槃常乐的果，这就意味着，佛教最根本的因果理论被破坏了。对于这个问题，护法给以三种回答。

第一种回答是：世俗非无，所以没有这个过错，这个回答比较像是清辨的回答。但是，护法对于这一类解释是不认可的，他质疑说："应问世俗非谛实耶？彼答不然，随世俗量是实有故，亦名谛实。如何可说一法一时，有无相违俱名谛实。"③ 他质疑二谛如果都是真实的，那么，不可能同时存在于一个法上，因为俗谛有、真谛无，相对立的有、无是不能在一个独立的法上同时共存的。经过往复问难，护法总结说："汝今为成，有无二谛同在一法，互不相违。虽引众多世间譬喻种种方便，终不能成。"④

护法不同意第一种回答中真、俗二谛的理解，他认为，有无对立的真俗二谛是不能在一法上同时共存的。那么，护法所理解的二谛是什么呢？"俗与真体不相离，如何俗体望真为无？如契经中，佛告善现，世俗

---

① 《大乘掌珍论》卷二，《大正藏》第30册，第275页。
② 吕澂：《吕澂佛学论著选集》卷四，第2249页。
③ 《大乘广百论释论》卷十，《大正藏》第30册，第246页。
④ 同上。

胜义无各别体，世俗真如即是胜义。"① 护法认为，俗谛并不是真实的，俗谛的体就是胜义真谛。基于这样的理解，护法认为，世俗非无，所以因果不坏的理解是错误的，因为这种理解会导致在真谛外别有一个俗谛的体，并与真谛对立，同时在一个法上存在。

第二种回答是古昔轨范师，从情与事两方面回答："古昔轨范诸师，情事不同安立二谛，世俗谛语近显俗情，胜义谛言远表实事。世俗诸法虽称俗情，而事是虚，故非谛实。"② 第二种观点与第一种观点相比，认识到俗谛是情，是虚妄的，而非谛实的。但是这种观点认为胜义是无分别智所缘境界，"应先审定，胜义是何？然后可言，此非胜义。若言胜义是无分别智慧所行究竟空无，此先已破，谓彼所行究竟无故，无分别智应不得生，乃至广说"③。护法认为，将胜义理解为无分别智认识对象的"空无"是不正确的，因为如果认识对象是空，作为认识主体的无分别智就无从生起，他说"若言如彼无分别智，所行境界究竟空无。不如是有，故说非有。若尔所行究竟无故，无分别智应不得生，设许得生亦非真智，缘无境故"④。

可见，虽然需要确认清辨是否认为俗谛是谛实来分辨清辨是前一种还是后一种观点，但是在这里，对清辨在《掌珍论》中的观点，即存在能（认识主体）、所（认识对象）对立则不是真实无分别智，护法确实做出了回应。护法认为，若认识对象是空，才会使得无分别智无从生起，就算生起也不是真实无分别智，因为所缘是"无"境。在护法看来，这里所谓的"无"境，就是断灭空，"此所行非真胜义，以是无故，犹如兔角，或非有故，如彼空花"⑤。所以，清辨在《掌珍论》中肯定了无分别智对于能、所二元对立的超越，凸显了"空"；护法则在这里否定把近似断灭的"空"赋予在无分别智的认识对象。

第三种回答是："复有余师释此难曰，分别所执法体是无，因缘所生法体是有。"⑥ 这里所说的分别所执法体就是遍计所执性，因缘所生法体

---

① 《大乘广百论释论》卷十，《大正藏》第 30 册，第 247 页。
② 同上。
③ 同上。
④ 同上。
⑤ 同上。
⑥ 同上。

就是依他起性，并用提婆的本偈作为证明，"遍计所执无，依他起性有。妄分别失坏，堕增减二边"①。这第三种解释就是护法自己的观点，即在《掌珍论》中被清辨批评的观点，认为所空的是遍计所执性，而依他起性不空。"应信遍计所执性无，是诸世间妄情立故。依他起性从因缘生，非妄情，为应信是有。"② 随后，护法通过名与义，自相与共相两对范畴证明遍计所执性无、依他起性有这一观点。

在此基础上，护法还必须处理两个问题，即本论偈颂对此的反证，以及其他经论高扬"空"的基调。提婆本偈："无有少法生，亦无少法灭。净见观诸法，非有亦非无。"③ 这首偈明显与护法的理解不同，护法解释这是在说遍计所执性，而不是依他起性，"此亦不能证依他起，其性非有，所以者何？此颂意明遍计所执自性差别，能诠所诠，其体皆空，无生无灭离执净见，观诸世间，因缘所生非无非有，故此非证依他起无"④。提婆的本偈原意应是中观"毕竟空"的意味，却被护法解释成了依他起性上遍计所执性空，不得不说这样的解释，确实会引来中观宗的批判。

对于其他说空的经论，护法认为，经中所说"空"，是密意宣说遍计所执性空，而不是依他起性空，"此有密意，密意如何？谓此诸经唯破遍计所执自性，非一切无，若一切无便成邪见"⑤。"如是二经说缘生法，虽无自性而不相违。以从缘生法有二种，一者遍计所执，二者依他起性。此中意明，遍计所执自性非有不说依他，若说依他都无自性，便拨染净二法皆无，名恶取空自他俱损。"⑥

如果按照这种理解来看，就牵涉"揭示密意的经典"与"含有密意的经典"的分判，就是关于了义经的讨论，但是护法讲得很明白，"世尊自说，若诸经中说空、无相、无愿、无行、无生、无灭、无有自性、无有有情、命者、主宰、补特伽罗、解脱门等，名了义经。我言合理，以于余经，佛自决判，我依遍计所执自性，于余经中说一切法皆无自性、

---

①　《大乘广百论释论》卷十，《大正藏》第 30 册，第 247 页。
②　同上。
③　同上。
④　同上。
⑤　同上。
⑥　《大乘广百论释论》卷十，《大正藏》第 30 册，第 248 页。

无生、无灭、本来寂静、自性涅槃，依依他起自性说言，诸有情心生灭流转，乃至广说"①。在护法看来，经文中说空者，指的都是遍计所执性，所以，所有空教都是含有密意的，都是别有意趣的，"如来处处说三自性，皆言遍计所执性空，依他圆成二性是有。故知空教别有意趣，不可如言拨无诸法，如言取义名谤大乘"②。

既然遍计所执性无、依他起性有获得了经论的支持，那么在护法看来，那些破斥依他起性有的观点当然就是断灭空，就是"全无"的观点，由依他起性而推演出依他而生之心、心法，"若从缘生心及心法，同遍计执皆自性空，便似空花何能系缚，三有含识生死轮回。是故依他非无体实，论者本意决定应然。若不尔者，何缘故说，妄分别缚，证空能除，谁睹龟毛能计能缚，谁见兔角能证能除。由是应知，有心心法，但无心外所执诸尘"③。这一段论证很重要，足以代表护法最关键的核心观点，护法在第十品回答"证空之德"这一疑问开始，都围绕依他起性是有这个观点在论述，但是这个地方将依他起所生法心及心法提出来，认为缘生之心、心法若无，与遍计所执性空一样的话，那所缚、所解都是空，这样就破坏了因果，使得佛陀所说一切及世间一切都难以成立，所以护法将提婆本来的"妄分别缚，证空能除"用来证明提婆是要肯定妄分别缚的存在，这种观点有点类似部派的理解，需要否定某事时，就证明某事是存在的一样，不然何来否定。护法通过这样的思路证明了依他起性的存在，并由此引出对心、心法存在的肯定，所否定的是境、尘，"有心心法，但无心外所执诸尘，云何定知诸法唯识，处处经说，于此何疑？"④ 心、心法代表的依他起性，乃是众生颠倒即遍计所执性的所依，所依并不是无，这正是护法的思路。

通过对心、心法的肯定，进一步论证诸法唯识，"若许实有少分识体，应说此体，其相如何？既不可言能识、所识，如何定说唯有识耶。诸契经言，唯有识者，为令观识舍彼外尘，既舍外尘妄心随息，妄心息

---

① 《大乘广百论释论》卷十，《大正藏》第 30 册，第 248 页。

② 同上。

③ 《大乘广百论释论》卷十，《大正藏》第 30 册，第 249 页。

④ 同上。

故证会中道"①。在清辨看来是"似我真如"的识，护法在这里却申明说没有能、所，没有自体，只是为了令诸众生舍弃对外尘的执着而设立的方便，目的是契会中道。

从上述的讨论可以看出，根据汉译典籍所记载的空有之争在理论上争端的核心，即是依他起性空还是不空，这在《掌珍论》与《教诫弟子品》中是一致的。清辨的理由大致可归纳成两个，经论处处说空，这是典籍的依据；第二个是诸法自性本空，不需要像瑜伽行派一样观待"不空"依他起性而说遍计所执性空。护法的理由有两个方面，空的是遍计所执性，并不是依、圆二性，经论虽然处处说空，却是密意说空，是不了义经，如果连依他起性也空的话，就是断灭，这是唯识宗一贯的看法，窥基就在《成唯识论述记》中贬斥清辨"总拨法空"，认为清辨是断灭空见，也是为什么杨惠南先生说战火蔓延到慈恩宗的原因。

依他起性空不空，其实质是在探讨什么呢？其实就是《教诫弟子品》的总难，与《中论》二十四品的质难是一样的，即空坏因果的质疑。对于空坏因果这样的质问，清辨的回答就是中观宗典型的回答，空的真谛，俗谛不空；而护法则认为这种回答有问题，因为如果真、俗二谛都是谛实，那么如何空的真谛与不空的俗谛存在于一法一时？所以他的回答是遍计所执性空，依他起性不空。

第二节　中国佛教空有之争

在中国佛教历史上，与印度的情况极为不同，三论宗作为中观宗的中国化宗派，并没有与继承护法的玄奘有太多的交集，玄奘出家已经是在吉藏晚年，玄奘从印度归国的时候吉藏已圆寂大概20多年了，也有观点认为慈恩宗的盛行是三论宗没落的一个重要原因，两宗基本上可以被看作是交替的关系。即使三论宗僧人有过与唯识宗的互动，也并不被广泛了解，起码从近现代的佛学研究来看是这样的。另外，中国佛教的主流是如来藏系，以经而非论为依据的如来藏系宗派并不像中观宗、唯识宗那样强调"简别"，尤其如来藏思想代表的中国佛教宗派面临的最大

---

① 《大乘广百论释论》卷十，《大正藏》第30册，第249页。

问题，是将传入汉地的诸多经、论纳入一个统一的解释系统中，这就要求如来藏系宗派更为强调"圆融"。

所以，在中国佛教语境中，空有之争的主角不再是中观宗与唯识宗，更不是有部与经部，而是被近现代称为"如来藏系"的中国佛教宗派，印顺称其为真常唯心系，太虚称其为法界圆觉宗、真如宗，命名虽有差异，但指代的大体是佛教发展过程中的一个思想系统，所坚持的理论是强调佛法身的常恒等。以台、贤、禅、净为代表的如来藏系在"空有之争"上表现出强烈的"圆融"特质，使得空有之争的形式不再是宗派论争，而是基本呈现为如来藏思想对中观宗、唯识宗思想的融摄。

基于如来藏系，其融摄空有的方法与立场成为中国佛教在空有之争问题上的基本态度，使得空有之争不再表现为单一而纯碎的宗派论争形式，而是表现为多种复杂的形式，或以偏有的立场融摄空（禅宗），或以空的立场融摄有（三论宗），或和会空有（华严宗），但也应当注意到，在中国佛教历史中，也确实存在以宗派立场为基础的依空斥有、依有驳空，比如净土宗慈愍慧日对禅宗的批判等。当然，在如来藏系的基调下，这只是个别现象。

一　三论宗以空融有

在汉传中观学[①]的历史上，最早对真常思想做出回应的可能就是鸠摩罗什。鸠摩罗什译作很多，著作很少，在他的《大乘大义章》中，与慧远有关佛身常恒等问题进行了讨论，可以窥见他对这一系思想的基本态度。

慧远处于般若中观思想开始传入的时期，汉地以六家七宗为代表，都只是在揣测"空"到底是什么，鸠摩罗什是一位训练有素的中观思想家，迅速地发现了慧远提出的问题中不符合中观思想的立场，将其纠正。

慧远大部分问题是关于佛的法身：比如，法身无相，云何可见？得忍菩萨，如何受法性生身，实生还是不生？法身与沙门法相的差别？法身寿量？于何修三十二相？问法身神通感应？念佛三昧如何见佛法身？但是，在鸠摩罗什看来，这些问题很没有意义，他不断地重复他所理解

---

① 参看丁建华《略论汉传中观学的三期发展》，《理论月刊》2013 年第 12 期。

的法身就是诸法实相，据说他还做过两卷《实相论》（已经佚失），但是从他的回答中已经足以看出他的立场。"若言法身无来无去者，即是法身实相。同于泥洹，无为无作。"① "今重略叙法身有二种：一者法性常住如虚空，无有为、无为等戏论；二者菩萨得六神通，又未作佛，中间所有之形，名为后法身。"② "法身可以假名说，不可以取相求。"③ "法身义以明法相义者，无有、无等戏论，寂灭相故，得是法者，其身名为法身。"④

　　鸠摩罗什反复重申他最基本的立场就是："法性者，有佛无佛，常住不坏，如虚空无作无尽。"⑤ 在鸠摩罗什所传译的中观学看来，法性就是空性，就是鸠摩罗什所说的诸法实相，所以鸠摩罗什在回答中，对于如、法性及真际特别进行了论述。"若如实得诸法性相者，一切义论所不能破，名为如。如其法相，非心力所作也，诸菩萨利根者，推求诸法如相，何故如是寂灭之相？不可取，不可舍，即知诸法如，相性自尔故，如地坚性、水湿性、火热性、风动性，火炎上为事，水流下为事，风傍行为事，如是诸法性性自尔，是名法性也。更不求胜事，尔时心定，尽其边极，是名真际。是故其本是一义，名为三。"⑥ 如、法性及真际三者虽然随观力而有先后的差别，但是所诠其实就是一个。

　　从以上可以发现，作为一位当时的高僧，慧远关注的并非教义问题，他虽然从一些般若经典中获得一些大概的印象，比如"不取着"，等等，但是他真正关心的是如何证法性的问题，所以不管鸠摩罗什如何强调法性不可取相求、是寂灭相，等等，慧远还是无法将关注的焦点移开，比如他问念佛三昧见佛的问题等。鸠摩罗什敏锐地发现，慧远的这些思想接近小乘部派的想法，正是中观思想所要批判的对象，所以他明确地说："后五百岁来，随诸论师，遂各附所安，大小判别。小乘部者，以诸贤圣所得无漏功德，谓三十七品、及佛十力、四无所畏、十八不共等，以为法身。又以三藏经显示此理，亦名法身。是故天竺诸国皆云，虽无佛生

---

① 《鸠摩罗什法师大义》卷一，《大正藏》第 45 册，第 123 页。
② 《鸠摩罗什法师大义》卷一，《大正藏》第 45 册，第 126 页。
③ 《鸠摩罗什法师大义》卷一，《大正藏》第 45 册，第 127 页。
④ 《鸠摩罗什法师大义》卷二，《大正藏》第 45 册，第 130 页。
⑤ 《鸠摩罗什法师大义》卷一，《大正藏》第 45 册，第 126 页。
⑥ 《鸠摩罗什法师大义》卷二，《大正藏》第 45 册，第 136 页。

身，法身犹存。大乘部者，谓一切法无生无灭，语言道断，心行处灭，无漏无为，无量无边，如涅槃相，是名法身。及诸无漏功德，并诸经法，亦名法身。所以者何？以此因缘，得实相故。"①

鸠摩罗什在这里区别了大小乘看待佛性的不同观点，小乘会从佛所得无漏功德如三十七品、十力等来理解佛性，并认为经典能够显示无漏功德，所以也视作法身。大乘则认为不生不灭的诸法实相才是法身，虽然也将无漏功德与经典视作法身，因为可以以此为因缘而证得实相。可见，慧远这种执无漏功德以为法身的观点，在鸠摩罗什看来接近小乘。慧远另外有一部《法性论》（已经佚失），吕澂根据其他典籍所引片段，认为慧远的思想受到僧伽提婆所翻译的《阿毗昙心论》的巨大影响，同于小乘"《法性论》的思想还是出于《心论》。认定一切法实有，所谓泥洹以不变为性，并不是大乘理解的不变，而是小乘的诸法自性不变，也是实有，此为小乘共同的说法"②。

如果继续对慧远所持的法性常恒的观点进行考察，就会发现，他的观点与有部的实有观点是有差异的。根据《高僧传》及《出三藏记集》的记载："先是中土未有泥洹常住之说，但言寿命长远而已。远乃叹曰，佛是至极，至极则无变，无变之理，岂有穷耶？因著《法性论》曰：至极以不变为性，得性以体极为宗。罗什见论而叹曰，边国人未有经，便暗与理合，岂不妙哉。"③ 如果慧远的思想是仅仅来源于说一切有部《心论》，那么鸠摩罗什怎么会有《高僧传》所记录的称赞，鸠摩罗什应该一眼就能认出作为中观学主要批评对象的说一切有部的教义。

一般认为，所引《法性论》里的这两句话所指的就是涅槃，"体极者，在于冥符不变之性。不变至极之体，即为泥洹"④。"至极和极，指的泥洹，体说证会，性即法性。泥洹以不变为其法性，要得到这种不变之性，就应以体会泥洹为其宗旨。"⑤ 在《沙门不敬王者论》中，慧远直接表达了这种涅槃常恒的观点，他说："是故经称，泥洹不变，以化尽为

---

① 《鸠摩罗什法师大义》卷一，《大正藏》第45册，第123页。
② 吕澂：《吕澂佛学论著选集》卷五，第2560页。
③ 慧皎：《高僧传》卷六，《大正藏》第50册，第360页。
④ 汤用彤：《汤用彤全集》第一卷，河北人民出版社，2000，第271～272页。
⑤ 吕澂：《吕澂佛学论著选集》卷五，第2560页。

宅。三界流动，以罪苦为场。化尽则因缘永息，流动则受苦无穷。"① 在《大智度论抄序》中，慧远说："无性之性，谓之法性。法性无性，因缘以之生。"② 这种将经过空性淘洗的法性、佛性、涅槃观念，就是如来藏系思想的典型，"真常唯心论，乃真常心与真常空之糅合，自真常心来，非即真常心也"③。慧远的思想与如来藏思想，即使不完全一致，也已经有此倾向。

根据《高僧传》与《大乘大义章》，鸠摩罗什对慧远的评价是两方面的，一方面认为他的思想是与大乘思想相契合的，不然他就不会说"暗与理合"；而另一方面，在中观学立场看来，慧远如关河旧学之前的六家七宗一样，都没有能正确理解法性、涅槃的含义，每每以取相求等，故而鸠摩罗什以大小乘法性的不同理解提醒慧远，警戒其思想再向小乘靠拢。所以虽然没有记载说慧远所依经典是如来藏系经典④，但其思想却与其暗合，故而受到鸠摩罗什既称赞其与大乘的统一性，又警告其落入小乘的危险性。

如果说关河旧学在魏晋玄学及佛教般若学的背景下蔚为显学，所以鸠摩罗什既有资格也有能力驳斥具有如来藏系思想特质的慧远，那么，到了吉藏的时候，《涅槃经》及涅槃学大盛，其他代表如来藏思想的经典比如《胜鬘经》《法鼓经》不断被发扬，使得吉藏不得不面对以《涅槃经》为代表的如来藏系思想，即使是在对根本没有提及如来藏思想的龙树《中论》的注疏中，也处处有所体现。

吉藏所面临的重要问题是，如何理解与解说《涅槃经》常乐我净与中观空义之间的关系。这里并不想广泛的讨论吉藏如何建构与《涅槃经》相统一的思想体系，仅仅想就最核心的方面，揭示出吉藏作为中观学代表对如来藏系思想的态度及做法。

吉藏最重要的解说无疑就是以中道为佛性，"八不即是中道佛性"⑤。在讨论《中论》的"所诠"时，"是法不可示，言辞相寂灭，不知何以

---

① 僧祐：《弘明集》卷五，《大正藏》第 52 册，第 30 页。
② 僧祐：《出三藏记集》卷十，《大正藏》第 55 册，第 76 页。
③ 印顺：《印度之佛教》，中华书局，2011，第 187 页。
④ 晋末法显从印度带回《涅槃经》，并与佛陀跋陀罗一起译出六卷，罗什弟子僧叡曾作《喻疑》讨论，在罗什灭后第八年，《大般涅槃经》才由昙无谶译出。
⑤ 吉藏：《中观论疏》卷一，《大正藏》第 42 册，第 9 页。

目之，约此论则称为中，经则名为妙法、法身、佛性、般若"①。关于吉藏的佛性思想，已经有不少学者对此进行研究②，一个基本思路就是以中观学空义之"八不"所诠因缘，会通如来藏经典比如《涅槃经》所宣扬的常乐我净的佛性，坚持中观学与涅槃学并没有矛盾。虽然仍旧以《般若经》为了义经，但是判断的基础是《般若经》中已经包含有"佛性"的思想，也难怪杨惠南疑问"这样地了解《般若经》，显然和龙树的了解完全不同。吉藏能说是龙树的忠实信徒吗？"③

站在中道佛性的基点上，可以发现，吉藏的立场是融摄的，而不是认为中观学与如来藏系是矛盾的，这可以从他对彭城嵩法师的评价中完全体现出来。嵩法师认为佛入灭度是实、常、乐、我、净乃为权用方便，吉藏认为他的说法是邪见，并称其舌烂口中，而后改迷，"彭城嵩法师云，双林灭度，此为实说。常乐我净，乃为权说。故信《大品》而非《涅槃》，此略同上座部义。后得病舌烂口中，因改此迷。引悬镜高堂为喻，像虽去来，镜无生灭。然境虽起谢，而智体凝然"④。吉藏虽非明言《涅槃》为究竟，也并不认为《涅槃》非究竟，吉藏之所以以嵩法师信《大品》而非《涅槃》为错误，是因为他认为《大品》与《涅槃》皆是佛说，都不能否定，哪怕是嵩法师以实权的说法也不可以。可以看出，吉藏并不认为《涅槃》与《般若》的关系是矛盾的，需要用了义不了义来判释。在中道佛性的立场上，《涅槃》与《般若》是可以统摄的。

吉藏之空并非是区别于如来藏系之外的空，而是包容整个佛教之空，所以吉藏觉得单纯的空可能有偏空的嫌疑而落入了二乘，他更喜欢用中道，以中道佛性作为根源。"问，二乘人亦了十二因缘空，空中有何法可异？答，二乘但观十二缘空，不知因缘即有佛性不空之义。大士了达十二缘空，复知佛性不空之义，故与二乘异也。问，二乘但知十二缘空，堕于断灭。大士具知空与不空，应具堕二边。答，大士知十二本空，故异凡之有。知有中道佛性不空，异二乘之空。又十二本空，故非有；佛

---

① 吉藏：《中观论疏》卷一，《大正藏》第 42 册，第 9 页。
② 参看吴汝钧《中道佛性诠释学》；廖明活《中国佛性思想的形成与展开》第三章《吉藏的佛性思想》；陈世贤《吉藏对三论学之转化——以吉藏之佛性思想为中心》，《正观》第五期；以及庄进宗《吉藏的佛性思想》，《中国佛教》二十七卷二期，1983 年。
③ 杨惠南：《龙树与中观哲学》，台北：东大出版社，1988，第 48 页。
④ 吉藏：《中观论疏》卷一，《大正藏》第 42 册，第 17 页。

性妙有，则非空。非空非有，即是中道。"① 吉藏在《中论》空即中道的安立中，加入了佛性不空与十二因缘空相对而成立中道，显然与《中论》文义是有所差异的。

接着这一段话之后，吉藏就此义分了三种二谛："问，就此义宗，云何立于二谛？答，大明佛法凡有三种二谛：一者，生死涅槃合为二谛。十二因缘虚妄本空，名为世谛。佛性妙有不可说空，名为真谛。二者，就生死之法自论二谛。十二因缘犹如幻梦，往还六道，名为世谛。而本性空寂，实无来去，名为真谛。三者，就涅槃之法自论二谛。涅槃妙有名为世谛，而涅槃亦空名为真谛。"② 三种二谛是依有为法生死与无为法涅槃来分的，第一种是以两者合起来表述，则十二因缘所成的生死是虚妄的，自性本空，是世谛。无为法涅槃方面，佛性不可说它空，这是真谛。生死本空是世谛，涅槃不空是真谛。第二种是单就有为生死法来谈的，生死不空是世谛，生死亦空是真谛。第三种是单就涅槃来看的，涅槃不空是世谛，涅槃亦空是真谛。

俗谛　　　　真谛

生死本空　　涅槃不空

生死不空　　生死亦空

涅槃不空　　涅槃亦空

最后是表达了涅槃亦空，即佛性亦空的意思，在《涅槃经》影响这么大的时代背景下，吉藏已经预想到会有人疑问，"问，何处经明涅槃亦空？答，明处甚多。略引二证，一者《大品》释十八空云，第一义空者，涅槃名第一义，涅槃亦空，名第一义空。《涅槃经》云，迦毗罗城空，大般涅槃空。故知诸法未曾生死，亦非涅槃，言忘虑绝也"③。这个地方，吉藏用了《大品般若经》《涅槃经》两部经来表明涅槃亦空。其实这一段，吉藏从大乘与二乘相比，了知佛性不空的一面为开始，然后，通过三种二谛表明在二谛的框架中，生死空亦不空，涅槃不空亦空，所以虽然前面表达大乘了知佛性不空的一面，但是佛性、涅槃也有空的一

---

① 吉藏：《中观论疏》卷一，《大正藏》第 42 册，第 17 页。

② 吉藏：《中观论疏》卷四，《大正藏》第 42 册，第 53 页。

③ 同上。

面,最后从复杂的"符号系统"上升到言忘虑绝的"事实系统"①,即进入不可说的实相世界。

可见,从鸠摩罗什到吉藏,中观学对于如来藏系思想的态度已经发生明显的转变,鸠摩罗什传承中观学,以此为正统,来至汉地,无人争胜,当世并没有唯识学与其互争,只有在玄学大背景下昌盛的般若学,所以鸠摩罗什以正统佛法的角度对慧远那种近似小乘的如来藏思想进行批判;到了吉藏的时代,《涅槃》大兴,吉藏在融摄的立场上将强调"空"的中观学与强调法身"有"的如来藏思想纳入一个统一的脉络中来,甚至认为那些以《涅槃经》所宣说的如来藏思想为非了义的观点都是邪见。汉传中观学对如来藏思想,从排斥到融摄,代表了如来藏思想的发展,同时也代表了中观学思想的一种改变,这个改变深刻地影响着近现代空有之争的研究与思考。

二　华严宗和会空有

按照印顺与太虚的理解,台、贤、禅、净四宗都是如来藏系,三论宗虽然没有被归类进去,但是正如上文所述,吉藏并没有像鸠摩罗什那样批判如来藏系思想,而表现出一种融摄的态度,汉传中观学对如来藏系思想的这种态度转变是微妙而值得探究的。另外,站在如来藏系的立场上,如何理解与诠释中观学著作呢?虽然如来藏系四宗频繁引用中观学典籍,比如《中论》《大智度论》《肇论》等,但完整注疏而且留存下来的并不多,因为如来藏系相对来说更为重视经而不是论。在这种情况下,法藏的《十二门论宗致义记》及中兴华严的晋水净源对《肇论》的注疏就比较有代表性了。

在《十二门论宗致义记》中,法藏在第一卷完整阐述了他对于空有之争的基本观点,可以从两个维度来探究,第一个是判教,第二个是如何理解空有二宗的理论差异。

在判教上,法藏以戒贤和智光为代表,前者根据《解深密经》以唯识为了义,后者根据般若类经典以中观为了义,而法藏在此基础上,对

---

① 这两个范畴参看 Early Mddhyamika in India and China, by Richard H. Robinson, University of Wisconsin Press, 1967。

两宗判教进行"和会"，"若以机会教，二说俱得，以各依圣教为定量故。何者？谓此二说三教次第，俱不可以三时前后定限而取"①。首先，法藏认为不应该将三时的差别看作一种确定的不可变更的先后顺序，然后创造性地从两个角度来解释他的观点，"如来施设教则了不了义，有其二门：一约摄机宽狭，言教具阙，以明了不了。二约摄机入法，显理增微，以明了不了"②。前一个角度根据所教化对象的范围作为判断了义还是不了义的根据，这是戒贤的观点，因为《深密》三时判教，第一时只针对声闻，第二唯菩萨，第三则被一切乘，所以相对于前两个时期，最后这个时期因为所教化对象是最广的"一切乘"，所以被称为了义。后一种角度是根据证入法性的层次，从心境俱有到境空心有，再到心境俱空，这就是智光以中观学为了义的原因。

根据这两种判教的依据，法藏说："戒贤约教判，以教具为了义。智光约理判，以理玄为了义。是故二说，所据各异，分齐显然，优劣浅深，于斯可见。"③ 他认为两者的判教看上去是在判别了义非了义而出现了矛盾，事实上并没有矛盾，因为两者的根据是不同的，戒贤是根据理论所教化对象来判断教化最广的最后时为了义，智光则从悟入佛教究竟理论的次第来说明般若心境俱空是了义，法藏认为各有优势，都可以引导后人。

虽然法藏这样的和会存在某些难以解释的矛盾之处，但是他自身的立场是明确的。"小乘是半字教，理义不尽，容有异净。大乘满教，义理周备，岂亦同彼而有分部？又诸罗汉不得诸法一味法界，法执相应，起见造论，故有相违。如入地菩萨，通达诸法中道实相，岂亦同彼执见相违？是故龙猛及无著等，诸大论主不相违者，是良证也。"④ 在法藏看来，小乘声闻是因为法执未断，互相批判而形成争论；但是大乘都是入地菩萨造论，相传龙树为初地菩萨，通达诸法实相，怎么会如同部派小乘一样执着法相而互相攻难呢？

基于中观宗、唯识宗开创者的菩萨身份，法藏对空有两宗的判教认

---

① 法藏：《十二门论宗致义记》卷一，《大正藏》第 42 册，第 213 页。
② 同上。
③ 同上。
④ 法藏：《十二门论宗致义记》卷一，《大正藏》第 42 册，第 215 页。

为是互不相违的，那么就必须解释空有二宗在理论上的争执。"此大乘内，于缘生法二宗盛诤：一执为有，二说为空。且执有者，说此缘生决定不空，以有因缘之所生故，犹如幻事，不可言无。若言空者，应非缘生，如兔角等。若尔，则便断灭因果。……设有处说缘生空者，应知此就遍计所执，说缘生法无二我故，密意言空，非谓彼法举体全无。若此无者，则是断无恶取空见。"① 这段论述对照上文印度佛教时期部分就可以发现，这里执有的观点就是护法，护法认为经文处处所空，是密意说遍计所执性空、依他起性不空，依他若空，就是全无的断灭空。"二执空者，言此缘生法，决定是空，以从缘生，必无自性故，犹如幻事，不可言有，若言有者，则不从缘，不从缘故，则非缘起之法也。设有处说缘生法体是有者，应知但是随俗假说，非谓彼体实是不空。以若有体则不从缘，不从缘故，则无知断证修，亦坏于二谛。"② 这种观点就是清辨，他认为依他起性空，因为缘起性空是自性本空，不需要相对于依他起性有而遍计所执性空，但同时他认为俗谛上依他起性不空，因为是随俗假说。

　　从上面法藏这两段论述来看，他对空有之争是做过一番了解并且是比较熟悉的，但是，文本中明确存在的二宗争论，被法藏以大乘无乖违的立场和会到了统一的脉络中，他说"会无违者。诸缘起法，未尝有体，未曾损坏，无体无坏，无二无碍，为缘起法。是故龙树等，虽说尽有之空，而不待灭有，既不损有，即是不违有之空也。故龙树说空，离有离无，为真空也。无著等，虽说尽空之有，而不损真空，既不损空，即是不违空之有也，故亦离有无之幻有。何相违耶？当知二说，全体相与，际限无遗，虽各述一义，而举体圆具，故无违也"。③ 法藏认为，龙树虽说空，但不坏有，无著说有，而不损空。如罗什所说诸法实相，有佛无佛，法性常住，说空说有，都并不影响事实层面的诸法实相。

　　这样解说是可以说得通的，但是势必会产生一个疑问，就是如何理解清辨与护法在文献上确定存在的争端，所以法藏自设问难而答。"问：若尔，何故清辨护法，后代论师，互相破耶？答：此乃相成，非是相破。

---

① 法藏：《十二门论宗致义记》卷一，《大正藏》第 42 册，第 217 页。
② 法藏：《十二门论宗致义记》卷一，《大正藏》第 42 册，第 218 页。
③ 同上。

何者？为末代有情，根器渐钝，闻说幻有，谓为定有，故清辨等破有令尽，至毕竟空，方乃得彼缘起幻有，若不至此毕竟性空，则不成彼缘起幻有，是故为成有故破于有也。又彼闻说缘生性空，谓为断无，故护法等破空存有，幻有存故，方乃得彼不异有之空，以若不全体至此幻有，则不是彼真性之空，是故为成空故，破于空也。若无如此后代论师，以二理交彻全体相夺，无由得显缘起甚深，是故相破反是相成。"① 这一段表达了如来藏系对空有之争的典型态度，就是相夺反相成的观点，是为了"末代有情"，哪些执空、有为真实的末流。

这种法藏自己所称作的"和会"，恰恰正是如来藏系对中观宗与唯识宗"空有之争"的基本态度，法藏生活的年代正是唯识学大兴、玄奘为国人所敬重的时间，所以他还常常引用《成唯识论》，可以认为，玄奘本身对空有无违的态度是对法藏产生了一定影响的。同时，他也站在宗教实践层次的立场上，认为大乘菩萨怎么能够和小乘声闻一样有法执而产生各种争端呢？所以，法藏"和会"的精神有理论原因，也有实践原因，但是他的态度可以完整地展现如来藏系宗派对空有之争的基本立场，这个态度在近现代佛学研究中不断再现。

如果说《十二门论宗致义记》体现了法藏"和会"的精神，表达了他站在如来藏系角度和会"空""有"的态度，那么，发展至宋代的华严宗，晋水净源所做的就更进一步，以如来藏系的思想对中观学做了调整，清晰地体现在他对《肇论》的理解上。

晋水净源被称为华严宗的中兴教主，于宋代振兴华严宗，他所做的重要贡献之一就在于，搜集整理并注释了大量华严学典籍。其中以注释的《肇论》最为特别，原因在于，作为华严宗的僧人，并自觉宏传贤首思想，他称说："皇祐三年，余传贤首之道迹于中吴。"② 以这样的立场注释《肇论》难免受人质疑，被认为根本不符合僧肇的原意③，是一种改造。④

晋水净源对《肇论》的注释有两个，一个是他整理的秘思的注释，另一个是他自己对秘思注释的再解释。嘉祐三年，晋水净源整理了秘思

---

① 法藏：《十二门论宗致义记》卷一，《大正藏》第 42 册，第 218 页。
② 晋水净源：《肇论集解令模钞校释·序》，上海古籍出版社，2008，第 3 页。
③ 张春波：《肇论校释·绪论》，中华书局，2010，第 14 页。
④ 魏道儒：《中国华严宗通史》，江苏古籍出版社，1998，第 231 页。

对《肇论》的注解，称为《肇论中吴集解》。又在第三年完成对《肇论中吴集解》的再解释，成为二卷的《肇论中吴集解令模钞》。《肇论中吴集解》的宋刻本藏于中国国家图书馆，上海佛学书局曾影印发行，而《肇论中吴集解令模钞》在我国已经佚失，2008 年上海古籍出版社出版了伊藤隆寿与林鸣宇撰写的校释，2010 年出版的张春波的《肇论校释》特别将《肇论中吴集解令模钞》附于书后。

《肇论中吴集解》是晋水净源对秘思注释《肇论》的整理，并非他本人的创作，但是可以认为是被晋水净源所继承的理解《肇论》的思路，而这个理解思路在《肇论中吴集解令模钞》中得到明确。伊藤隆寿根据晋水净源现存的史料从他的经历中发现，"晋水净源是通过接触澄观、承迁以及子睿等的思想而加深了对《肇论》的解释以及理解的"①。可见，晋水净源理解《肇论》的路径是基于华严宗的思想体系。所以，《肇论中吴集解》与《肇论中吴集解令模钞》可以一并看作是体现晋水净源如何理解《肇论》的文献，一个是为他所继承的，一个是他进一步发扬的。

晋水净源将《肇论》的宗旨归结为"真心"，"首标一义，作四论宗本。宗本之要，其妙明真心乎。"②"然兹四论，宗其一心。亦由元亨利贞，本乎乾矣。""乾喻宗本，四德喻四论。……乾之功能，统唯四德，是故取之。以况一心四论耳。"③晋水净源称四论所宗就是"妙明真心""一心"，并依此论述了四论与真心的关系。

晋水净源阐释《肇论》的宗旨根本在于"真心"，其根据在于僧肇《不真空论》中"是以圣人乘真心而理顺"④ 一句，他将其理解为"《论》'乘真心而理顺'者，即妙明真心，非集起缘虑之心"⑤。这种理解来自宗密，宗密将心分为肉团、缘虑、集起、真心等，晋水净源认为僧肇所说的真心不会是集起、缘虑心，当然更不可能是肉团心，所以将僧肇的"真心"等同于宗密的"真心"。宗密的"集起心"是第八识，

---

① 伊藤隆寿：《肇论集解令模钞校释·题解》，第 16 页。
② 晋水净源：《肇论集解令模钞校释·宗本义》，第 30 页。
③ 晋水净源：《肇论集解令模钞校释·宗本义》，第 33 页。
④ 《肇论·不真空论》，《大正藏》第 45 册，第 152 页。
⑤ 晋水净源：《肇论集解令模钞校释·不真空论》，第 102 页。

"由种种法熏习种子所积集故"①，而真心并非集起心外别有一个体，集起心与真心的差别在于，第八识作为"集起心"是杂染的，而真心则是离垢真如，所以是清净的。

僧肇的真心与宗密的真心是否等同呢？联系上下文可以看出，僧肇所说的真心指的是缘万物之本性空、契会中道的般若之智，元康、文才都以般若解"真心"。晋水净源却着力发挥了真心之"真"，成了妙明真心。

般若偏向于否定诸法的自性，真心偏向于肯定空性的常，这个差别在晋水净源解释下面这段话时表现明确。《宗本义》："一切诸法，缘会而生。缘会而生，则未生无有，缘离则灭。如其真有，有则无灭。以此而推，故知虽今现有，有而性常自空。性常自空，故谓之性空。"② 这段是在解释缘起性空的意思，缘起意味着诸法是因缘和合所显现的虚妄名言，并非真实存在，并不存在一个常恒不变的自性，所以缘起即性空。而晋水净源的理解是"真心本有，不逐缘生，则无灭矣。《中观》云：不从因缘有故即真。般若云：应夫真有"。③ 这里晋水净源将《宗本义》缘起即性空的意思转而去发挥"如其真有，有则无灭"一句，这句话原来是对"有"的否定，认为不存在"真有"自性之物，而晋水净源却一反其本意，成为去肯定"真有"的"真心"，这明显的是从否定自性的中观思路转向了肯定真心的如来藏思想了。

晋水净源这段话实现了从偏空至不空的转向，在这段话中，他引用了《中论》"不从因缘有故即真"这一句。这句话并非是从《中论》原文引用，而是从《般若无知论》中引出的，僧肇也并非原文引用。这段话是关于《般若无知论》第三问难的回答，是对于般若与真谛能所关系的讨论。问难认为既然两者存在能、所的关系，就应该有能知、所知，所以般若并非无知，而是有知。僧肇回答："夫智以知所知，取相故名知。真谛自无相，真智何由知？所以然者，夫所知非所知，所知生于知；所知既生知，知亦生所知。所、知既相生，相生即缘法，缘法故非真。

① 《摄大乘论》，《大正藏》第31册，第134页。
② 《肇论·宗本义》，《大正藏》第45册，第150页。
③ 晋水净源：《肇论集解令模钞校释·宗本义》，第41页。

非真，故非真谛也。"① 凡夫的知是取相的知，存在能知（认识主体）与所知（认识对象）的相对关系。圣人般若所缘的是真谛，真谛无相，般若亦不可得，两者并非是二，这就是僧肇"夫所知非所知，所知生于知"的意思，之所以所知非所知，即所知不是自有的，即唯识说的依他起性，"依他缘力故有，非自然有"②。僧肇所引的意思是否定非缘起的自性，所以诸法不真，而晋水净源却从僧肇肯定不真的意思转向了肯定真，以此来证明"真心本有"。

成就真心与证得般若，成"不迁"义，意在破斥对象执着之"迁"，而作为所破的对象在僧肇与晋水净源那里是不同的。僧肇除了引用江、河之外，还有风、岳、尘、马、日、月，合为八物，展开论述世间所见变迁之事物其实不迁。晋水净源顺此而设问，如何寻此变化而成道果？晋水净源"以彼凡外着有，故告之以无常，二乘滞空，故示之以真常"③。中观空义偏说无常，无常是空之初门，是应对部派、外道、凡夫执有而为龙树所创，以空破有。但后面的观点以为二乘滞空，故示真常，是唯识系或如来藏系的判教，是代表晋水净源的立场的。"真常说不迁，无常说流动。"④ 这里所说的真常不是外道神我、凡夫所执我，而是空性，偏向与僧肇是不同的，偏向于说空性的真与常，而不是像僧肇一样偏于说诸法的无常。

僧肇以凡夫妄识与圣者般若为迁与不迁的能观，而晋水净源以真常大乘之"真心"与滞空二乘的空见为迁与不迁的能观。晋水净源对说无常与真常的对象作了清晰的分别，"人之计常，我则演无常。人之执迁，我则示不迁"。晋水净源进一步解释道："'人之计常'，即凡外也。'我则演无常'，谓四念处也。'人之执迁'，即二乘也。'我则示不迁'，谓四实德也。"⑤ 原本僧肇以凡夫执迁，圣者不迁；而晋水净源一改此为二乘执迁，大乘则不迁，"不迁"的所破从凡夫的虚妄分别转变为二乘的空执。

---

① 《肇论·般若无知论》，《大正藏》第 45 册，第 154 页。
② 《解深密经》，《大正藏》第 16 册，第 694 页。
③ 晋水净源：《肇论集解令模钞校释·物不迁论》，第 76 页。
④ 晋水净源：《肇论集解令模钞校释·物不迁论》，第 85 页。
⑤ 晋水净源：《肇论集解令模钞校释·物不迁论》，第 87 页。

不仅"不迁"的能观不同，"不迁"的所观也不同。"《道行》云：'诸法本无所从来，去亦无所至。'《中观》云：'观方知彼去，去者不至方。'斯皆即动而求静，以知物不迁，明矣。"① 僧肇引用这两段是为了即动而求静以论证诸法不迁，这里所说的是"物不迁"。晋水净源则认为全文广说相不迁，"俗谛之相，显谈不迁"②，从绝诸对待的"真心"推之于相，则成为"不迁"。而真谛则是性不迁，晋水净源在对僧肇所说的昔今之物各住于一世进行解释时，引用了《楞严经》证明僧肇这段论述在于性相的不迁，并认为《物不迁论》最受争议的"各性住于一世"揭示的是真谛，"事各住性，则密显真谛"③。"真谛之性，密示不迁也。"④ 真谛是事物各住于本性即空性，所以说真、常。"斯论约性兼明真谛，约相正辩俗谛，真密俗显，其在兹乎。"⑤

晋水净源认为僧肇文章最后归于因行不迁，晋水净源解释道："盖先发其慧解，令于物物，皆了不迁，直至末章，方结如来因行不迁大旨。"⑥ 晋水净源将整个《物不迁论》解释为阐发依正不迁，通过依正不迁最后归于因行不迁，以此为僧肇真意，"展转唯结昔因不迁者，论意直以欲人背恶从善，修因克果。是故前明古今，各住未结，因行不迁，以明俗谛不泯，善恶报应，如影随形"⑦。

将《物不迁论》大旨归于依正不迁、因行不迁，晋水净源的根据在于论文最末一段，"如来功流万世而常存，道通百劫而弥固。成山假就于始篑，修途托至于初步，果以功业不可朽故也。功业不可朽，故虽在昔而不化，不化故不迁。不迁故，则湛然明矣。故经云：'三灾弥纶而行业湛然。'信其言也。何者？果不俱因，因因而果。因因而果，因不昔灭；果不俱因，因不来今。不灭不来，则不迁之致明矣！"⑧ 在这段话中，僧肇确实也表达了因果不失的意思，他是从因果的不生不灭来论证的，因

<hr />

① 《肇论·物不迁论》，《大正藏》第45册，第20~22页。
② 晋水净源：《肇论集解令模钞校释·物不迁论》，第68页。
③ 晋水净源：《肇论集解令模钞校释·物不迁论》，第89页。
④ 晋水净源：《肇论集解令模钞校释·物不迁论》，第68页。
⑤ 晋水净源：《肇论集解令模钞校释·物不迁论》，第68页。
⑥ 晋水净源：《肇论集解令模钞校释·物不迁论》，第62页。
⑦ 晋水净源：《肇论集解令模钞校释·物不迁论》，第93页。
⑧ 《肇论·物不迁论》，《大正藏》第45册，第151页。

果皆无自性，没有一个常恒的因果可被执着，但因又是发生作用的，这就是中道，也就是中观的"空"。这样的回答是符合中观的，源于罗什所翻译的《中论》，《中论·观四谛品》面对外人以空为断灭、空则破坏因果的问难，龙树回答："以有空义故，一切法得成。若无空义者，一切则不成。"① 因为正是空，才有因果的缘起，若不空而有自性的因果，则因果各各独立，破坏了因果的缘起，僧肇正是从这个角度来论证因果不失的。

晋水净源虽然承认因果的不生不灭，更强调的是因行的不灭，因行不灭故能成果。"因行在昔，故云功流。果德往今，乃曰道通。然则明珠必产合浦，美玉必生荆岫。所以弥固之果，必由常存之因。"② 他所说的长存之因当然是指"真心"，此"真心"作为因行与果德之间的依持，使其不迁。

因果不失僧肇与晋水净源都谈到了，只是因果不失的理由是有差别的，僧肇从中观空义的诸法不生不灭出发，认为因果无自性可得却能发生作用，这才是真正的中观学所理解的"空"；而晋水净源依据真心长存，偏重于强调因行的不迁。

如果说吉藏比鸠摩罗什更倾向于融摄如来藏系思想的话，那么，华严宗从法藏发展到晋水净源，从和会的态度发展到偏于强调如来藏思想，将中观学思想湮没在如来藏思想浩浩荡荡的圆教之中，并视自身为正统，将中观学放到了偏空的不完美位置上去，所以晋水净源曾经批评僧肇说："昔者论主生于姚秦，遮诠虽详，表诠未备，幽致既密，微言亦隐。"③ 中观偏于破，这在如来藏系看来是偏而不圆。如果对比晋水净源对僧肇的态度，以及罗什对慧远的态度，会发现有惊人的相似，意味着如来藏系与中观学在汉传佛教中地位的转换，而其中的态度、互动的做法、所持的观点，在近现代空有之争研究中不断重现。

三　禅宗以有摄空

作为中观宗的中国化宗派，三论宗在盛极一时之后很快没落，杨仁

---

① 《中论》，《大正藏》第 30 册，第 33 页。
② 晋水净源：《肇论集解令模钞校释·物不迁论》，第 91 页。
③ 晋水净源：《肇论集解令模钞校释·题辞》，第 460 页。

山于近代所说的"再兴三论"也是指三论学，而不是三论宗，那么，这里就产生一个疑问，即三论宗在唐以后不传，是否意味着中观学在汉地的终止？由于唐以后禅宗成为中国佛教的主流，所以，探讨禅宗与中观学的关系，有助于理解这一问题。慧能无疑是禅宗史上最重要的人物，作为他思想的呈现，《坛经》在多大程度上与中观学产生联系呢？

　　中观学以"空"为根本，只有般若智慧才能通达作为真谛的"空"，但是般若智慧不同于一般的认知主体，不具有能、所二元对立的差别。慧能在阐述他对"般若"的理解时，也是主要阐发了这一内涵："何名般若？般若者，唐言智慧也。一切处所，一切时中，念念不愚，常行智慧，即是般若行。……念念说空，不识真空。般若无形相，智慧心即是。若作如是解，即名般若智。"① 形相是凡夫的虚妄分别，般若作为圣者证悟法性的智慧，没有能、所的分别，不同于对象与主体对立的那种一般认识。般若除了对虚妄分别的抛弃，还具有恒常的性质，在所有地方、所有时间中，都能够不起虚妄分别，使得诸法实相的空性自然显现，这就是般若。

　　般若与空是不一不异的关系，不存在本质上的差别，但是具有不同的表现与作用，正因为此，般若能从八万四千烦恼中生出同等的智慧，"我此法门，从一般若生八万四千智慧。何以故？为世人有八万四千尘劳。若无尘劳，智慧常现，不离自性。悟此法者，即是无念无忆无着；不起诳妄。用自真如性，以智慧观照，于一切法不取不舍，即是见性成佛道"②。因为烦恼的自性与智慧的自性都是空性，平等不二，有多少烦恼，就能从烦恼中产生多少智慧。但是，智慧没有八万四千种，又有八万四千种，说八万四千种智慧是从般若的起用来说的，可以有这么多智慧来对治同样多的烦恼，但其实只是一般若，诸法一相所谓无相，如实了知诸法一相无相的智慧即是般若。

　　慧能阐述般若的离虚妄分别，般若不离自性等观点，并没有在《坛经》中提出如何成就般若的具体方法，这完全是沿着中观学的思路而展开的，强调般若证空在见道中的关键作用，所以禅宗并不讲十信、十住、

①　慧能：《六祖大师法宝坛经》，《大正藏》第 48 册，第 350 页。
②　同上。

十回向等，而是强调如何通过正见入真见道，所以这也就决定了在禅宗那里，理悟和修行是一回事，通达正义就是修行，就能实现真见道，"此义在禅宗有'把断要津，凡圣不通'之句。宗下之专提向上，世出世间法都不可立，都不可得，所谓'凡圣情尽，体露真常'；亦即教下说一切最胜义毕竟皆空也"①。在这个关键点上，禅宗是继承了中观学理路的。

正是因为《坛经》与中观学都着眼于如何实现见道，所以都强调通达正见在自己思想体系中的关键作用，通达正见即成就般若，成就般若即显现诸法实相，也就是"见性"。但是在这个问题上，慧能与中观学也存在差异，在中观学系统中，并没有向内还是向外的偏向性，向内可观五蕴、本住、六情等，向外可观六种、然可然、行、涅槃、四谛等，但是慧能在《坛经》中强调的是返自本心，明心见性，"我于忍和尚处，一闻言下便悟，顿见真如本性。是以将此教法流行，令学道者顿悟菩提。各自观心，自见本性"②。慧能认为比较简单快捷的方法就是从自心入手，观自本心，从本心中体悟真如本性，即中观学所说的空性，故后代禅宗有骑驴觅驴之语以反对从外在去寻找空性。

近代太虚就曾有过从"三论宗转入禅宗"的说法，他认为，中观宗所证之毕竟空在名相中总是了不可得，若人从经教中寻找只是如同乌龟爬陡壁，无论如何都会摔下来的，只有通过心来证入，这就从重视理论的三论宗转入了着重实践的禅宗了。"名想分别自悟悟他皆有功能，如于此中计执有个究竟实在的东西而皆不可得，诸法实相唯心契证。在此种意义上，三论宗便转入禅宗，分别到究竟而超出分别，趣于实证。"③

般若不得外觅，般若不从经教来，要从自己的本心流出，从自己的本心中认识般若之性，般若之性即法性、空性，从自己的本心体会空性，这种向内的思路是从弘忍开始的，在《坛经》自序品种阐述得法经过时，弘忍命门人各自作偈，"汝等各去，自看智慧，取自本心般若之性，各作一偈，来呈吾看。若悟大意，付汝衣法，为第六代祖"④。弘忍评价

---

① 太虚：《太虚大师全书》第七卷，第251页。
② 慧能：《六祖大师法宝坛经》，《大正藏》第48册，第351页。
③ 太虚：《太虚大师全书》第七卷，第251页。
④ 慧能：《六祖大师法宝坛经》，《大正藏》第48册，第348页。

神秀的偈时阐述了识自本心即得菩提的观点："无上菩提，须得言下识自本心，见自本性不生不灭。"① 慧能正是继承了这种向内的思路："何期自性，本自清净；何期自性，本不生灭；何期自性，本自具足；何期自性，本无动摇；何期自性，能生万法。"② 清净在般若学意义上就是自性空的意思，中观以自性空破斥外道、小乘、凡夫的自性执着，但是中观破斥的自性与慧能这里所说的自性虽同一名，但内涵恰恰相反，慧能所说的自性是空性，所以他说自性本自清净，是每个人本来就具足的。

在整本《坛经》中，慧能将诸多佛教名相向内而转。第三品《决疑》关于念佛往生西方净土，慧能提出："凡愚不了自性，不识身中净土，愿东愿西。悟人在处一般。"③ 在他看来，净土并非一个空间概念，而是一种依托于主体的理解转变，与凡夫相对立，证悟空性的圣者随处便是净土。

第六品《忏悔》，"此事须从自性中起，于一切时，念念自净其心。自修自行，见自己法身，见自心佛，自度自戒，始得不假到此"④。原本忏悔都是取相忏，具备忏仪，但是，慧能将忏悔立为无相，从基于空的诸法平等无碍向内而转，通过对自己的"心"的净来实现忏悔，这里讲的"净"如上文所说还是自性了不可得的意思。

之后发四弘誓愿向内的维度更加明显，比如"自心众生无边誓愿度"，"心中众生，所谓邪迷心、狂妄心、不善心、嫉妒心、恶毒心，如是等心，尽是众生。各须自性自度，是名真度"。⑤ 四弘誓愿是菩萨初发心时必须发的四个誓愿，第一个就是度尽无边众生，从中观的立场出发，众生自性不可得，非真实存在，但有实际的相用，众生沉沦苦海，但苦也了不可得，本无可度众生。慧能则将外的无可度众生，转向内的了知烦恼心不可得，从诸法的"性"向心法的"性"，实现了向内的转向。

在《妙行品》关于坐禅的论述中，"何名坐禅？此法门中，无障无碍，外于一切善恶境界，心念不起，名为坐；内见自性不动，名为禅。

---

① 慧能：《六祖大师法宝坛经》，《大正藏》第48册，第348页。
② 慧能：《六祖大师法宝坛经》，《大正藏》第48册，第349页。
③ 慧能：《六祖大师法宝坛经》，《大正藏》第48册，第352页。
④ 慧能：《六祖大师法宝坛经》，《大正藏》第48册，第353页。
⑤ 慧能：《六祖大师法宝坛经》，《大正藏》第48册，第354页。

善知识！何名禅定？外离相为禅，内不乱为定"①。禅原本就是定，即专注一境。慧能在这里所说的禅指的是，超越凡夫的虚妄分别，从而自心清净，不起妄念，于念而离念，不执着外境以为真实。外在的善恶境界，与内心的烦恼，都不离空，其性皆空，但是相比较外在的境界，慧能更强调内在的"心"，所谓心念不起是坐，内见自性不动是禅。

可见，慧能在《坛经》中更强调从内在的"心"去体味这个空"性"，正是在这个意义上，他实现了中观学所阐发的空"性"向明心见性的"心"的转向，所以他说："殊不知，坐却白牛车，更于门外觅三车。"② 白牛车与三车的比喻出自《法华经》，心本具"空性""佛性"，从心体味是一个直接、切近的途径。虽然中观无内外可得，慧能之"心"也并非在内在外，但是他说法的偏向是强调从自我内心入手，自净其心，不向外境上求证。在这种意义上，从中观学到以《坛经》为代表的早期禅宗，是存在一个继承与转向关系的。

从否定"自性"的空，转而去凸显肯定"自性"的心、性，这种转向并不是单纯内外的转向，而是从遮诠以显"空"的中观学，向表诠恒常"真心""真如"的如来藏系思想的转向，基本可以认为是如来藏系思想作为"有"的"心""性"对中观学"空"的融摄，将中观学的"空"作为一种基调融摄进如来藏思想"有"的脉络中。

四　禅净空有之争

正如上文所述，在中国佛教历史上，不论是作为中观宗中国化宗派的三论宗，还是如来藏系的华严宗、禅宗，都没有像印度那样以宗派论争形式来表现空有之争，而是在中观学"空"的基础上凸显如来藏系"有"，或者说，将中观学的"空"作为一种基调融摄进如来藏思想"有"的脉络之中。基于这样的态度，作为"有"宗的如来藏系并不需要像唯识宗那样否定中观宗的"空"，而是采取默默的认可"空"的态度，或者有时又把中观宗之"空"指认为"偏"而不圆。但是，这并不意味着作为论争的"空有之争"完完全全地消逝在一片无争当中，这在

① 慧能：《六祖大师法宝坛经》，《大正藏》第 48 册，第 353 页。
② 慧能：《六祖大师法宝坛经》，《大正藏》第 48 册，第 356 页。

净土宗慈愍慧日对禅宗的批判中可见一斑。

慈愍慧日是唐代净土宗大师，他所开创的慈愍流与慧远、善导合称净土三大流。慈愍慧日主要著作《往生净土集》（或称为《净土慈悲集》），一共三卷：第一卷破邪、第二卷显正、第三卷释疑，现仅存第一卷。从内容来看，在破斥以禅宗为代表的邪见的同时，已经安立了净土法门的正宗，破邪即是显正："今时道俗亦复如是，怖畏生死，各求出离，迷一生路，弃而不修，倾心迂回，长劫路中，系念观空，苟偷朝夕，众迷共执，以为捷径，不知更有，方便要津。贫道自至，伤愍彼故，开张捷路，净土要门，指示西方，令其趣入区分法相，不令混杂，刊定是非，摧邪显正。"①

在《慈悲集》中，慈愍慧日批判的对象是禅宗，这一时期的禅宗正是慧能、神秀之后，五家分灯之前。慈愍慧日于开元七年（719）回长安传法，直到天宝七年（748）去世，他弘法的这30年，正是作为"两京法主、三帝国师"神秀之徒义福、普寂等传法于北方，后受到南宗神会冲击的时代，就是《宋高僧传》所描述的"先是两京之间皆宗神秀，若不浼之鱼鲔附沼龙也"②。

关于慈愍慧日所批判的对象，日本学者伊吹敦归纳了几种观点，或根据神会入洛阳是慈愍慧日示寂前三年，而北宗在长安等颇有势力，而推论所批判者是北宗；或有认为神会住南阳龙兴寺是慈愍慧日回到长安后一年，南宗禅法早已传播于其间，也有可能慈愍慧日批判的是南宗；另有一些学者如小野玄妙、Chappel等认为是在批判禅宗末流。③ 不论慈愍慧日批判的是哪一宗，在《慈悲集》中对于禅宗的批判是确指的，伊吹敦将慈愍慧日所批判的禅宗思想归纳为五点④，如果进一步分析，可以发现，从思想基础来说，慈愍慧日的批判主要针对的是禅宗偏"空"。

"于佛法生异见"的禅宗，"辗转相传教人看净，昼则恣情睡眠，夜乃暂时系念。见世空寂都无一物，将为究竟言，一切诸法，犹如龟毛，

---

① 慈愍慧日集《略诸经论念佛法门往生净土集卷上》卷一，《大正藏》第85册，第1237页。

② 赞宁：《宋高僧传》卷八，《大正藏》第50册，第756页。

③ 参看伊吹敦《禅宗的出现与社会反应——〈净土慈悲集〉所见北宗禅活动》，《佛学研究》，斋藤智宽译，2002，第98页。

④ 参看伊吹敦《禅宗的出现与社会反应——〈净土慈悲集〉所见北宗禅活动》，《佛学研究》，斋藤智宽译，2002，第97页。

亦如兔角，本无有体，谁当生灭？无善可修，无恶可断。心所取相及以经佛，尽当远离。但令内心安住空中，知世虚妄万法都无，虽是凡夫能如是解，此即是佛，已证禅定，已断生死，不受后有。何劳勤苦远觅世尊？"① 在这段关于禅宗的描述中，慈愍慧日主要是从两个层面来批判的：第一个层面是以诸法性空为究竟；第二个层面是从诸法性空推论无善、恶业可作，当下即佛，不须外觅。

宗宝本《坛经》中关于"摩诃"的解释可与慈愍慧日的说法做一对照，"摩诃是大，心量广大，犹如虚空，无有边畔，亦无方圆大小，亦非青黄赤白，亦无上下长短，亦无瞋无喜，无是无非，无善无恶，无有头尾。诸佛刹土，尽同虚空。世人妙性本空，无有一法可得。自性真空，亦复如是。善知识！莫闻吾说空，便即着空。第一莫着空，若空心静坐，即着无记空。善知识！世界虚空，能含万物色像，日月星宿，山河大地，泉源溪涧，草木丛林，恶人善人，恶法善法，天堂地狱，一切大海，须弥诸山，总在空中。世人性空，亦复如是。善知识！自性能含万法是大，万法在诸人性中。若见一切人、恶之与善，尽皆不取不舍亦不染着，心如虚空，名之为大，故曰摩诃"。② 摩诃是梵文的音译，具有大、多、胜的意思，慧能这里的意思是，之所以形容般若波罗蜜多为大，就因为世界虚空含容诸法，世人性空的自性或者说心，也如虚空一样，能够同样包容万法，故称其为大。

值得注意的是，慈愍慧日所批判的禅宗，不仅坚持诸法性空，而且认为"见世空寂都无一物"犹如龟毛兔角，龟毛兔角在佛教经典里用来比喻完全不存在的事物，在《中观论疏》《三论玄义》中，吉藏归纳"方广道人"的观点为"谓一切诸法如龟毛兔角，无罪福报应"。③ 慈愍慧日的批评跟吉藏对方广道人的批评是一样的，其实质，就是指认禅宗是断灭空。断灭空与诸法性空的差别在于假法的安立，如果连诸法的假名、假相都被空掉，则落入了断灭见，但是慧能在上一段引述中是与断灭见划清了界限的，"莫闻吾说空，便即着空。第一莫着空，若空心静坐，即着无记空"。那么这样看来，小野玄妙、Chappell 及 Faure 认为，

---

① 慈愍慧日集《略诸经论念佛法门往生净土集卷上》卷一，《大正藏》第 85 册，第 1236 页。

② 宗宝编《六祖大师法宝坛经》卷一，《大正藏》第 48 册，第 350 页。

③ 吉藏：《三论玄义》卷一，《大正藏》第 45 册，第 21 页。

慈愍慧日所批评的禅宗是落入断灭空的禅宗，是很能够成立的。

慈愍慧日引《无上依经》等证明禅师违背经典的错谬，《无上依经》中，佛陀提出增上慢人在观空中生有、无二见，批评了"空见"，称其不可治。接着，他又引述了《涅槃经》对"修空"的批判，《维摩诘经》对"于虚空造立宫室"的批判，《维摩诘经》中是以对此喻的批判，说明菩萨净土佛国必须于随众生而得成就，不然就如虚空中建造宫殿一样没有依托和基础。虽然经文中原文意趣并非与慈愍慧日所引完全一致，但是所批判的是空见、空执、执空为真实而落入断灭这一点是一致的。可见，慈愍慧日确实将断灭空等同于禅宗所表诠的"空"，或者说，慈愍慧日当时所遭遇的禅师落入了断灭空的窠臼，又或者当时禅师所述在慈愍慧日看来有断灭空的嫌疑。

在慈愍慧日看来，禅宗一方面落入断灭空，另一方面也说真如常住而同于外道："禅师亦说，一切虚妄，空无一物。与彼外道空见何殊？又复说言，学无生观者，尽此一生，更不受生。然此与彼断见外道计执何异？复说一切诸法，真如体一，湛然常住，不生不灭，无有初念、后念可得，此即与彼常见外道见解何别？受佛依阴，不思报恩，厌佛嫌经，不念不诵，此即善星不异，调达何殊？缘斯僻见，害于正法，忝为佛子，那不雌黄。"[1] 在慈愍慧日看来，禅宗以一切诸法为空，如同龟毛兔角，是断见；又执着真如湛然常住，有一个常住不坏的法，就是常见。执常执断，都是佛教所要破斥的错误见解，所以慈愍慧日以此等同于外道的观点。

在慈愍慧日看来，禅宗在理论基础上不仅有断灭空的错误，而且还存在肯定永恒实体而形同外道，但是他所着力批判的还是禅宗的"空"执，尤其表现在修行方式上对经教的否定。禅宗以教外别传立宗，于教外立以心传心的禅宗法门，而与教内诸宗相区别。慈愍慧日不满于禅宗贬低经论、净土等法门的做法，提出自己的观点"佛法一味，应无彼此。因行万差，那无迟疾"[2]。在他看来，佛法是一味的，有佛无佛，法界法住，然入此涅槃城的法门却有千差万别，即万行有殊，应于无量法门上

---

[1] 　慈愍慧日集《略诸经论念佛法门往生净土集卷上》卷一，《大正藏》第 85 册，第 1238 页。
[2] 　慈愍慧日集《略诸经论念佛法门往生净土集卷上》卷一，《大正藏》第 85 册，第 1237 页。

作平等观。但是，禅宗却贬低净土以及教内的经论，在慈愍慧日看来，这不仅违背圣教，而且祸害佛教本身，他广引《大宝积经》等证明净土念佛法门是菩提因，不仅如此，其他法门也是成佛之因行，"如是等经，广说诸行是成佛因，非但六度。如何禅师确执禅定成佛正因，非余度耶？然诸圣教说智胜成佛正因，余皆助缘"①。在慈愍慧日看来，禅师推崇六度中的禅定最为殊胜，以此为成佛正因，但按照经中的说法，只有般若智慧是成佛正因，而其余都是助缘。

从驳斥禅宗对净土等诸行的贬低，慈愍慧日进一步讨论了造像、书写经律也有功德，也是成佛因。禅宗推崇禅定的殊胜，将净土、造像、书写经律等行为都看做是著相，都是虚妄，都不是成佛因。所以慈愍慧日广引经教，用圣言来证明其皆是成佛因，不同虚妄："为证菩提，所修诸行，虽皆取相，而非虚妄，必能为因，证涅槃故，不同妄情，计度分别，我我所执，颠倒虚妄。"②

慈愍慧日为了反驳禅宗以诸行为虚妄的说法，区别了所修诸行的取相与凡夫计度分别不同，为此总结了虚妄四义以作区别，以此证明净土、造像等诸行虽然取相，但非虚妄，"虽是凡夫，发菩提心，行菩萨行，誓断生死，趣大菩提。所修诸行，虽然有漏，著相修习，是实是正，有体虚妄，非如龟毛，空无一物，说为虚妄"③。慈愍慧日认为，凡夫发菩提心，所修诸行，虽然是著相修习，但并非如龟毛兔角一样的虚妄，而是"有体虚妄"。

"有体虚妄"这个词是慈愍慧日创造的，所要表达的意思如果用三性来理解就比较清晰，即《解深密经》所说的"依他起相上，由遍计所执相，于常常时、于恒恒时，无有真实，无自性性"④。以依他起性上遍计所执性空为"空"义，空的是遍计所执性，而依他起性所表诠的缘生自性不空，"若诸菩萨能于诸法依他起相上，如实了知遍计所执相，即能如实了知一切无相之法；若诸菩萨如实了知依他起相，即能如实了知一

---

① 慈愍慧日集《略诸经论念佛法门往生净土集卷上》卷一，《大正藏》第 85 册，第 1239 页。
② 慈愍慧日集《略诸经论念佛法门往生净土集卷上》卷一，《大正藏》第 85 册，第 1240 页。
③ 慈愍慧日集《略诸经论念佛法门往生净土集卷上》卷一，《大正藏》第 85 册，第 1241 页。
④ 《解深密经》卷二，《大正藏》第 16 册，第 693 页。

切杂染相法；若诸菩萨如实了知圆成实相，即能如实了知一切清净相法"①。慈愍慧日"有体虚妄"所表达的意思也是如此，诸行著相，所以是虚妄，但诸行并非如龟毛兔角般的是遍计所执性的虚妄，所以慈愍慧日用经论诠解三性常用的绳蛇之喻说道："譬如迷绳，妄生蛇想，蛇无是妄，绳有故真。依他况绳，我类于蛇。我体空无，无故虚妄。依他法有，有如幻有。"②

与肯定"有体虚妄"的态度一致，慈愍慧日当然也反对禅宗基于"无记心"的不修之修，因为正是在对取相修行的基础上，禅宗才提出无记心，起码在慈愍慧日看来是如此。"弃闻、思、修三慧善心，取无记心，不断不修，以为真实，此即谬中之谬，无过此也。何以故？夫无记者，非善非恶，中庸之心，不从分别，思虑而起，随逐因缘，任运转故，体性羸劣，不能为因，感三有果，况彼解脱出世妙果，而能证耶？"③

慈愍慧日批评禅宗以无记心修行，与藏传佛教对禅宗的批评其实是一致的，这在桑耶寺僧争以及宗喀巴《广论》中都有体现。《广论·毗钵舍那》在"修习毗钵舍那"部分中，就修习毗钵舍那即以教义按理修行的过程中出现的错误见解——进行破斥，而"和尚"的见解就在破斥的第一宗中。"破第一宗者，有作是说，虽未证得无我正见，但能执心令无分别，便是修习本性实义。以实义空，永离一切是此非此，如是住心与彼实义随顺转故，以境全非有，心全无执故。"④"又若宣说，一切分别皆系生死，故修空时应当断除一切分别"⑤ 这一宗主张，只要使得心无分别，即使没有证得无我正见，也就是修行了，这种修行显然更偏向于定，而忽略了慧，这种观点与禅宗的实际主张是有差距的，但是对言教的摒弃态度确实是与禅宗不立文字的观点近似。

宗喀巴与慈愍慧日都认为，如果按照禅宗的观点，只要不去分别就是修行，那么六度等就无法成立了，进一步就破坏了大乘法等，诸如此类。与宗喀巴创建的道次第中对于闻、思、修的重视一样，慈愍慧日也

① 《解深密经》卷二，《大正藏》第 16 册，第 693 页。
② 慈愍慧日集《略诸经论念佛法门往生净土集卷上》卷一，《大正藏》第 85 册，第 1241 页。
③ 同上。
④ 宗喀巴：《宗喀巴大师集》第一卷，法尊译，民族出版社，2000，第 507 页。
⑤ 宗喀巴：《宗喀巴大师集》第一卷，第 510 页。

同样提倡以闻、思、修为解脱的主要因素，重视教下而驳斥宗门，认为禅宗执凡夫愚见，以为究竟。

可见，慈愍慧日对禅宗的批判，虽然也批判禅宗执有，即执着永恒存在的真如而同于外道，但更多的是批判禅宗落"空"。从慈愍慧日所创造的"有体虚妄"这个范畴可以很明确，他批判禅宗落"空"的立场是为了肯定被禅宗否定的"虚妄"，明确虚妄背后的"有"体，实际上就是为了肯定净土法门、造像、经教等修行方式，从而否定禅宗立足于"空"之无记心的无修而修。所以，慈愍慧日批判的禅宗思想更接近南宗，当然，禅宗实际上并没有否定经教，所以把他的批判对象理解为禅宗末流也是相当合理的。但是，从空有之争的维度来看，相比较净土宗，禅宗更多的是依"空"而遮诠，不论是南宗，还是后期五家。慈愍慧日对禅宗的批判，其实质是站在净土宗"有"的立场上，驳斥禅宗"空"立场之上对经教的否定。

第三章　近现代佛教空有之争思路之一：汉传向度

第一节　杨文会：空有无争　扬教抑禅

杨文会（1837～1911）是近代佛教历史上不可替代的重要人物，也可以被认为是承接过去和开创未来的关键人物。虽然他对空有关系的论述不多，但可以代表一种典型的意见。他并没有谈及中观宗与唯识宗的争论，他所论及的是性、相二宗，比如在《〈成唯识论述记〉叙》中，他说道："性相二宗，有以异乎？无以异也。性宗直下明空，空至极处，真性自显。相宗先破我法，后彰圆实，以无所得而为究竟。乃知执有执空，互相乖角者，皆门外汉也。"① 在这里，杨文会并没有使用中观宗或者唯识宗等名称，而是以中国佛教传统的性、相来分判佛教思想中的差别。称性宗执空，相宗执有，互相乖净。相宗清楚的指代为唯识宗，因为他说："唐以前，相宗典籍，未被东土。自玄奘法师西游印度，而后唯识一宗，辉映于震旦矣。"② 相比较相宗，这里所说的性宗指代的并非中观宗。

他在《〈起信论疏法数别录〉跋》中提到"《起信论》虽专诠性宗，然亦兼唯识法相。盖相非性不融，性非相不显。故特录《百法》于篇末，庶易检寻焉！"③ 可以发现，杨文会所说的性宗并非一般所谓性宗，一般所理解的性宗即是空宗，即中观宗，比如巨赞说："北天竺有无著菩萨者，旁治小教，董理大乘，以其对治空见，世遂目其学为有宗，即法相宗，而区龙树、提婆之学为空宗，即法性宗。自是大乘乃分为二。"④

---

① 杨文会：《杨仁山全集》，黄山书社，2000，第382页。
② 同上书，第382～383页。
③ 同上书，第389页。
④ 巨赞：《巨赞法师全集》第一卷，社会科学文献出版社，2008，第387页。

杨文会所说的性宗是《起信论》所代表的如来藏系思想，那么就会有一个问题，如来藏系一般被作为区别于中观系的思想，作为"有"而不是"空"出现，那么，杨文会为什么要说性宗执空呢？

在中国佛教传统中，中观系、唯识系、如来藏系，这三系的分判在宗密那里就有，只是名称不同，永明延寿就引用宗密的区分说，"大乘经教，统唯三宗：一法相宗，二破相宗，三法性宗。唔镞关节，不问二宗。若法相宗，所说一切，有漏妄法，无漏净法，无始时来，各有种子，在阿赖耶识中，遇缘熏习，即各从自性起，都不关真如，谁言从真生妄也，彼说真如，一向无为寂灭，无起无止。不可难他，从真有妄生也。若破相宗一向说凡圣，染净，一切皆空，本无所有，设见一法过涅槃者，亦如幻梦，彼且本不立真，何况于妄，故不难云从真有妄也。唯疑法性宗，以此宗经论，言依真起妄者，如云法身流转五道，如来藏受苦乐等，言悟妄即真者，如云初发心时，即成阿耨菩提，知妄本自真，见佛即清净等。又言凡圣混融者，如云一切众生，本来成正觉，般涅槃，毗卢遮那身中，具足六道众生等，真妄相即，虽说烦恼菩提，无有始终。……"①按照永明延寿这一段论述来看，发问者想就依真起妄的问题发问。从三宗的角度来看，法相宗指的是唯识宗，有漏法与无漏法各有种子，都积集在第八识中，所以染法的生起与真如毫无关系；破相宗就是中观学，一切皆空，真、妄皆不立，也就没有从真起妄的问题。只有法性宗的经论，说依真起妄，真妄相即，具如来藏而受苦乐，具佛性而流转轮回，才存在如何从清净法生起染法的问题。这三宗按照宗密的说法，就是密意依性说相教、密意破相显性教、显示真心即性教，这里所说的法性宗或者显示真心即性教，指的就是台、贤、禅、净等中国佛教，如果细究，禅宗中的直显心性宗以神会系为代表。

按照宗密的分判，执空的应该是破相宗，杨文会所说的"真性自显"的应该是法性宗，所以，杨文会所说的执空的性宗，其实是糅合了破相宗与法性宗，他并没有做严谨的区分，但是可以大致了解性宗所指代的宗派并非三论宗，而是模糊地指向禅宗，如果按照宗密的分判，禅宗本身就包含了三宗，比如接近破相宗的牛头系，接近法性宗的神会系

---

① 《宗镜录》卷五，《大正藏》第 48 册，第 440 页。

等，所以杨文会这里所说的性宗就是禅宗，那么，禅宗与中观学又是什么样的关系呢？杨文会是如何理解的呢？

杨文会自己也谈到了中观学与禅宗的差别，在《〈中论疏〉叙》中，他说道："隋、唐间，嘉祥吉藏禅师，专弘此道，作三论疏行世。当是时，学天台教者，每以北齐慧文遥宗龙树，仅取三观一偈为台教之祖。而禅宗诸师，又以不立文字，弃龙树妙论于不顾。于是三论一宗，遂成绝学。近代四海交通，嘉祥三论疏自扶桑传来，梅撷芸居士见而爱之，玩味不释手。遂将论疏二本纂合锓板，俾世之学者，由此证入般若波罗蜜门。则知如来心传，不即文字，不离文字。与其苦参一句无义味语，谓之教外别传，何若快读此论此疏，如清凉水，洗涤尘垢，一旦豁然透脱，即证择灭无为。较之禅家所证非择灭无为（出《百法明门》六种无为之二），岂有二哉？"① 禅宗所证"非择灭无为"，三论宗所证"择灭无为"，两者的差别在于是否通过智慧拣择，这样的区别背后所意味着的实质就是教下与宗门的差别，在这段论述中，杨文会更偏向于教下，表达了三论宗与禅宗虽有差别，但并非截然是二的观点。他这种观点是为了破斥禅宗，以不立文字标榜，弃龙树妙论于不顾。

从上一章"理论渊源"部分所讨论的禅宗与中观学的关系看来，禅宗其实是接受了中观学的立场的，但是正如慈愍慧日对禅宗的批判一样，虽然禅宗接受了中观学的立场，但是禅宗那种偏空的遮诠，否定了包括三论宗在内的经教在修行中的意义，所以杨文会对禅宗的批判，其实就是慈愍慧日对禅宗的批判。

杨文会对教的重视，对禅宗过分轻视教的态度的批判，与他印经的生活经历也相互呼应，但是，他并不像欧阳竟无那么排斥禅宗，他只是认为禅宗不适合当时民众的根机。比如他在《学佛浅说》中阐述了三种学佛的方法，其中一种是针对利根，直下断掉知解，彻见本源，这个指的就是禅宗的方法，"此种根器，唐宋时有之，近世罕见矣"②。在《般若波罗密多会演说》中，他也说道："般若在众生分中，隐而不现，盖为无明妄想障蔽故也。众生思虑之心，内典称为生死根本，乃六识分别，

---

① 杨文会：《杨仁山全集》，黄山书社，2000，第382页。
② 同上书，第326页。

念念不停，虽极明利之用，彻于玄微，总不能证般若真智。若欲亲证，须由三种次第而入：一者，文字般若，即三藏教典及各宗著述，后学因此得开正见，不至认贼为子；二者，观照般若，依前正见，作真空观，及中道第一义观；三者实相般若，由前妙观，证得诸法实相，即与般若相应，便是到彼岸，可称般若波罗蜜多矣。达摩一宗，专弘此法。六祖称为学般若菩萨。此乃以第六度为禅，非第五度之禅也。近时根器下劣，不能剿绝意识，反以意识之明了处，认为般若智慧。譬如煮沙，欲成佳馔，岂可得哉？"①

在这里，杨文会清楚地表明，通过文字般若、观照般若、实相般若的次第亲证般若真实之智，证得诸法实相而与般若之智相应，即第六度般若波罗蜜，他认为禅宗就是以第六度般若为根本的，而不是禅宗末流以第五度禅定为根本，这种看法是符合禅宗的思想的，"事实上，定慧双修始终为中国禅所强调，定慧相依相即则是中国禅宗的一个共同倾向。因此，是否主张定慧等，这并不是南北宗的主要区别之一。自胡适以来，人们都习惯于把'定慧等'视为南宗（特别是神会）所特有的观点，认为北宗的主张是'定慧各别'。这种看法还是值得商榷的"②。杨文会认为禅宗根本上并不曾提倡离"慧"之"定"。而另一方面，这也符合中观宗对"般若"的看法，根据《大智度论》的说法，第六度就像是六度之眼目，失去作为第六度的智慧，布施、持戒等则会失去方向。杨文会并非否定禅宗，而是否定对禅宗的错误理解，以为无慧之定即可，以为无教之禅即可，以为任何根器都可以不通过文字般若即可通达诸法实相。所以，在他看来，禅宗并不适合当时的机宜，所以他更为提倡包括三论宗在内的经教。

杨文会并不排斥禅宗，只是以为禅宗的方法在当时并不适合世人的根器，所以不去提倡，在他的表述中，更为倾向于通过论与疏而获得证悟的途径，而他自己也是这么追求的。在各种教法中，他最为重视《大乘起信论》。比如上文所说的学佛的方法中，紧接着禅宗方法之后，第二种方法就是从解路入，先读《大乘起信论》，研究明了之后再阅《楞严》《圆

① 杨文会：《杨仁山全集》，黄山书社，2000，第 340～341 页。
② 洪修平：《禅宗思想的形成与发展》，江苏古籍出版社，2000，第 204 页。

觉》《楞伽》《维摩》等经渐及《金刚》《法华》《华严》《涅槃》诸部，以至《瑜伽》《智度》等论。然后依解起行，证入一真法界。杨文会将《大乘起信论》作为从解悟入的首选，可见他对《大乘起信论》的重视。

　　杨文会还经常向友人、学人说明《大乘起信论》的重要，并向他人广为推荐从此入佛法。在《与郑陶斋书》中写道："鄙人常以《大乘起信论》为师，仅万余言，遍能贯通三藏圣教。"① 《与陈大镫书》："《大乘起信论》一卷，为学佛之纲宗，先将正文读诵纯熟，再将《义记》《别记》，悉心研究，于出世之道，思过半矣。"② 《与冯华甫文》："弟于此事虚心体究，不敢随声附和，以蹈末法恶习。倘不以弟言为河汉，请将《大乘起信论》读诵通利，自能透彻真实佛法，不至摩空捉影，虚费时光也。"③ 这与他偏向于从教下悟入是密切相关的。

　　杨文会并非完全排斥禅宗，还把禅宗作为学佛的最直接方法，只是认为不适合当今时代，所以他更为提倡从解悟入的方法，从《大乘起信论》入手，这就决定了他需要将这两种方法统一起来，认为并非是截然分离的，故而，中观学并非是作为相宗的对立面形成"空有之争"而被杨文会讨论的，中观学的三论宗是作为教下，而与禅宗对立起来，成为两种相对的修行方法，而被杨文会以择灭无为与非择灭无为统一起来的。与此同时，中观学又被看作是融入了禅宗思想而成为了执空的性宗，与执有的法相宗相对，然都被统摄进入由空而入有的程序当中，认为："性宗直下明空，空至极处，真性自显。相宗先破我法，后彰圆实，以无所得而为究竟。"

　　可见，在杨文会那里，是二宗，还是三系，并不关键，虽有差别，但总归是无争的，不二的，最后归结到真性、圆成实性、真如、如来藏等终极实体，胜义不空，这就是如来藏系的典型，他在《南洋劝业会演说》中说："佛教所以胜于他教者，在倡明真性不灭，随染缘而受六道轮回。"④ 在《佛法大旨》中，他说："西洋哲学家数千年来精思妙想，不能入其堂奥。盖因所用之思想是生灭妄心，与不生不灭常住真心全不

---

① 杨文会：《杨仁山全集》，黄山书社，2000，第445页。
② 同上书，第465页。
③ 同上书，第435页。
④ 同上书，第343页。

相应。是以三身四智，五眼六通，非哲学家所能企及也。"① 如何而能持业果轮回，这是佛教内不同思想体系的根本差别所在，中观学认为"以有空义故，诸法则得成"，并不需要另外有一个什么来执持业果；唯识学则以阿赖耶识来积集种子；而杨文会所提倡的真性不灭，随染轮回就是如来藏系的思想，这与他重视并从《大乘起信论》进入佛学是有关系的。他在《与某君书》中"鄙人初学佛法，私淑莲池、憨山，推而上之，宗贤首、清凉，再溯其源，则宗马鸣、龙树"。②

由此可见，杨文会是以如来藏系来统摄中观与唯识，认为两者无争。这就是以圆教为旨归的中国佛教的传统，即如来藏系思想的典范，与法藏在《十二门论宗致义记》所表现出来的和会精神，以及晋水净源在对《肇论》理解的统摄精神是一致的，背后都以诸圣教无违背为基准，将佛教历史、佛教宗派、佛教思想纳入一个统一的脉络中，并推崇如来藏系思想为最圆满。这样的讨论，并不涉及清辨与护法争论的焦点，比如在胜义中依他起性空不空，真如空不空等问题。

综上所述，空有之争在杨文会这里是性相之争，通过性相之争所呈现的，是如来藏系、中观系及唯识系三系之间的差异。在性宗执空与相宗执有的讨论中，杨文会并没有谈及三论宗，而是以禅宗为性宗，同时，他也认为教下的三论宗与禅宗虽有择灭、非择灭的差别，根本也是无二的。所以，杨文会所主张的性相无争，所要表达的更多是指向教下与宗门的无争，而教、宗无争的基础是三系之间的融通无碍，是空有无争。虽然杨文会主张教下与宗门的融通平等，面对禅宗末流的盛行，教下的衰微，他更为提倡教下，贬抑禅宗，其实质也是空有之争，因为他其实就是对禅宗偏"空"的否定，与慈愍慧日批判禅宗的立脚点和目标是一致的。

第二节　周叔迦：差异观点　坚定立场

一　空有无争：依他起性空

周叔迦（1899～1970），与杨文会一样，是一位传统的佛学研究者，

---

① 杨文会：《杨仁山全集》，黄山书社，2000，第 325～326 页。
② 同上书，第 368 页。

周启晋称他为"正信者"，具有维护佛教传统的居士立场。周叔迦曾写信给太虚，指出《海潮音》收录江绍原的文章，不能达到弘扬佛法的效果，反而会产生不良的影响，他认为江绍原有两点根本性的错误：第一点是关于"世界宗教"的理解，并不是重新解释过的佛教、基督教、孔教；第二点是过去的文化孕育宗教的观点，比如佛教是由于过去的人自身的需要决定而产生的。周叔迦称："佛法者，如无量劫来无量世界中之惟一正法，不能以时代、以文化、以种族而有区别。名之谓世界宗教未为不可，乃曰重新解释，此种谤佛言词，使未知皈依三宝之人读之，将谓佛法诚有不合于今日者。断绝佛种，莫此为甚！"① 佛教作为一个完整的思想体系，有解释世界现象及寻找现象根本的理论体系，一旦以信仰的角度进入佛教思想体系，则不为其他的思想体系如科学、史学等所改变，具有一定程度上的排他性，周叔迦不为近现代佛教史观所改变的佛教信念，足以见其正统居士的立场。以这样的立场，周叔迦是怎样看待空有之争的呢？

在周叔迦的著作中，《印度佛教史》第二十五章"中观宗师"简略地提到了空有之争，比如清辨与护法、师子光与玄奘、月称与旃陀罗瞿民之间的争议，但只是简略地带过，并没有深入探讨。在《八宗概要》第一章"中观宗"部分从二谛、八不等十个章节阐述中观宗的思想与历史，其中"佛性"一节，虽然提到《涅槃经》翻译后佛性思想大行，"一部分人又以经中谈常、谈大我，这与《般若》所谈空性不相吻合，曾引起很大的争执"②。但紧接着就阐述吉藏在《大乘玄论》中对十一家佛性的批判，提出了佛性以中道为体的观念，并未就此继续探讨中观学与佛性思想的差别与融合等。

由此可见，周叔迦并未在研究佛教史的过程中，对于空有之争有特别的关注，或者更准确地说，他并不认为这是一个需要去讨论的问题，因为他与杨文会一样，认为空有本就没有所谓的争。他认为中观宗与瑜伽宗的终极"总体"是一样的，"佛教修学的目的，是要体证宇宙人生的总体，而这总体必然是因果循环与性空无我的统一体现。各宗派所推

① 周叔迦：《周叔迦佛学论著全集》第四册，中华书局，2006，第1774页。
② 周叔迦：《周叔迦佛学论著全集》第一册，第371页。

寻的极则都是以这总体为归宿的。中观宗称此总体为诸法实相，瑜伽宗称之为阿赖耶识，天台宗称之为一念三千，贤首宗称之为十玄门，实际是一致的"①。"诸法实相是中观宗最根本的理论。……这真理有种种名称，'如'、'法性'、'实际'，又叫作'中道'，乃至一切经中所有最究竟极则的名称，都是这绝对真理的异名，如涅槃、般若、一乘、首楞严三昧、佛性、阿赖耶识等。这些名称的实质是一致的，只是就不同的分位建立不同的名字而已。"② 可见，周叔迦不认为唯识学的阿赖耶识与中观学的诸法实相有什么根本的差别，作为中观学与唯识学的关键性范畴，既然融摄而为绝对真理的异名，两宗的差别自然也就并不会被特别讨论了，比如护法与清辨争论的依他起性有无自性问题，周叔迦在对《新唯识论》的批判中说道："唯识宗旨，断依他起，证圆成实。欲断依他起，必先知如何依他起之轨则，所以详说唯识。今执此依他起以为真实，则去如如道理，奚啻尘沙万里，此禅宗所谓驴年亦不会也。"③ 在周叔迦看来，唯识宗"断依他起"，意味着唯识宗也是遣除依他起性的，而唯识的理论就在于说明如何遣除依他起性，他认为依他起性根本上是错误的。

　　正如"理论渊源"这一章节所说，清辨与护法的争论，是存在于汉译典籍《大乘掌珍论》及《广百论释论》之中的，主要围绕依他起性是否真实自性存在的问题，护法坚持佛所说空则遍计所执性空、依他起性不空。周叔迦认为任何人都不会执依他起性以为真实，意味着依他起性也是空的，也是需要遣除的，如果依据这种观点，那又如何解释清辨在《掌珍论》中的大肆批判，以及护法在《广百论释论》中的辩驳？

　　周叔迦在对清辨、护法的争论进行讨论的时候，依窥基《成唯识论料简》而认为两家宗旨并无申破的关系："《成唯识论料简》中亦多叙清辨、护法二宗义趣，以为法性、相，粗细有殊，故此多门皆不违理，而世以为斯论破相应师，即是破无著；护法破胜义师，即是斥清辨；因而鄙薄斯论。是殆依人执语，不了法义。详味此疏，则知二宗所申破者无殊也。"④ 这里所说的注疏是金陵刻经处版的一卷《大乘掌珍论疏》，《续

---

① 周叔迦：《周叔迦佛学论著全集》第一册，第391页。
② 周叔迦：《周叔迦佛学论著全集》第一册，第369页。
③ 周叔迦：《周叔迦佛学论著全集》第二册，第636页。
④ 周叔迦：《周叔迦佛学论著全集》第五册，第2050页。

藏经》中也有，著者名字佚失，其中对论中相应论师一段有科判说：
"相应论师下，第十破喻伽师。文中有二，初明相应师立计，二实不应理
下，论主对破。"① 疏中也是将相应论师作为被论主批判的对象，并集中
对真如胜义是自性有进行了批判，比如疏中说："彼真如，离有无性，非
能缘，非所缘。智证之时，平等平等。汝今乃执真如为有，以为所缘，
无分别智为能缘。但言于真如上，更不应重见真如，故名真如空。便如
此执真如为有性道理，已为我如前所说。无为无有实，不起似空华，之
比量理之所遮讫，不应更立也。"② 这里明明以著者的身份对"汝"执真
如为"有"，并以真如为无分别智的所缘进行了批判。周叔迦通过体味
此疏，推论两宗申破无殊的理由并没有展开，所以他从哪里得出结论不
得而知，但从此段引文来看，《大乘掌珍论疏》与汉译典籍中空有之争
的结论是一致的。

　　上文中周叔迦所复述的窥基的《成唯识论料简》的原文是："或于
诸法总作二门，于二门中，复有多义：一、常无常异，二、漏无漏殊，
三、色心差别，四、假实不同，此乃诸法真如，名胜义谛。依他缘起，
名世俗谛。诸无漏法，名胜义谛。有漏诸法，名世俗谛。心心所法，名
胜义谛。色声等法，名世俗谛。有实体者，名胜义谛。无实性者，名世
俗谛。由法性相粗细有殊，故此多门皆不违理。"③ 这一段话出现的地方
在第二卷初，是在讨论二谛，清辨立胜义空、俗谛有，然后说"护法等
云，既于真俗分别有空，应先了知二谛差别，然二谛相差别无边，总说
不过有其二种：一、依法体以明二谛，于诸法中微细难知，名胜义谛；
粗浅易了，名世俗谛。……二、约迷悟，两智境殊，真俗二谛，对心成
别，谓佛菩萨胜智所知一切皆名为胜义谛，二乘、异生世情所度一切，
皆说名世俗谛。……总说二谛，虽有两门，彼此二宗，有许不许，且依
法体二谛不同，唯护法宗非清辨，许彼依胜义一切皆空，世俗随情法无
别故。依迷悟说两宗俱有，然于义理彼此复殊……"④ 周叔迦所引的这
段话是在二谛二门的中间，可以看作是对第一门的展开论述，即依法体

---

①　《掌珍论疏》卷一，《续藏》第 46 册，第 718 页。

②　《掌珍论疏》卷一，《续藏》第 46 册，第 719 页。

③　《成唯识论料简》卷二，《续藏》第 48 册，第 362 页。

④　同上。

以明二谛，那么以常、无常等来说明法体都是可以的，"皆不违理"，但是，这里并非是清辨与护法的二谛可以融通的意思，而且下文也说到虽然二谛有两种方式来理解，但是清辨与护法互相存在认可与不认可的关系，比如在第一门的依法体明二谛方面，护法就认为清辨胜义一切皆空是有问题的，文中说："依法体二谛不同，唯护法宗非清辨许彼依胜义一切皆空，世俗随情法无别故。"虽然文中表示了在世俗谛层面，护法与清辨是有共识的，但是周叔迦以第一门的解释来认为，窥基也同意两宗的无争，是有问题的，更不用说窥基在《述记》中对清辨断灭空倾向的明确批判，称其"总拨法空"。

周叔迦对《成唯识论料简》以及《掌珍论疏》的理解并得出的结论，与其说是近现代意义上适应时代出现的佛学研究，不如说是中国佛教传统义学的重申与强调，坚持基于如来藏系立场上空有无争，调和中观宗与唯识宗的理论。

二　空有简别：唯识宗的广泛传承

周叔迦认为空有无殊，不仅认为两宗理论根本上的融通，即诸法实相与阿赖耶识，并且进一步依据《成唯识论料简》以及《掌珍论疏》的理解认为清辨与护法并没有根本差异。虽然如此，他对于中观宗与唯识宗理论上的差异是有清晰认识的。

周叔迦在《八宗概要》的禅宗部分，这样说："印度的大乘思想只有中观、瑜伽两宗，此外别无其他宗派的遗迹。因此达摩所传的学派，必定是此两宗中的一宗。"[1]　通过对达摩《略辨大乘入道四行观》的考察，"从此文可以看出达摩的思想体系定属于瑜伽宗的"[2]。他的依据有四个方面：第一个方面是行入，四行中的随缘行与报冤行是"观现识"，因为原文中是观现实生活的恩、怨、苦、乐都是业的牵引；第二个方面，他认为理入中所说的深信众生都有的"真性"，而这个真性就是阿赖耶识"此中真性是指真识，亦即是如来藏，也就是佛性，亦就是阿赖耶识"[3]；第三方面，他认为达摩的壁观，指的是真性寂然不动，就像是洁

——

①　周叔迦：《周叔迦佛学论著全集》第一册，第 453 页。

②　同上。

③　同上。

白的碧玉，这种观照的方法在周叔迦看来是与中观的观法不同的，"所以说'凝住壁观'。此正以别于中观的空观"①；第四个方面，因为达摩以楞伽印心，而《楞伽经》是瑜伽宗六根本经典之一，在《唯识研究》二十三章，他称达摩为"唯识宗的实践者"，"禅宗自达摩传来中国，便用《楞伽经》作唯一修行的规则。《楞伽经》是相宗的六根本经之一，所以达摩便是唯识宗中的实践者。禅宗所修的，便是加行位的四寻思、四如实智。到后来禅宗有曹洞宗、临济宗、云门宗、鸿仰宗、法眼宗五派不同。但是所解的全不离无分别智"②。

除此四个方面之外，对于北凉失译《金刚三昧经·入实际品》中所有的理入与行入，故而引人怀疑《四行观》不是达摩所作，周叔迦认为这是不对的，一个有力的证据是这么说的："特别是经文中说'凝住觉观'，而《四行观》中说'凝住壁观'，虽只一字之差，显然有空有之别。"③

周叔迦通过四个方面来说明达摩的思想是瑜伽的传承，而不是中观，甚至与般若系典籍做了严格的区分，说到"空有有别"这样的讲法，或有待商榷的地方，大概有两个方面。第一个方面，举出的理由仅仅是个人观点，并非学界、教界共识，比如他将达摩所观真心理解为阿赖耶识，真心一般理解为《大乘起信论》所说无明覆盖的清净心，将清净真心等同杂染的阿赖耶识，这一点恐怕无法得到共识，比如洪修平先生认为，达摩本身的禅法是融合了真如系及中观般若系的思想，"从'深信含生同一真性，但为客尘妄覆，不能显了……舍妄归真'来看，这显然是如来藏系自性清净心的思想，承印度部派佛教'心性本净，客尘所染'说而来，特别是与《楞伽经》'虽自性净，客尘所覆故，犹见不净山'的心性说相近。但是，从'凝住壁观，无白无他，凡圣等一，坚住不移，不随他教'来看，达摩的禅法又融会了大乘般若系的思想。达摩把心性本净与般若扫相结合起来作为禅法的理论基础，这既与他所传'南天竺一乘宗'的理论渊源有关，而更重要的是受中国佛教学风影响的结

---

① 周叔迦：《周叔迦佛学论著全集》第一册，第 454 页。
② 周叔迦：《周叔迦佛学论著全集》第二册，第 599 页。
③ 周叔迦：《周叔迦佛学论著全集》第一册，第 454 页。

果"①。第二个方面，按照宗密的分判，三宗配三教，三教之中的"密意破相显性教"包括般若部经典及三论，指代的就是中观学，与禅宗泯绝无寄宗"全同"，以石头、牛头为代表。② 从宗密的分判来看，禅宗中蕴含有中观学思想，那么，若真如周叔迦所说达摩传承的是唯识宗，传承自唯识宗的禅宗却蕴含有中观学思想，其原因只能是中国禅师的改造，这样的理解应该无法被作为佛教居士的周叔迦所接受。

这种空有简别的考虑，与前面周叔迦所表达的空有无争是相抵牾的，表明周叔迦是意识到空有两宗的差别，而差别是这样得明显。如果按照前文所说空有无争，说禅宗属于瑜伽宗而与中观无关的观点，出现的就有些突兀了，并且还是在一个文本之中。

除了对于禅宗的理解，周叔迦也同样是以非此即彼的观点来分析的天台宗，"天台宗的思想体系，一向都认为北齐慧文依《大智度论》和《中论》建立三谛、三观、三智的理论，同时天台宗奉龙树为高祖，因此天台宗与三论宗同出一源，也就是中观宗的体系。但是细考其内容实质却不尽然"③。周叔迦认为，天台宗与三论宗同出自中观体系的这种看法并不准确，他认为天台宗是出自瑜伽宗。

周叔迦分别从三个方面来论述。第一个方面是天台立三谛与三论宗的二谛相区别，周叔迦认为，慧文的三谛三智思想是继承了地论师隋慧远《大乘义章》卷十《止观舍义章》《三慧义章》《三种般若章》等内容，"慧文是继承地论师的思想却引用来解释中观宗的典籍，至少是采取地论师的学说来发展了中观思想"④。第二个方面是从观法上来看，天台的观法，按照《摩诃止观辅行传弘决》卷一叙天台宗观法九师相承的说法："九师的观法，所谓融心、本心、寂心、了心、踏心、觉心，都是观心之一门。而观心是瑜伽宗的行法，不是中观宗的行法。中观宗的行法是观实相、法性、真如，实际而不是观心。"⑤ "天台宗圆顿止观实是本于瑜伽宗观心法门而发展起来的。"⑥ 第三个方面是判教，天台的藏通别

---

① 洪修平：《禅宗思想的形成与发展》，江苏古籍出版社，2000，第 79～80 页。

② 宗密撰《禅源诸诠集都序》，邱高兴校释，中州古籍出版社，2008，第 44 页。

③ 周叔迦：《周叔迦佛学论著全集》第一册，第 411～412 页。

④ 周叔迦：《周叔迦佛学论著全集》第一册，第 413 页。

⑤ 同上。

⑥ 周叔迦：《周叔迦佛学论著全集》第一册，第 414 页。

圆，小乘教为第一时，次之通教般若，别教唯识，"假如天台宗的思想体系渊源于中观，便不能把中观宗所认为了义的般若教判在第二，作为大乘初机的。天台宗在瑜伽宗三时教的基础上发展了圆教，调和了瑜伽和中观两系，也就是用瑜伽思想发展了中观学说的产物"①。周叔迦通过三方面原因的分析，最后得出结论认为，天台宗的传统是以瑜伽宗为基础的，调和两宗而产生的宗派，并不是传承自中观宗或者是以中观宗为基础的。

　　除了禅宗、天台的部分以外，华严宗部分中，周叔迦在评论澄观的思想时说道："虽弘贤首教义，世称为贤首宗第四祖，毕竟未亲承法藏而仅私淑。其学说融和中观、天台、南禅、北禅而自成一家，与贤首以上三师传承瑜伽宗系有所不同。这一百年间是贤首宗的转换时代。"② 周叔迦在这里的意思是澄观将原本传承瑜伽宗系的贤首宗一改而自成一家，加入了中观、禅、天台的内容，原因是澄观不是亲承法藏，言下之意，意味着法藏所传正统的贤首教义应当是不掺入中观、禅等内容的瑜伽宗教义。

　　关于真言宗，周叔迦认为，真言宗得力于瑜伽宗而成为印度佛教的主流。"在瑜伽宗盛行以后，即佛灭度后千五百年左右，真言宗修法的组织更为完备，成为印度佛教的主流。"③

　　律宗则是这样说的："罗什传授菩萨戒法，依中观宗以非色非心法为戒体。受者于答曰能持，戒体便生。昙无谶传授菩萨戒法，依瑜伽宗以无表色为戒体。戒师授戒竟，必须起立白十方佛，于是由十方佛戒体滋长而灌注于受戒者身心。汉地菩萨戒的传承，一向是受依瑜伽，随依梵网的。"④ 周叔迦认为大乘菩萨戒现在世界流行的有两种，一种是鸠摩罗什《梵网经》所说的十重四十八轻戒，一种是昙无谶所译《菩萨地持经》以及玄奘《瑜伽师地论》所说的四重四十二轻戒。汉地菩萨戒的传承，一向是依《梵网经》，受依瑜伽。足见瑜伽宗对于律宗的重要性。

　　净土宗，同样是与瑜伽有密切关系的，是中观宗与瑜伽宗共同畅行

---

①　周叔迦：《周叔迦佛学论著全集》第一册，第414页。
②　周叔迦：《周叔迦佛学论著全集》第一册，第433页。
③　周叔迦：《周叔迦佛学论著全集》第一册，第491页。
④　周叔迦：《周叔迦佛学论著全集》第一册，第526～527页。

的，"往生净土是大乘各宗的共同愿望。印度中观宗的龙树在所著《十住毗婆沙论》中盛赞念佛法门。瑜伽宗的世亲造《往生论》，立五念法门"①。

可见，大乘八宗，周叔迦认为，除重行的净土与律宗乃中观与瑜伽二宗之力，其他的台、贤、禅、真言四宗都是传承自瑜伽宗。这种观点，其实是从侧面探讨中国佛教的来源问题，中国佛教是佛教中国化之后的结果，那么台、贤、禅等典型的中国化佛教乃至所有大乘八宗，是否具有正统的来源，还是中国祖师的改造？以居士的立场来说，周叔迦是不能接受后者的，必须要为中国佛教讲清楚其来源的正统。但随之而来的问题是，简别中观与唯识，证明各宗承继唯识而不是中观，这样非此即彼的观点，说明什么问题？

正如对禅宗的论述中提到的，周叔迦认为禅宗传承只有中观或者唯识二宗，没有作为第三宗出现的如来藏系，所以他将禅宗的真心理解为阿赖耶识，将天台的观心理解为只是唯识学独具的观法，诸如此类等。按照太虚、印顺等人的分判，大乘八宗除三论、唯识外都属于真如宗、如来藏系，意味着周叔迦所论证的，或传承自唯识宗，或与唯识宗关系紧密的六宗，都被归入了第三系，而不是周叔迦所说的"必定是此两宗中的一宗"。这意味着，太虚、印顺认为六宗与唯识宗是有差别的，而且是达到了需要另分一宗的差别。周叔迦则没有做这一差别的分析，而是将如来藏系思想理解为唯识宗思想，忽视了唯识宗与如来藏系之间的差别。

要特别说明的是，周叔迦空有无争与空有两宗非此即彼这两种观点并不是阶段性出现的，而是存在于一个文本当中，即《八宗概要》。从周叔迦的其他著述来看，他基本上坚持的是空有无争，比如1931年写的《释家艺文提要》与1934年写的《唯识研究》等。

综上所述，周叔迦在空有之争问题上，一方面，他认为两宗无殊，中观宗与唯识宗并不具有根本性的理论差异；另一方面，他又以非此即彼的理解，对中国佛教的各宗进行分析，认为六宗的源头都与唯识宗有关，传承自唯识宗，而不是中观宗。在这个考量中，周叔迦否定了如来

① 周叔迦：《周叔迦佛学论著全集》第一册，第505页。

藏系的单独存在，忽略了其与唯识宗之间的差别。然而，周叔迦空有无争与非此即彼两种观点虽然看似矛盾，其实是一致的，不论是中观宗、唯识宗无争的理解，还是中国佛教来源于唯识宗的观点，都是基于中国佛教传统汉传向度，前者重申了中国佛教在空有之争问题上的基调，后者是对中国佛教合法性的维护。

第三节　法舫：批判空有　回到实践

一　空有无争：依他起性与无分别智

法舫（1904～1951），武昌佛学院第一期学生，既是太虚的弟子，也是他的得力助手，赴印度修学三年，专于唯识。他对于空有问题的观点主要体现在《唯识史观及其哲学》中第三章的第二节"唯识学与各宗"，其中就有"唯识学与三论宗"部分，集中探讨了空有两宗的异同。

法舫认为，中观和瑜伽各是其所是，非其所非，在立场、观点等方面确实存在差异，但并非完全不能融通，他说："此宗所说教理，与唯识所说，因立场不同，观点各异，所以各有其异处。如二谛中道之说，以立场不同，各是其是，各非其非。然亦有其相通之处，以缘起即性空之中道义，与唯识所显远离二边之中道义，亦有差别。"[1]法舫认为，空有两宗在中道义上有其相通之处。

法舫之所以认为唯识宗与三论宗的中道义是相通的，原因在于两宗的"所破"是一致的，即批判的对象是相同的，都是能取与所取的对立分别，"依般若的无所得理上来谈唯识，在唯识与三论的两个立场上，是共通的。唯识所破的对象，是能所二取的无所得，没有主观的我（能取），也没有客观的法（所取）；而三论也是破此二取，显无所得的空理；他们所破的目标是一个"[2]。中观学所破斥的对象只有一个，就是自性执着，表现为对世间、出世间一切法的执着，能、所的差别所呈现的主客体的二分背后的真正原因就是执着于自性。正如上文理论渊源部分提到的，清辨与护法之间比较重要的一个争论点就是无分别智是否存在

---

[1]　法舫：《法舫文集》第二卷，梁建楼整理，金城出版社，2010，第57页。
[2]　法舫：《法舫文集》第二卷，第60页。

能、所的差别，清辨当然认为无分别智离能、所，僧肇在《般若无知论》中也强调只有离能、所，才是真实般若。"言般若者，梵音，此云智慧也。无智者，无有取相之知耳。常人皆谓般若是智，则有知也，若有知则有取：若有取著即不契无生。今明般若真智，无取无缘，虽证真谛，而不取相，故云无知。"① 凡夫的取相之知，是心识虚妄分别的结果，有能取、所取的对立分别。般若则没有能、所之分，不具有凡夫心识的虚妄分别。

与三论宗一样，唯识学确实也是要离能、所二取的，根据《成唯识论》，"论曰，是诸识者，谓前所说三能变识及彼心所，皆能变似见、相二分，立转变名。所变见分，说名分别，能取相故。所变相分，名所分别，见所取故。由此正理，彼实我、法离识所变皆定非有。离能、所取，无别物故，非有实物离二相故"②。八识能够变现见分与相分，见分是能取，相分是所取，前者是分别的主体，后者是分别的客体。之所以建构能、所取的见、相二分，就是为了说明离开此二分之外，没有别的自性存在物，虽然中观宗没有见分、相分等范畴，但是意思是一致的。所以，法舫所说的建立在离能、所二取之上的共通性是应该被承认的。

同时，法舫也提出了两宗在这个关键环节上的差别，他说："两宗的差别点是：唯识破后有物可指的，谓二取所依的虚妄分别识体（依他起性）是有；三论破后无物存在，即依他起性也是空的。这是二家的争论点。"③ 在这里，法舫对依他起性问题进行了阐述，但并没有深入讨论。正如上文关于清辨与护法争论的考察，依他起性空与不空是中观与唯识争论的焦点所在，法舫明言在依他起性问题上，中观是空，唯识是有。

法舫关于清辨与护法的争论在文中有一段讨论："清辨的《掌珍论》说：'真性有为空，缘生故如幻，无为无起灭，不实如空华。'护法《大乘广百论释》云：'诸有为法，从缘生故，犹如幻事，无有实体。诸无为法，亦非实有，以无生故，譬如龟毛。'这两段文字，除清辨以空的立场，用'真性'简别外，他们的理论是一样的。"④ 法舫认为两宗除了

---

① 元康：《肇论疏》卷二，《大正藏》第 45 册，第 174 页。
② 《成唯识论》卷七，《大正藏》第 31 册，第 38 页。
③ 法舫：《法舫文集》第二卷，第 60 页。
④ 法舫：《法舫文集》第二卷，第 62 页。

"真性"简别外都一样，但是，中观与唯识巨大的差异就恰在这真谛层面的差异得到体现，清辨在《大乘掌珍论》中所表达的根本观点就是"真性有为空，如幻缘生故。无为无有实，不起似空花"。前一颂谈的是有为法，后一颂谈的是无为法，两颂都指向空，有为法空，无为法亦空，而一切法空的条件是什么？就是真性简别，意味着只有在第一义谛层面才是空的，清辨并没有否定世俗层面的存在，所以他才说"真性有为空，如幻缘生故。此中世间同许有者，自亦许为世俗有故。世俗现量生起因缘，亦许有故，眼等有为，世俗谛摄，牧牛人等皆共了知，眼等有为是实有故，勿违如是自宗所许，现量共知。故以真性简别立宗，真义自体说名真性，即胜义谛，就胜义谛，立有为空，非就世俗"①。

特别关于依他起性，清辨是特别声明的，如果不是在胜义谛层面，他也是肯定其存在的。连牧牛人都肯定其是有的，清辨也在世俗谛层面肯定其存在，他说："若建立依他起性世俗故有，便立已成。若立此性胜义谛有，无同法喻。如已遮遣执定有性，亦当遮遣执定无性，是故不应谤言增益、损减所说依他起性。"② 关于依他起性，清辨只是在胜义谛层面对其进行否定，可见，"真性"简别本身就是清辨与唯识宗巨大差异的关键所在。

既然清辨与护法之间最重要的差别，就在于胜义谛层面是否一切皆空，是否存在有为法的依他起性，法舫说两者除了真性简别外，理论是一样的，这样的表述究竟反映法舫在空有之争这个问题上怎样的思路呢？

法舫揭示空有两宗的第二个差别在于，无分别智与真如的关系，这确实是清辨与护法争论的关键问题之一。法舫认为："正智即无分别智，此智在唯识方面是有的（亲证真如时，此智即现前）；真如即如如（又真如是无分别，能证智亦无分别，平等无二，故曰如如）。这二者是离言第一义谛，在唯识说是妙有是实有；三论则说空。"③ 正如清辨与护法围绕无分别智是否有"所缘"的争论所体现的，护法认为，必须要有一个所缘真如作为无分别智的认识对象，清辨则坚持无分别智不存在能、所的对立，所以不可能与认识对象相对待，比如清辨说："真如非真胜义，

① 《大乘掌珍论》卷一，《大正藏》第 30 册，第 268 页。
② 《大乘掌珍论》卷一，《大正藏》第 30 册，第 272 页。
③ 法舫：《法舫文集》第二卷，第 60 页。

是所缘故，犹如色等。"① "缘真如智非真出世无分别智，有所缘故，及有为故，如世缘智。"② "彼所计离相离言真如胜义，是所缘故，如余所缘不成胜义。"③

然而，法舫并不止步于此，而是进一步强调三论宗虽空而有，他说："三论虽然说第一义谛是空，但毕竟建立第一义谛，也可以说他不碍缘起有。"④ 同时强调唯识有而空的一面，他引用《成唯识论》："若执实有唯识性者，亦是法执。"并且说道："能以无分别心证真如，虽有唯识实性可得，这个唯识实性，也是假名，也等于三论第一义谛。依他起自性，等于三论的世俗有。故唯识之二空，即三论之性空。虽说是二空所显的真如是有（与性空不同），但毕竟是理性。"⑤ 可见，虽然在无分别智与真如关系上，唯识宗与中观宗存在差异，但法舫更强调两宗存在空有两面的一致性。法舫在文中分散讨论了空有两宗的差异之后，又依据唯识实性是假名，三论说空并不碍有两个方面回到了最初的论点，即两宗在能、所二空所显中道上的一致性，在这里，他所用的是"真如"一词。

在其他地方讨论佛教教义层面的空有问题时，他也提到过"法相唯识学派，也主张一切法是'有'，不过比说一切有部所持的见地不同：主张'有'固然是有，但不是'实在有'；是'假有'、'因缘有'、'唯识有'"⑥。表达了唯识宗虽然说胜义层面有依他起性、无分别智与真如的能所关系，以及唯识实性等，但都是假名，都是空。这样的理解是符合《成唯识论》"若执实有唯识性者，亦是法执"。但是，存在一个问题，既然依他起性、唯识实性等都是假名，那为什么在胜义谛层面会存在呢？用法舫的话说是为什么"破后有物"？法舫并没有进一步讨论，而是止步于"法相非法相，也可以二谛释之，不取着二谛，才能彻底证真俗不二之境，两宗相同。由俗证真，这又是各宗修行的共通点"⑦。

所以，综观法舫关于空有之争的考察，虽然他总结了三种观点，相

---

① 《大乘掌珍论》卷二，《大正藏》第30册，第274页。
② 同上。
③ 《大乘掌珍论》卷二，《大正藏》第30册，第276页。
④ 法舫：《法舫文集》第二卷，第60页。
⑤ 法舫：《法舫文集》第二卷，第61页。
⑥ 法舫：《法舫文集》第二卷，第108页。
⑦ 法舫：《法舫文集》第二卷，第61页。

反的关系说，相成的关系说，以及观点不同却相互成，他本人显然更为赞成第三种观点。但是，他对空有之争的核心问题并没有继续讨论下去，原因是多方面的，其中一个重要的因素就是中国佛教圆教的传统。

法舫往往止步在一些关键点上，而没有进一步探讨下去，在关于三论与唯识的另一个相同点的探究过程中也是如此。他认为，三论也讲唯心、唯识，所以与唯识相通。他在论述的时候，不经意地引出了另一个问题，但也同样就此止步而没有进一步讨论，他说："三论也明唯心唯识之理：因般若之思想，最后明一心，即自性清净心，后来法华、华严等大乘思想，多明此意。《大智度论》第二十九卷云：'三界皆心所作。'《大乘二十论》颂云：'心如工画师，自昼夜叉像，画已而恐怖。'此与《华严》心如工画师之喻，同明唯识之理。"① 法舫引用《大智度论》想证明中观宗也讲唯识、唯心。中观学主要典籍并没有着力发挥"唯心"之说，但说中观宗也讲唯心也没有错，但是需要追问的是，在什么意义上讲唯心？真谛层面还是俗谛层面？中观学讲唯心只能是在世俗谛层面，而不是真谛层面，因为真谛层面有为法、无为法一切皆空。但是，正如上文所述，法舫认为，唯识实性等是假名，他甚至可以忽略"真性"简别，那么自然可以使得中观与唯识两者得到统一，从而说明两宗在理论上并没有根本矛盾之处。

二　空有无争的归结：重行轻理

法舫对中国佛教十个宗派从重理与重行的角度做过总结："十宗之中，禅、净、律、密，是特重行持的；三论（包括《成实》）与唯识（包括《俱舍》）又是特重理论的；所余台、贤是行与理双重的。又十宗中净土、密宗，是全仗他力加持的，禅、律、三论、唯识是凭自力向上的，台、贤是仗自他力的。"② 如果以重理与重行两方面来看三系，那么可以发现，在法舫看来，唯识与三论都是特别注重理论的，但是，中国佛教的传统并不注重理论，这也是两宗迅速没落的原因之一。相比较重视理论探究的三论与唯识，法舫本人更为重视宗教实践"行"，那么，

---

① 法舫：《法舫文集》第二卷，第 62～63 页。
② 法舫：《法舫文集》第二卷，第 66 页。

唯识与中观的差别似乎就显得不那么重要了，这一点在《〈金刚般若波罗蜜经〉讲话》中得到充分体现。

法舫在《〈金刚般若波罗蜜经〉讲话》中这样评价龙树："龙树的思想，虽然是透视原始佛教教理的显微镜，而其所以成为大乘教祖师的原因，实是他注解释尊根本教义的透彻。其实龙树空教，不过是广义的原始佛教的缘起性空，加上批评当时声闻教而已。他对于当时被称声闻或小乘的理论，加以彻底的批评。所以原始佛教在龙树之后，在信仰上受到致命的打击，给印度婆罗门教开辟了一条攻打佛教的门户。"① 法舫肯定龙树开创的中观学是透彻佛教根本教义的，但同时他认为，龙树破斥小乘或声闻的理论，给印度婆罗门教攻打佛教开辟了门户，原因在于龙树使原始佛教在信仰上受到致命的打击。

这看似矛盾的论述背后其实是法舫的重要观点，他说："在龙树以前，佛教是维系人类社会有力的宗教哲学，除了那些固执的婆罗门徒，普遍为印度人民所接受，到了龙树高谈性空的玄理，否定一切，佛教就变为一种形而上的哲学了。到了无著世亲的时代，虽然对龙树的学说加以补救而对于原始佛教仍然大肆抨击、贬抑，对奉行释尊教主原始教理和行律的人，他们和龙树系的人是一样的态度，称曰'愚夫'，曰'凡小'，曰'焦芽'，曰'败种'，于是释尊指导人生生活和解决人生生死问题的原始教理，在印度遂走向下坡路。负责领导的僧团比丘们，也渐渐失去领导地位！大乘空有之教，也就从此大行五印了。"②

这段话，法舫的观点是，龙树高谈玄理，使得佛教变为一种哲学，而后唯识学兴起，一方面，无著所代表的唯识宗是对龙树学说的补救，这就与上文"唯识学与三论宗"部分的论述一致，即法舫认为空有是无争的；另一方面，他认为无著对原始佛教大肆抨击，他说："对奉行释尊教主原始教理和行律的人，他们和龙树系的人是一样的态度。"所以，不仅仅无著的唯识学与龙树的中观学在教义上是无争的，而且两者在抨击原始佛教的立场上竟然也是一样的。

在法舫的论述中，混淆了原始佛教和部派佛教，龙树等大乘佛教批

---

① 法舫：《法舫文集》第一卷，第 202 页。
② 同上。

判的是部派佛教，而空有两宗之所以还被认为是佛教，就因为同样奉行原始佛教。法舫的意思，大概是因为大乘佛教兴起，而使得印度教可以渗入佛教而成为密教，如果没有大乘佛教对他所说的原始佛教的抨击，则印度教也无可乘之机，佛教也就不会在密教的衰亡中退出历史舞台。他在《送锡兰上座部传教团赴中国》中甚至认为："大乘教虽系佛教之新发展，然其实事则成为印度教摧毁佛教之第一工具，印度教竟以此而得其胜利。"① "大乘教原系佛教和印度教之一融和产物。大乘教之盛行，即印度教复兴运动之成功。"② "佛教被破斥被摧灭皆由大乘教，及大乘教徒直接为之，吾人试读每一大乘经论几无一经无处不竭破斥声闻教——佛教者。此自公元后一世纪起至八九世纪止，佛教日衰一日，大乘教日盛一日，印度教亦一日复活一日。"③ 他竟然称大乘佛教是印度教摧毁佛教的第一工具，是印度教融合佛教的产物，而以大乘经论破斥声闻教为依据。他之所以如此评价的原因，正是因为他认为，倾向于理论、更像哲学的龙树、无著之学，放弃了佛教宗教实践的立场，并对实践的声闻教进行批判。

法舫这样的观点无疑与他时常接触南传佛教有关，甚至将部派佛教等同于原始佛教，这无疑是对南传佛教的极大赞同，同时也就意味着对部派佛教大加挞伐的大乘佛教的反感，佛教由大乘而进入密教，大乘确实有给融入印度教留有余地，但是否如法舫所说，大乘一日胜，而佛教一日衰，同时印度教一日复活？这一点与本文主题无关，故不再继续讨论。

通过法舫关于大乘佛教以及与部派、原始佛教相比较的论述，可以发现，法舫具有一定的南传佛教立场，印顺也在《与巴利文系学者论大乘》专文批驳此文，但是这并不表示法舫在空有之争问题上具有与汉传佛教传统不一致的观点。正如上文所述，法舫所坚持的观点是空有无争，其包括三系一致等圆教的观点，无疑是汉传佛教的传统。

另一方面，通过大乘坏佛教观点的讨论可以发现，法舫认为，空有两宗不仅是无争的，补足的，而且都是高谈玄论的、哲学化的、是重理的，在以上所举三文皆有体现，而这种玄学化的理论化的大乘佛教，使

---

① 法舫：《法舫文集》第五卷，第 400 页。
② 同上。
③ 法舫：《法舫文集》第五卷，第 401 页。

得"释尊指导人生生活和解决人生生死问题的原始教理，在印度遂走向下坡路"。"大乘空有之教，也就从此大行五印了。"① 在他看来，重视理论的空有两宗，正是对重视宗教实践的原始佛教的巨大改变，使得原来指导人生生活的佛教，变成高谈阔论的哲学，而这种重行轻理的立场，正是汉传向度的体现。

第四节　月霞：继承传统　以有融空

月霞（1857～1917）是近代弘扬华严学的代表，他不仅对杜顺的法界观与法藏、澄观的章疏有深入的研究，而且创办华严大学，培育华严学者，于近代中兴华严学。作为华严学的代表，月霞以华严学思想背景讲解了《维摩诘所说经》，与中观学背景的僧肇的理解形成了鲜明的对比。

一　空有无争：真空之理与平等之道

《维摩诘所说经》以佛国因果为主题，由维摩诘示疾而引声闻、菩萨来讨论"不二"，不二所显示的就是法性平等义。法性就是诸法的本质，月霞称"法性者，即诸法自性"。② 而诸法并无自性可得，以无自性为自性，这一点上，月霞的理解是与弘扬中观学的僧肇一致的："观诸法无自性，则诸法不自生；无他性，故亦不从他生；自他不生故，则无共生，亦不得无因而生；如是无生之理，周遍法界，故无在不在；岂只遍富而不遍贫哉？"③ 通过诸法非四生来安立无自性，月霞对于诸法自性的理解是与《中论》第一品的"无生"一致的，"诸法不自生，亦不从他生，不共不无因，是故知无生"④。因为诸法无自性可得，所以是空，空即平等，僧肇用了"平等之道"⑤ 来形容法性平等义，《维摩诘所说经》中所说的"不二"即平等之异名。

---

① 法舫：《法舫文集》第一卷，第 202 页。
② 月霞：《维摩诘经讲义录》，台北：佛陀教育基金会，2016，第 83 页。
③ 月霞：《维摩诘经讲义录》，第 90 页。
④ 《中论》卷一，《大正藏》第 30 册，第 2 页中。
⑤ 僧肇撰《注维摩诘经》卷三，大正藏第 38 册，第 352 页中。

不论是法性、平等，还是无生，都是在真谛层面显示诸法本质的"空"，因为诸法皆空，所以诸法平等不二。在解释"空义"时，月霞从二乘与大乘的差别来谈，"二乘以析法而观诸法无有实体，虽则归空，未见空理；菩萨观诸法本无体性，故云究竟无所有；以见真空理故，即是空义"。① 他以"见真空理"来区别二乘与大乘，在他看来，二乘"析法明空"，未见真空之理。

说一切有部被汉地大乘佛教称为是小乘、声闻乘，《俱舍论》主要反映了说一切有部的思想，论中将世界分为色、心、心所、心不相应行、无为法等五位七十五法，这是根据《大毗婆沙论》将世界理解为六百法的基础上进行了归纳总结，依"法"而显示世界万事万物的不真实，即空义。说一切有部的这种理解被大乘佛教尤其是中观学所批判，因为虽因"法"而成立世界的空，但"法"本身成了自性存在，成为不空的了。

大乘佛教对小乘教义的基本判断就是虽了空义而未透彻，也就是说，虽见空义，却未彻见月霞所说的"真空之理"。在佛陀弟子中，须菩提有"解空第一"之称，在《维摩诘所说经》中作为二乘的代表，显示二乘虽解空义而无法透彻，执着法性平等而起分别，所以月霞就维摩诘对须菩提的教说解释道："善吉解空第一，法执未破；若执有法，则为易破；执于空法，则难灭除；故净名以全体精神不遗余力，用法身真空之理，以破析空；以大乘了义究竟极谈，以除法执……"② 这里所表达的就是二乘与大乘对于"空"的理解，后者相比前者要究竟、了义，须菩提为代表的二乘"法执"未破，仍执着"空"，月霞以"偏真之理"来称谓二乘对"空"的法执，以此区别大乘"真空之理"。

月霞通过"偏真之理"与"中道第一义谛之理"③ 这一对相对概念来诠释二乘与大乘所理解的空义，"二乘所得偏真之理，只可入净，不可入染，只能入涅槃，不能入生死；菩萨所得诸法自性之理，于一法入一切法，于一切法入一法，故云法同法性，入诸法故"④。二乘所得的"偏

---

① 月霞：《维摩诘经讲义录》，第108页。
② 月霞：《维摩诘经讲义录》，第100～101页。
③ 月霞：《维摩诘经讲义录》，第249页。
④ 月霞：《维摩诘经讲义录》，第83页。

真之理"是与"真空之理"相对的,"真空之理"就是"中道第一义谛之理","偏真之理"就是上文所说二乘执空。因为二乘偏真而执空,故而只可入净、不能入染,意味着二乘仍旧执着染净的对待,还未透彻诸法平等的空义,即僧肇所说"平等之道"是二乘所未透彻的,"二乘怕烦恼,故不敢入邪见;畏生死,故不敢不到彼岸。大乘烦恼即菩提,故入诸邪见而不怕,生死即涅槃,故不到彼岸而不畏"①。"小教必断烦恼,而后得清净;大乘烦恼性即是佛性……"② 二乘以烦恼与菩提相对待,烦恼是杂染的,菩提是清净的,离染得净求得解脱,正如《俱舍论》建构的解脱次第。

与二乘不同,菩萨了知诸法一相所谓无相,即诸法平等,所以烦恼即菩提,"菩萨见尘性体空,与法性同体"③,色尘的体性与诸法体性是平等的,都是空,基于这种色即是空的理解,烦恼的体性也并非是杂染的,与菩提体性平等,"观诸法性,烦恼即菩提,生死即涅槃,无二分故,故云法无分别,离诸识故"④。只有在这种法性平等空义的理解上,才能如维摩诘一般在诸法中逆顺纵夺而进退自在,"于诸法逆顺纵夺,皆得自由而无所碍也"⑤。

证得法性平等义即见真空之理,与佛教所追求的凡夫的解脱是密切相关的,只有证解诸法平等,才能没有偏执,不落空有,《维摩诘所说经》称其为"行于平等",月霞解释"以平等智观,内不见有根身识等诸法,外不见有物情尘等诸法,故云行于平等"⑥。"证得真空时,不见有吾我之相,故我空;亦不见有涅槃之法,故法空。"⑦ 不见内、外,也不见我、法之相,这里的"不见"并非是在说眼根的功能,这里的不见就是对"自性见"的否定,不执着外尘、内根、识等为真实存在,也不执着补特伽罗是真实存在,更不执着佛陀所说"法"为真实存在,这种状态就是对"空"的证悟。在空的世界中,没有内、外的差别,没有

---

① 月霞:《维摩诘经讲义录》,第98页。
② 同上。
③ 月霞:《维摩诘经讲义录》,第84页。
④ 月霞:《维摩诘经讲义录》,第83页。
⑤ 月霞:《维摩诘经讲义录》,第86页。
⑥ 月霞:《维摩诘经讲义录》,第185页。
⑦ 同上。

我、法的差别，诸法平等不二，也就能够纵夺自在。僧肇也用行于空行来解释大乘菩萨道，"有我我所，则二法自生，二法既生，则内外以形，内外既形，则诸法异名，诸法异名，则是非相倾，是非相倾，则众患以成，若能不念内外诸法，行心平等者，则入空行，无法想之患，内外情尘也"①。我与我所、内与外，是与非，都是对待的法，都是凡夫的虚妄分别，在法性平等义上是诸法平等的，僧肇称为"平等之道""空行"等。

真空之理的说法基本可以认为是来源于法藏的"真空观"，月霞曾引法藏"真空观"来说明，"若得真空理现，则空病亦空，如真空观云，'谓此所观真空，不可言即色、不即色，亦不可言即空、不即空。一切法皆不可，不可亦不可，此语亦不受，迥绝无寄，非言所及，非解所到，是谓行境。何以故？以生心动念，即乖法体，失正念故'。此即空病亦空义也"②。引文是出自法藏《华严发菩提心章》"真空观"，月霞归纳为"空病亦空"，这里所说的"空病"就是二乘所见"偏真之理"，执着于空，于"空"起自性见。月霞基于华严"真空观"的"真空之理"对偏真之理的否定与超越，意味着对二乘执着于空的否定。

月霞所说的真空之理并非二乘与权教菩萨所能得，而是圆顿菩萨亲见的，"圆顿菩萨亲见真空之理，真空非空非不空，故常教化众生，而常不失真空，故云教化众生而起于空"③。在真谛的层面，诸法皆空，众生亦空，但菩萨在俗谛的层面仍教化众生而不执着。月霞认为，真空观不离理事无碍观，"菩萨依前所观，证得真空之理，其中不受一尘，故云无所受；我已证得此理，而诸众生常在轮回，受此诸受；菩萨运同体之悲，为诸众生说法离受，从无所受中现身，而受诸受；诸受即苦乐舍三受也。菩萨以佛果未满，绝不灭因行以取偏真之证，故云未具佛法，亦不灭受而取证也"④。真空之理的证得不仅在法性平等义上了知诸法一相所谓无相，而且并不像"偏真之理"一样执空入灭，以众生为空而不起悲救度，大乘所见"真空之理"具备不取证"空"而度众生的大悲。

月霞对证得真空之理与大悲度生的系统描述在第七品初，"若非人法

---

① 僧肇撰《注维摩诘经》卷五，大正藏第38册，第376页下。
② 月霞：《维摩诘经讲义录》，第185～186页。
③ 月霞：《维摩诘经讲义录》，第157页。
④ 月霞：《维摩诘经讲义录》，第186页。

皆空，深证真空之理，决不能现不思议事，故初明观众生空，即得人空；次明行慈等法，以至无住，即得法空；人法皆空，得真空理；然后能起大用，成不思议事，以为净佛国土成就众生之因，方成佛国之教"①。人法皆空才能证得真空之理，证得真空之理才能净佛国土。僧肇也坚持众生自性本空，于自性本空的众生而生起大悲度化，"存众生则乖空义，存空义则舍众生，善通法相，虚空其怀，终日化众生终日不乖空也"。②

可见，僧肇所说的"平等之道"与月霞理解的"真空之理"都是对真谛层面自性的否定，都是对《维摩诘所说经》中法性平等义的描述。

二　空有差异：性空无我与真常真我

作为在近代自觉弘扬华严学的月霞，以华严学的背景讲解了《维摩诘所说经》，以"真空之理"呼应僧肇的"平等之道"来诠表真谛层面的法性平等义。但在真谛层面，也与华严宗晋水净源一样，肯定了僧肇所没有肯定的"真我"，"二乘不见真我，故观诸法无我，以为解脱；菩萨明了法身真我，于我无我而不二，即无我义"③。这是月霞在解释四法印的过程中对"无我"的解释，月霞理解"无我义"就是"真我""法身真我"。

"无我"是佛教哲学的主要命题之一，经论中处处可见，但佛教各个思想系统的解说各有异同。在《注维摩诘经》中，僧肇主要是从两个方面来理解"无我"的，一方面以缘起性空理解无我，"诸法皆从缘生耳，无别有真主宰之者，故无我也。夫以有我故能造善恶受祸福法，既无我故无造无受者也"④。诸法以因缘而有生灭，并非另有一个"真主宰者"保持诸法的常恒不变，这个"真主宰者"在中观学中主要是对有部"自性"的批判，自性是维持"法"的关键，所以有部以"法"为"一则轨生物解，二乃能持自性，故名为法"⑤。作为内在规定性的"自性"正是中观学批判的主要对象之一；另一方面，僧肇从法性平等义解说我

---

① 月霞：《维摩诘经讲义录》，第 222 页。
② 僧肇撰《注维摩诘经》卷三，大正藏第 38 册，第 369 页上。
③ 月霞：《维摩诘经讲义录》，第 108 页。
④ 僧肇撰《注维摩诘经》卷一，《大正藏》第 38 册，第 333 页上。
⑤ 圆晖述《俱舍论颂疏论本》卷一，《大正藏》第 41 册，第 815 页下。

与无我的平等不二，只要无我还是自性存在，那必然有"我"与无我相对待，这也就意味着还未透彻缘起性空之"无我"，所以僧肇在注释《维摩诘经》中以此来区别大乘与小乘，"小乘以封我为累，故尊于无我，无我既尊则于我为二，大乘是非齐旨，二者不殊为无我义也"①。小乘尊"无我"而拒斥"我"，是因为还没有透彻我与无我的法性是平等不二的，大乘则认识到我与无我自性本空而平等不二，"若见平等法性，则法界诸法悉皆平等。"②

可见，僧肇对"无我"的理解基本是从遮诠的角度否定自性"我"的存在，月霞则是从肯定一个"真我"去理解经中所说的"无我"。月霞所说的"真我"是对僧肇否定"我"之后的状态即"真我"的肯定，僧肇则没有对月霞所说常恒存在"真我"的肯定，这也是如来藏系与中观学的根本差异，而这一差异，在月霞与僧肇对《维摩诘经》的理解中时常出现。比如月霞以"真常"区分了深浅二类经，《维摩诘经》当然是大乘深经，"小乘浅经，观世间法，悉皆无常、苦、空、无我，以入寂灭真常；深经依诸法实相而观，即无常等法皆入实相……"③世间法是有为法，有为法存在生、住、异、灭四相，所以无常、苦、空、无我，与有为法相对待的无为法，在小乘看来，因为无四相而永恒存在"无为名实，非四相迁，体坚实故"④。小乘经以二者相对待，大乘经则透彻两者的平等不二，"彼诸圣者以圣智圣见离名言故，现等正觉，即于如是离言法性，为欲令他现等觉故，假立名想，或谓有为，或谓无为"⑤。月霞以"寂灭真常"作为无为法的代名词来说明有为、无为的对待，就是以表诠的方法肯定了无为法的真常，这与通过否定无为法的自性来否定其真实存在的中观学显然不同。

月霞在用真我、真常、真空这一类表述时，与法身是密切相关的，"善吉解空第一，法执未破；若执有法，则为易破；执于空法，则难灭除；故净名以全体精神不遗余力，用法身真空之理，以破析空；以大乘

---

① 僧肇撰《注维摩诘经》卷三，《大正藏》第 38 册，第 354 页中。
② 月霞：《维摩诘经讲义录》，第 94 页。
③ 月霞：《维摩诘经讲义录》，第 363 页。
④ 圆晖述《俱舍论颂疏论本》卷二，《大正藏》第 41 册，第 829 页下。
⑤ 《解深密经》卷一，《大正藏》第 16 册，第 689 页上。

了义究竟极谈，以除法执……"① 月霞用的"法身真空之理"，将法身与"真空之理"合用，真空之理已如上文所述是与"偏真之理"相对应的，法身与真空之理的合用其实是表达相同的意思，这与历史上泐潭禅师晓月以"法身真空之理"来诠解"空"是一致的，"《十二门论》云，大分者即空也，非断灭空，是法身真空之理"。② 与晓月一样，月霞通过"法身真空之理"表达的也是法身即真空的理解方式。

僧肇对于《维摩诘经》中"善本"这个概念并没有特别的解说，而只是以字面"众善之本"来理解，月霞则从表诠、肯定的角度作了进一步解说，"善本，即真常不坏之本，乃真如自性是也"。③ 月霞以真如自性为众善之本，肯定其真常不坏，而真如自性又是法性平等义的基础，基于真如而凡夫、佛平等不二，"真如性理，生佛本同，其差别者即权智耳！众生不守真如，即成妄想，故有分别；由是彼此各殊，大小各别，处处窒碍；菩萨不失真如，用即权智，故能依正无碍，大小融容，故非识情之能思议也"④。真如性理就是真空之理，作为法性平等义的基础，是众生与佛平等的体性基础，菩萨不失故能纵夺无碍，凡夫不守故妄想分别而产生许多烦恼，"真如佛性，十界同体，由有烦恼作业，则名众生；若无烦恼，则众生即非众生，故云欲度众生，除其烦恼"⑤。不仅如此，凡夫的五蕴生身也是作为真空理性的真如不守自性而产生的，"身乃真如不守自性，内有其念，外揽父母四大之质，和合而成"⑥。

综上所述，月霞与僧肇对《维摩诘经》的理解都是基于法性平等义，"真空之理"与"平等之道"只是不同的表达。但是另一方面，月霞与僧肇对作为平等基础的"法性"的理解是有差异的，僧肇更多的是依据中观学缘起性空的方式遮诠显"空"，月霞则偏于从肯定的方式以真常、真空、真我、法身、真如来确立平等的思想基础。与僧肇偏空的理解方式相比，月霞的理解表现出明显的"有"的特质，而这样的一种理解方式，难道与晋水净源以"有"的立场处理"空"的文献不同么？

---

① 月霞：《维摩诘经讲义录》，第 100～101 页。
② 晓月注《夹科肇论序注》卷一，《续藏》第 54 册，第 138 页下。
③ 月霞：《维摩诘经讲义录》，第 144 页。
④ 月霞：《维摩诘经讲义录》，第 213～214 页。
⑤ 月霞：《维摩诘经讲义录》，第 231 页。
⑥ 月霞：《维摩诘经讲义录》，第 67 页。

恐怕只是中国佛教历史上"空有之争"模式的翻版而已。

第五节　巨赞：从无到有　思想转变

巨赞（1908～1984），儿时家境殷实，于私塾受儒道熏陶，母亲笃信佛教，故亦受到佛教之影响。1927 年，19 岁的巨赞就以"改革佛教"之志愿为太虚大师所赏识，随太虚在闽南佛学院学习佛学，后因父命而出家未成。1931 年，于灵隐寺出家，此时巨赞 23 岁，住灵隐寺一年多，研究法相唯识学。后于南京内学院潜心研究，据《巨赞法师年谱》，巨赞于 1934 年至 1935 年两年中，阅读经论总计 7000 多卷，奠定了巨赞的佛学基础。

正是在经典阅读的基础上，巨赞形成了自己一定的佛学立场，于1936 年在《论学》杂志上发表了《评熊十力所著书》。在日本侵华战争开始之后，巨赞眼见山河破碎，学问之力有限，故组织救亡团体，积极宣传抗日。1940 年，32 岁的巨赞与道安创办了《狮子吼》月刊，并发表了《中论探玄记》《略论空有之争》。时隔 15 年后，于 1955 年在《现代佛学》上发表了《关于空与有的问题》《天台与嘉祥》等涉及"空有之争"的文章。后一年又在《现代佛学》发表《试谈空有之争的焦点所在》。之后，他还发表过涉及该议题的一些文章，比如 1959 年于《现代佛学》发表的《"解深密经无自性相品"述意》等。

现将巨赞涉及空有之争的著述列于下：

1937 年，《评熊十力所著书》，发表于《论学》，署名万均，因刊物停办未发表完

1940 年，《中论探玄记》，发表于《狮子吼》第 1 卷第 1 期，署名万均

1940 年，《略论空有之诤》，发表于《狮子吼》第 1 卷第 1 期

1941 年，《与江西张潜庐居士论佛学书》，发表于《狮子吼》第 1 卷3、4 期合刊

1946 年，《佛教界如何才能联合》，发表于《海潮音》第 27 卷第7 期

1950 年，与吕澂、熊十力的几封书信

1954 年,《龙树提婆与无著世亲》,发表于《现代佛学》11 月号,署名鉴安

1955 年,《鸠摩罗什法师》,发表于《现代佛学》2 月号,署名鉴安

1955 年,《天台和嘉祥》,发表于《现代佛学》4 月号,署名鉴安

1955 年,《禅宗的思想与风范》,发表于《现代佛学》5、6 月号,署名鉴安

1955 年,《关于空与有的问题》,发表于《现代佛学》12 月

1956 年,《关于玄奘法师的〈会宗论〉》,发表于《现代佛学》3 月

1956 年,《试谈空有之诤的焦点所在》,发表于《现代佛学》8 月,署名胜音

1957 年,《般若思想在中国汉族地区的发展》,发表于《现代佛学》1 月号

1959 年,《〈解深密经·无自性相品〉述意》,发表于《现代佛学》1、2 月号

1959 年,《禅余随笔》,发表于《现代佛学》3、5 月号

1981 年,《评熊十力所著书》,发表于《法音》1、2、4 期,次年第 2 期

除此之外,另包括大量的读经笔记,虽然笔记大部分是摘录,但略有批注,可以看出巨赞的观点与态度,存于《觉海遗珠集》和《绀珠集》,包括读经笔记《中论》《十二门论》《百论》《三论家》《大智度论》《大般若经》《续三论家》《中论探玄记》《百字论》《广百论》《三论玄赞》等。

这些著述中,集中讨论空有之争的是《略论空有之诤》《关于空与有的问题》《试谈空有之诤的焦点所在》,除此之外,《评熊十力所著书》中一节"评空有得失"也论及此问题。虽然巨赞对于空有之争的关注贯穿在他一生的佛学道路中,但是存在两种相反的观点,一种是空有无争,一种是空有难容,后一种观点只存在于《试谈空有之诤的焦点所在》等少数文章中,故以下先就第一种观点进行探讨。

一 空有无争:基于"新三论"之"中道"

相比较法舫对大乘佛教的批判态度,巨赞则更肯定大小乘的统一,

他说道："《阿含》对小乘人说而实非小乘法，《般若》、《华严》对大乘人说亦非大乘法，法一而已，何有大小之殊。状其溥博高明而强名之曰大，则以《阿含》为唯被小机者，非法之小，被自小耳。此义紧要，明达者幸深思之，次即本此以论空有。"① 这段话表明了巨赞的基本立场是大小乘佛教并不具有本质差别，在他看来，大、小、显、密、空、有，都是对"法"的述说，"法"作为"所诠"是统一的，但是，存在大、小、显、密、空、有等"能诠"的差别，站在这种基本立场上，空、有自然无争。

巨赞认为，佛陀所说就是空理，部派佛教并没有真实理解，所以离《阿含》所要揭示的道理很远，他说："佛涅槃后，部执竞兴，四百年间由上座大众二部分为二十部，且其所争，类皆琐琐于人生论宇宙论之范围中，少有涉及本体论者，去《阿含》之说空理者犹甚远……"② 其中影响最大的无疑就是说一切有部，"迦旃延尼子者出，造《发智论》，谓一切法皆实有自性，颇与《阿含》之理乖。胁比丘等五百论师宗之，共集《大毗婆沙论》三百卷为之解释，则已至第六百年顷，可见其影响之大。即于此时，有号称空宗始祖之龙树出"③。《发智论》是说一切有部的根本论典，主张三世实有，龙树认为这是对佛陀所说真理的误解，故而创中观学，以批判有部为代表的部派观点，所以巨赞说"龙树谈空，盖亦迫于环境之要求而不得不然者耳"④。"龙树亦既已全部禀承《阿含》结生相续器世构造之说，而略为阐发扩充之矣，尚何空有乖诤之足云。"⑤ 巨赞认为，龙树秉持的基本思想全部传承自《阿含》，只是略微地对其进行了阐发与扩充。

与中观学相同，巨赞认为，唯识学的批判对象同样是部派执有而不明空理，他以这种观点批评熊十力，因为熊十力认为有宗是对治空宗沉空之病而起的，巨赞说："无著、世亲组成有系统之《唯识论》，盖非为

① 巨赞：《略论空有之诤》，《巨赞法师全集》第一卷，社会科学文献出版社，2008，第239页。
② 巨赞：《略论空有之诤》，《巨赞法师全集》第一卷，第239页。
③ 巨赞：《略论空有之诤》，《巨赞法师全集》第一卷，第240页。
④ 同上。
⑤ 同上。

矫正空病而发。"① 之所以这么说，巨赞根据《顺正理论》《俱舍论》
《成实论》，推测当时佛教思想的情形，还是执有者多，并没有沉空之
说，所以巨赞认为，熊十力以唯识宗矫正中观宗沉空之弊的观点是错误
的，是一种臆测。在巨赞看来，无著、世亲的唯识学也是为了破斥有执，
并非是为了矫空。

可见，巨赞认为，空有两宗都是发挥佛陀所说空理，都是为了对治
部派对空义的不正确理解，并没有什么理论争议，所以在《关于空与有
的问题》中，巨赞列举了五种关于空有之争的不同看法：第一种，依据
《大唐西域记》中关于清辨的传说，如上文"理论渊源"所述，认为空
有之争只有等弥勒下生才能解决；第二种，依据太贤《成唯识论学记》
所记载的圆测的说法，认为不可调和，并且这样说到"这种看法相当普
遍，在西藏方面几乎成为一种传统的看法，而且以中观见为了义正
宗"。② 巨赞还引用了宗喀巴的《菩提道次第广论》，说明他接触到了藏
传中观学，但并不以为然；第三种，依据贤首《楞伽玄义》，相反相成
的观点，其实这与《十二门论宗致义记》里的观点一致，而且《十二门
论宗致义记》的表达更为丰富；第四种，元晓的观点，语争义同；第五
种，空有两宗完全没有差异，巨赞本人认为这种看法比较接近实际。

需要说明的是，巨赞所理解的空有无争与上文所讨论的杨文会等人
的无争都不一样，是完全无争，是没有差异的完全一样。巨赞否定了贤
首的无争以及元晓的无争，贤首的无争正如上文关于《十二门论宗致义
记》所说，是以他自己所声称的"和会"，即以如来藏的立场对之前的
唯识与中观进行和会，简单地说，就是以妙有会通空与有。元晓则认为，
中观宗与唯识宗只是表达上看似有争论。巨赞的无争则比这两种更进一
步，那么他的依据是什么？他如何解释关于护法和清辨争论的传说，以
及汉译典籍里的互相驳斥？这都与他的一张表格有关，这张表格就是关
于清辨与护法二谛的比较，在《略论空有之诤》《关于空与有的问题》，
以及《评熊十力所著书》中一节"评空有得失"都是用这一对比来证明
空有本来无争的。

---

① 巨赞：《略论空有之诤》，《巨赞法师全集》第一卷，第241页。
② 巨赞：《关于空与有的问题》，《巨赞法师全集》第一卷，第246页。

在表格中，巨赞根据护法《广百论释论》及清辨《掌珍论》《般若灯论》，来评述清辨与护法的空有之争。表格中对清辨与护法的二谛观进行了比较，所得结论是两者二谛都是俗谛有、真谛空，巨赞认为："夫分别真俗二谛，最为佛法要着，二家之说，绝对相同，则何抵迕之有。"①在另一篇文章中，他也通过这个表格得出结论说："护法菩萨和清辨菩萨在二谛的空有问题上丝毫没有什么不同的地方，根本不会发生争论，更用不着和会。"② 从这里看来，巨赞所认为的空有无争与法藏和会下的空有无争截然不同，与语异义同的元晓也不相同，他实际上否定了两宗的差异。

如果仔细考察巨赞在文中的对比可以发现，他并没有着力于清辨与护法的争论所在，即依他起性于胜义谛中是有是空这个问题，而是着力于清辨与护法文中对世俗谛有、真谛空的表述，从表述上得出两宗理论没有不同。那么，对于清辨与护法围绕依他起性之争论，如何处理？他说："清辨于中破瑜伽论师执遍计所执自性空，依他起性有，护法亦云：'有余师曰：分别所执法体是无，因缘所生法体是有。为证此义引经言.遍计所执无，依他性有。此中一类言不可引此证有依他。（此下多文互争空有）如是等类，随见不同，分隔圣言，各执一边，自是非他，深可怖畏。应舍执著空有两边，领悟大乘不二中道。'所破之词又复相同。不可引此证有依他者，沉空之执，拨世俗谛亦无相状可见者也。"③ 可以说，巨赞轻视了护法与清辨围绕依他起性的争论，而是偏重于护法最后"不二中道"的总结，那护法在《广百论释》中是否这样的意思呢？

正如上一章"理论渊源"对清辨与护法争论的讨论一样，护法这一段是以余师来表达自己的意见，回答清辨的质难，那么这一段显得尤为重要，但是却被巨赞"此下多文互争空有"给概括了，最后归结到"中道"，那么一个明显的疑问就是，既然清辨与护法都基于二谛而归到中道，护法何必在第十卷，以"余师"的身份大段地论述依他起性不空的观点？

其实可以发现，护法虽说舍空、有两边，而领悟中道，这个中道与

---

①　巨赞：《略论空有之诤》，《巨赞法师全集》第一卷，第 242 页。
②　巨赞：《关于空与有的问题》，《巨赞法师全集》第一卷，第 247 页。
③　巨赞：《略论空有之诤》，《巨赞法师全集》第一卷，第 243 页。

中观学的中道在内涵上是有差别的。中观学的中道最明确的表达是，"众因缘生法，我说即是空。亦为是假名，亦是中道义"①。中道就是空，就是假，缘起性空就是中道，性空不坏缘起，缘起即是性空，这就是中观学的中道。护法所说的中道是依他起性上遍计所执性空，依他起性不空，"应信遍计所执性无，是诸世间妄情立故。依他起性从因缘生，非妄情，为应信是有"②。所以，两者所说的中道虽然都称为"中道"，但是，中道的内涵是不一样的。巨赞却把不一样的二谛内涵予以忽视而成为"此下多文互争空有"，故而得出完全无争的观点。与此同时，就会产生一个问题，既然本来无争，那么又如何解释中国佛教传统中，关于清辨与护法争论的各种言论？巨赞将矛头指向了说空有之争最言之凿凿的玄奘系，认为是其门户之见。

从1940年的《略论空有之争》到1955年的《关于空与有的问题》，包括《评熊十力所著书》中所表达的，巨赞对于玄奘一系关于空有之争的看法是有过转变的。他最初认为，空有之争是玄奘一系的门户之见，比如他在《略论空有之争》中提到窥基与圆测的观点，巨赞认为，这是玄奘一派的误传，"愚恐玄奘口传，颇多西方末学之执。小知闲闲，不别真赝，即以为古德（护、清二公）之说耳"③。"奘门传说之不足信，清辨之非沉空，护法之非执有，殆无可疑。空有相须，始终一贯，惟憎嫉真理者始能分割之。"④ 在文言体《评熊十力所著书》中也指责熊十力说"论空有则拘于门户之见，未能援据护法《广百论释论》，清辨《般若灯论》等书，更为大公之论……"⑤ 而在1955年发表的《关于空与有的问题》则引用了窥基《成唯识论料简》说："就是玄奘法师门下，对于二谛或三性空有的问题，在理论上其实也是没有什么偏执的地方。"⑥ 可见，巨赞起初认为空有之争是玄奘的误解，是以清辨为论敌来抬高唯识宗，或者转述了当时印度佛教末流的沉空执有的说法，而到了1955年发表另一文章的时候，他已经发现玄奘其实并不会犯这种错误，故于后一

---

① 《中论》卷四，《大正藏》第30册，第33页。
② 《大乘广百论释论》卷十，《大正藏》第30册，第247页。
③ 巨赞：《略论空有之诤》，《巨赞法师全集》第一卷，第242页。
④ 同上。
⑤ 巨赞：《评〈熊十力所著书〉》（文言体），《巨赞法师全集》第一卷，第370页。
⑥ 巨赞：《关于空与有的问题》，《巨赞法师全集》第一卷，第247页。

年专文对玄奘不传的《会宗论》进行了讨论，"我在《关于空与有的问题》一文中，提到窥基法师的说法，合于《会宗论》的精神，可能就是玄奘法师的见解"①。

不止是以上诸文，在巨赞的其他著作中，他也常常表达自己在空有之争上的基本立场。比如在1941年《与张潜庐居士论佛学书》中，他说"《中观》无自性，即显唯心，文简义约，故不为读者所注意。无着、世亲之时，有部支离，经量寂启，既乖缘起之真，复昧性空之理，故必以赖耶解明缘起，而后无自性之旨昭然。空有相须，非不相谋，《瑜伽》遣性之文可证也。若更对勘护法《广百论释论》，清辨《掌珍论》，则不待烦言而解"②。巨赞认为，中观倡导无自性义，但是龙树在《中论》中并没有安立法相，也没有详细解说，所以有不为注意的危险。到了无着世亲的时代，部派仍旧违背性空之理，唯识宗以阿赖耶识明无自性义，空有两宗在根本上都是为了显示无自性，对治部派错误的缘起理解，巨赞还以《瑜伽师地论》中对自性否定之文来作证，并提出如果对勘清辨的《掌珍论》与护法的《广百论释论》，则会得出同样的结果。巨赞之所以这么说，他的根据还是清辨与护法在二谛上的一致。

1946年，巨赞在《佛教界如何方能联合》中提出"新三论"的说法，认为《广百论释论》《掌珍论》能与《中论》合为一贯的学说，"何谓性相之争？性即般若三论或四论，约性上破除执：阐说空理。相即《华严》、《深密》等六经十一论，约相上表诠一切事物状态。此二宗在印度即有争论，本人以为皆非得本之谈。兹就三论言，其《中论》为最扼要；《十二门论》或非龙树：吉藏疏中似有此论，即或不然，亦为初学而设；《百论》破外不若护法《广百论释论》为详。故本人主张新三论，即《中论》加清辨《掌珍论》及护法《广百论释论》也。此三论之意义互相连贯，读毕《中论》后读《掌珍论》，再读《广百论释论》，只觉味如嚼榄，余甘在内。可见性相本来融通，并无争执"③。他认为，《十二门论》作者可能并非龙树，《百论》不如《广百论释论》详细，所

---

① 巨赞：《关于玄奘法师的〈会宗论〉》，《巨赞法师全集》第一卷，第332页。
② 巨赞：《关于玄奘法师的〈会宗论〉》，《巨赞法师全集》第一卷，第335页。
③ 巨赞：《佛教界如何方能联合——在香港佛教联合欢迎会上讲词》，《巨赞法师全集》第二卷，第861页。

以提倡以《广百论释论》、《掌珍论》及《中论》合为新三论，极力称许三论之间意义之连贯，性相之融通，空有之无碍，而巨赞的根据就在于对清辨及护法二谛分析的结果。

另外，在他未发表的读经笔记中，也表达了空有无争的观点。关于《中论》的笔记，依据《顺中论》，无著之旨与龙树无不合，并称龙树为阿阇梨，所以说"空有之争，生于末学"①。而在读完三论之后，有一个评价，他说"谈三论者，皆遗《广百论释论》，不知此论更较《中论》为透辟（将中论所录问题一一解释）。《十二门论》及《百论》可以不读，读《中论》及此论斯可以。（即知般若大要）或者以此论为沟通空有之籍，犹非善说。盖空有本不待沟通，而空必不遗有，有必不能遗空也。又清辨《掌珍》深谈胜义智境，妙入精微，可与《中论》《广百论》合称三论"。②巨赞甚至认为，《广百论释论》所诠释的空义比《十二门论》《百论》更为透彻，并能与《中论》并提，与《掌珍论》合而成新三论。巨赞空有无争的观点，就是基于"新三论"意义一贯之上而提出的。

二　空有有争：1956 年思想之改变

不管是发表的文章，还是未发表的笔记，巨赞的立场都是坚定的空有无争，在他的所有著述中，唯一一篇肯定空有两宗确实有不可融合的差异的文章就是《试谈空有之争的焦点所在》，此文是以胜音这个笔名发表的，在台湾释信融的《巨赞法师研究》中，就空有之争问题，认为这一篇文章较前两篇主张空有无争有"根本上的差异"，更值得探讨。③

在《试谈空有之争的焦点所在》一文中，巨赞认为：诸法有无自性是空有两宗的焦点所在，"历来空有之争（即中观和唯识之争）的焦点所在，就是一个以为，说有就须有自性，说无就是连事物也无；一个以为，说有不必有自性，说无不是连事物也无。作者认为，这是中观宗和唯识宗争论不止的最根本的矛盾"④。除了这一问题外，两宗还有其他一

---

① 巨赞：《觉海遗珠集·中论之部》，《巨赞法师全集》第五卷，第 2327 页。
② 巨赞：《觉海遗珠集·百论之部》，《巨赞法师全集》第五卷，第 2333 页。
③ 参看释信融《巨赞法师研究》，台北：新文丰出版公司，2006，第 124 页。
④ 巨赞：《试探空有之诤的焦点所在》，《巨赞法师全集》第一卷，第 260 页。

些问题，但都是枝末，基于这一根本分歧而展开的。

由这个焦点而展开的，巨赞一共讨论了六个方面，可以归纳为两点，即关于依他起性与圆成实性的有无，以及自证分的有无自性，大致是对清辨、护法争论的概括，但是，在《广百论释论》及《大乘掌珍论》中没有讨论自证分的问题。中观宗对自证分的批驳，基本不存在于汉传典籍中，而存在于藏传典籍，可以认为，巨赞是在阅读相关藏传中观学典籍之后，发现关于中观宗与唯识宗围绕自证分也存在争议。

首先，关于依他起性与圆成实性有无自性的问题，巨赞通过唯识学主张的两个观点来论述，假必依实与如幻亦是实有。唯识宗所主张的假必依实，认为遍计所执性是假，但是作为遍计所执性的所依对象的依他起性与圆成实性是真实存在的。原因在于，假的事物，必须依靠真实存在的事物方能存在，如果假法所依还是假法，这在唯识学看来，是不能成立的。正如巨赞所说，这是唯识学成立依他起性与圆成实性的重要理由之一。

巨赞更进一步讨论了"如幻"这一比喻，中观学也多用如幻这个比喻，清辨说"真性有为空，如幻缘生故"。《中论》中也有"如幻亦如梦，如乾达婆城。所说生住灭，其相亦如是"[1]。中观学用如幻的比喻处处都是，而对中观与唯识的"如幻"比喻的意趣进行详细区别的，正是藏传中观学之宗喀巴，在汉译典籍中，并没有进行这一类问题的探讨。

在这个部分，巨赞特别依据《大乘庄严经论》探讨了唯识学的二谛，"唯识宗就是这样分别胜义谛和世俗谛的。于依他起性上全无二取自体，是胜义谛；于依他起性上由虚妄分别见有可得，是世俗谛。这样讲胜义谛和世俗谛，避免直接说到依他起性的本身，所以这里的二谛论并不能说明依他起性本身是无自性的"[2]。巨赞认为，唯识宗的胜义谛不是依他起性空，而是依他起性上遍计所执性空，即二取空，这样的二谛安立避免直接说到依他起性本身，但是中观学定要追问依他起性本身有无自性的问题，巨赞认为，唯识宗二谛的理论并不能说明依他起性本身是无自性的。

---

① 《中论》卷二，《大正藏》30 册，第 12 页。
② 巨赞：《试探空有之诤的焦点所在》，《巨赞法师全集》第一卷，第 251 页。

　　巨赞这样的说法是符合护法的观点的，护法认为依他起性的自性，是以依他起性上遍计所执性空而显出的离言法性，"依他起性，以其遍计所执色等无性，所显离言法性，为其自性。若一切法都无所有，如何无性而复言性？"①清辨则认为，依他起性在胜义谛层面是无自性故空，并不是就生无性而说彼空，"无性故空，不应说言，就生无性，说彼为空。若彼起时，就胜义谛有自性生，云何说为生无自性？若实无生此体无故，不应说有唯识实性，若尔，则有违自宗过。若依他起，自然生性，空无有故，说之为空。是则还有，立已成过。既许依他众缘而生。实不空故应不名空，我则不尔。云何迷成相应师义"②。

　　从二谛理论的差别出发，所使用的如幻这个比喻自然也有不同的意趣。与中观宗不同，唯识宗主张的是二取如幻，在《广百论释论》中护法不断重复的所空是遍计所执性，并不是依他起性，所以巨赞说："如幻所'如'的'不实'的部分，并不是直接指的依他起性本身，而是指的在依他起性上而幻现起来的二取假相。因此，说依他起性如幻，正是为了证明依他起性实有……"③

　　因为巨赞这里的观点显然受到藏传中观学的影响，并在此文中多处重要环节引用宗喀巴的《入中论》与《辨了不了义善说藏论》，所以在这里简略地提一下宗喀巴的看法。对于坚持认为唯识宗依他起性实有的宗喀巴，有人提出疑问说，《解深密经》也说依他起性犹如幻事，《庄严经论》也说一切有为皆如幻，所以唯识宗应该也谈胜义无性，而否定谛实有？宗喀巴区别了中观与唯识如幻的比喻，认为两宗通过如幻的比喻想要表达的意思是不一样的，"以幻事作不实喻，亦须分别中观唯识于不实义，引喻之理勿令紊乱"④。这一段话也为巨赞所引用。宗喀巴认为唯识宗所用的如幻喻，并非否定依他起性的胜义有，而是否定依他起性上的异体能取、所取，"《庄严经论》释经中义，谓内六处无我命等，现似为有，说如幻事。又外六处实非补特伽罗我所受用，现似为有，说如梦

---

① 《大乘广百论释论》卷十，《大正藏》第30册，第248页。
② 《大乘掌珍论》卷一，《大正藏》第30册，第272页。
③ 巨赞：《试探空有之诤的焦点所在》，《巨赞法师全集》第一卷，第252页。
④ 宗喀巴：《辨了不了义善说藏论》，《宗喀巴大师集》第四卷，法尊译，民族出版社，2001，第33页。

相，未曾说为内外有为自性本空，现有自性之喻"①。巨赞所表达的意思是与宗喀巴一致的，其实巨赞在这一部分前引《大乘庄严经论》《摄论》等几种汉译典籍并不能直接证明中观与唯识在如幻上的差异，最直接的证明就是宗喀巴的理解。

可见，藏传中观学对巨赞探究空有之争，具有重要的意义，关于自证分的讨论同样可以证明这一点。自证分虽然看似独立于依他起性而被称为第二个批判点，但其实中观与唯识的巨大争议还是在依他起性自性的有、无上，所以，巨赞开始就说"'自证分'，在唯识宗的一部分大师看来是非常重要和绝对需要的。因为要进一步证明远离能取、所取的依他起性是实有自性的，没有别的办法，只有靠自证分酌力量；必须有自证分证明实有依他起性，依他起性能作二取的基础的假必依实的意义，才是确然无疑的"②。

唯识学证明自证分的一个有力依据就是回忆，人如何才能回忆自身以前做了什么，即后一念对前一念的回忆，必须要依靠有一个自证分，而这个自证分必须是实有的，理由同样是"假必依实"的思维模式，"没有自证分：相、见二分就无所依处，相、见二分就各有自体"③，巨赞通过引用窥基在《成唯识论钞秘蕴》的说法来证明这一段观点，并总结了两个观点，第一个就是在唯识宗那里，自证分实有，而相、见二分是没有单独实体的两种功能；第二个是自证分的有力证明，就是后念对前念的回忆。

巨赞在分析唯识学自证分的时候，简别了一个非常重要的概念，即依他起性，有不少人以"他"为缘起，依他起性就是依众缘而生起的意思，他认为这样是不正确的，且很容易与中观的缘起相混淆，他说"我们不能把唯识家的依他起性笼统地理解为'依他众缘而得生起'的意思，这样就容易同中观宗讲的'缘起'的意义相混。唯识家的依他起性是有它特定的主体或核心的，这依他起性的核心就是第八、初能变、阿赖耶、根本识，而四分中的自证分又是这个根本识的自体"④。唯识学的

---

① 宗喀巴：《辨了不了义善说藏论》，《宗喀巴大师集》第四卷，法尊译，第33页。
② 巨赞：《试探空有之净的焦点所在》，《巨赞法师全集》第一卷，第252页。
③ 巨赞：《试探空有之净的焦点所在》，《巨赞法师全集》第一卷，第254页。
④ 同上。

依他起性所显示的缘起，在唯识的框架中，是种子与现行之间的互生关系，包括种子生现行，现行生种子，种子自类相生等，所以唯识的缘起与中观的缘起在内涵上是有很大差别的。巨赞由此依他起性与中观缘起之简别，认为在唯识的依他起性中，自证分必须是自相有，才能成立唯识理论。

针对假必依实、如幻以及自证分所显示的依他起实有，巨赞阐述了中观学关于这一方面的意见，即缘起无自性。巨赞通过《中论》总结出"自性"的三个特征，无造作性、无相待性及无变异性，而中观学认为这样的自性是不存在的，但却被其他宗派广泛的执着以为真实。关于唯识学认为实有的自证分，中观学认为是不成立的，因为前时的念是实有的，是有自性的，后时的念同样是有自性的念，根据自性的特征，那么前念与后念就会成为独立的，而且没有关系的，这不仅违背缘起，而且不符合常识。

对于假必依实与如幻所证明的依他起性，巨赞通过《解深密经》对于依他起性的定义来证明在唯识学的框架中，依他起性不空。《解深密经》说"云何诸法依他起相？谓一切法缘生自性，则此有故彼有，此生故彼生，谓无明缘行，乃至招集纯大苦蕴"。[①]"云何诸法生无自性性？谓诸法依他起相，何以故？此由依他缘力故有，非自然有，是故说名生无自性性。"[②] 依他起性如何是无自性，"非自然有"，巨赞说到"仅仅是由于如果缺乏助缘（即经说'生缘现前'的生缘），它本身就不会生起，因而叫作生无自性性。那么，很明显，这就是说，凡是没有的（如遍计所执相），就是因为它根本没有自相；凡是有的（如依他起相），就是因为它本来就有自相；或本来就是自相有"。[③]

这一段论证应该也是受到了宗喀巴的影响，对依他起性的"非自然有"进行了简别。唯识宗认为，依他起性仅仅是因为依其他事物的缘力而存在，并不是靠自身而存在，这就是生无自性性，但是中观学认为这仅仅否定了依他起性靠自身存在，而没有否定依他起性存在本身，所以，巨赞最后得出关于依他起性在中观学看来，"唯识宗的缘起论是'此由

---

① 《解深密经》卷二，《大正藏》第16册，第693页。
② 《解深密经》卷二，《大正藏》第16册，第694页。
③ 巨赞：《试探空有之诤的焦点所在》，《巨赞法师全集》第一卷，第259页。

依他缘力故有，非自然有'。此由依他的'此'和'他'都是有自性的，因为只有'非由自相安立为相'的遍计所执相才是没有自性的，而没有自性的就根本谈不到此不此、他不他、缘不缘和生不生。上面说唯识宗缘起论'此故彼'的'此'和'彼'有特殊的内容，这个内容就是'自性'（自相）。'此'依他起法虽然没有'他'缘作助就不得生，但是这和它本身是自性有却毫无关系"①。

巨赞通过中观学与唯识学在有无自性焦点问题上的争议的讨论，认为在这个问题上，双方无法取得一致，他的措辞是"据作者的看法，这一根本矛盾，他们两家是无法取得一致的，除非任何一方愿意放弃自己的主张"。②

这一文章的取向以及观点与之前巨赞所作的所有文章及笔记都截然相反，那么，应当如何来看待这一篇截然相反的文章呢？大致有两种理解模式，第一种需要考察这一文是否真为巨赞本人所作，是否还有另一个"胜音"在《现代佛学》发文；另一种模式，可以视作巨赞的思想转变，因为基本所有支持空有无争的笔记以及文章都是 1956 年 8 月之前的，比如在 1955 年发表的《关于空与有的问题》以及 1956 年 3 月《关于玄奘法师的〈会宗论〉》，那不禁要问，半年的时间为什么会发生如此剧烈的转变呢？

关于这一问题，可以通过考察 1956 年之后的发文来进一步讨论。按照《巨赞法师年谱》，1981 年发表于《法音》的语体文本的《评熊十力所著书》虽不是巨赞最晚的作品，因为去世前还写过一些序及知识条目等，但应当是谈论空有之争最晚期的作品，但这一部作品是发表于 1937 年文言体本的改版，所以内容上仍旧坚持与原件统一，只是多了一些评论，比如对比第一部分"思想的原委"，可以发现在对空有之争是玄奘门户之见的观点之后，写了四十年前与李源澄谈论对熊十力的评价。在空有之争的问题上，还是与文言体空有无争一致，在"评空有得失"部分，他谈到"清辨之非沉空，护法之非执有，殆无可疑。空有相须，始终一贯，惟憎嫉真理者始能分割之。至于小问题上之纷歧出入，未始不

---

① 巨赞：《试探空有之诤的焦点所在》，《巨赞法师全集》第一卷，第 260 页。
② 同上。

有，则由于各人知识环境（内及外）之差别，不足为异。依此而就其文词上之轻重详略，善巧不善巧以分空有，吾亦许之，要无关于大旨"。①而这一段是完全照搬《略论空有之争》中的一段话，不知是后来改写中添加的，还是原文言体中就有，但此文仍旧主张空有无争则无疑议。而且，在语体本中，没有加入藏传佛教的引用内容，与《试论客有之争的焦点所在》一文不同。

幸而巨赞法师在发表《试论客有之争的焦点所在》三年后的1959年又以胜音这一笔名在《现代佛学》发表了《〈解深密经·无自性相品〉述意》，并在文中引用了宗喀巴的文献，与《试论客有之争的焦点所在》风格一致，可证明其空有之争观点究竟如何。在这篇文章当中，巨赞同样将焦点聚焦于空有之争，并认为核心问题在于如何理解三自性与三无性，"人或以为：佛陀通约三种无自性性解释'一切诸法皆无自性'句，而在解释'无生、无灭、本来寂静、自性涅槃'四句的时候，为什么光依相无自性性和一分圆成实的胜义无自性性，而不并约生无自性性和另一分依他起性的胜义无自性性呢？这个问题很有意思，从这个问题中，我们可以进一步看出所谓一切法皆无自性的'无'的程度，可以进一步看出三种无自性性的区别和联系，更重要的是可以进一步看出历来所谓空有之诤的关键所在"②。"问题不仅在于了解教典中这些解释上的差别，而在于了解这些差别的意义。这就是，必须从这些差别中看出所谓'无'是无什么，所谓'有'是有什么，这样才容易理解佛的密意，才容易解决佛学历史上的'空有之诤'的问题。"③

关键问题就在于"有"的是什么？"无"的是什么？经文关于第二转法轮的一切诸法皆无自性这一命题，从三自性展开论述：遍计所执性，显示一切法皆名言假立而无自性；依他起性，是一切缘生法无自然生性；圆成实性，一切法之无自性就是诸法自性。据此，巨赞说"二转法轮所说的一切诸法皆无自性这句话，并不是表示一切事、理、假、实都无所有，而是根据三自性作具体分析的，同样一句'无自性'的话，究竟是怎样个'无法'？应该从各方面分别理解：遍计所执的性没有自体，依

---

① 巨赞：《评〈熊十力所著书〉》，《巨赞法师全集》第一卷，第392页。
② 巨赞：《〈解深密经·无自性相品〉述意》，《巨赞法师全集》第一卷，第342页。
③ 巨赞：《〈解深密经·无自性相品〉述意》，《巨赞法师全集》第一卷，第343页。

他起性虽有自体而又没有自然生性，圆成实性本身就是无体所显的自体，这样，总起来说，由于三种自性包括一切法，所以说一切法皆无自性"①。从这里可以看出，通过三性否定的对象是不同的，尤其是依他起性，不是被否定其本身的自性，而是否定依他起性的自然生性。沿着这种思路，巨赞根据圆测以及宗喀巴对三自性与三无性的分析，关于依他起性做了一个总结"依他起自性，从反面说，它是没有自然生性的，从正面说，它是有因缘生性也就是自相生性的；教典中或约反面的意思说无生等四句，或约正面的意思不说无生等四句，出发点不同，实际没有什么矛盾"②。

根据生无自性性并非否定的是依他起性的自性，而是依他起性的自然生性，所以在唯识的框架中，依他起性确实是实有的，也正因为此，经中对于那些执第二法轮为真实的人，认为是堕入断灭空的，"这类人对于遍计所执相、依他起相、圆成实相一概加以否定，依他起和圆成实是实有法，遍计所执是以实有法为基础而假立起来的无相法，所以否定依、圆实法，也就否定遍计所执的假法"。③ 如果联系这样的观点，来看待清辨的言论的话，那么确实是会导致护法对他的批判，因为在唯识学看来，若依他起与圆成实都被否定其自性，那么就无法成立遍计所执性了。

通过对《〈解深密经·无自性相品〉述意》的考察可以发现，这一篇署名为胜音的文章与《试谈空有之争的焦点所在》一致，都是认为空有之争确实存在，巨赞认为，空有两宗之间关于依他起性确实存在着根本的争议，无法通过依他起即缘起来简单的等同，而这样的观点是无法与前期的观点调和的，只能视作是观点的转变。从他的笔记中没有发现关于藏传中观学典籍来看，应该在前期并没有研读藏传典籍，而当后期开始研读藏传典籍后，循着宗喀巴对空有二宗的简别就发现了一些无争的疑点，包括假必依实、幻有、自证分等，而这些讨论维度都是可以在藏传中观学中找到来源的。

---

① 巨赞：《〈解深密经·无自性相品〉述意》，《巨赞法师全集》第一卷，第 341 页。
② 巨赞：《〈解深密经·无自性相品〉述意》，《巨赞法师全集》第一卷，第 343 页。
③ 巨赞：《〈解深密经·无自性相品〉述意》，《巨赞法师全集》第一卷，第 348 页。

第四章　近现代佛教空有之争思路之二：藏传向度

第一节　法尊：藏传向度之引入

一　奉中观为正见　抉择空有之争

法尊（1902~1980），1920年出家，1923年听讲"三论"、《解深密经》、《成唯识论》等大乘佛教空有两宗的经典①，是武昌佛学院第一期学僧，受学于太虚，为太虚所器重。1924年在大勇成立的"藏文学院"学习藏文，1925年作为大勇赴藏学法团成员赴藏学法，1931年到达拉萨，在哲蚌寺跟随本格西喇嘛学习藏文经典。直到1933年被太虚召回，法尊在藏地学习将近十年。后在太虚创办的汉藏教理院代理院务，培养人才，翻译经典。对近现代空有之争研究影响巨大的藏传中观学著作《菩提道次第广论》《入中论善显密意疏》《辨了不了义善说藏论》等，全部都是法尊翻译的，可见在空有之争研究视域中，相比较汉传向度，藏传向度主要是通过法尊引入汉地的。

对汉地的近现代佛学研究来说，藏传佛教中影响最大的无疑就是宗喀巴的思想，从巨赞等人关于"空有之争"的讨论，可以发现，最重要且影响最大的典籍有三本，包括《菩提道次第广论》，涉及空有之争的主要是"毗钵舍那章"；《入中论善显密意疏》，主要在第六地现前地的讨论中有所论及；以及《辨了不了义善说藏论》。三本典籍，都是法尊翻译并引介到汉地的，其中所呈现的藏传佛教尤其是宗喀巴所代表的中观宗应成派的立场和观点，对近现代佛教研究中"空有之争"的讨论产生了深远的影响，法尊作为翻译并传播应成派思想的人，基本上继承了

---

① 参看法尊《法尊法师自述》，《法尊法师论文集》，台北：大千出版社，2002，第460页。

这一派的思路，并作为这一思路的代表人物抉择"空有之争"问题。

正如"理论渊源"章中所述，空有之争这一贯穿佛教发展历史的重要问题，印度佛教时期与中国佛教历史上各自具有不同的形态，甚至连主角都并不相同。相比较印度以及汉地的空有之争，在藏传佛教的传统中，空有之争除了以唯识宗与中观宗的争论为主外，还有中观宗对如来藏系他空见的批判，甚至还包括中观宗内部自续派与应成派的争论。在应成派看来，即使同为中观宗的自续派，对"空"的理解也是不彻底的，没有划清与"有宗"的界限。正如在汉传典籍《掌珍论》中，作为自续派的代表，清辨认为，世俗谛上可以肯定唯识学所肯定的内容，比如依他起性，这种理论受到了月称的批判。

法尊所尊奉的是中观应成派，该派视其他宗派为不了义，是通达最终中观正见的阶梯，把与其他宗派不同的观点称为"不共见"，以此来凸显应成派独特的立场。宗喀巴曾略举应成派与自续派、唯识宗的差别，"此清净宗有多种不共余释之义。举要言之，谓破离六识之异体阿赖耶识，破自证分，不许用自续因引生敌者真实义见，如许内识亦应许外境，许二乘人亦能通达法无自性，立法我执为烦恼障，许灭是有为，及以彼理安立三世等诸不共规"。[①] 在这里，宗喀巴列举了应成派与自续派以及唯识宗不同的观点，包括阿赖耶识、自证分、自续因等，这些理论差异都应当被纳入空有之争的视域中。

可见，在近现代佛学研究的视域中，法尊通过翻译、介绍、解释而引入汉地佛学研究者视野中的，主要是中观宗应成派的思想。就空有之争来说，即以应成派的立场对空、有各宗进行判摄，包括中观宗对唯识宗的批判，应成派对如来藏思想的批判，以及对同为中观宗的自续派的批判等。

（一）中观宗与唯识宗的争议

以应成派立场判摄唯识宗思想，主要体现在法尊所翻译的宗喀巴的三部主要著作中，包括《入中论善显密意疏》、《辨了不了义善说藏论》、《菩提道次第广论》。在《入中论善显密意疏》中，虽然在阐述中观宗如

---

① 宗喀巴：《入中论善显密意疏》，《宗喀巴大师集》第三卷，法尊译，民族出版社，2000，第347页。

何巧妙地成立"业"理论的部分，也谈到了对唯识宗阿赖耶识的批判，但是比较集中的讨论则在"破他生"中"别破唯识宗"一节。在《辨了不了义善说藏论》中，前半部分根据《解深密经》抉择了不了义，其中广泛的讨论了三自性尤其是依他起性的有无问题。相比较这两个部分，《菩提道次第广论》的"毗钵舍那"对唯识宗的评判并没有展开论述，只是在关于"所破"的讨论中，认为有两种不适当的倾向，即所破太过和所破太狭，在所破太过中，就讨论了根、识能否成为探寻真实的标准，以及后文中对"唯心"的理解等。

现就以上三部著作，通过讨论宗喀巴对唯识宗的判摄，来展开法尊所引入的藏传佛教传统中中观宗与唯识宗之间空有之争的大致景象，既是对法尊"空有之争"藏传向度的呈现，也是对近现代研究者所接触的藏传中观学传统的展现。

中观宗与唯识宗的争议并非存在于彼此独立、毫不相关的差异当中，而是表现为互相联系的体系性的分歧，最根本的差异在于两宗关于佛陀所说的空的理解不同，中观宗从二谛的角度诠释，唯识宗则是从三性的角度展开论述，两套系统匹配的时候就产生了依他起性与阿赖耶识空不空的问题，由此而涉及的问题还有所破不同、自证的存在、了义非了义、根识能否成其为量、唯心的解释等。

1. 依他起性胜义空不空？

龙树没有以三性的框架来解释"空"，但是随着中观宗的发展，或许是为了适应时代思想之前进，抑或是认为唯识宗在以三性理解空义的过程中犯了巨大的错误，清辨、月称等运用三性来解释空义，却与唯识宗的理解截然不同，关键就在依他起性空或不空这个问题上。

唯识宗所说的"空"并不是中观宗的无自性，而是要在三性的框架中理解，即依他起性上遍计所执性空，其实就是汉译典籍中护法一直强调的遍计所执性空，被否定真实存在的是遍计所执性，"由何故空？谓遍计执。空所依事，谓依他起。由前空后所显空性，即圆成实"。[①] 遍计所执性的"空"，恰恰是需要依他起性不空的，即这里所说的"空所依事"。"此依他起性，定应许是有自性，以是执有异体能取、所取假有法

---

① 宗喀巴：《辨了不了义善说藏论》，《宗喀巴大师集》第四卷，法尊译，第24页。

等，一切分别网之因故。"① 这里所说的对异体能取、所取的执着就是遍计所执性，唯识宗需要依他起性作为能取、所取等假有法之依据，所以肯定依他起性的真实存在。在中观宗看来，唯识宗就留下了不空的内容，这在中观宗尤其是应成派看来是无法容忍的。

　　两宗之所以对"空"的理解不同，原因是中观宗与唯识宗关于"空"所否定的对象有不同的理解，宗喀巴作了下面一整段的简别，"中观、唯识无论何宗，说众生执著之所依，即此所见内外诸法，无所不同。明彼空者，是遣除于所依上所生之执，亦无不同。所不同者，谓执著之相。唯识师说：现见二取内外分离，若如所见执为二取异体，是此执著相。其能对治，谓以此现见之依他起为有法，破除二取有异体，故是破彼所依事是此所破性也。中观师说：若执现见法，非由名言心安立，是实有者，即此执著相。其能对治，谓以此现见法为有法，破无斯实有故亦是破彼所依事是此所破性。以有情之执：非于彼所依事执有异体之所破性，是执彼所依事即是彼所破性故，宣说空性，亦须如彼所执，即明如是空故"②。

　　上面一段话所显示的，就是两宗关于"空"所否定的对象存在不同理解。唯识宗认为，空所要对治的执着相是认为能取与所取是内外分离的观点，即内有一个自性的能取，外有一个自性的所取，两者都具有自性，都是真实存在，所以是异体并且分离的。唯识宗认为这样的异体内外的二取观念是错误的，需要"空"来对治。中观宗则认为，只要认为诸法不是名言安立，而是自性实有的，都是执着，都需要"空"来对治，"一切唯由名言增上安立为有，若执非如是有，即是执实有，胜义有，真有，自性有，自相有，自体有之俱生执。此执所执之境，即是假设实有之量"③。应成派认为，世间一切诸法都仅仅是名词概念，只要认为名词概念背后确实存在真实的存在，这种观点就是"胜义有"，而唯识宗依他起性的"有"就是在胜义层面上的有，这与主张胜义谛空的中观宗就完全不同了。

　　宗喀巴以中观宗的身份表明，如果需要在三性的框架中解释空，那

① 宗喀巴：《入中论善显密意疏》，《宗喀巴大师集》第三卷，法尊译，第363页。
② 宗喀巴：《入中论善显密意疏》，《宗喀巴大师集》第三卷，法尊译，第379～380页。
③ 宗喀巴：《入中论善显密意疏》，《宗喀巴大师集》第三卷，法尊译，第292页。

么，并不是如唯识宗所说的依他起性上遍计所执性空，而是三性皆空，所以他在《广论》中说："自宗之遍计，谓于依他执有自性，故于名言亦不许依他有自相之性。唯识诸师除遍计执，不许依他及圆成实相无自性。故许彼二，是有自相或有自性。正依《解深密经》，故许彼二是胜义有。佛护论师、月称论师谓若有自相所成实体，则是实有，清辨论师等唯尔不许是胜义有。"① 应成派在名言与胜义两个层面都否定依他起性有自性；相比较应成派，作为自续派的清辨则认为依他起性于胜义无自性，名言中可以肯定其自性，这与汉译典籍《掌珍论》中的论述一致；唯识宗则认为，依他起性与圆成实性是有自性的，并且这里所肯定的自性是建立在胜义谛上的，因为如果将依他起性与圆成实性的自性建立在世俗谛上，而承认依他起性胜义空的话，那么在唯识宗看来，这无疑就是断灭空，遍计所执性就不能依之而起，森罗万象的世间也就随之失去了存在的根基。

所以，在唯识宗那里，依他起性与圆成实性是由自相安立，是胜义有，"中观诸论、与瑜伽师诤论有无依他起者，非依名言增上，皆是诤论胜义有无……"②，唯识宗与中观宗就界限分明了，如果以二谛匹配三性的话：应成派主张三性不论胜义、世俗都应该是无自性的；作为自续派的清辨则认为胜义层面是无自性的，但是世俗层面的自性是应该肯定的；唯识宗认为胜义层面，遍计所执性无自性，依他起性与圆成实性是有自性的，如果依他起与圆成实二性都无自性的话，那就成了"断无"，"以此宗意，虽遍计执无有自相及胜义无，不须断无。然余二性若胜义无，或无自相，则成断无。又此宗想，依地起性心、心所法依自因缘而生者，若是自相生，即胜义生。此若无者，则唯妄心假计而生，心、心所事生全非有"。③

在唯识宗看来，如果在胜义谛层面否定依他起性与圆成实性，会导致否定一切世间法与出世间法的结论，那就是损减执或者说断灭空，"于'胜义有''离言自性'执'一切种皆无所有'者是损减执"。④"由是因

① 宗喀巴：《菩提道次第广论》，《宗喀巴大师集》第一卷，法尊译，第424页。
② 宗喀巴：《辨了不了义善说藏论》，《宗喀巴大师集》第四卷，法尊译，第30页。
③ 宗喀巴：《辨了不了义善说藏论》，《宗喀巴大师集》第四卷，法尊译，第22～23页。
④ 宗喀巴：《辨了不了义善说藏论》，《宗喀巴大师集》第四卷，法尊译，第21页。

缘，若谓遍计所执胜义有者，是增益执。若谓余二自性非胜义有者，是损减执。以初是世俗有，后二是胜义有故。如于胜义有拨为无者，说名损减，则于胜义无执为有者，应名增益。此处仅于遍计所执执有自相说为增益，虽未明说执彼自相为胜义有，然自相有即胜义有，是此论义。"① 在唯识宗的立场上，就胜义谛层面来说，以三性来解说增益执与损减执，增益执指的是认为遍计所执是真实有的观点，损减执则是认为依他起性与圆成实性是无自性的观点。所以，损减执意味着否定应该自性存在的依他起性与圆成实性，从而落入断灭空的巨大错误。"于依他起事起损减执者，非唯说云名言中无，或总云无，是如上说于胜义有拨云全无。"② 宗喀巴这个观点是非常鲜明的，他认为，依他起性在唯识宗那里是在胜义谛层面所肯定的自性有，所依据的典籍就是《解深密经》及《瑜伽师地论·菩萨地》。

2. 唯识成立么？

唯识宗认为，业果理论的成立需要阿赖耶识，因为阿赖耶识具有执持种子的功能，种子是连接所造业与果报之间的纽带。中观宗则认为，诸法自性本空，正是在"空"上才能成立世间一切法，"空"本身就能成立"业"的理论，"论云：'由业非以自性灭'，即以彼理由，便能从业灭之灭引生后果。故不作别答。许诸法有自性之一切宗，皆不可说灭为有事。许无自性之中观宗，则可说灭是有事"。③ 在中观学看来，业根本不需要另外有一个储存种子的阿赖耶识来承载，业本身就是不生不灭、自性空的，所以，业的灭并非是从有到无的灭，业的生也并非是从无到有的生，所以"业"就不需要一个承载体，从而否定了阿赖耶识存在的必要性，"不许阿赖耶识亦无过咎，说业感异熟须经长时，然第二刹那其业即灭，从已灭法不能生果，故许阿赖耶识为业果所依。然无自相能立事，安立已灭为有事法，亦极应理，故不须许阿赖耶识"④。"在中观宗，认为'业灭'本身就是一种有为法，就是业的相续（这个相继是继续不断的意思）。'业灭'，并不等于'业没有了'。即许'业灭'也是

---

① 宗喀巴：《辨了不了义善说藏论》，《宗喀巴大师集》第四卷，法尊译，第 21～22 页。

② 宗喀巴：《辨了不了义善说藏论》，《宗喀巴大师集》第四卷，法尊译，第 22 页。

③ 宗喀巴：《入中论善显密意疏》，《宗喀巴大师集》第三卷，法尊译，第 350 页。

④ 宗喀巴：《辨了不了义善说藏论》，《宗喀巴大师集》第四卷，法尊译，第 90 页。

有为法，可以延续不断，所以它就能够感果，并不须要另熏种子，也更用不着别的东西来保持它了。"①

佛教最关键的伦理核心"业"如何能够在中观学所说的"空"上成立？换句话说就是"空"与"业"的关系，这个问题是其他各宗对中观学的一致质疑，一直伴随着中观学的发展。关于这个问题，龙树在《观业品》中所回答的"虽空亦不断，虽有而不常，业果报不失，是名佛所说"②。当然是最经典的回答，还有《观因果品》中"以有空义故，一切法得成，若无空义者，一切则不成"③。龙树的回答是明确的，正因为是性空的，诸法才不是自性常住的，所以因果才能成立，业才能成立。若是自性常住，则没有变异，没有变异，怎么会有生、住、灭等有为法相，也就没有有为法，当然与之相待的无为法也没有了，那么，一切就无法安立了，甚至将在人们眼前的常识世界说成虚无，这并非是中观宗的本意，"龙树菩萨对于安立业果的问题，是说业本身就无自性，故业之生起也无自性，业之谢灭也无自性。这样本来无自性的业从造成之后直到未感果报之前，不必用阿赖耶识等为所依止，也会照样可以自类相续而不断"④。

既然安立业果并不需要阿赖耶识，阿赖耶识纯粹是唯识宗多余的创造，那么，又如何解释经文中佛陀所说的"唯心"呢？应成派否定阿赖耶识的存在，但是不能否定作为圣言量的"唯心"，所以如何在否定阿赖耶识的前提下肯定"唯心"呢？宗喀巴对于唯心进行了自己的解释，他认为，虽然经文中存在唯心的说法，但是唯识宗的理解是错误的，因为所说的唯心，并非是否定外境，而是否定离心外有一个独立的作者，"此经之唯字，但遮离心之作者，不遮外境"。⑤ "现前菩萨已现证，通达三有唯是识，是破常我作者故，彼知作者唯是心。" "经说第六现前地，现证法界，由有思得一切种智菩提之心，故名菩萨。彼能通达三界诸有

① 法尊：《中观宗关于"安立业果"与"名言中许有外境"的问题》，《法尊法师论文集》，第 172~173 页。
② 《中论》卷三，《大正藏》第 30 册，第 22 页。
③ 《中论》卷四，《大正藏》第 30 册，第 33 页。
④ 法尊：《中观宗关于"安立业果"与"名言中许有外境"的问题》，《法尊法师论文集》，第 173 页。
⑤ 宗喀巴：《入中论善显密意疏》，《宗喀巴大师集》第三卷，法尊译，第 404 页。

唯是识者，是令破除常我作者，通达世俗作者唯是心故。彼菩萨能通达世间作者唯是一心。"① 根据月称的本颂及宗喀巴的解释来看，应成派认为，第六地现前地的菩萨已经能够现证万法唯识，但这个"唯识"并非说外境无、内识有，这个"唯识"是为了显示，离开识并没有一个独立自在的补特伽罗作为业果的主体，所以破除的对象是"常我作者"，进而通达世俗所说的"我""作者""受者"等都是不能离开识而独立存在的。

所以，应成派破的是对"唯心"的理解，即唯识宗唯心无境的观点，并不破斥经中所说的唯心，"如觉真理说名佛，如是唯心最主要，经说世间唯是心，故此破色非经义"②。"此唯心，是遮色等为成就世间之主因。若说唯心有自性，都无外色，则非经义。"③ 经文里说世间唯识、唯心，应成派认为，如果理解成是破除与心相对的"色"法，即外境的话，那就是错误地理解了佛陀所说的"唯心"，唯识宗在应成派看来，就是犯了这样的错误。

唯识宗所建立的唯识、唯心的理论，在中观宗看来是不成立的，一个重要的原因就是违背缘起，就像说依他起性上遍计所执性空不成立一样，认为唯有内识而无外境同样是不成立的，原因是一样的。诸法无自性，都是缘起相待的，内心、外境有无相同，心与外境有则俱有，无则俱无，"般若经中佛俱遮，彼等对法俱说有"④。《般若经》中认为内识、外境都是空，而说一切有部认为内识、外境都是实有，月称认为这样的理解最起码是符合缘起的，怎么能像唯识宗这样说内识是有，而外境却无呢？"无色不应执有心，有心不应执无色。"⑤"若许无外色者，则亦不应执有内心。若许有内心者，则亦不应执无外色。若时以正理推求假立义，了知无外色者，亦应了达无有内心，以内外二法之有，皆非正理所成立故。若时了达有内心者，亦应了达有外色。以二法俱是世间所共许故。此说唯识师，许心色二法有无不同者，其所无之色，谓无外色。"⑥

---

① 宗喀巴：《入中论善显密意疏》，《宗喀巴大师集》第三卷，法尊译，第404页。
② 宗喀巴：《入中论善显密意疏》，《宗喀巴大师集》第三卷，法尊译，第406页。
③ 同上。
④ 宗喀巴：《入中论善显密意疏》，《宗喀巴大师集》第三卷，法尊译，第409页。
⑤ 同上。
⑥ 同上。

在中观宗看来，既然已经能够认识到外色是空，当然可以认识与之相待的内心也是空。如果按照唯识宗的理解，识有而境没有，在应成派看来既违背作为世间名言的常识，又违背胜义，所以破坏了佛教根本的二谛理论，世间与出世间一切法也就无从安立了。

3. 空就是断灭么？

唯识宗对中观宗的质疑，最严厉的也是最典型的，就是斥责中观宗是断灭空，这样的斥责也广泛地存在于以上三本藏传典籍之中，面对这一问题，月称遵循龙树第二十四品的回答，并做出了很多细致的分析，称此是中观宗"最大不共差别"，意味着这是与其他宗派差异最大的地方，"由许灭为有事，故立三世亦有最大不共差别"①。

正如上文所述，唯识宗认为，需要阿赖耶识执持种子，才能维持因果的相续，因为业的灭是从有到无的灭。但是，宗喀巴就说"灭为有事"，法尊在讲座中对此解释说，"在中观宗，认为'业灭'本身就是一种有为法，就是业的相续（这个相续是继续不断的意思）。'业灭'，并不等于'业没有了'。即许'业灭'也是有为法，可以延续不断，所以它就能够感果，并不须要另熏种子，也更用不着别的东西来保持它了"。② 意味着业灭本身也是缘起法，缘起性空而无自性，并不是灭了就从有到无的完全消失了，所以在中观宗看来，已经灭了的法仍旧能够引生果报，这一问题直接关涉中观宗无自性而安立诸法的不共宗义，宗喀巴对这个应成派最为独特的思想进行了详细而广泛的讨论，而这方面的思想，对近现代的佛学研究者考察"空有之争"问题产生了深远的影响，比如印顺。

宗喀巴区别了"全无"与"自性无"这两个概念，"谓若无自性，余更何有者，显然未分苗无自性与苗全无二者差别，亦未能分苗有自性与苗芽有。故谓若有必有自性，若无自性则谓断无"。③ 全无的意思就是一无所有，指向断灭空，而自性无的意思是通过否定诸法的常一自在的主体。唯识宗就是将中观宗说依他起性空，认为是说依他起性全无所有，

①　宗喀巴：《辨了不了义善说藏论》，《宗喀巴大师集》第四卷，法尊译，第 91 页。
②　法尊：《中观宗关于"安立业果"与"名言中有外境"的问题》，《法尊法师论文集》，第 172 页。
③　宗喀巴：《菩提道次第广论》，《宗喀巴大师集》第一卷，法尊译，第 409 页。

所以认为中观宗是断灭，"若无自性则全无法，于性空之空，全无安立因果之处，故堕断边。若许有法必许有性，则不能立因果如幻，实无自性现似有性，故堕常边。若达一切法，本无自性如微尘许，不堕有边。如是则于苗等诸法，非由作用空而为无事，有力能作各各所作，引决定智，远离无边"①。

"由说缘起义是自性无生，故能除有实事论。显说能生如幻等果为缘起义，故能除无事论。言'有事'者，略有二义，谓自性义及作用义。实事师之有事，是有自性义，无事论之事，是有作用义。除彼二执即破自性，显有因果如幻化故。"② 实事师可以被认为是说一切有部等，他们认为诸法是有自性的，所以破自性就除去了实事论的自性执着；无事论其实就是断灭空的观点，认为如幻缘生的因果都是不存在的。所以，缘起即是性空，性空不碍缘起，中观学在破斥唯识宗依他起性胜义有的时候，是破斥依他起性的自性存在，而不是认为依他起性"全无"，在全无与自性无之间被肯定下来的就是如幻缘生的"作用"与"名言"。

诸法皆依名言安立，非自性有，但是并不妨碍诸法的作用，即如幻缘生的因果还是存在的，并非是进入了断灭空的一无所有，"说分别安立之法，能有各别作用者，是佛护，静天，月称三大论师解释龙猛父子意趣之不共胜法。此亦即是中观见之究竟深处"。③ 虽然诸法皆由分别安立，但是瓶等与绳上假立的蛇是不同的，原因在于前者有作用，而后者没有。虽然否定诸法自性安立，但是却并不破坏诸法的一切作用，这一点就是应成派与其他宗派不同的独特理论，被称为"应成不共"，"解释龙猛菩萨论之诸派中，其无微尘许之自相，而能安立一切作用者，是为此宗不共释规"④。

在《广论》中，宗喀巴破斥了四种对于应成派的不正确看法，其中第三家是宗喀巴破斥的重点，认为中观师于名言也无许者，连诸法的作用也被否定了，落入断灭空，"观中观师，有许无许，由具何事，名中观师，则彼中观定当受许。须许通达全无尘许胜义中有及许名言缘起之义，

① 宗喀巴：《菩提道次第广论》，《宗喀巴大师集》第一卷，法尊译，第410页。
② 宗喀巴：《菩提道次第广论》，《宗喀巴大师集》第一卷，法尊译，第411页。
③ 宗喀巴：《入中论善显密意疏》，《宗喀巴大师集》第三卷，法尊译，第291页。
④ 宗喀巴：《入中论善显密意疏》，《宗喀巴大师集》第三卷，法尊译，第347页。

一切如幻，故有所许。又安立此，亦须破除彼二违品，许胜义有及名言无诸恶言论。故有正量通达立破，如自所证，以中观语无倒教他，亦可得故"①。

由此，宗喀巴认为中观学最难的地方，就在于既能破尽自性，又可以安立万法，不违世间，"最难处，谓尽破自性及以无性补特伽罗，立为造业受果者等，至心定解，而能双立此二事者，至最少际，故中观见最极难得"②。宗喀巴反复强调无自性与缘起有的一致，他说"性空义，即是离彼自在之性，非谓全无作用之事"。③ 在中观宗的角度上，唯识宗那种否定依他起性就等于一切皆无的质难，是不能成立的。

4. 小结

两宗的争论基本上是围绕依他起性与阿赖耶识展开的，除此之外，还有其他不少争论点，比如自证分的问题，"唯识师曰：虽无余识能知，然有自证。惟由自证知有依他起，故此得有"。④ 在中观宗看来，就像刀不能自割，自证也是不能成立的，这一问题通过月称的偈颂"彼自领受不得成"展开讨论，但自证分与依他起性、阿赖耶识的问题并不能截然分开。包括自证分问题在内的两宗其他的差异，都是由依他起性与阿赖耶识这两个问题引发的，以这两个争议为基础的。

在近现代传入汉地的藏传佛教传统中，中观宗对唯识宗批判的激烈程度，远远超过汉译典籍中的争论，但是讨论的问题比较相近，比如依他起性这一核心问题，当然也提出不少新问题，包括关于"如幻"比喻的理解等。宗喀巴对于唯识宗的态度，将唯识宗视为不了义而作为方便的阶梯，这种说法的根据在于般若系经典，乃至之后的月称都将唯识看作阶段性正确的理论，而不是最终的正确观点，"佛说此是不了义，此非了义理亦成"。"此经说唯心都无外境，大师自说是不了义，故由圣教即能成立为不了义。此经是不了义。以正理亦能成立也。"⑤

宗喀巴的这种"诸圣教无违殊胜"态度，与汉传佛教空有无争的传

---

① 宗喀巴：《菩提道次第广论》，《宗喀巴大师集》第一卷，法尊译，第 457~458 页。
② 宗喀巴：《菩提道次第广论》，《宗喀巴大师集》第一卷，法尊译，第 492 页。
③ 宗喀巴：《菩提道次第广论》，《宗喀巴大师集》第一卷，法尊译，第 500 页。
④ 宗喀巴：《入中论善显密意疏》，《宗喀巴大师集》第三卷，法尊译，第 385 页。
⑤ 宗喀巴：《入中论善显密意疏》，《宗喀巴大师集》第三卷，法尊译，第 411 页。

统看似相近，实则差异很大，简单来说，汉传佛教的空有无争，是和会式的、互补式的、平等的；宗喀巴的态度则是严厉地区别了中观宗与唯识宗思想的差异，分判成了义、不了义，是对立式的、不平等的，只有中观学才称得上正见，唯识学只是通向正见的阶梯。这种态度的差异，影响着近现代佛学研究者对空有之争的考察。

（二）中观宗对如来藏系思想的批判

在近现代被翻译过来的宗喀巴的三部著作中，与汉传佛教的情况不同，并没有对如来藏思想表示出特别的关心，但是在频繁出现的对唯识宗以及自续派的批判过程中，还是存在对如来藏思想的评判。在西藏佛教的现实当中，宗喀巴所论及的如来藏系思想有两个来源，一个是以摩诃衍为代表的禅宗，第二个是据说受到摩诃衍影响的西藏宗派，比如觉囊派，被宗喀巴批判为他空见。近现代，受到藏传中观学的影响，一部分学者就以这样的立场对禅宗为代表的如来藏系思想抱有一种反省的态度。

首先，建立"如来藏"这一范畴的目的，在宗喀巴看来，是通达真实的方便阶梯，所以是不了义的，"其密意之所依，是空性，无相，无愿，法无我性。密意之所为，是为除愚夫之无我恐怖，及为引摄著我之外道与曾习彼见之有情，令彼渐次入真实义，故说有常恒坚固之如来藏。现在及未来之菩萨，不应于此妄执为我也。此义是说：如言执：则与执著外道神我相同，故不应如言执著也。如言执著之妨难，谓如言而许，则与外道之神我无别"①。在宗喀巴看来，如来藏是为了通向中观学无性之密意的方便，为了使得普通人能够悟入真实而创建的阶段性理论，因为普通人听闻佛教说空，以为这个"空"是一无所有，由此而生恐惧，为了平息这种恐惧，所以说有如来藏。可见，如来藏只是为了安抚普通人听闻"空"以为一无所有的恐惧，具有针对性的阶段性理论，而并非是最终的正确观点，不应该如言执着以为真实，如果以为如来藏是真实存在的，那就等同于外道神我。

宗喀巴以如来藏为平息凡夫闻"空"产生的恐惧的这种观点，与《宝性论》所说真如佛性五种意趣一致，"问曰：余修多罗中皆说一切

---

① 宗喀巴：《入中论善显密意疏》，《宗喀巴大师集》第三卷，第 414 页。

空，此中何故说有真如佛性？偈言，处处经中说，内外一切空，有为法如云，及如梦幻等。此中何故说，一切诸众生，皆有真如性，而不说空寂。答曰，偈言，以有怯弱心，轻慢诸众生，执着虚妄法，谤真如实性，计身有神我，为令如是等，远离五种过，故说有佛性"①。之所以要安立如来藏、真如、佛性等永恒的法，《宝性论》总结有五种理由，第一种就是因为众生闻空而生极大怯弱心，为了树立信心，所以说有如来藏。

宗喀巴强调，如果有人随言而生起执着，则与外道所说的神我相同了，引《楞伽经》等证明如来藏是不了义，"此中密意所依，是法无我空性，为令舍离无我恐怖及为渐引执着我者，趣向无我，以此为因，成立说如来藏，与说有我二者不同"②。如来藏与外道所执我大不同，是引导凡夫趋向无我的方便，所以与说有我的外道是极为不同的，"如是当知执有我者，想何而说即所说事，大师为想何义而说，其意趣义与所说义则大不同。执有我者说我常等，欲所说义于一切时坚固决定。大师所说是暂显有所说之义，后仍引趣所想之义，故辨彼二其说不同。此即显示，若于前说如来藏义如言起执，即与外道说我相同"③。宗喀巴在这里区别经文中的意趣义与所说义，指出了说如来藏之意趣义与所说义不同，意趣是为趋向无自性之无我而暂时性地说"我"的存在，仅仅为了平息普通人对"无我"的恐怖，并进一步引导执有我观点的凡夫，所以与外道所执我大不同。

如果对所说的永恒的如来藏不能了知"所说意"，即佛说如来藏的真正目的，反而对所说的"如来藏"生起执着以为是一个真实的存在，那么与说"有我"的外道是相同的。按照藏传应成派的理解，如来藏是于破有自相后所显空性密义说言有如来藏，若对其生起执着就成了我执。"如言起执，与说有我相同之理。谓若非于破有自相，及自相生，法我戏论，所显空性无生无我之义，密意说为有如来藏，而执如言所宣说者，则彼之常，亦非唯遮可坏灭法立为无坏，故非观待破除所破而立。"④

如来藏既然是通达无我而安立的方便，那么与唯识宗的阿赖耶识有

---

① 《究竟一乘宝性论》卷一，《大正藏》第31册，第816页。
② 宗喀巴：《辨了不了义善说藏论》，《宗喀巴大师集》第四卷，第105页。
③ 宗喀巴：《辨了不了义善说藏论》，《宗喀巴大师集》第四卷，第106页。
④ 同上。

什么差别么？在宗喀巴看来，两者只是名称不同而已，他根据《密严经》与《楞伽经》，"多说彼二，是异名也。由说彼二，一是常住，一是无常，故非说彼二如言义同。然依何义说如来藏，即依彼义说阿赖耶。观待密意所依，唯是异名，故义是一。由说前者是不了义，故亦能成立后者是不了义"①。如来藏与阿赖耶识异名这种观点，并非说两者的内容完全相同，如来藏是常住的、清净的，而阿赖耶识是无常的、杂染的，并不相同，但是两者的目的是相同的，都是为了通达无性空义的阶梯。在中观宗的角度上来看，两者可以被视作具有同等的作用，只是名字不同而已。

宗喀巴视经典中的如来藏思想为不了义，是通达正见的阶梯，但是，以如来藏思想为主的禅宗却受到宗喀巴最严厉的批判，以摩诃衍思想为主，主要存于《广论》之中对"和尚"的激烈批判。和尚的见解受到批判，也与历史上的桑耶寺僧诤有关，虽然结果未为勘定，但是禅宗的影响，从宁玛派、觉囊派等宗宗义中，可以看出其影响并不算小。

在《广论·毗钵舍那》"修习毗钵舍那"部分中，关于修习毗钵舍那即以教义按理修行的过程中出现的错误观点进行一一破斥，而和尚的见解就在破斥的第一宗中。"破第一宗者，有作是说，虽未证得无我正见，但能执心令无分别，便是修习本性实义。以实义空，永离一切是此非此，如是住心与彼实义随顺转故，以境全非有，心全无执故。"② "又若宣说，一切分别皆系生死，故修空时应当断除一切分别。"③ 这一宗主张，只要使得心不去分别，即使没有证得无我正见，也就是修行了，这种修行显然更偏向于定，而忽略了慧。当然，这种观点与禅宗的实际主张是有差距的，但是对言教的摒弃态度确实是与禅宗不立文字的态度看似相近。

宗喀巴根据莲花戒《修次三篇》认为："要先推求心散乱境及散乱心了达为空，寻求观察能解空者，亦达其空，彼等皆是修空时修。由其观察了达为空，乃能悟入无相瑜伽，故若不以正理观择推求为先，如和

①　宗喀巴：《入中论善显密意疏》，《宗喀巴大师集》第三卷，第415页。
②　宗喀巴：《菩提道次第广论》，《宗喀巴大师集》第一卷，第507页。
③　宗喀巴：《菩提道次第广论》，《宗喀巴大师集》第一卷，第510页。

尚许，唯摄散心弃舍作意，显然不能悟入无相，或无分别。"① 应该先对外境、内心进行推求，比如车喻七种求等，了达外境、内心皆无自性，如此才能悟入无相。但是，如果像和尚所主张的只是单纯以定来收摄散乱心，而不关心正理推求，那是不能悟入无相的。

除了这一种批判之外，宗喀巴还从行方面进行批判，比如，如果按照和尚所许，只要不去分别就是修行，那么六度等就不能成就了，大乘法就会遭到破坏等诸如此类。

从一系列对和尚"无分别"修行观的批评可以发现，宗喀巴对禅宗教义的主要批评并不是批判其如外道执我似的执着真如等永恒实体，而是如慈愍慧日一样批评禅宗落入"空"而呈现出一种对整个宗教实践的否定。在这个角度上，宗喀巴对和尚的批判，恰恰与应成派对如来藏系的判摄立场转换了，从空对有的批判转换成了有对空的批判，前者是在本体论意义上的，而后者是在修行观上的。正如理论渊源章节所说，这两种情况并非是第一次出现在历史上，也不会是最后一次，从近现代空有之争的研究来看，应成派的观点与立场对当时的佛学研究者产生了深远的影响。

如上所述，宗喀巴将如来藏思想视作与阿赖耶识一样为通达中观学的阶梯，但是对以如来藏思想为宗的禅宗所主张的无分别却予以猛烈的抨击，禅宗所主张的无分别与禅宗所依如来藏思想并没有直接的关系，所以宗喀巴并没有在批判无分别修行观的同时批评禅宗执着"我"。但是，有一点需要留意的是，在《入中论善显密意疏》及《辨了不了义善说藏论》中，宗喀巴简别了一对概念，自空与他空，自空即中观宗所主张的自性本空，而他空是什么呢？宗喀巴引用《宝积经》进一步说明："此说诸法，若有自相之体性，则非诸法自空。经说法性自空，则不应理。尚不从自体破除自性，须以他空而说名空，则违经说不以空性令诸法空。故是说以中道观察诸法自性时，要从诸法自体空，乃为自性空。此经亦破唯识宗所说：依他起自相不空，由无异体能取所取说名为空。"② 如果诸法不是自空，而是依据空性说诸法空，就是他空，他空最

---

① 宗喀巴：《菩提道次第广论》，《宗喀巴大师集》第一卷，第515页。
② 宗喀巴：《入中论善显密意疏》，《宗喀巴大师集》第三卷，第339页。

明显的比喻就是鹿子母堂空，出自《小空经》，意味着大堂内没有鹿子与鹿母，就称其为空，并非是大堂本身空，这就是他空见。宗喀巴这里所说的他空是用来批评一切不是自空的观点，以及持这种观点的宗派，典型的批判对象就是唯识宗，唯识宗以内识不空来说明外境空，以依他起性上遍计所执性空等，都是典型的他空见。

在《辨了不了义善说藏论》中也是一样以他空见批判了唯识宗，"若不许诸法由自相空，纵名自空，然实未脱他空，唯识诸师，明依他起，无有异体能所取时，亦非是用无自性义，破依他起"①。虽然两部著作中都是以他空来批评唯识宗的，但其实是对与主张自空不同的本宗之外的所有宗派的广泛批评，在三部著作中都没有以他空来批评如来藏思想，如果以宗喀巴所限定的他空来看的话，如来藏系思想恐怕会被限定进入他空见，这也正是近现代受到藏传中观学影响的佛学研究者对中国佛教传统都抱持一种反省态度的原因所在。

（三）应成派与自续派的争论

正如本书一贯的观点，"空有之争"这个命题虽然一般指称唯识宗与中观宗的争议，但是如果深入考察佛教发展的历史，就会发现空有之间的争议，是伴随着佛教的发展一直存在的，呈现为偏空与偏有的两种倾向，这种空与有之间的张力客观上使得佛陀所说的理论呈现得更为清晰。所以，不仅仅罗因博士所说的一切有部与中观学的义理之争，唯识宗与中观宗的宗派之争是空有之争②，以及上文所提及的中观学与如来藏系的互动，都是"空"与"有"之间富有趣味的思想脉络。随着中观学的发展，其内部也呈现出"空"与"有"的争论，即应成派与自续派之间，通过宗喀巴的三种著作展现在近现代佛学研究者的面前，对近现代空有之争研究产生了一定的影响，不容忽视。

关于应成派与自续派分派的原因，宗喀巴这样说到"佛护论师释中，未明分别应成、自续，建立应成。然于解释'非自非从他，非共非无因，诸法随何处，其生终非有'时，唯依说举他宗违害而破四生。清辨论师

---

① 宗喀巴：《辨了不了义善说藏论》，《宗喀巴大师集》第四卷，第 121 页。

② 参看罗因《空、有与有、无——玄学与般若学交会问题研究》；台北：台湾大学出版委员会，2003，第 9 ~ 10 页。

出过破，谓全无能力成立自宗及破他宗。然佛护宗无如是过，月称论师广为解释，谓中观师自身发生中观方便，须用应成，自续非理，破他宗已显应成宗"①。在佛护的文献中，还并未区分应成派与自续派这种差别。在解释《中论》第一品中，"诸法不自生，亦不从他生，不共不无因，是故知无生"②。诸法不能通过四种生证明真实"生"的存在，所以中观宗说"无生"，佛护在解释这一颂的时候认为，只需要举出别人观点的错误或者揭示对方论证过程中自相违背的地方，并不需要另外树立自己的观点，意味着只需要指出对手的错误，而不需要说出自己的见解。清辨认为，这种说法是错误的，因为仅仅揭示对方的错误并不能证明自己观点的正确，针对清辨的质疑，月称进一步对佛护的观点进行了维护和发挥，认为使用"应成"的方法即通过破除对手的观点就能够证明自己的观点，对清辨进行了批判。于是，中观宗分化为清辨为代表的自续派，以及月称为代表的应成派。

关于应成派与自续派的差别，有的人认为差别在于是否自己建立宗、因、喻三个程序。有的人认为在考察胜义谛的时候，成立自己无自性观点的是自续派，自己不树立观点的就是应成派。很多应成派论师认为，应成派既没有建立自己的观点，也没成立观点的证明程序。宗喀巴认为，这三种观点都是错误的，其中对于自续派与应成派差别最普遍的看法是有没有建构自己的观点，其实宗喀巴认为应成派有自己的观点，这个观点就是"无自性"，只是厌恶"自续"之名称而已，③"若立宗云芽无自性，次辩因云是缘起故，喻如影像，皆须受许。如是三相之因及因所成立之宗，并依能立言令诸敌者生悟彼之比量，亦须受许。尔时惟唯瞋自续之名，何故勤劳破自续耶。彼中虽有如汝所引似说无宗无立之文，然亦多说须立自许。故仅引彼文，岂能立为自无所宗。然许无性宗，则成自续，实有此疑，此乃最细难解处故"。④宗喀巴这一段话的意思主要表达了关于"宗"的看法，如果是按照宗、因、喻之"宗"来看待的话，则宗必须要有自性，如果没有自性，就不能破斥对方，这就是自续的宗；

①　宗喀巴：《菩提道次第广论》，《宗喀巴大师集》第一卷，第 452 页。

②　《中论》卷一，《大正藏》第 30 册，第 2 页。

③　参考王尧、褚俊杰《宗喀巴评传》第六章"自宗应有许"。

④　宗喀巴：《菩提道次第广论》，《宗喀巴大师集》第一卷，第 460 页。

但是，如果反过来说应成派完全没有自己的"宗"，也是错误的，因为应成所宗就是无自性，只不过并不把这个无自性的"宗"重新安立为如同自续派一样的有自性的"宗"而已。

宗喀巴认为，虽然月称说过"全无宗"的话，意思也是否定应成派具有与自续派一样有自性的"宗"。"《明显句论》说'自无宗故'，亦非全无自宗之据，此是说无自续之宗故。"① "《入中论》说'无宗'者，是说自宗能破所破，俱许无性，汝许因果由自性有，故以正理推察征破因能生果为会不会，故其能破不于我转，未许能堪理推察故。故全非说无有自宗"②，通过考察龙树诸论及月称之论，总结说"龙猛菩萨及月称宗中，是有自许自受自宗"。③ 法尊对这一问题也有过清晰的表达，"中观师对其他各派不论是立或是破，绝不容许有'自续'的所立宗。这也应该说是一种原则性的问题"。④

可见，应成派并非不立宗，而是并不树立如同自续派一样有自性的宗，既然是宗喀巴否定了应成不立宗的说法，那么两者真正的差异又是什么呢？在《广论》中，宗喀巴指出，清辨有法不成、因不成、喻不成等因明上的过错，显示出应成派与自续派的差别，虽然有多种差异，但是两者的根本差异在哪里呢？其实还是对于佛所说"空"的理解，中观宗与唯识宗的空有之争如果是二谛与三性的差别所造成的，那么，中观宗内部应成派与自续派的空有之争就是不同的二谛理论之间的差异。

在二谛的理解上，自续派认为，如果世俗中不许有自性的生，也就等于否定了世俗谛，那么只存在胜义谛了，这样做也就意味着破坏了二谛的理论。"问：以无胜义生故，虽破自他生。然色受等法，是二量所得，应许彼等自性是从他生。若不许尔，如何说有二谛，应唯一谛。故定有他生。此中敌者，许胜义无生，及名言他生，故是自续中观师。言若于世俗不许自性生之他生，应唯一谛者。义谓若于世俗无自相生，则无真正世俗。由无世俗谛故，应唯一胜义谛也。答：此实如是，于胜义

---

①　宗喀巴：《菩提道次第广论》，《宗喀巴大师集》第一卷，第462页。
②　同上。
③　宗喀巴：《菩提道次第广论》，《宗喀巴大师集》第一卷，第464页。
④　法尊：《中观宗不许"自续"的问题》，《法尊法师论文集》，第189页。

中非有二谛。"① 应成派针对自续派的质疑，以 "胜义中非有二谛" 来回答，什么是胜义中无二谛呢？这是因为自续派与应成派对于 "谛" 的理解不同。

月称并不认为二谛的 "谛" 具有同等的意义，虽然都是真实的意思，但是胜义谛是真实的，而世俗谛只是由于无明的力量而执其为真实，所以这里所说的于胜义中非有二谛的意思，是圣人所行境界中并没有因无明力量而起的对事物的自性执着，所以胜义中只有胜义谛，而世俗在圣人眼中并不会被执着为 "谛"，而会成为 "唯世俗"。按照台湾释见弘的区分，圣者被区分为诸佛世尊，以及有所知障但已经舍离有染污无明的圣人两种，在后面一种圣人看来，才会有 "唯世俗" 出现，而在诸佛圣者面前则 "完全不显现"②，作者的根据是《入中论注》"它（指世俗谛）虽然对有认识对象显现的圣者们显现，因为（他们）尚有以所知障为特征的无明活动着的缘故。但对于无认识对象显现的（圣者）们则非如此（是不会显现的）。诸佛由各方面现等觉一切事物故，其心、心所的活动认为永远止灭"。③ 台湾学者万金川在《中观思想讲录》中并没有区别两种圣人，因为他认为在诸佛前仍旧有 "唯世俗" 显现。月称是否认为诸佛的心、心所永远止灭，而不显现任何世俗？月称这种看法是否正确？这是个很大的课题，这里并不需要如此深入，只需要表明应成派不许世俗谛安立自相的原因，是因为不认可世俗对于圣者来说还被称为谛实，仅仅是 "唯世俗" 或者无显现。自续派则认为，如果这样的话，那么胜义中都没有世俗谛了，只有胜义谛了，如何安立世俗谛，如何沟通世俗谛与胜义谛？

所以，在自续派看来，应当肯定世俗谛的自相安立，使得二谛可以沟通，而应成派的二谛之间存在一道鸿沟。但是，这是自续派一厢情愿的看法，宗喀巴说 "诸佛世尊，正知二谛体性，宣说行思与芽等内外一切诸法有二体性：谓世俗谛体与胜义谛体。此是说如芽一法之体，亦可分世俗与胜义二体，非说芽之一体，观待异生与圣者，分为二谛也"。④

① 宗喀巴：《入中论善显密意疏》，《宗喀巴大师集》第三卷，第 340 页。
② 释见弘：《月称思想论集》，嘉义：香光书乡出版社，2010，第 11 页。
③ 月称：《入中论注》，《月称思想论集》，第 11 页。
④ 宗喀巴：《入中论善显密意疏》，《宗喀巴大师集》第三卷，第 315～316 页。

比如芽这一个法，在自续派那里，是相对于凡夫与圣人成为俗谛与真谛。应成派则认为不是相对能缘的主体而分成世俗与胜义二谛，而是诸法本具二谛之体性，世俗的"谛"是遮蔽的意思，"胜义谛之谛字，非谛实义，是于见真实义之智前，无欺诳义"。① 所以，宗喀巴接着说"自宗所许之谛义谓不欺诳。不欺诳之谛唯一。……言于胜义中者，谓于见真实义之智前，无有世俗胜义二谛，说彼智前唯一胜义谛故。言胜谛者谓胜义谛，以说彼智前无世俗谛，谓欺诳法。故可证知。总之，若诸法由自相有，则诸行不成虚妄欺诳之法，由无世俗谛故二谛俱无。无自相宗乃有世俗胜义二谛"。② 世俗谛的谛是真实的意思，凡夫执着虚假的诸法以为自性存在的"真实"，但是，胜义谛的"谛"并不是真实的意思，是无欺诳的意思，意味着在圣者真智面前，诸法都毫无遮掩地显示出真实，没有任何障碍阻挡，所以在圣者面前并没有世俗谛，只有真实，也就没有具有差异的二谛，当然只有胜义谛一个了，"胜义谛即是世俗谛法的真理，并非离开青色等世俗法外另有一种实法为胜义谛"。③

清辨肯定世俗谛的自相安立，也就是肯定了世俗谛的真实性，所以清辨在破斥自性之前必须要加"胜义"简别，以说明破斥的不是世俗中的诸法；应成派则认为这种二谛的理解是错误的，如果按照自续的二谛理论，那么圣人的智就会成为破坏世俗之法的原因，"月称论师认为，若仅破诸法自相为胜义有，而许名言中有自相者，则圣人的根本智应当成为破坏'有事'的主因；又应说诸法是由成就其他空性故为空，非是诸法自空（因计诸法本有自性、自相，其自体不空）。但圣根本智却见为空，故圣智成了破法之因"。④

在应成派看来，不仅仅是圣者，需要肯定凡夫获得中观正见后，也能认识到世俗的虚假，"如是说得胜义谛时，以圣人为能得者，意取主要者说，非说具中观见之异生全不能得也。说得世俗谛时以通常异生为能得者，亦意取主要由无明增上，见内外诸世俗法者，非说圣者身中之名

---

① 宗喀巴：《入中论善显密意疏》，《宗喀巴大师集》第三卷，第 329~330 页。
② 宗喀巴：《入中论善显密意疏》，《宗喀巴大师集》第三卷，第 340 页。
③ 法尊：《中观宗"不许诸法有自相"的问题》，《法尊法师论文集》，第 165 页。
④ 法尊：《中观宗"不许诸法有自相"的问题》，《法尊法师论文集》，第 161~162 页。

言量不能得彼诸法也"。[1] "有学圣人之后得智及异生之真实义见，虽有无明及无明习气所蔽，不能现见，然当许彼见胜义谛。"[2] 从这样的观点出发，很容易得出并非一定要圣者即见道位获得无分别智的菩萨才能观照胜义谛，二乘也能证入法无我的二我空的境界，只有这样才能真实解脱，这种关于二乘也能够证得法无我的观点被认为是应成派独特的理论，其实根源在于对二谛的理解与其他宗派不同。

自续派认为，需要加胜义简别才能破斥诸法，因为不能破世间自性，应成派的做法其实是连世间都破掉了，最后只是断灭空了。所以。在自续派看来，应成派落"空"。在应成派看来，自续则执"有"。随着自续派与应成派二谛理论的比较，可以发现随之而来的问题就是，否定了世俗谛自相安立的应成派是否是断灭呢？清辨在破斥中以"胜义"简别而保有了世俗的诸法，应成派认为，但凡破自性已经是在胜义层面了，因为自性并非在世俗层面存在，破诸法自性而不破诸法，月称以此偈颂来表明："如石女儿自性生，真实世间均非有。如是诸法自性生，世间真实皆悉无。"[3] 宗喀巴进一步解释到"石女儿之自性生，非但于真实义中无有，于世间名言中亦非是有。如是色等一切诸法，于世间名言与真实义中俱无自性生也。诸法自性生，虽于错乱执前似有。然中观师绝不许为世俗中有。复应忆念，于所破上加自性生之简别也"。[4] 诸法自性，就像是"石女儿"（不孕妇的亲生子女[5]）一样，不管胜义谛还是世俗谛都是没有的，这就是应成派中观师都坚持的，所以应成派在破斥诸法自性时，不会加胜义来简别，只会加"自性"来简别，凡谈自性就已是胜义层面了。

综上所述，由于二谛理论的不同，引出了世俗谛有没有自相的问题，更引申出关于立宗、因、喻等因明论式是否可行等问题。这一系列的问题与之前所分析的偏空与偏有之间的争论一致，偏空的应成派质疑肯定世俗谛不空的自续派执"有"，肯定依他起性在世俗谛层面的自相安立

---

① 宗喀巴：《入中论善显密意疏》，《宗喀巴大师集》第三卷，第 316 页。
② 宗喀巴：《入中论善显密意疏》，《宗喀巴大师集》第三卷，第 324 页。
③ 宗喀巴：《入中论善显密意疏》，《宗喀巴大师集》第三卷，第 427 页。
④ 同上。
⑤ 参看万金川《龙树的语言概念》，南投：正观出版社，第 49 页。

被认为是清辨的一种妥协和严重错误；偏有的自续派则认为，应成派连世俗谛都否定了，否定了名言的自性安立，使得二谛成为一谛空无，最后落入断灭空之险境。

有关应成派与自续派的争论，是建构在整个空有之争框架中的，在西藏被排铺成一种叫作"宗义"的书，一般以说一切有部、经部、唯识、中观的顺序，视中观为了义，基本可以认为是从"有"不断进入"空"的过程，在汉地比较流行的是土官宗义书等。法尊在1951年所讲的《四宗要义》就是一部宗义书，在法尊译讲的《四宗要义讲记》中，就说到四宗的次第是前前视后后为断见，后后视前前为常见，之所以导致这样的结果，原因在于"无我见"所破之"我"的不同而有差别，以中观学的观点来统摄就产生一个递进的次第。虽然同属于中观宗，自续派到应成派也是一个不断"空"的过程。不管是宗义书所体现的这样一种从"有"到"空"的渐进的思路，还是自续派与应成派互攻所展现的自身框架中可被指摘的部分，都对近现代研究者关于空有之争的探究产生了极大的影响，作为一种区别于汉传向度的新思路。

二　法尊与宗喀巴空有之争思想之简别

通过对宗喀巴多部典籍的考察，将法尊引入的藏传中观学关于空有之争的基本思路呈现出来，随之而来的一个问题是法尊翻译作品中关于空有之争的观点，与法尊本人的观点是否存在差别？是否可以以所翻译的宗喀巴的观点，代表法尊本人的观点呢？上文在讨论过程中引用了法尊解说应成派中观宗思想的多篇文章，包括《中观宗关于"安立业果"与"名言中许有外境"的问题》《中观宗"不许诸法有自相"的问题》《中观宗不许"自续"的问题》《中观宗"不许自证分"的问题》，这些文章中讨论了中观宗与唯识宗，应成派与自续派的差别，但是，并不能说明这些文章中所体现的观点就是法尊自己的观点，因为他是作为转述者在讲述中观应成派的观点。

根据现代翻译学，不同语言之间的翻译规定为"语际翻译"，而在语际翻译的过程中，需要考虑翻译的主体有意识、无意识的知识背景等。就佛教翻译来说，由于宗教信仰的因素，翻译者本人基本上是秉持"等效原则"，即将原文的意思能够完整地翻译到另一种语言境域当中，但是由于翻译者本人的主体意识以及无意识的知识背景等因素，往往自觉不自觉地会影响翻译等效的完全实现。比如波罗颇蜜多罗作为瑜伽行派，在翻译《般若灯论》时，将二十五品末对瑜伽行派的批评省去不翻，这可以看作是有意的；玄奘在翻译经典时不喜欢凸显中观与唯识的争论，这与他作《会宗论》的态度是一致的，在玄奘的翻译过程中是贯穿了自己的佛教整体思想的把握的，日本学者就曾做出这样的论断："笔者认为，安慧的观点体现于其著作原典的逐字逐句式翻译的藏译文本中。而玄奘则在其翻译的《摄大成论》《佛地经论》以及其他文本中阐明了自己的思想。"① "把玄奘译本与玄奘思想等同起来是有根据的。"② 虽然这个观点听上去似乎过于夸大了玄奘作为翻译主体的因素，但是在翻译的过程中，确实需要考虑这一因素。这就意味着，翻译主体需要对所翻译的内容以及主体精神有极大的同感，才能完成翻译的等效。比如，中观派学者在翻译中观派经典的时候，相比较翻译中观派所破斥的瑜伽行派的经典更能实现等效。

法尊入藏十年，于应成派有极大同感，虽也不能排斥他本身的主体意识以及知识背景等因素，但基本可以视其为转述者，"我在跑马山依止慈愿大师住了一年，学了几种藏文文法和宗喀巴大师的《必刍戒释》、《菩萨戒释》和《菩提道次第略论》。这一年所求的学非常满意，对于藏文方面也大有进境，对于西藏的佛法，生了一种特别不共的信仰。因为见到《必刍戒释》、《菩萨戒释》的组织和理论，是在内地所见不到的事。尤其那部《菩提道次第略论》的组织和建立，更是我从未梦见过的一个奇宝"。③ 法尊这里说因为学习了宗喀巴的三部著作而生起了"特别不共"的信仰，虽然这个不共并非是生起对应成派的信仰，而是对藏传佛教的笼统说法。法尊曾就应成派之于藏传佛教有过讨论，他说"见解方面，若以印度有部、经部（小乘）、唯识、中观（大乘）之四部见解衡量之，则西藏之初期佛法，可谓顺瑜伽行之中观见。至阿底峡尊者时，遂一变而为应成派之中观见。唯萨嘉派之见解，则介乎顺瑜伽行与应成

---

① 佐久间秀范：《安慧和玄奘教义理论的相似性》，《汉语佛学评论第一辑》，上海古籍出版社，2009，第62页。

② 同上。

③ 法尊：《〈法相唯识学概论〉序》，《法尊法师论文集》，第448页。

派之间。此外尚有觉囊派之他空见。然以新迦当派之普遍深入，故目前西藏佛徒之见解渐趋一致，即皆为应成派之中观见也"。① 可见，就法尊思想来说，应成派中观见之于藏传佛教的各种见地之间是有决定意义的，那么，也就意味着应成派中观见对法尊本人思想的决定意义，法尊发表于1938年的关于《唯识三十颂》的讲记中，提到自己十几年都没有看过唯识了，就可以清晰地显示出他本人的偏好了。

在空有之争这个问题域中，法尊也有一些看似与宗喀巴思想龃龉的地方，比如，宗喀巴根据月称《入中论》本偈来理解"唯识"，"现前菩萨已现证，通达三有唯是识，是破常我作者故，彼知作者唯是心"。② "唯心"是为了破除凡夫对离心外更有一个常一自在的补特伽罗，并不是为了破斥心外有境。但是法尊在1935年发表的文章中，就法相与唯识进行讨论时说到"唯简离心之外境，亦即破法我执之所执也；识明能变之内因，亦即立真空智之所依也"。③ 不过，这并非说明法尊没有理解甚至是违背了宗喀巴应成派的主张，这是不大可能出现的情况，因为宗喀巴本人的著作几乎是法尊翻译的。原因并不难推测，因为此文是为太虚《法相唯识学概论》所作的序，是说明唯识学教义的，而不是去说明中观宗应成派观点的，即使在见解上遵循应成派的法尊，也不会在给唯识学的书籍作序的时候，用应成派的教义破斥唯识宗的理论，这是很明显的。所以，法尊在讲《唯识三十颂》时，才感叹了那么一句"讲一宗的见解，只好就一宗的见解来说，我现在讲唯识，就把一切葛藤斩断，承认阿赖耶是实有。"④

法尊在这个序中写道："若能达乎万法皆不离识，依多闻熏习，缘法义为境，以四种寻思四如实智，渐修止观殄除法执，加以三练磨心，断四处所，六度成熟佛法，四摄饶益有情，经历资粮加行见修究竟，《摄大乘》《成唯识》等论之至矣。然总其所说，重在明理修行断障证果，故为法相之所宗，亦即佛法之旨归也。"⑤ 法尊在这里的意思是，通过学习

① 法尊：《西藏佛教概要》，《法尊法师论文集》，第7页。
② 宗喀巴：《入中论善显密意疏》，《宗喀巴大师集》第三卷，第404页。
③ 法尊：《〈法相唯识学概论〉序》，《法尊法师论文集》，第354页。
④ 法尊：《〈唯识三十颂〉悬论》，《法尊法师论文集》，第156页。
⑤ 法尊：《〈法相唯识学概论〉序》，《法尊法师论文集》，第354页。

唯识教义，不断熏习，止观并重，经历资粮位、加行位、见道位、修道位及究竟位等次第，唯识之理在《摄大乘论》及《成唯识论》中已经最清楚显示了。法尊如此称誉唯识之理，是否违背应成派观点呢？是否表明法尊并非坚守应成派的见解呢？是否表明法尊在空有之争的问题上与应成派的见解不同呢？

宗喀巴的应成派思想中本来就留有唯识学的空间，并非是以应成派立场指出唯识宗的错误后就将其抛弃，而是把唯识宗看作菩提道次第上的方便，并将其与中观合称为"两架大车"，宗喀巴就引用《大乘庄严经论》并解释道："在名言中由外境空是唯识理，在胜义中一切诸法皆无自性，依此二理能得大乘。即前论云，御二理大车，掣转正理衔，彼达如实义，当获得大乘。"① 相比较应成派的空、无生，唯识宗理解的"空"并非是错误的，只是不完善的，所以宗喀巴说依靠唯识宗与中观宗的理论就能够获得大乘，与宗喀巴所安立的一个原则也有密切关系，即"一切圣教无违殊胜"。

在《〈唯识三十颂〉悬论》中，法尊讲到四宗见地时，"学佛的人，对于这四宗的知见，必要得到一宗。在大乘各宗不属于中观，必属于唯识，就是修净土，学禅宗，也不能例外。属不属于某一宗的人，要看这人，有没有那一宗的知见，不是看他读未读那一宗的书。没有得到一宗知见的，就把三藏十二部读完，都不算属于那某一宗的人。故是否某宗之人，当以有无彼宗之知见而判别审定了"。② 从这里可以发现，法尊以四宗的知见为基准，并非否定其中不完善的宗义，而且强调不能执大而弃小，这与宗喀巴诸圣教无违殊胜的立场是一致的，并认为即使修禅宗、净土，也要在中观与唯识之间择其一宗而通达其理论，所以他说："凡是大乘人，总须采此二宗见解之一为主的。"③ 不要执大弃小，不要以为是小乘或者唯识，是不圆满的就不值得学，法尊自己也承认学中观，也学唯识的，"就我本人来说，我学中观，也学唯识。学大乘也学小乘"。④

虽然称誉二架大车，宗喀巴在著作中还是如上文所说指出唯识宗理

---

① 宗喀巴：《辨了不了义善说藏论》，《宗喀巴大师集》第四卷，第 66 页。
② 法尊：《〈唯识三十颂〉悬论》，《法尊法师论文集》，第 135～136 页。
③ 法尊：《〈唯识三十颂〉悬论》，《法尊法师论文集》，第 136 页。
④ 法尊：《〈唯识三十颂〉悬论》，《法尊法师论文集》，第 156 页。

论的问题，因为虽然依靠两者可以获得大乘，但还是存在了义不了义的差别，"今当问云，若二大车，以二种理分辨佛语了不了义，诸睿智王，别别解释彼二意趣，复有多门，其释彼二造论论师，汝随谁行，为许何家所立了义最为究竟，愿当宣说，我作是答，此诸赡部智者严，一切善说皆尊敬，然世出世缘起因，摧坏一切相执境，从月放出善说光，启发慧眼拘母陀，观见佛护所示道，谁不善持龙猛宗"。① 宗喀巴认为，需要依靠龙树中观宗来抉择正见，对龙树所开示的道理则需要依据佛护所说来理解，意味着在对佛陀所说空义的最终理解上，虽然站在"一切圣教无违殊胜"的立场上，唯识学的经典比如《解深密经》与般若类经典并不违背，不存在正确与错误，但是还是存在何者更究竟的问题。

法尊是遵循宗喀巴思想的，认为唯识学是作为一种获得大乘的途径，但是另一方面，法尊显然也不会忽略宗喀巴所阐述的空有之争的焦点，除了节初所提到的四篇关于中观应成派的讲座外，他在《〈唯识三十颂〉悬论》中也表达了关于空有之争的看法。

首先，关于"唯识"的问题，"唯识的大意，是说不离识的境有，离识的境是没有。并不是不承认有境，只是不承认有离识的境。所以唯识宗承认识是实有的。如果识也是假有，便入到中观宗的范围之内去了，便是中观，不是唯识"。② "识"的真实有与假有的差别，就是唯识与中观的关键差别之一，宗喀巴认为依靠"识"来安立业果本身就是不成立的，更不要说以否定外境来解释"唯识"的唯识宗义，在中观宗看来，内识、外境相待而有，相待而无，同有同无，不会成为内识有而外境无的状况，"中观和唯识的大不同处，便是唯识说境无识有，中观说要说没有实境，便该识也非实有；没有所取的实境，便也没有能取的实在的识。要说有实识，也该有实境"。③

其次，关于依他起性的争议，法尊说："唯识宗说依他起是实有的。但是又说依他起如幻，即是如幻，就不是实有，何以又说是实有呢？当知唯识宗说的如幻，与中观的如幻不同。中观的如幻，是缘生如幻，缘生便无自性，无自性故非实有。唯识的如幻，是说如幻师幻作象马，用

---

① 宗喀巴：《辨了不了义善说藏论》，《宗喀巴大师集》第四卷，第125页。
② 法尊：《〈唯识三十颂〉悬论》，《法尊法师论文集》，第136页。
③ 法尊：《〈唯识三十颂〉悬论》，《法尊法师论文集》，第154页。

竹木瓦石，以咒术加持，众人看去，似有实象实马。实象实马虽没有，幻所依的事是实有。所以唯识说的如幻不违实有。"① 如宗喀巴一样，法尊讨论了唯识宗与中观宗"如幻"这个比喻的不同意涵，证明唯识宗说依他起性实有，与中观宗相区别，"不能因为《解深密》说诸法无自性，就说唯识和中观相同。……依他起的无自性，是说他不自然生故，谓之生无自性。……所以唯识所说依圆无自性，是下得有界说的，其实是说依圆有自性，只有遍计执才无自性"。②

可以发现，法尊关于依他起性以及唯识所作的分析，都是按照宗喀巴的思路，使两宗的差别清晰地显露出来。法尊遵循宗喀巴的应成派立场，并不同意将空有两宗进行和会的看法，"有些人说：唯识宗说有，是依世俗说的；若依胜义，还是说诸法皆空。但是瑜伽师地论摄抉择分，抉择五法时，又明明说真如正智是胜义有，可见唯识正义，还是没有说诸法空的道理"。③ 通过这一段表达，法尊自身关于两宗差别的观点已经很明显了，在法尊看来，唯识宗所说的空是不究竟的、不完善的，这样的观点完全是根据应成派的立场抉择空有之争。

另外，再进一步讨论法尊与欧阳竟无围绕《辨法法性论》展开的论争，以此来证明法尊在空有之争问题上自身的立场与观点。法尊翻译了《辨法法性论》后，欧阳竟无前后发表了《〈瑜伽法相辞典〉序》《辨虚妄分别》《辨二谛三性》《辨唯识法相》等四篇文章给以批判，法尊则发表了两篇文章进行反驳，名为《驳欧阳渐〈法相辞典·叙〉》《驳欧阳渐辨虚妄分别——再驳〈法相辞典·叙〉》。

1938 年，欧阳竟无作《〈瑜伽法相辞典〉序》批评《辨法法性论》说："新贵少年（法尊）译弥勒《辨法法性论》，以实无而现为虚妄，以无义唯计为分别，此可谓弥勒学乎？弥勒《辨中边论》明明说虚妄分别有，明明说非实有全无，其言无者无二也，其言有者妄中有空、空中有妄也；而彼但以二取名言之现实无唯计，以尽概乎虚妄分别之义。"④ 在

① 法尊：《〈唯识三十颂〉悬论》，《法尊法师论文集》，第 140 页。

② 法尊：《〈唯识三十颂〉悬论》，《法尊法师论文集》，第 144 页。

③ 法尊：《〈唯识三十颂〉悬论》，《法尊法师论文集》，第 145 页。

④ 欧阳竟无：《〈瑜伽法相辞典〉序》，《欧阳大师遗集》，台北：新文丰出版公司，1976，第 1453 ~ 1454 页。

这篇序言之后，欧阳又以三篇文章不断展开批判，并在《辨二谛三性》中总结了对《辨法法性论》的批判共有四个方面，包括论宗不合、五论未决、无梵可核、译名有违。其中，涉及空有之争问题域的是"论宗不合"部分，即关于"虚妄分别"的争论。

1938 年，在欧阳竟无发表的第一篇文章中，主要集中在对虚妄分别的批判。在《辨法法性论》中，"虚妄分别"的偈颂是"此中法相者，谓虚妄分别，现二及名言。实无而现故，以是为虚妄；彼一切无义，惟计故分别"。[①] 欧阳竟无认为，这里以虚妄分别为法相，但说这虚妄分别"彼一切无义，惟计故分别"，在他看来，与《辨中边论》的虚妄分别有矛盾之处，他依据的是《辨中边论》中偈颂"虚妄分别有，于此二都无。此中唯有空，于彼亦有此。"[②] 根据两部论中关于"虚妄分别"的讨论，欧阳竟无认为矛盾之处在哪里？如果单纯从两论的偈颂，以及欧阳竟无在《〈瑜伽法相辞典〉序》的论述来看，是很难分判的，所幸欧阳在之后的几篇文章中详述了这一问题。

根据《辨中边论》，欧阳竟无认为对于虚妄分别的正确理解应该是"乱识从因缘有生，不从计执无生。其相如幻，其体是有，所谓其中少有乱识生是也。乱识非实有，亦非全无，许灭解脱故"。[③] 以非空非不空谈一切法、法相，分别有能取、所取，但实无能取、所取二性可得，在这样的虚妄分别中只有"空性"，所以虚妄分别所诠释的依他起性是非空非不空的，是符合中道的。但是，欧阳竟无认为，与《辩中边论》不同，《辨法法性论》偏谈空无，有断灭空之嫌疑，"今译《辨法法性论》，谈一切法法相，详其趋势，乃在无边。盖非有无并举，以宗其非空非不空也。实无而现，无义唯计，无而现有，无有别非一，有无无别非异，最是有无一异一颂，则竟以全无义边谈法相也"。[④] 欧阳竟无认为，《辨法法性论》在法与法性相对的框架中谈法的时候，有一种趋势，就是将"法"界定为虚妄分别，而这个虚妄分别的趋势是朝"无"方面谈的，

---

① 《辨法法性论》，《弥勒菩萨五部论颂》，台北：方广文化事业有限公司，1996，第111 页。
② 《辨中边论》卷一，《大正藏》第 31 册，第 464 页。
③ 欧阳竟无：《辨虚妄分别》，《欧阳大师遗集》，第 1506 页。
④ 同上。

所以和《辨中边论》讲虚妄分别非有非无、不偏向一边是不同的，以此来质疑《辨法法性论》的真实性与正确性。

在欧阳看来，《辨法法性论》"详无略有"，"夫谈唯识，偏对外境，无其外义，而内识则唯。若谈法相，则非谈相之作用，而必谈相之体性。体性之质实，体性之赅摄，必一一详之。而《辨法法性论》乃详无略有，何耶？"① 详无略有，是偏空的表现，与《中边》非空非不空的观点不符合。在欧阳竟无看来，《辨法法性论》偏谈空，而不谈法相的体性、质实、该摄等，所以说"详无略有"。其实，这是欧阳竟无站在法相唯识学的立场上看中观宗略说"有"故偏空，"前作《辨虚妄分别》，广《瑜伽法相辞典·叙》末段之义，其根本之点，在《辨法法性论》说分别是无，与弥勒非空非不空宗有无并举不合，不得视为弥勒学"。② 在《辨二谛三性》中他也是这么说的，指责此论将"分别"说成了"无"。欧阳竟无的指责，可以归纳为，法、法相、虚妄分别被说成了"无"，与《辨中边论》有、无并举不同，有断灭空的嫌疑。

法尊发表了两篇文章回应欧阳竟无，从三个方面就"虚妄分别"这个问题来破斥欧阳竟无的观点：首先是翻译，法尊强调该词是藏文原文中的词汇，他在翻译过程中并无添加增减；其次是因明破，法尊以因明立量破斥欧阳竟无的观点；第三个方面是从思想理论的角度揭示欧阳竟无理解有误，法尊引用了札迦大师所说的法义、虚妄分别义，并进一步说明"法相者，虚妄分别也，虚妄分别者，现二及名言之心心所也。前五识实无外境而妄见为有，第六意识更立名言而起执着，故三界有漏心心所皆名虚妄分别也。如《辨中边论颂》云：'三界心心所，是虚妄分别。'论云：'虚妄分别相者，即是欲界色界无色界诸心心所。'换言之，虚妄分别，即是三界心心所法，即是二取名言之妄现实无唯计。此明明是唯识正义，此明明不违诸论，尤顺中边。'二取名言之妄现，实无唯计'尽概乎'虚妄分别'之义，明明是嗣尊说，欧阳渐安得诬非弥勒学乎"。③

这一段论述是法尊对"虚妄分别"争议的主要回应，在他看来，法

① 欧阳竟无：《辨虚妄分别》，《欧阳大师遗集》，第 1507 页。
② 欧阳竟无：《辨二谛三性》，《欧阳大师遗集》，第 1518 页。
③ 法尊：《驳欧阳渐〈法相辞典·叙〉》，《法尊法师论文集》，第 361 页。

相就是诸法之相，就是虚妄分别，《辨法法性论》明明说了"实无而现故"，意思是虚妄分别所指代的一切心、心所法本无自性而缘起显性，并非是"全无"，并非是欧阳竟无所说的详在无边、趋向于"无"，他坚持认为《辨中边论》中的"非实有全无"与《辨法法性论》中的"实无而现"是一致的意思，并没有什么好争论的，所以在第二篇驳文当中，直斥欧阳"答非所难，固执不舍"①。

法尊在这篇驳文之后，对欧阳竟无《辨二谛三性》《辨唯识法相》都没有了回应，原因可能是发现欧阳竟无一直纠缠于"虚妄分别"这个问题，其他的问题都只是旁论或者是由此问题引发的，但是，关于"虚妄分别"，法尊从一开始就不认为是个问题，由于这样的情境，便导致了双方的争论不在一个平面上，难怪台湾学者周志煌称其为"各说各话"，周志煌对这一起争论的总结是"由于法尊对于'虚妄分别'与'遍及计度'二个词语，和欧阳竟无的认知有着显著差异，因此两人在缺乏'共识'的情形下，彼此的论辩就不可避免地沦于各说各话"。② 两人的争论确实是各说各话，原因也确实是对"虚妄分别"的理解不同，但是更深层次的原因，还并未有人提出，当时欧阳竟无看到的只是《辨法法性论》的颂，法尊并没有随颂解释，所以欧阳竟无只是凭自己的理解在解释，恐怕这也是对"虚妄分别"没有共识的重要原因。

但是，事实远没有如此简单，以"虚妄分别"理解不同作为这个争论的终结，恐怕过于草率了，如果进一步考察，为什么两人对"虚妄分别"理解不同呢？凭欧阳竟无的佛学造诣，他对"虚妄分别"的理解会犯这么明显的错误么？难道法尊解释了两遍，他还没听懂么？他还要连写两篇文章继续批判？那欧阳竟无也太"答非所难，固执不舍"了吧！如果将这个问题放到空有之争的框架中，原因其实一目了然。

虚妄分别所诠释的是依他起性，这是唯识学的共识，"虚妄分别，凡诸经论，如《楞伽》、《瑜伽》、《显扬》、《中边》，皆诠依他性。而以之诠一切法相，则《辩中边论》与《辨法法性论》独举"。③ 在欧阳竟无看

---

① 法尊：《驳欧阳渐虚妄分别——即再驳〈法相辞典·叙〉》，《法尊法师论文集》，第367页。
② 周志煌：《唯识与如来藏》，台北：文津出版社，1998，第217页。
③ 欧阳竟无：《辨虚妄分别》，《欧阳大师遗集》，第1505页。

来，虚妄分别是非空非不空的，也就意味着依他起性是非空非不空的。在法尊翻译的《辨法法性论》中，虚妄分别指的是与法性对立的法，尤指心、心所法等法之自性无的一面，所以说虚妄分别是"实无"，是"唯计"。但是，除了自性无的一方面，宗喀巴所强调的中观不共是在自性无上安立缘起诸法，不违世间，所以法尊一直强调《辨法法性论》对虚妄分别的安立并不是单纯偏"无"，而是存在"有"的一方面，即"实无而现"的一方面，所以并不违背《辨中边论》有无并举的说法。法尊认为，欧阳竟无是不理解《辨法法性论》的虚妄分别，甚至是固执的无理取闹，但事实是，他没有理解欧阳竟无所批判的不是《辨法法性论》的虚妄分别，而是中观宗对"虚妄分别"自性无的理解，因为在唯识宗看来，依他起性不是自性无，正如法尊自己所说唯识宗的依他起性是"实有"。

为什么说欧阳竟无批判的是中观宗对于"虚妄分别"的理解呢？在《辨唯识法相》后附《解惑二则》进一步谈《辨法法性论》的错误，第一个错误就是《辨法法性论》没有包括一切法，以"生死法"代替"生灭法"，缩小了法的范围，"一切法者，《百法明门》摄无为真如法，是知染法不足尽一切，染法之生死法更不足尽一切。处处经中谈染法，皆指生灭而言，不第谈生死，生死义狭，生灭义广故也。今《辨法法性论》名为一切法，实则非一切法，但局于生死一法，名实异矣"。① 欧阳与《辨法法性论》对"法"的理解是不同的，法就是虚妄分别，决定虚妄是偏无还是有无双举的关键，是如何理解这个"法"。欧阳竟无所理解的法是一切法，包括有为法与无为法，而《辨法法性论》仅谈有为生死法，为什么会有如此差异？无为法在《辨法法性论》的框架中是否得到了体现呢？在《辨法法性论》中，无为法就是法性，"其法性所显，即三乘涅槃"。② 怪不得法尊这么揣测欧阳竟无的意思："揣其意：谓《辨中边论》之虚妄分别较彼《辨法法性论》之虚妄分别义广，何以故？彼但以二取名言之现实无唯计说为虚妄分别，其义不足尽概虚妄分别义也。再明晰言之，《辨中边论》所说虚妄分别能尽概乎虚妄分别义，何

---

① 欧阳竟无：《辨唯识法相》，《欧阳大师遗集》，第 1535～1536 页。
② 《辨法法性论》，《弥勒菩萨五部论颂》，第 111 页。

以故？说非实有全无故。新译《辨法法性论》之虚妄分别不能尽概乎虚妄分别之义，何以故？但以二取名言之现实无唯计为虚妄分别故。"① 法尊在第一篇驳斥的文章当中，就发现了欧阳竟无这样的理解，而欧阳竟无在第四篇文章中还坚持这样的理解，恐怕就不是简单地对范畴的理解不同而"各说各话"了，而是两人立场的不同。

两者立场的差异所导致的这场争论，法尊即使再强调"法""虚妄分别"的有无双举，中观宗对自性的强烈否定在唯识宗看来还是一种偏空的倾向。在唯识宗立场上的欧阳竟无看来，法尊以及其译的《辨法法性论》对虚妄分别的依他起性的自性的否定，并不直接等同于否定依他起性上的遍计所执性，"二谛以遍计所执诠一切法，则凡与法性不相合者，皆不之无之，故可言一切法无，唯法性有也。三性以依他起性诠一切法，空中固有此虚妄分别，故不可言一切法无，唯法性有也"。② 可见，两者争论到最后围绕的是什么问题？是依他起性是否实有、是否自性有的问题，是历史上不断出现的空有之争的现代版，法尊作为中观宗的代表，与代表唯识宗立场的欧阳竟无围绕依他起性是否实有展开的论战，重现清辨与护法之间的空有之争。

三　对如来藏系的批判

由于欧阳竟无对法尊的质疑，使得两人的立场在空有之争的视域中凸显出来，展现法尊在空有之争问题上的观点。进一步讨论的问题是，法尊如何看待如来藏系？法尊对以如来藏思想为主体的汉传佛教抱持一种反省的态度，这一点倒与欧阳竟无完全一致，法尊在1935年写成并发表于1936年的《从西藏佛教学派兴衰的演变说到中国佛教之建立》一文中，从弊端的角度严厉地批判了汉传佛教的主体，台、贤、禅、净。

他对天台宗的批判："天台宗《法华》，贤首崇《华严》，谈乎理也，惟恐自宗之不圆不顿，叙其行也，惟恐自宗之不越不包，故天台立境，则必曰一法三谛，明心则必曰一心三观，言行则曰圆教之十法成乘，更叙十法界中，各具十界，乃至百界而立千如，更加依正五蕴，转为三千，

---

① 法尊：《驳欧阳渐〈法相辞典·叙〉》，《法尊法师论文集》，第362页。
② 欧阳竟无：《辨唯识法相》，《欧阳大师遗集》，第1536页。

而云一念三千，三千一念，圆融无碍之旨，可谓极矣。其判教也，则以《阿含》《般若》为藏通二教，此固非我大乘根性之所须，即不共二乘独被菩萨之大乘教法及行位，亦望圆教之项背而不及，谁是狭心之士，甘在此别教而雌伏耶？故使吾国学子，人人皆生好高骛远之狂心者，此宗不能无责也。"① 他认为，天台宗追求的圆、顿，把其他宗派贬为别教，将圆教立于高高之上的地位，使得无人起心追求所谓别教，这在坚持一切圣教无违殊胜的立场的法尊看来，正是培养了一大批好高骛远的中国佛教徒的原因所在。

他对华严宗的批判："贤首大师之华严，较之天台而尤晚，故所唱之高调，当然亦更玄之百倍。此宗学者，谈理则必十玄六相，判教则必圆明具德，境观必须事事无碍，周遍含融，如是方满私衷之欲望。若有教之以小始行位及观行，必急睁怒眼而怪之曰：汝欺我耶！汝岂知我非圆教之机乎？"② 法尊认为，华严比天台讲得更玄，高唱圆教，使得学人对圆教之外毫无兴趣。

他对禅净的批判："其教外别传之禅宗，捷妙稳固之净土，对于吾国之机，虽不能云无益，然障碍经论之讲授，戒律之研学也未见其小也。……惟愿有志弘持如来正法之士，放舍夜郎自大之狂慢，审思吾国佛法衰弱之原因，为幸多矣。"③ 法尊认为，禅净两宗障碍经教，危害很大，中国佛法的衰微都因两宗排斥经教所致。

如果总结法尊对于如来藏系宗派的批判，一方面是圆教所培养的好高骛远的氛围，另一方面是禅净培养的对经教的障碍，汉传佛教与藏传佛教重视"次第"而构建四宗次第的做法大相径庭，毕竟藏传佛教坚持甚至连小乘都并不排斥的诸圣教无违殊胜的原则。这里并不讨论法尊关于台、贤、禅、净的看法是否正确，但是他所指出的弊病，确实是汉传佛教历史遗留下来的难题，他对圆教的猛烈批判，应当视作以中观学立场对如来藏系的一种回应，因为圆教之圆本身就是对偏空的中观与偏有

---

① 法尊：《从西藏佛教学派兴衰的演变说到中国佛教之建立》，《法尊法师论文集》，第33页。

② 同上。

③ 法尊：《从西藏佛教学派兴衰的演变说到中国佛教之建立》，《法尊法师论文集》，第33～34页。

的唯识的一种否定。

关于如来藏与阿赖耶识是否一致，法尊曾就此问题对欧阳进行驳斥，以注释的形式出现在宗喀巴著作的译本中。法尊认为如来藏与阿赖耶识名异义一，就此立场出发，对内学院《起信》是伪造的观点进行了驳斥。"颇有自命善唯识者，由见《起信》说如来藏名阿赖耶，与唯识说不能相符，即便惊愕狂兴谤言，甚至说非印度人造。诚乃少见多怪之相。'无始时来界'颂，《摄大乘》中引证阿赖耶识，无著《宝性论释》中，引证如来藏，月称亦说彼二义同名异。《厚严》《楞伽》文如前引，皆与唯识所说不合，岂不谤为非无著造，非月称释，非佛说耶？故当了知，说如来藏与阿赖耶，名义虽别，然佛意趣同在空性，唯因对机有异，故佛说法亦殊。不应自恃辩聪，妄集谤法之罪也。"[1]法尊站在中观宗的立场上，视如来藏与阿赖耶识都是通向究竟的方便，两者作为阶段性正确的理论是一致的，但是站在以唯识为究竟的欧阳的立场上，当然染、净等各不相同。

太虚曾在《入中论》翻译后以汉藏教理院编译处监译的身份做过一篇记，对月称的偏执有过批判，而未见法尊有过回应，如果法尊做出回应，应该就可以显示他本人对于如来藏思想的直接看法，但是并未见到法尊有何回应。

法尊没有回应的原因应该是多方面的，虽然法尊严厉地批评了以如来藏思想为主体的台、贤、禅、净，但是是就其引申之影响及趋势来说的，可以说是对其末流及危害的批判，并非直接批判如来藏思想本身，因为藏传佛教本就视如来藏为阿赖耶识异名，其意趣都是通达正见的阶梯，其思想本身是不应该被抛弃的，只是需要批评其过度追求圆教导致的弊病。

第二节　印顺：藏传向度之影响

一　空宗同情者及藏传中观学之影响

印顺（1906～2005），近现代佛学研究中不能绕开的人物，几乎对佛

---

①　宗喀巴：《辨了不了义善说藏论》，《宗喀巴大师集》第四卷，第107页。

教主要议题皆有论及，他学识的广博及高寿，使得他几乎可以被视作佛教研究的一个时代。就印顺本人的研究来说，所显现出来的特色往往被视作中观学者，而他的一生也与中观学立场糅合在了一起。

1930 年，印顺在 25 岁的时候出家，第二年就在《现代僧伽》等刊物上发表了三篇文章，第一篇是《抉择三时教》，印顺自己这样描述说"七月里，我开始写出第一篇的佛学论文——《抉择三时教》，这是融会三论与唯识的，受到了大师来函的嘉勉与鼓励"。[①] 可见，空有之争，中观宗与唯识宗关系的问题，在印顺接触佛教的一开始，就为他所关注。在印顺出家之前，就与空、有两宗有不解之缘，在他 20 岁时，无意中在商务印书馆的目录中发现了佛教书籍，所以购买了《成唯识论学记》《相宗纲要》《三论宗纲要》，因《三论宗纲要》而知道有三论，设法购买了《中论》与《三论玄义》，后又得到了嘉祥的三论疏。

1932 年春天，印顺回到闽南佛学院，开始讲授《十二门论》，到了夏天回到普陀山，在初秋就到佛顶山慧济寺阅藏，"白天阅读（清代的龙藏）藏经，晚上研究三论与唯识"。[②] 印顺在这里待了一年半之后，"（民国）廿三年，为了要阅览《大正藏》中的三论章疏，才于农历的新年去武昌"。[③] 1934 年，印顺在武昌佛学院半年，将《大正藏》里的三论宗的章疏都读完了，并连续发表了几篇关于中观学的研究，包括《三论宗传承考》、《中论史之研究》及《清辨与护法》等文章。印顺在将三论宗章疏读完后，回到佛顶山，直到 1936 年秋天阅藏完毕，去杭州遇到太虚大师，太虚大师希望印顺去世苑研究部，任三论系的指导，这也是太虚大师对印顺中观学研究的肯定。在武昌佛学院期间，发表了《三论宗史略》。

1938 年，由于抗战爆发，武汉外围紧迫，印顺被迫从武昌佛学院避往汉藏教理院，在那里，度过了被印顺称为"最难得的八年"。在 1938 年 8 月到 1939 年底这段时间中，印顺得以与法尊交流，从而接触到了藏传中观学，并请求法尊翻译《七十空性论》，就在这段时间，印顺发生了思想的转变，他自己这样描述道"深受老庄影响的中国空宗——三论

① 释印顺：《我怀念大师》，《华雨香云》，中华书局，2011，第 197 页。
② 释印顺：《平凡的一生》，中华书局，2011，第 9 页。
③ 释印顺：《我怀念大师》，第 198 页。

宗，我从此对它不再重视"。① 藏传中观的思想融入了印顺原本的三论宗思想之中，使得印顺对汉传中观的三论宗传统的看法发生了改变。此后，印顺陆续出版或者讲论了一大部分中观学的研究成果，其中最重要的中观学研究代表作包括：1942 年在四川合江法王学院讲的《中观论颂讲记》；1944 年在汉藏教理院讲的《性空学探源》；1947 年在奉化雪窦寺讲的《中观今论》。除了专门研究中观学的书籍之外，还有虽非专就中观学研究但有论及的书籍，比如 1942 年《印度之佛教》等，还包括大量文章，比如《大乘三系的商榷》等。

印顺的生平与著作无不透露出中观学的色彩，"在师友中，我是被看作研究三论或空宗的。我曾在《为性空者辨》中说到：我不能属于空宗的任何学派，但对于空宗的根本大义，确有广泛的同情！"② 印顺《为性空者辨》发表于 1943 年 24 卷第 3 期的《海潮音》，这篇文章并没有编入印顺佛学著作中，但在这篇文章中确实表达了重要的观点，印顺说自己并非性空者，他说"性空，是佛法的精髓，我不敢说如何了解，更不敢说我是性空者。因为我对性空的理解，不完全与一般人所说的三论宗、中观师等相同"。③ 之所以这么说，原因有两点，第一点，虽然认为性空是佛教的精髓，但是论师所指示的是进入佛法的提示与方便，所以要依照论师的提示进入佛陀的本教，而不要为古人所局限；第二点是不希望以性空者立场去辨什么了义不了义，因为这样不免牵强附会，只有在不是性空者立场上才能切实地讨论龙树、提婆教义的真实义。

可见，印顺并不认同自己是空宗的原因，在于并不想为"空宗"这一个头衔与立场所限制，他是希望探讨佛法真义的，并不局限于空宗或者有宗的宗派之见而去争论了义非了义的。但是，也必须发现，印顺对空宗"广泛的同情"以及"确信性空为佛法的根本教义"④"中观学能抉择释尊教义的真相，能有助于佛教思想发展史的理解，这是怎样的值得我们尊重！"⑤ 使得他虽然距离自己所定义的性空者或者空宗较远，而在

---

① 释印顺：《平凡的一生》，第 19 页。
② 释印顺：《中观今论》，中华书局，2010，第 1 页。
③ 释印顺：《为性空者辨》，《民国佛教期刊文献集成》第 201 卷，第 180 页。
④ 释印顺：《中观今论》，第 2 页。
⑤ 释印顺：《中观今论》，第 4 页。

外人眼里早已经是完全的空宗立场了，比如印顺在《为性空者辨》中指出了空宗之缺点如缺乏行果等，似并非是空宗的立场，而是本教对空宗反省，但整篇文章却受到太虚的批判，太虚在第5期作《阅〈为性空者辨〉》，一一指责其中的观点，指出印顺所认为的空宗缺点是错误的，空宗已具阿赖耶识思想等也是错误的，当然对唯识与真常系不空的批判则更受到太虚的指责，太虚最后总结说"各宗学者每欲扬自宗独胜而抑他宗为劣，致令一部分经论被排隐蔽，执性空者仍不免，故因是而发之"。①

　　印顺在这篇文章中所指出的空宗的缺点以缺乏行果为主，却受到了太虚的批判，这是值得关注的问题。印顺原本是希望作为非性空者，对空宗进行批判式的反省，而太虚一方面指责印顺空宗的立场障蔽了佛法的融贯，另一方面又认为印顺所指出的缺陷是错误的，他认为空宗是具备行果的。如果在太虚方面，是认可印顺空宗的立场的，那么作为空宗而主动反省，为什么却受到太虚的批判？或者如果印顺反省的缺陷是错误的，那么就可以证明他不是空宗的立场，为什么太虚又需要在文末对其偏狭的立场进行批判？问题的关键在于，印顺所指出的缺乏行果的缺陷是如何获得或者如何确认的。

　　作为一位僧人，所关心的主题并非是议题的研究，而是生命的解脱，解脱是佛教追求的终极目标，故而是佛教徒的特质。在这样明确的目的指导下，印顺通过阅读三论典籍以及三论宗的章疏发现，自己所寻找的解脱的途径并不存于其中，即行果的缺乏，这是正常的。但是另一方面，每一个体系都是自我完善的，空宗的体系也是如此，就如太虚所指出的《大智度论》广泛的谈论行果。其实所谓的缺陷，必然是与其他思想体系对比之下而发现的，或者说将一直以来的隐密的感觉得到了确认，而在印顺那里与三论宗作对比的另一个思想体系就是藏传中观学，之所以可以如此推测，是因为三论宗作为汉传中观，以及传译的汉译中观学典籍比如《中论》《百论》等确实鲜有谈及行果的，相比较藏传在通往中观正见过程中有明确次第的修法，确实显得有些缺乏，法尊就曾说过"唯其成实与三论，仍仅讲阐法相及破立之理论，至于学三论及成实者，

———————————

① 太虚：《阅〈为性空者辨〉》，《太虚大师全书》第二十八卷，宗教文化出版社，2004，第115页。

应当如何依三论及成实而修行，乃至现在，曾未见有谁问之及谁释之。此是余见闻之狭小耶，抑中国佛法实如是耶？尚望三论诸师，有以教我也"。① 或者可能是一直困扰着印顺，而在接触法尊所传译的藏传中观学之后得到了印证及认可。不管怎样，推测印顺是在1939左右接触藏传中观学之后才发出这样的感慨，恐怕并非无中生有。

虽然印顺被自己所说的那句因为接触了藏传中观，而不再重视三论，被普遍认为是受到了藏传中观学的影响，但是他本人却并不认可，他在《为自己说几句话》中不仅表示对藏传佛教所知不多，而且认为自己后来回归了《大智度论》，"我对月称的思想，并没有充分了解，如月称的《中论》注——《明显句论》，我也没有见到。也许我有中国人的性格，不会做繁琐思辨，从宗喀巴、月称那里得些消息，就回归龙树——《大智度论》。三十一年起讲出而成的《中观论颂讲记》，三十六年讲出的《中观今论》，都是通过了《大智度论》——'三法印即一实相印'的理念"。② 而且他声明他所重视的是龙树等前期中观学，并非藏传的中期中观学，"我重视前期的龙树学，不是月称应成派的传人"。③ 并严厉地否定了江灿腾的观点，江灿腾认为，印顺从月称的思想中得出了三系的判断，并对汉传佛教进行批判，而印顺还是认为自己所依据的只是《大智度论》。

在此文中，印顺表明了并没有承继月称、宗喀巴的思想，只是"得些消息"，又回归龙树《大智度论》，就大乘三系的分判以及对汉传佛教传统的批判性态度，印顺不断表明这并非遵从月称之学，而是依据龙树的《大智度论》。那么，既然印顺本人表明了自己对藏传佛教所知不详，并且这些所知不详的内容对自己的重要理论的提出并无多大关系，那么是否就应当这样肯定他对自己的判断呢？

有必要进一步探究的是，印顺所依据的《大智度论》以及龙树的思想，是依什么样的思想进行理解的呢？比如，佛陀的教法一般人无法理解，那么空有两宗论师各以理论体系进行诠释；进而无著的唯识学应当

① 法尊：《从西藏佛教学派兴衰的演变说到中国佛教之建立》，《法尊法师论文集》，第33页。
② 释印顺：《为自己说几句话》，《永光集》，中华书局，2011，第164页。
③ 释印顺：《为自己说几句话》，第165页。

如何理解？则有护法等十大论师；护法思想如何理解？则有玄奘、窥基进行解释；直到近现代，对于唯识学、玄奘一系如何理解，又需要欧阳竟无、太虚等来解释。中观学也是一样的，印顺所依据的龙树是依何理论来理解的呢？

印顺将龙树的思想与月称的思想相对，认为所依据的是龙树，而月称影响甚少。其实，月称的理论本身就是解释龙树思想的，印顺的"得些消息"，很可能是已经通过与法尊的交流而将藏传中观学的基本思路得到了。当然也不能排除印顺就龙树理解龙树，虽然这是难度很高的，尤其是在他已经阅读完三论章疏，并通过与法尊交流而将藏传中观学融入了他自己的思想之后，"法尊法师是引发了一些问题，提供了一些见解，但融入我对佛法的理解中，成为不大相同的东西"。[①] 在这种情形下，仍然能够实现就龙树研究龙树，恐怕实现难度是很高的，或多或少总要受"龙树思想诠释者们"的影响。

二　三期三系："空""有"判教

印顺关于中观学的研究是非常丰富的，主要可以分为两个方面：史学研究，比如《三论宗史略》《三论宗传承考》等；教义研究，比如《空之探究》等，但是两者往往并不截然分离，他本人并没有受过考证训练，也对考证并没有多大的兴趣，所以他的历史研究并非纯粹的历史考证，比如《中国禅宗史》等。同样的，关于空有之争的历史，印顺也并非单纯依靠考证来说明自己的观点，他对于空有之争的历史的研究，直接表现为大乘三系、三期的分判，即表现为判教。

这里所要讨论的空有之争的历史，并非中观宗与唯识宗争论的历史，比如清辨与护法的争论或者月官与月称的争论，诸如此类，这一类的讨论在《印度佛教思想史》第九章及《印度之佛教》等书中都有论及，但这都是根据多罗那他或者日本学者对历史的研究，作进一步的评述或者叙述，并没有表达他自己的研究观点。关于空有之争的历史研究，主要体现在印顺独特的判教思想当中，判教作为佛教独特的"历史研究"，恰是代表他对空有之争历史的研究成果，足以代表他的观点，"史的研

---

① 释印顺：《平凡的一生》，中华书局，2011，第 19 ~ 20 页。

究，不是为了考证，应有探索佛陀本怀的动机。它的最后目的，在发现演变中的共通点与发展中的因果递嬗，去把握佛教的核心，把它的真义开发出来"。①

印顺"三期三系"的观点的最早提出是在《法海探珍》，发表于1941 年，依据太虚大乘三宗等说法而提出。印顺判教的依据与传统判教不同，"印度的经论或我国古德的判教，大抵根据经典的先后与理致的浅深；本文却是依据论师的弘扬与经典流布人间的先后"。② 之所以依据论师的弘扬以及经典流传来进行判教，是因为随着现代学术研究尤其是佛教史研究的发展，如果仍旧一味坚持以经典的先后以及所说教理的深浅来判教，很容易会与现代学术成果相矛盾，比如印顺提到《解深密经》的三时分判，就不能解释后代空宗与密教盛行的历史，《大乘妙智经》三时也不能合理解释密教，而且忽略了瑜伽以前的中观。所以，三期三系的判摄，其实质是佛教现代化的一种尝试，不仅希望维护佛教本身判教的权威性，而且试图与现代学术考证得出的佛教历史观相符合。

从 1941 年发表的《法海探珍》，到 1942 年在合江法王学院写成的《印度之佛教》，再到 1988 年写成的《印度佛教思想史》，印顺三期三系的判摄是一个不断完善的过程，但基本框架与理解方式是一贯的。

在《法海探珍》中，印顺认为，三法印的不同侧重以及被不同的发挥，使得佛教出现三大体系，而且三大体系分别对应三个时间阶段，"三期佛教与三大思想系的开展，不出缘起三法印的解说；因时众的需要，或观点的偏重，成为不同的体系"。③ 印顺划分的三期与三系是：一世纪到五世纪，小乘盛行，无常中心时代；六世纪到九世纪，共大乘盛行，性空中心时代；十世纪到十六世纪，不共大乘盛行，真常中心时代。在印顺看来，第一期是着重发挥了诸行无常这一法印，第二期则发扬诸法无我，第三期开显涅槃寂静。这样的判教初看起来，似乎既符合佛教历史，又符合经中三时判教的说法。但是，这其中有一个问题，唯识宗的兴盛应当如何被归纳进这一框架？

印顺在文中是这么说的，"八、九世纪中，无著师资，唱道以说一切

---

① 释印顺：《法海探珍》，《华雨集》下，中华书局，2011，第 54 页。
② 同上。
③ 释印顺：《法海探珍》，《华雨集》下，第 63 页。

有系的思想为根本的大乘佛教。妄心生灭、三乘究竟、念佛是方便，这都与中期性空者相同。但它批判一切无自性，从经部的见地转上唯心论，有惊人的成就。但好景不常，十世纪以后，佛护清辨出世，性空论复活起来，空有的诤论尖锐化。空有的纷诤，两败俱伤，不过促成了真常论更高度的发展"。① 根据这一段描述，可以发现，八九世纪的瑜伽行派应该被归入第二期发展，属于性空中心时代，是"共大乘"。但是另一方面，印顺又认为无著的瑜伽学说除了具有中期佛教的特质，又有后期佛教的特质，"无著师资的学说，特别是奘传的唯识学，富有适合中期佛教的成分。但从无著师资的论典去看，建立因果缘起，不论是真妄和合或者生灭心，赖耶总是深细不可知的，是不共小乘的见地。赖耶转成法身，法身是真常的，《摄论》、《庄严》都这样说，它与如来藏出缠的见地一致。大乘离执证真的见道，是不共小乘的。这一系的学者，思想或有出入，但从不离开圆成实非空的见解。'唯心'、'真常'，是后期佛教的特征"。② 正如"理论渊源"章所述，唯识宗是在中观学"空"的立场上发展起来的，尤其玄奘作《会宗论》更可显其所理解的唯识学并不与中观学相矛盾，所以印顺才说唯识学"富有中期佛教的成分"。但是，唯识学也含有与第三期"真常中心时代"一样的特征，比如唯心、法身真常等。所以，印顺自己都表示，"无著师资的瑜伽派，应属于哪一时期呢？这倒是值得研究的"。③

在 1942 年写成的《印度之佛教》中，印顺认为，印度佛教可以理解为五个时期，包括声闻为本之解脱同归、倾向菩萨之声闻分流、菩萨为本之大小兼畅，倾向如来之菩萨分流，如来为本之梵佛一体。印顺以此五期与佛教三时判教匹配，认为初、二为第一时，第三期为中时教，四五期为第三时。如果按照印顺五期流变的观点，那么，第三期菩萨为本之大小兼畅就是龙树中观学兴盛的时代，而之后出现的唯识学，就归入第四期的倾向如来之菩萨分流，他是这么说的："七世纪至千年顷，大乘佛教又分流：（从北来）西以阿瑜陀为中心，无著师资弘'虚妄唯识学'。（从南来）东以摩竭陀为中心，'真常唯心论'之势大张。学出龙

---

① 　释印顺：《法海探珍》，《华雨集》下，第 53 页。

② 　释印顺：《法海探珍》，《华雨集》下，第 56 页。

③ 　同上。

树之佛护、清辨等，又复兴'性空唯名论'于南印。三系竞进，而聚讼于摩竭陀。"①

在《法海探珍》中，印顺并不肯定将瑜伽行派归入中期还是后期，代表他对瑜伽行派能否被认为是讲"真常""唯心"还不确定，但是，到了《印度之佛教》，印顺则表达了从龙树中观学大兴，而分流出虚妄唯识学、真常唯心论及复兴的性空唯名论，在这样的变化中，虽然不需要将唯识学与唯心论统和，但是非常明显地显示出龙树中观学优越的地位，因为其他两系都源自龙树中观学。当然，这也是印顺本身立场的表现，这一立场是一贯的，在《法海探珍》中就这样表达，"探索三大思想系的教典，性空论到底是正确而深刻的"。②"探索佛教思想的关要，性空者的最为深刻正确，可说明白如绘。"③"我是以性空唯名论为究竟了义的。"④

从《法海探珍》到《印度之佛教》，印顺以三期、三系对印度佛教史做了一番考察，但是，他对大乘三系清晰的阐述，是在与闽南佛学院默如法师的讨论当中，体现于《大乘三系的商榷》。

太虚建构了三宗的框架，印顺在太虚框架之外另立三系，三系内容与三宗接近，但偏重不同，"虚大师立大乘三宗，我又别称为三系（三论）。内容大体是相同的（不过大师着重中国宗派，我着重印度经论）"。⑤印顺认为，太虚偏重于中国宗派，而自己以印度经论为重点，三系的构建是有着特殊意趣的，"我的意趣是：凡是圆满的大乘宗派，必有圆满的安立。一、由于惑业而生死流转，到底依于什么而有流转的可能。二、由于修证而得大菩提，到底依于什么而有修证的可能。……着重这一意义去研求时，发现大乘经论宗派的不同说明，有着所宗所依的核心不同"。⑥《读〈大乘三系概观〉以后》也说"对于三宗的判别，重在把三宗的特殊思想系——要怎样才能建立生死与涅槃，掘发出来；从

①　释印顺：《印度之佛教》，中华书局，2011，第4页。
②　释印顺：《法海探珍》，《华雨集》下，第63页。
③　释印顺：《法海探珍》，《华雨集》下，第65页。
④　释印顺：《读〈大乘三系概观〉以后》，《无诤之辩》，中华书局，2011，第91页。
⑤　释印顺：《大乘三系的商榷》，《无诤之辩》，第83页。
⑥　释印顺：《大乘三系的商榷》，《无诤之辩》，第84页。

大乘三宗的特点上，建立三宗的名称"。① "成立一切法，说明一切法，所依的基本法则不同（实就是诸法无我，诸行无常，涅槃寂灭，三法印的着重不同），出发点不同，所以分为三大系——性空，虚妄，真常。"② 在印顺看来，性空、虚妄、真常三系，作为思想完整的大乘宗派，具有不同的理论体系，其中最关键的理论构建上的差异是围绕两个问题展开的，生死流转如何是可能的？修证解脱如何是可能的？

从这样的根本意趣出发，印顺在《大乘三系的商榷》一文中对三系进行了一番阐述，相对于《印度之佛教》散见于各处的说明，则更为清晰明白。"性空唯名论：依《般若》等经，龙树、提婆、清辨、月称等论而安立。依这一系说，一切法无自性空，为最根本而最心要的。"③ 性空唯名论这一系指的是中观宗，那么，这一系的理论是如何成立生灭的世间以及解脱的呢？"性空，'非作用空无之义'。依中观者说，现证法空性，虽都无所取（与唯识者根本智证大同），而实不破坏一切。所以'毕竟空中不碍生死'，'不坏假名而说实相'。"④ 性空唯名论理论构建上的关键在于，"空"是自性空，并非是什么都没有的虚无，意味着"性空不碍缘起"。中观学从龙树到月称，再到宗喀巴都以此义为中观学的关键，印顺称此为"唯一的特义"，"性空是不碍缘起的，缘起的即是假名，这又是中观的特义"。⑤ 正如上文所述，印顺对这个"特义"的凸显，与应成派宗喀巴对"中观不共"的强调是一致的。

相对于中观学在自性空上直接成立生死与解脱，唯识学则要建立在依他起性之上，"惟有有为生灭的依他起性，才有成立染净因果可能。这是不可不有的，没有就一切都不成立"。⑥ "依他起有，等于说内识是有；遍计性空，等于说外境是无。唯识无境与三性有空，是这样的一致。"⑦ 真常唯心系认为空并不能安立诸法，生灭无常的依他起性也不能安立诸法，只有真常本净的真常心才能作为万法的根据，"本净真性，总持于心

① 释印顺：《读〈大乘三系概观〉以后》，《无净之辩》，第 91 页。
② 释印顺：《读〈大乘三系概观〉以后》，《无净之辩》，第 92 页。
③ 释印顺：《大乘三系的商榷》，《无净之辩》，第 84 ~ 85 页。
④ 释印顺：《大乘三系的商榷》，《无净之辩》，第 85 页。
⑤ 释印顺：《大乘三系的商榷》，《无净之辩》，第 86 页。
⑥ 释印顺：《大乘三系的商榷》，《无净之辩》，第 87 页。
⑦ 同上。

性；以此真常心为依而有生死、涅槃事，为流转、还灭的主体，所以称之为真常唯心论"。① 所以，相比较性空唯名论，虚妄唯识论与真常唯心论都需要在"空"之外寻找一个根据。

综上所述，印顺三期、三系的判摄，看似通过历史的研究而做出的论断，更多的是代表印顺对三系思想的研究，因为历史研究的三期之根据，就在于三系的思想研究，是对代表空宗的性空唯名论及代表有宗的虚妄唯识论、真常唯心论三系关系的基本判断。可以说，在印顺看来，三系不仅存在差别，而且存在究竟非究竟的差别，甚至存在是否符合佛陀意趣的差别，他抉择三系的根据就是判教的根本意趣，即成立世间与涅槃的根本依据，三系的根本差别表现为需不需要在"空"外另有一个不空的真实存在作为根据，由此表现为"空"与"有"理论体系之间的差异。

三　三系空有的义学研究

关于中观宗与唯识宗的"空有之争"，印顺在《中观今论》中有一段论述，很具有代表性："有宗与空宗，有他认识论的根本不同处，所以对于两宗认识的方法论，今论特别的给以指出来。中国学者一向是调和空有的，但必需对这一根本不同，经一番深刻的考察，不能再泛泛的和会下去。如根本问题不解决，一切似是而非的和会，终归于徒然。我是同情空宗的，但也主张融会空有。不过所融会的空有，不是空宗与有宗，是从即空而有，即有而空的中观中，使真妄、事理、性相、空有、平等与差别等，能得到相依而不相碍的总贯。本论末后几章，即着重于此。我觉得和会空有，空宗是最能负起这个责任的。"② 这一段话表达了印顺对空有之争的整体看法，即认为空宗与有宗在认识论上有根本不同之处，需要在了解这个根本不同之处的基础上和会空有，而所和会的空有不是空有两宗，而是空与有的理论。

上面这段话是印顺于 1949 年所附写的一个序言中的一段话，他在其中区别了两对概念，空与有的理论，空宗与有宗。他主张融会空、有理论，比如在《中观今论》及《印度佛教思想史》中，他视龙树为空、有

---

① 释印顺：《大乘三系的商榷》，《无诤之辩》，第 89 页。
② 释印顺：《中观今论》，第 7 页。

的综合者，这里所说的"空"是指代印度南方忽略因果缘起的"大乘佛法"，"有"指的是北方极端实有的"佛法"，所以龙树正是综合了这两者，"龙树正本清源，贯通了'大乘佛法'与'佛法'"。① "龙树会通了《般若经》的性空、但名，《阿含经》的中道、缘起，也就贯通了'大乘佛法'与'佛法'，互不相碍。"② "综合南北、空有、性相、大小的佛教，再建佛教的中道；但他是以大乘性空为根本的。"③ 这样的考察并非是历史考证，更多是思想研究，是对龙树中观学综合空、有两种理论倾向的一种表达。

另外一对范畴，空宗与有宗，印顺认为有认识论的根本不同之处，是不应该泛泛地调和的。那么，沿着这样的思路，就需要进一步考察一些问题，有宗仅仅指唯识宗么？认识论的根本差异是什么？关于依他起性及阿赖耶识的争论，印顺如何理解呢？空有既然有争，应当怎样评判呢？

印顺在解释空有两宗的时候，认为可以有这种解说，外道是有宗，佛法是空宗；小乘是有宗，大乘是空宗。"声闻乘对外道，声闻乘是空宗；若声闻乘对大乘说，则可称为有宗。在声闻佛法中，如法无去来宗对法有我无宗，空义增胜，但望于诸法但名宗，那仍是多说有。这些，都是在相对的比较下，有此空有的阶段不同。"④ 印顺理解空有之争的空宗与有宗，将其泛化为两种倾向，偏空与偏有的倾向，以这样的定义来理解空有之争，就会发现佛教从一开始就一直存在"空有之争"，佛教的发展一直在空与有的张力之中，"不但大乘佛法有空有二宗，即声闻学派中也是空有对立的，如毗昙与成实。二千余年来的佛法，空有两大系始终是存在的，这是一种事实，任何人也不应该否认他"。⑤台湾学者陈一标曾在《他空说的系谱与内涵——论印顺导师对唯识空性说的理解》一文中列出印顺空宗与有宗的相应安立的谱系，只有大乘空宗是确定的空宗，而不谈空的外道是确定的有宗，其他层次则都是相对安立空有的。

---

① 释印顺：《印度佛教思想史》，第 121 页。
② 同上。
③ 释印顺：《中观今论》，第 10 页。
④ 释印顺：《中观今论》，第 172 页。
⑤ 释印顺：《中观今论》，第 170 页。

按照这样的理解，外道与佛法，小乘与大乘都是相对的空宗与有宗，而大乘中，则出现了一种次第，真常唯心论，虚妄唯识宗，性空唯名论，中观宗中又出现清辨到月称的次第，这种次第的理解近似于藏传宗义书。从这样的次第安立，有宗与空宗并非平等的，是在通向空义的过程当中不断实现空的过程，正如上一节所述，虽然汉传向度与藏传向度都有"诸圣教无违殊胜"的原则，但是以中观宗思想为究竟并统摄各宗的是藏传向度，"真正彻底的空宗，那唯有中观者，唯有确立二谛都无自性的中观者"。① 确立二谛都无自性的中观宗，那就是应成派，因为清辨代表的自续派肯定俗谛的自相安立，也就意味着应成派相较自续派空得更彻底、更究竟。

印顺这种类似于藏传佛教宗义书的理解方式，以及对应成派教义的肯定，即使不是受到藏传中观学的影响，他与应成派呈现如此极大的同感，在空有之争这个问题上，也与汉传向度分道扬镳了，因为在汉传佛教传统中，"空有之争"基本呈现为如来藏系思想统摄下的空有无争，中观宗与唯识宗虽然都被视为不圆满的，但却是平等的，这与藏传中观学将唯识宗视为通往中观正义的阶梯截然不同。

正如理论渊源章所述，藏传中观学对空有之争，乃至如来藏系的评价一个核心的维度就是自空与他空的简别，只有中观学是自空，而唯识学与如来藏系都是他空，他空意味着存在一个不空的实体，印顺既是依此来判摄空有各宗的次第，也是以此来抉择空有两宗三系的理论，在他与默如关于三系的讨论中得到充分体现。

默如在印顺以《大乘三系的商榷》回应了自己的疑问之后，另作一篇《大乘三系概观》详细地论述了自己对于大乘三系的看法，印顺则以《读〈大乘三系概观〉以后》再作回应。在这个回应中，印顺并没有更多的展开三系的构建，而是批判了默如的观点，这里想仅就印顺的一个责问来详谈，"默师是以唯识学者的观点来解说融会，不但融会，而且一再说到：真常唯心论不及性空与唯识，性空不及唯识"。② 印顺认为默如是以唯识学来融会中观学，那是不是这样呢？

---

① 释印顺：《中观今论》，第 173 页。
② 释印顺：《读〈大乘三系概观〉以后》，《无诤之辩》，第 91 页。

默如在文中说道："对于性空系的理趣和目的相应一致——性空本'性空'去理会万法，万法皆在'性空'里，性空外再没有法。唯识本'唯识'去理会万法，万法皆在'唯识'里，唯识外没有法了。他们只是用的'性空'和'唯识'的两个主眼不同，但'空外无法'和'识外无法'是相同的，我因此要说：性空的'心境俱空'和唯识的'境空心有'是一样的说法了。而且，唯识是以'识'来摄一切法的——要知道性空的心境俱空的境界，这不异于唯识的无为法性，所以'性空'亦摄在'唯识'中。那么，性空和唯识的外延谁盈谁缩？我以为唯识要比性空还要彻底些，空得究竟些。其实呢？以性空来融唯识，唯识就是性空的；以唯识来融性空，性空便是唯识的，所以，性空唯识，平等平等。"① 在这段论述中，有不少值得商榷的地方，比如他本人虽说平等，却认为唯识要比性空更为究竟，因为将性空等同于唯识法性之后，性空就被摄入了唯识中，那么一个反面的疑问就是，唯识法性能否被摄入性空呢？性空是不是因此而究竟？

种种问题不得其解，在推崇中观学的印顺看来，所透露出来的不平等自然就是个大问题。最大的疑问在于，"空外无法"和"识外无法"是相同的，如果是这种描述方法，因"空"而诸法空，因"识"而诸法空，恐怕就有落入"他空"的嫌疑，因为是因他而空，诸法不是自性空。当然也可以理解为，诸法在空中，诸法在识中，所以空外无法与识外无法，然后通过种、现以及四分等说明"识"也是空的，但默如并没有这方面的解说，只是从唯识更究竟，进入了两系平等的论点。

默如"空外无法"和"识外无法"的观点没有更多的佐证，印顺对他的批判也是从根本上否定而没有论及默如他空的倾向，但文中有另一个他空之嫌疑的范畴"法体"，是默如的核心概念，也是不为中观学所认可的，遭到印顺的批判。默如将印顺抉择的根本意趣归结到生死涅槃的"法体"，正如上文所说，印顺原本的意思是依据什么成立生死与涅槃，如果说其他两系还有所谓"法体"，即阿赖耶识与如来藏，性空唯名论是没有一个法体来成立世间与涅槃的，而默如却以法体作为印顺

---

① 默如：《大乘三系概观》，《现代佛教学术丛刊·大乘佛教的问题研究》，台北：大乘文化出版社，1979，第90~91页。

"如何安立生死涅槃"的代名词，是造成了两人巨大差异的根本原因。至于这个法体应该如何理解，是否他空，可以从默如十年后的答复来作进一步考察。

默如在十年后发表文章《大乘三系判教》，表示法体只是一种讲说的方便，"印师在他的大作中说他并没有说法体，这话我是承认的。本来在佛法中就不好说法体的这一名词，……像类似法体这类名词安立在佛法中，本来就不很恰当。……不过，我对印顺的大作望文生义，而作了个假设的这法体一名，因为印师说：由于惑业者生死流转，由于修证而得菩提，到底依于什么而有此可能的？既然他说有什么依于什么，这什么，我便来个假立的法体来代替他了。在我以求迎合他的理论而作一种假设，未始不是一种言说上的方便吧！"①

默如这一段回应，有几处是可以结合十年前印顺的批评来理解的。第一层意思是与印顺一致的，默如是知道佛法中法体一词使用的弊端的，但即使如此，还是为了言说上的方便而使用了。另一层意思，默如之所以使用这一"法性"，在于对印顺"望文生义"，所望之文就是印顺的根本意趣的说法，因为印顺说依于"什么"，这一层意思正是印顺要批判的，也是印顺之所以说默如是以唯识学来融摄中观的原因，同时也是能够坐实"他空"嫌疑的证据。

默如望文生义的方便说法的"法性"，印顺对他的唯识学融摄做法的批评，以及从默如说法中透露的"他空"嫌疑，之所以应该将这三者联系起来看，是因为这三个方面谈的是一个事情。默如以"望文生义"与"言说的方便"来解释，是不成立的，因为印顺的意思很明确，中观不需要另外有个什么来安立生死与涅槃，之所以从如此明确的说法当中推测出一个与印顺意思截然不同的"法性"来做言语的方便，恐怕是名言的熏习与思维的惯性，需要一个"什么"来安立世间与涅槃，这个"什么"在默如那里是否有自性的，这有待探讨。但是在印顺看来，默如这样的"望文生义"是与中观学的核心精神是相违背的，法性是有自性的，所以他说"默师把性空看作生化万有的'法体'，把唯名的唯看作唯心的唯，这才觉到'性空依然不便说明生死涅槃的法体，就把这法

_____
①　默如：《大乘三系判教》《现代佛教学术丛刊·大乘佛教的问题研究》，第 202 页。

体，还要牵拉到人生上来'。其实，'以有空义故，一切法得成'，现现成成如实宣说，有什么拉扯呢!"① 性空还不能安立生死、涅槃，而需要一个法体，这个法体不管是如何解说，说他是言说方便也好，望文生义也好，只要本身不是性空，在印顺看来，就是与自性空相违背的"他空"，这一点，在很多著述中讲得很清楚，而默如还是没有清楚接收到印顺十年前给他的答复中所主张的不需要"什么"。

从印顺三系分判的根本意趣，以什么来安立生死、涅槃，分化为"什么都不需要"和"需要个什么"，虽然都讲空，但印顺每每进行细致的分析，说"一切法空"与说"一切法空所显性"是有差别的，这个差别就在于一切法是自空，抑或是因"什么"而空，藏传中观学分析得很清楚，这是自空与他空的差别，"扼要的说，空宗与有宗，在乎方法论的不同。凡主张'他空'——以'此法是空，余法不空'为立论原则，就是主张空者不有、有者不空的，虽说空而归结到有，是有宗。凡主张'自空'——以'此法有故，此法即空'为立论原则，就是有而即空，空而即有的，虽说有而归结到空，是空宗。依着此项原则，在认识论上，'缘有故知'是有宗，'无实亦知'是空宗。在因果依存的现象论上，'假必依实'是有宗，'以有空义故，一切法得成'是空宗"。② 他空，是依别法不空而显此法空，上文已经论述过，这是藏传中观学对于唯识以及如来藏思想的基本判断，相对于自性空而成非了义的空义，空得并不彻底，因为还有一个不空的实体。中观学则是自性本空，不需要另外一个什么来显示诸法空，诸法空但不破诸法，不动诸法而安立生死、涅槃。

自空与他空的差别，就是印顺在《性空学探源》中所说的空有方法论上的差别，也是《中观今论》序言中所说的认识论上的差别，在其他著作中也多次声明，比如《印度之佛教》"空有之争"一节，自空与他空是空有两宗的最大差别，"所以观察空义，应细察他是如何观空和最后的归宿点何在。空宗与有宗的诤点在此"。③ "以有的遣除无的，离去无的，结归于实有，是他空派。以为空是无其所无，而不即缘起是空的。

---

① 释印顺：《读〈大乘三系概观〉以后》，《无诤之辩》，第 94 页。
② 释印顺：《性空学探源》，中华书局，2011，第 4 页。
③ 释印顺：《中观今论》，第 176～177 页。

性空者即缘有以除自性，自性无而归于空，是自空派。"① "空是大乘佛教的共法，但中观、唯识、如来藏三系对空的解释却各有不同，印顺导师认为其中唯有主张'自性空'（svabhava – sunyata）的中观学派才是真正的空性论者，唯识、如来藏因为还是'他空自不空'的'他性空'（parasvabhava – sunyata）论者，无法完全摆脱'自性见'，所以不是大乘佛教空性论的正义。"② 正是从这样的空有之争核心出发，默如那个不能在性空上安立，而望文生义的法性，正是在空有之争的张力下，被性空者极力批判的立场。

印顺以自空与他空来抉择空有之争，是通过不断地对空有之争关系的思考与阅读中确立起来的。从 1934 年发表的《清辨与护法》到 1986 年《印度佛教思想史》，观点都是一贯的。虽然 1934 年还没接触藏传中观学，但关于中观宗与唯识宗有争的观点是与后期一致的，只是关于所争论的焦点在接触藏传中观学后更为聚焦，他在《游心法海六十年》中叙述自己的求法经历，"思想确定"一节这样说道："法尊法师是我的老学长，读他从藏文译出的《菩提道次第广论》，《辨了义不了义论》，《密宗道次第广论》，《现观庄严论略释》，月称的《入中论》等，可说得益不少！空宗为什么要说缘起是空，唯识宗非说依他起是有不可，问题的根本所在，才有了进一步的理解。"③ 关于唯识宗之所以说依他起性是有，这样的问题直接关系到他关于空有之争的思考。

"唯识学者说空，无论如何巧妙的解说，永不能跳出此他空的圈子。"④ 之所以说唯识是他空，是因为空的是遍计所执性，而依他起性不空，"唯识学者继承此种思想，所以说：由于依他起上，远离遍计所执相，名之为空；而依他起是自相有，不能说为空的。这种他空论，早已根深蒂固而必然的与自性有论相结合"⑤。遍计所执性空，依、圆不空，不管是汉传典籍中清辨的批判，或者是藏传典籍中月称、宗喀巴的批判，都是一致的，集中于批判唯识学依他起性不空、阿赖耶识不空。印顺在

---

① 释印顺：《中观论颂讲记》，中华书局，2011，第 341 页。

② 陈一标：《他空说的系谱与内涵——论印顺导师对唯识空性说的理解》，"印顺导师与人菩萨行海峡两岸学术会议"，2006 年。

③ 释印顺：《游心法海六十年》，《华雨集》下，第 8 页。

④ 释印顺：《中观今论》，第 52 页。

⑤ 同上。

这点上是相当的肯定，说明的角度以及论证都不外乎汉传典籍清辨的思路以及藏传中观学中的批判思路。与其说印顺研究中观宗与唯识宗的争论，不如说他是在肯定了中观宗与唯识宗有争而进行转述，他斥责以《成唯识论》某句而附会者，"假使引用《成唯识论》所说：'若执唯识是实有者，亦是法执'，以为唯识也说缘起心心所法空，不免附会"。①在《法海探珍》三系判教中，印顺对唯识宗玄奘系所表现出来的与龙树中观学之接近，而犹豫是否要应当归入第二期，但是在六年后的《中观今论》中看来已经没有这种犹豫了，对唯识的评判相当严厉。

印顺以自空与他空来判断中观宗与唯识宗的根本差别，显然是受到了藏传中观学的影响，台湾学者刘嘉诚在《印顺导师与月称论师思想的契应》一文中，在第四部分讨论印顺在批判唯识宗上与月称的相应，分别列举了八个观点，其中第七点就是以他性空判断唯识的空义是肤浅的空，虽然刘嘉诚还提到了印顺驳斥"唯识无境"等方面，但是"他空"的判断无疑是印顺对唯识宗判断的最根本意见，从《性空学探源》《中观今论》等书中所提到的"根本不同"就可以发现了。

印顺以自空与他空为空有之争的根本差异所在，这样的区分应当是受到了藏传中观学的影响的，因为汉传佛教传统中从来没有这样的观点，是印顺从法尊那里所得的"消息"，融入了自己关于空有之争的看法当中。从印顺一往的论述可以发现，他所指代的有宗并不单纯指向唯识宗，而且包括真常唯心论，有的时候甚至包括说一切有部及中观自续派，显示出他对空宗的极大同情，或者说同感，这是毋庸讳言的，因为他认为自己并非推崇空宗并以空宗立场批判有宗，而是站在佛陀本教的立场认为空宗诠释得最正确，所以推崇。

四　别破真常唯心论

在印顺看来，唯识虽然相较中观并非究竟，但是他对破斥唯识并没有太多的关心，他认为在三系当中偏差最大的应该是真常唯心论。印顺认为，唯识与真常唯心论在他空意义上是一致的，"《论》上说：'由彼故空，彼实是无；于此而空，此实是有。'这一善取空的基本见解，正是

① 释印顺：《中观今论》，第53页。

'异法是空，异法不空'的'他性空'，与如来藏说相同"。① 印顺肯定《瑜伽师地论》中所说空是他空，而且认为在他空意义上如来藏理论与唯识学并无不同。

按照印顺的判教，从性空论之后出现了虚妄唯识及真心论者。偏重于胜义谛的真心论者，不理解性空不碍缘起，认为另外需要一个真心本体来缘生万法，形成了与中观自空不同的他空见，"他们把真常的不空，看为究竟的实体，是常住真心。等到讨论迷真起妄的世俗虚妄法，自然是，如此心生，如此境现，公开的与妄识者合流。这后期大乘的两大思想，若以龙树的见地来评判，就是不理解缘起性空的无碍中观，这才一个从世俗不空，一个从胜义不空中，慢慢的转向"。② 真常唯心论强调的就是胜义不空，所以中观每说一切法空，真常唯心论就接着说"一切法空所显性"，并且，"对初期大乘的一切法空说采取批评态度，是如来藏法门的特色"③。

真常唯心论并非直接于性空之上成立生死与涅槃，而是有一个清净心作为万法的本源，这在印顺看来，是极大的错误，"同是一句'一切法空'，性空者通达胜义谛的毕竟性空，真常者看作诸法常住的实体。智颐说：通教的共空，当教是缘起的一切空；若从空中见到不空，这就是通后别圆的见地了。智颐以空中见不空为究竟，我们虽不能同意，但解空有二类人不同，却是非常正确的。有了一切空的经典，就有把一切空看为真实常住的，所以说真常妙有在龙树以前，自然没有什么不可。可是到底不是一切法空的本义，更不是时代思潮的主流"。④ 印顺在这里所说的解空的两类人，直指汉传佛教如来藏思想之传统，明确表示对智颐空中见不空的否定。

印顺认为，真常唯心论与如来藏说是需要做区别的，印顺通过考察发现，不能否定佛所说经文中出现的"如来藏"思想，如来藏之说并不是真常唯心论者的捏造。起初，印顺认为大乘佛教只有法性、法相两宗，"对于大乘佛法，我赞同内学院的见解，只有法性（三论）与法相（唯

---

① 释印顺：《印度佛教思想史》，第 224 页。
② 释印顺：《中观论颂讲记》，第 10 页。
③ 释印顺：《如来藏之研究》，中华书局，2011，第 125 页。
④ 释印顺：《中观论颂讲记》，第 10～11 页。

识）二宗"。① 印顺认可如来藏说是大乘除了中观与唯识外的第三系，是
1932 年左右的阅藏，使他的思想发生了转变。通过阅藏发现，大乘佛教
中确实存在太虚所说的法界圆觉宗、真如宗，"对于大乘佛法，觉得虚大
师说得对，应该有'法界圆觉'一大流"。② 印顺认为必须要承认如来藏
说的存在，并不能否定它，"由如来藏说以经典为主，所以重论的学派，
如西藏学者，只承认大乘的'中观见'与'唯识见'，而不承认'藏性
见'的存在"。③ 印顺不仅肯定如来藏说在经典中是存在的，并且肯定如
来藏说是汉传佛学的主流，在中观与唯识外，有其"独到的立场与见解"。

王恩洋关于唯识与中观有争无争与印顺做过讨论，但王恩洋对于印
顺"真常唯心论"是佛教梵化的观点却是肯定的，并总结印顺的观点说
"中观、瑜伽两派，既互斗不已，使易知易从、已定已明之教理，反成难
知难从、无定不明，错霍纷乱之势，众生无所适从。乃使外道神我梵天
之说杂入佛教，另成所谓'真常唯心论'者，显违我佛诸行无常、诸法
无我之印，而入主法座，篡承正统。般若、瑜伽、小乘诸部并衰，而秘
密之教，如火如荼以起"。④ 王恩洋这篇读后文发表在 1944 年《海潮音》
25 卷第 2 期，印顺肯定了王恩洋"入篡正统"的归结，但是，印顺也认
为从历史的角度来看，虽然真常唯心论及其末流的密教违背法印，也不
能不以此为后期佛教之正统，更不能以唯识来统摄，因为王恩洋在书评
中论述了中观无我，真常唯心论立我，而唯识无我而有诸相，统摄前两
者。黄夏年先生认为，原因在于王恩洋的唯识学背景，从而强调唯识的
最高最圆满⑤。

印顺主张在经典与历史的意义上肯定如来藏说，并进一步在义理上
区分两者。他在《印度佛教思想史》中，区分了如来藏思想与真常唯心
论，初期的如来藏说指的是各种经中所包含的对佛法性、法身常恒的肯
定，而后期则与论师融合而成为真常唯心论，"一切法依如来藏：有与如
来藏不相应的烦恼等有为法，所以有生死流转。有与如来藏相应的清净

---

① 释印顺：《游心法海六十年》，《华雨集》下，第 5 页。
② 释印顺：《游心法海六十年》，《华雨集》下，第 6 页。
③ 释印顺：《如来藏之研究》，第 2 页。
④ 王恩洋：《读〈印度之佛教〉书感》，《民国佛教期刊文献集成》第 201 卷，第 391 页。
⑤ 参看黄夏年《印顺法师与王恩洋先生——以〈印度之佛教〉为中心》，《玄奘佛学研
究》2005 年第 2 期。

法，所以能得涅槃。生死与涅槃，都依真常不变的如来藏而成立。特别是，如来藏有相应的不思议佛法，所以众生虽不觉不知，由于内在具有真实功德，能生起厌生死苦报，求究竟涅槃的动机。依真常不变的实有法为所依，能成立一切法，所以我称之为'真常（为依的）唯心论'。不过初期的如来藏说还只是真常为所依，正向唯心或唯识而演进。后期（受论师影响）的如来藏说——'真常唯心论'，到下文再为论述"。① 印顺的意思是，前期的如来藏思想还只是强调"真常"，并没有偏向虚妄的"识"或者清净的"心"，发展到后期，强调真常的如来藏思想与唯心结合，成为了真常唯心论。

印顺认为，应当肯定如来藏说在经典中是存在的，并与后期大乘出现的真常唯心论相区别，但是两者之间并非截然分离，"如来藏说，与后期大乘的真常我、真常心——真常唯心论，是不可分离的"。② 所以，印顺在使用真常唯心论与如来藏思想时，并非都如此严恪，因为他认为如来藏说与大乘后期的真常唯心论是不可分离的，并且偏向"真常"与偏向"真常唯心"，在性空者看来，都是错误的，只是错误的程度不同而已，他在讲《辨法法性论》时就说"后代的唯识宗，如《成唯识论》，着重唯识变现义，详于境相，可说是重于虚妄的；如来藏说，依如来藏说生死、说涅槃，是重于真实的"。③

印顺之所以批判以如来藏思想为主的汉传佛教传统，在教义方面，是认为真常唯心论不究竟甚至是违背佛陀本教，但是，印顺也说，"说如来藏，与'佛法'说无我一样，不过不是直说无我，而是适应神学，方便诱导'计我外道'，称真如为如来藏，故意说得神我一样。说如来藏的意趣如此，所以结论说：'当依无我如来之藏。'如真能了解如来藏教的意趣，佛教也不会步入'佛梵一如'了！"④ 按照《宝性论》"为何义品"解佛说真如佛性之意趣，有五种方便，印顺这里所说的是化导"计我外道"是第五种意趣，如来藏是一种方便说法，为了通向终极的空义，印顺在1960年完成的《成佛之道》中自己做了一个偈颂，来表达这方面

---

① 释印顺：《印度佛教思想史》，第154页。
② 释印顺：《如来藏之研究》，第15页。
③ 释印顺：《〈辨法法性论〉讲记》，《华雨集》上，第123页。
④ 释印顺：《印度佛教思想史》，第253页。

的意思，"佛说法空性，以为如来藏。真如无差别，勿滥外道见"。①

印顺所说的佛梵一如是密教，但他认为发展至密教是真常唯心论不可推卸的责任，所以称密教为真常唯心论的末流，在与王恩洋的论争中，他说："吾于《印度之佛教》，于真常唯心论，间致微词，则以印度真常唯心者之末流，其病特甚耳！"② 不解真义，出现了"真常唯心论"，印顺以佛教的梵化，或者说佛梵一如来解说"真常唯心论"，因为在他看来，这是外道"大我"的一种佛教表述，其实就是清辨批判的似我外道。

印顺对于真常如来藏系理论上的批判，从他空到佛教的梵化，是越来越严厉的，而他的观点并非偶然出现，是他一贯如此主张，《法海探珍》："常心不变，不过是梵王（就是梵天）的旧说而已。"③《印度之佛教》："'真常唯心论'之兴，与笈多王朝之梵文学复兴有关。……如以此寂灭不生为真常妙乐之存在，使与无明业感说合，则与梵我论之区别，亦有所难矣。法显见华氏城之佛教，赖婆罗门学者而住；玄奘西游，从长寿婆罗门、某婆罗门、胜军学。处梵我论大成之世，而大乘学渐入于婆罗门学者之手，求其不佛梵综合，讵可得乎！"④

印顺从他空及佛教梵化两个方面从教义角度对真常如来藏系进行批判，而另一方面，需要看到印顺之所以进行批判的现实原因，简单地说，唯识学在汉传佛教历史中维持短暂，虽在近现代复兴而远没有成为佛教正统，真正影响着汉传佛教历史以及当时汉地佛教徒的是真常唯心论，所以印顺对其弊端的批评不遗余力。太虚法师曾评价汉传佛教"说大乘法，行小乘行"，太虚的原意是将汉传佛教之弊端归结在佛教徒"人"身上，而汉传佛教所说"法"是没有错误的。印顺在不少著作中引用，但是改变了太虚的意思，印顺认为之所以出现"说大乘法，行小乘行"这样的弊端，是因为汉传所传之"法"是有问题的，直指"真常唯心论"，他自己描述说："出家来八年的修学，知道为中国文化所歪曲的固然不少，而佛法的渐失本真，在印度由来已久，而且越来越严重。所以

---

①　释印顺：《成佛之道》，第 260 页。
②　释印顺：《空有之间》，《无净之辩》，第 77 页。
③　释印顺：《法海探珍》，《华雨集》下，第 61 页。
④　释印顺：《印度之佛教》，第 189 页。

不能不将心力，放在印度佛教的探究上。"① 在印顺看来，佛教理论经历了印度时期的梵化及中国文化的改变，更加的与佛陀本教不同了。

就空有之争来说，印顺是同情空宗的，但是他对于作为汉传中观学代表的三论宗，也是持一种批判的态度，最典型的观点就是区别了三论与三论宗。"隋唐之间的嘉祥大师，集三论之大成，他的思想，虽也采取成实大乘的许多精确的思想，但加以极力的破斥。他受北方地论宗、南方摄论宗的影响不小，他不但融合了真常的经典，还以为龙树、无著是一贯的，所以三论宗依旧是综合学派。研究三论的学者。先要认识清楚：学三论，还是学三论宗。如果学三论，那三论宗的思想，只可作参考，因为他的思想，是融合了真常的。若学三论宗，这就不单是三部论，其它如《净名》《法华》《胜鬘》《涅槃》等大乘经，都是三论宗的要典。判教、修行、断惑、位次、佛性这些问题，也都要理会明白。如以为三论就是三论宗，这是非常错误的。"②

意思很明确，三论是以龙树学为核心的性空唯名论，三论宗是糅合了性空唯名论与真常唯心论的"综合学派"，原因在于吉藏以为龙树、无著以及《胜鬘》《涅槃》等代表的如来藏思想都是一贯的，开发了其中一贯的思想以为正义，这在印顺看来，已经不是纯粹的中观学了。"中国人的思想，与印度有一重隔碍，认为一切菩萨的论典，一切大小的经典，都是一贯的，所以虽赞扬什公的译典和性空，但喜欢把各种思想，融于一炉。这样，性空大乘与真常大乘，早就种下了合流的趋势！"③ 罗什传译空宗经典，僧肇玄学化的发挥，都还是中观学的发展，所掺入之真常唯心还未明显；但是发扬皆有佛性的道生就已经有"如来藏思想"化了，所以受到印顺的批评，"那亲近什公不久，号称什门四哲之一的（生公说法顽石点头的）道生法师，他是南京竺法汰的弟子，非常聪明，但他到长安不久就走了。对什公的性空学，没有什么深入，也并不满意。他回到南京，并未弘扬什公的大乘学，却融贯儒释，糅合真常"。④

三论宗因为揉入真常唯心的思想而受到印顺的批判，那么，台、贤、

---

① 释印顺：《游心法海六十年》，《华雨集》下，第9页。
② 释印顺：《中观论颂讲记》，第25~26页。
③ 释印顺：《中观论颂讲记》，第25页。
④ 释印顺：《中观论颂讲记》，第24页。

禅、净则更不用说了，"天台学者，比较三论宗，受真常的思想，要格外浓厚"。① "论禅宗的思想，与'空'有关，而核心到底是'真心'（或'真我'）系的。"② 宋代以后，中国佛教基本是禅宗的天下，法难而使教典不全，不立文字之末流则使教典存而无用，印顺对禅宗的批评，不仅仅是在空有之争的意义上认为禅宗空得不彻底，而且从宗教实践方面批评禅宗末流的自利、弃教，"禅者重自心体验，凭一句'教外别传'，'师心不师古'，对如来经教的本义，自己体验的内容，也就越来越晦昧不明了！"③ "曹溪禅融摄了牛头，也就融摄老庄而成为——绝对诃毁（分别）知识，不用造作，也就是专重自利，轻视利他事行的中国禅宗。"④

印顺对禅宗除了思想上，并且在修行上也进行了批评，如果联系桑耶寺僧诤，可以看出他的一些想法与藏传中观学的微妙关系，《西藏佛教》一书中，日本学者根据禅宗自利而不度他、舍弃空观而重视禅定来理解莲花戒对禅宗是外道的批评，这与印顺对禅宗的批评是一致的，"禅以自己开悟为目的，解作在开悟成佛上，全部被概括的达成。总之，以为欠缺'方便'，仍能达到般若之智，般若波罗蜜多胜过一切，并且以为，若完成般若之智，则其他主波罗密多同时成就。可以说显示欠缺利他誓愿、只顾自利的立场，更以被认为本来具有的'如来藏'为根据而舍'观'，不欲达到证得'空'的智，以享受三昧为通于如来境地。所以，莲花戒批判此不但不是小乘，反而是佛教以前的思想"。⑤ 印顺对真常如来藏系思想为主的汉地佛教如此严厉的批评，恐怕也是"我有点孤独"⑥ 的原因了。

五　三系空有的依据：本教的学风

从空有两宗三系的分判，到空有之争核心的开发，再到别破真常唯心论，印顺始终坚持的是空宗的立场，也被师友看作是空宗的立场，但

---

① 释印顺：《中观论颂讲记》，第 26 页。

② 释印顺：《为自己说几句话》，《永光集》，第 156 页。

③ 释印顺：《中国禅宗史》，中华书局，2010，第 8 页。

④ 释印顺：《中国禅宗史》，第 9 页。

⑤ 山口瑞凤等：《西藏佛教》，许洋主译，台北：法尔出版社，1991，第 12 页。

⑥ 释印顺：《游心法海六十年》，《华雨集》下，第 40 页。

他本人却不止一次申明并非如此，包括《为性空者辨》《中观今论》等，在《游心法海三十年》中还以自己第一部所写的与第一部讲录成书的都是唯识学著作加以证明。虽然如此，正如上文所述，他本人却无不体现空宗的立场，无不推崇龙树之学，无不以中观理论来抉择空有之争，这样的矛盾是否不可理解的呢？除了上文所提到的印顺在《为性空者辨》中提出的两点理由而不认可自己是空宗外，还有一个更为重要的原因，即发扬佛陀本教的立场与学风。

印顺所作的《空之探究》《性空学探源》《唯识学探源》《如来藏之研究》《初期大乘佛教之起源与展开》等著述，目的就是探讨佛陀的本教真义，在空有之争的张力下，抉择什么才是真实的佛教，从印顺所有著作中看到了他一贯的答案，中观学的诠释是对佛陀言教的最正确理解，最符合佛法的本义、真义。

印顺最明确的观点就是：《中论》是《阿含经》的通论。"《中论》的中道说，我有一根本的理解——龙树菩萨本着大乘深邃广博的理论，从缘起性空的正见中，掘发《阿含经》的真义。这是说：缘起、空、中道，固然为一般大乘学者所弘扬，但这不是离了《阿含经》而独有的，这实是《阿含经》的本意，不过一般取相的小乘学者，没有悟解罢了。所以，中论是《阿含经》的通论，是通论《阿含经》的根本思想，抉择《阿含经》的本意所在。"[①]《阿含经》是佛教根本经典，汉传四阿含，南传五部阿含，被认为是最贴近佛陀言教的经典，尤其是《杂阿含》，印顺以《中论》为《阿含》的通论，也就意味着龙树中观学对佛陀言教的理解诠释是最正确的，符合《阿含经》本义的。

在《中观今论》中，印顺从三个方面论证了这一观点，一、《中论》所印证的佛说，都是出自《阿含经》；二、《中论》的内容，以《阿含经》的教义为对象，破斥部派执着；三、归敬颂，《中论》所显"中道"出自《阿含经》。归纳起来，印顺其实是从两个方面谈的，教证与理证。在近四十年后的《空之探究》中除了这两个方面，还提出了另外一个证据，反对青目释的判分。青目认为前25品解释大乘理论入第一义，后2品诠释声闻法入第一义，印顺则认为，《中论》并没有使用大乘术语，

① 释印顺：《中观今论》，第13页。

而且是依据四谛开显的，所以青目以前 25 品为对大乘理论的解释并不合理。

印顺这样论证颇有争议，但是无疑代表了一种思路，就是谈论佛教的一切问题都应该回到《阿含》所保存的佛陀的理论当中去，包括空有之争的问题，"空有分宗的差别，在大乘中充分发挥；而思想的根原，早已在阿含经与毗昙论中显出他的不同。所以对于空义的研究，虽应以大乘空相应经及《中观论》为中心，但能从阿含及毗昙中去探求，更能明确地把握空与有的根本歧异，更能理解大乘空义的真相，不被有宗学者所惑乱。本论就是想在这方面给以概略的研究"。① 空有的差别，印顺虽然已经从藏传中观学那里得了些"消息"，但是并不以此为真理，而要最后去《阿含》那里引证是否如此。正因为如此，印顺才在《为自己说几句话》中否认是应成派的传人，在《中观今论》中否认是空宗，在《为性空者辨》中否认是性空者，原因就在于印顺所依据的不是中观学、更不是月称应成派，而是应成派、中观学所发掘的《阿含》的真义，"我在《印度之佛教》等，提出我的大乘三系。我是从经论发展的探求中，认为初期的大乘经（龙树）论——性空唯名系，是会通《阿含》而阐扬菩萨道的，更契合释尊的本怀"。②

印顺第一本以这种本教学风来做考察的著作就是《唯识学探源》，正是在《唯识学探源》出版的 1944 年，印顺在汉藏教理院讲《性空学探源》，与前书框架一致，从两个时期探讨空义的渊源，分别是《阿含》与部派佛教。在《性空学概论》中，阐述了他对两个问题的思考，《阿含》中如何蕴藏着性空思想？如何又与后面的性空唯名论相应呢？印顺大致从三节，两个方面来概括，包括义理与实践两个部分，实践方面主要是《阿含》中与空相关的禅定，论述的重点是在义理方面。

义理方面是以缘起为《阿含》的根本思想，通过蕴之无常观，处之无我观，以及缘起法门之归宿的涅槃等方面来论证，印顺从原本松散的《阿含》中总结出相对明晰的框架，以此来展现《阿含》所抉择之空义。"'性空'，根原于阿含经，孕育于部派的（广义的）阿毗昙论；大乘空

---

① 释印顺：《性空学探源》，第 4 页。
② 释印顺：《为自己说几句话》，《永光集》，第 171 页。

相应经，开始发展出雄浑博大的深观；圣龙树承受了初期大乘，主要是《般若经》的'大分深义'，直探阿含经的本义，抉择阿毗昙，树立中道的性空（唯名）论。"① 如果说《中观今论》是从《中论》的角度论证其"通论"的观点，那么，《性空学探源》就是从《阿含》的角度论证"通论"这一结论的。

但同时有一个与此观点多有抵触的说法存在于《阿含》之中，印顺特地予以说明，即"我无法有"的真义，这个容易让人理解为法体实有的命题，能够形成对"《中论》是《阿含》通论"的直接质疑，因为可能《阿含》所教说的空并非是《中论》的空，而是说一切有部或者其他有宗的空义。比如，印顺在《唯识学探源》中就认为唯识学渊源于《阿含》的缘起，并在说明时那种重心的倾向，"唯识思想，是导源于缘起论的，它是缘起论的一种说明。在说明缘起时，经中大多吐露出重心的倾向。佛教的所以产生唯识学，不能说是无因的。至多，只能说有点强调。在这短短的解说中，很可以得到相当的结论"。② 唯识学对"心""识""依他起性"等"法"的肯定，是中观学批判的重点，包括真常唯心论者也是一样在"法有"方面受到中观学者的抨击。

对于《阿含》中"我无法有"的说法，印顺认为并非是对中观学的否定，更不是对有部等有宗的肯定，"从各方面看来，'我无法有'，可说是释尊说法的基本方式。问题是在：'我无'，所无的是什么样的我？'法有'，是怎样的有？假有或实有？这在各家各派，虽作了种种的解释，但"我无法有"，总是可以代表佛法与外道不共的特色"。③ 被否定的我是"自性我"，被肯定的法是"假法"，"我与法，一是妄执存在的无，一是因缘和聚的有，无始来就相互交涉：流转则因我执法，缘法计我；还灭则我断而后法寂，法空而后我息。约缘起，则我法俱有，约自性妄执，则我法俱无。由于诸见以我为本，所以偏说'我无法有'"。④ 无，是实有无、自性无，是对妄执存在的否定；有，是假有、因缘有，是对因缘和聚的肯定。印顺这样的解释，就给有宗所诠释的空义不留余

————————

① 释印顺：《性空学探源》，第 1 页。
② 释印顺：《唯识学探源》，第 26 页。
③ 释印顺：《性空学探源》，第 43 页。
④ 释印顺：《性空学探源》，第 49 页。

地了，《阿含》所开显的"空"就是缘起性空的"空"。依据这样的看法，虽然唯识学从《阿含》的角度来考察，并不能说是无因的，但是并非是正解，"如不能正解依彼者不离彼而亦不即彼起的缘起论，那末唯识的思想，是会很自然的从我们心里出现"。①

相比较《中观今论》与《性空学探源》，印顺在 1984 年《空之探究》中则提出了一个创见，以《大空经》与《小空经》所阐发之空义，作为空有之争的源流在《阿含》当中的明证。"《中阿含经》的《小空经》与《大空经》，与《中部》的《空小经》、《空大经》相当，是以空为主题而集出的经典。这两部'空经'，都渊源于《杂阿含经》中的空住，经不同的传宏，而分别集出来的。都是依空观的进修而达究竟解脱的。在修行的方便上，两部经是不同的，但都深深影响了发展中的佛教。"② 印顺之所以认为，这两部经虽然都是依空观而修，但是又说修行的方便是不同的，并说这个不同深深地影响了佛教的发展，那么疑问就在于：两部经有什么不同？又是如何影响佛教的发展的呢？

明确地说，《小空经》的"空"是"他空"，"依《小空经》说：空，不是什么都没有，而是空其所空，有其所有的"。③ 印顺举了其中"鹿子母堂空"的比喻，鹿子母堂中空无牛、羊、物、人，故空，但鹿子母堂是不空的，这就是他空，如上文所说，他空是藏传中观学对自空外的空见的简别，如果以印顺判教三系来区分的话，虚妄唯识系与真常唯心系都是他空，所以他说："……成为大乘有宗的根本义。《小空经》所说的空（性），是依名释义的；提出不空，作空与不空的对立说明，实是一项新的解说。"④ "这种以一想而除其他的想，正如以一净念而除种种杂念一样。这样的以不空而去空的，是《小空经》的特色。"⑤ "如说鹿子母堂空，是说鹿子母堂中没有牛、羊、人、物，不是说鹿子母堂也没有。鹿子母堂自性是不空的，空的是鹿子母堂内的人物。这名为'他性空'，就是约他性说空，约自性说不空。"⑥

---

① 释印顺：《唯识学探源》，第 25 页。
② 释印顺：《空之探究》，第 38 页。
③ 同上。
④ 释印顺：《空之探究》，第 39 页。
⑤ 释印顺：《空之探究》，第 46 页。
⑥ 释印顺：《空之探究》，第 90 页。

　　印顺从《小空经》的"空住"引申讨论，修行者作意"无事想"，空村落想，空人想等，但是无事想不空。再从无事想进一步作意念地想、识无边处想、念无所有处想，但所安立之空都是一致的，就是彼空此不空，以此除去彼想，彼则成空，而此不空。可见，这样的空不仅有次第，而且到最后也没有空尽，在主张二谛空的印顺看来，总能发现留下了不空的内容，以此不空的内容空去其他内容，所以他明言这种原始佛教就存在的他空思想成为了大乘有宗的根本义。

　　《大空经》与《小空经》有所不同，是由内而外的修习四种空观，外空、内空、俱空、不动四种作意，外空五欲，内空五蕴，进而内外空。印顺根据《杂阿含经》中《圣法印知见清净经》关于三法印的探讨发现，经中所阐发的圣法印知见清净，就是从因缘生灭而反观自心的，以观无我、我所为本，"解脱道的三昧，以无我、我所为本。我、我所是怎样生起的？从见、闻、觉、知而生识，世俗的识，是有漏、有取的，有识就不离我、我所。所以离慢而知见清净的三昧，要反观自己的心识从因缘生。从无常因缘所生的识，当然是无常的。观无常（的识）法，是有为（业烦恼所为的），行（思愿所造作的），缘所生（的）法。缘所生法是可灭的，终归于灭的，所以是离欲法，断知法。这样的观察，从根源上通达空无我性，才能离我慢而得清净知见——无漏智。这与《大空经》的先外空五欲，次观五取阴而内空我慢，有同样的意义。这是一切圣者修证的必由之道，成为佛法所以为佛法的特质，所以名为圣法印"。① 通过修习观无我、我所为本的三昧，通达空无我性，这正是后来龙树所发扬的空义，我即自性，通达我及我所无自性义，即毕竟空义，而这样的思想正是《阿含》所提倡的区别于"小空"的"大空"，意味着相比较"他空"来说，"自空"更为究竟，空有之争了然分明。

　　印顺根据所提出的《中论》是《阿含》的通论，将中观学溯源而至佛陀言教，成为正义，随着这样的思路，就会有一个疑问，即《般若经》对于中观学有什么样的意义？因为一般认为，《中论》所代表的中观学是从《般若经》中发掘的，传说是龙树深入龙宫所得，史家认为是龙树从《般若经》中所得启发，不过，依据这样的观点，就会有"改

---

　　① 释印顺：《空之探究》，第49页。

造"佛法的嫌疑，也会导致大乘非佛说。但是，如果《般若经》与《阿含》是统一的，那么也不会产生这一系列问题。印顺对于这个问题的答案是，《中论》所发扬之中观学不是来源于《般若经》，而是《阿含经》，在不少地方是与《般若经》有差别的，差别在两个层次上存在，《中论》与《般若经》的差别，以及《阿含》与《般若经》的差别。

《中论》与《般若经》在空义上的差别，如果将印顺的说法总结起来，大概有四点，第一点，在《般若经》中，缘起只是种种法门的一种，而《中论》的主题就是中道的缘起，"说缘起而名为'中'（论），是《阿含》而不是《般若》"。[①] "以八不说明中道的缘起说，渊源于《杂阿含经》说，是不庸怀疑的！"[②] 第二点，《般若经》由于缘起只是诸多法门的一个，所以阐发的也并不多。"在文句繁广的《般若经》中，这样的缘起深义的明文，只是这样的一点而已！"[③] 第三点，按照《大智度论》，有三种假，法假，名假，受假。龙树《中论》的假是受假的意思，印顺认为，《中论》特别使用受假，与《般若经》使用法假与名假的偏向是不同的。第四点，龙树贯通了缘起与空性，在《般若经》中，空的主要意义是涅槃、真如等。

印顺认为，《般若》与《阿含》不仅在空义上存在差别，而且在方法上也是截然不同的。他所指的方法是涅槃之道，《阿含》从现实的身心出发，知苦、断集、证灭、修道以实现涅槃，《般若》的方法是本于一切法性不可得的立场。"初期大乘经虽有多方面的独到开展，而本于一切法性不可得——空性的立场，与《般若经》是一致的。这一立场，与《阿含经》以来的传统佛法，从现实身心（五蕴、六处等）出发，指导知、断、证、修以达理想——涅槃的实现，方法是截然不同的。"[④] 印顺甚至把方法的不同扩大到"在方法上是对立的"[⑤]，他举例说，《阿含》从生灭无常下手，而《般若》则是从非常非无常的为正观，般若"以生灭无常观为相似般若，不生灭（不坏）观为真般若，虽可说对某些部派

---

① 释印顺：《空之探究》，第 175 页。
② 释印顺：《空之探究》，第 176 页。
③ 释印顺：《空之探究》，第 187 页。
④ 释印顺：《空之探究》，第 123 页。
⑤ 释印顺：《空之探究》，第 124 页。

说，但在文字上，显然是不满传统的《阿含经》。《阿含》与《般若》等大乘经的对立，应该说是佛法的不幸！"①

在印顺看来，那些认为《中论》是依据《般若经》所作的人是本末颠倒的，《中论》与《般若经》是相通的，原因在于龙树视"佛法"与"大乘佛法"是一贯的，作为一个综合者，他所开创的中观学当然是与《阿含》、《般若》都是相通的，但是，《中论》的根本在于《阿含》，而不是《般若》，"有些人总觉得《中论》是依《般若经》造的。这也难怪！印度论师——《顺中论》、《般若灯论》等，已就是这样说了。我也不是说，《中论》与《般若经》无关，而是说：龙树本着'般若法门'的深悟，不如有些大乘学者，以为大乘别有法源，而肯定为佛法同一本源。不过一般声闻学者，偏重事相的分别，失去了佛说的深义。所以就《阿含经》所说的，引起部派异执的，一一加以遮破，而显出《阿含经》的深义，也就通于《般若》的深义"。②

正如他本人所表明的，印顺并不认为《中论》与《般若经》无关，而只是想表明两者的关系不如一般人所认为的《中论》来源于《般若经》。其实，印顺在这里论述《中论》、《般若经》及《阿含经》的关系，就是在讨论中观学、大乘佛教以及佛陀言教之间的关系，他之所以提出"《中论》是《阿含经》的通论"的观点，并简别了一般人所认为《中论》来源于《般若经》的观点，印顺的意图是很明确的，他希望考察中观学的合法性问题，在佛教思想体系内，就理论来说，唯一的合法性就是作为清净法界等流的"佛说"，即圣言量。通过考察最接近"佛说"的《阿含经》，印顺发现，其中所开显的"空义"就是中观学所揭示的，中观学与佛陀本教的一贯性也就因此而建立起来了，同时，也奠定了中观学的究竟了义的地位。

印顺这样的思路，既是考察空有之争的一个新的思路，即不从空有两宗三系的差异去研究，而是溯源佛陀言教里去考察空有之争；同时，他的《中论》是《阿含经》通论的观点的提出，也是对大乘非佛说的一种回答，虽然这种回答是以中观学为基点的，并不去论证《般若经》等

---

① 释印顺：《空之探究》，第124页。
② 释印顺：《空之探究》，第175页。

大乘佛教经典与佛陀本教的一致性，而是论证大乘佛教二宗之一的空宗与佛陀本教的一致性，不能不说是一种良好的创见。

依据这样的意思进一步谈，印顺不但论证了中观学的了义地位，而且否定了中观学等为主体的大乘佛教不是佛说的观点，并且也使得中观学与《般若经》为代表的大乘经贯通，而使得《中论》成为通于大乘与小乘的佛法通论了，龙树也自然成为了融摄"佛法"与"大乘佛法"的综合者了，"依《阿含经》说，遮破异义，显示佛说的真义，确是《中论》的立场。当然这不是说与大乘无关，而是说：《中论》阐明的一切法空，为一切佛法的如实义，通于二乘；如要论究大乘，这就是大乘的如实义，依此而广明大乘行证。所以，龙树本着大乘的深见，抉择《阿含经》（及'阿毗达摩论'）义，而贯通了《阿含》与《般若》等大乘经。如佛法而确有'通教'的话，《中论》可说是典型的佛法通论了！"①

可见，印顺对于空有之争这个问题，并非是其所是、非其所非，他本人是希望从佛陀最本真的思想中获得判断空有之争的真实答案的，所以希望依据《阿含经》来判断空有之争，"其取舍之标准，不以传于中国者为是，不以盛行中国之真常论为是，而着眼于释尊之特见景行，此其所以异乎！"②

---

① 释印顺：《空之探究》，第 179 页。
② 释印顺：《敬答〈议印度之佛教〉》，《无诤之辩》，第 82 页。

第五章　近现代佛教空有之争思路之三：
独创向度

第一节　欧阳竟无：法相学下的空有无争

欧阳竟无（1871～1943），近代唯识学研究的巨匠，唯识学复兴的功臣之一。他对佛教现实严厉的态度，及其新颖的创见，使他饱受争议。但他的研究，无疑对近现代佛学研究的发展具有开创性的意义。

欧阳竟无的著作被编集成《欧阳竟无内外学》，其他部分文章发表在内学院的刊物《内学》上，他研究的基点以及重点都是唯识学，但是对般若、中观之学也做过专门的研究，东初就称誉欧阳竟无融贯空有，"竟无居士不仅精于法相唯识，并穷诸般若、涅槃，此为学理一贯程序。……竟无居士，融会性相，贯彻空有，而于唯识法相发挥极致，实唐以后至第一人也"。①

根据欧阳竟无《再答陈真如》这封信中对自己研习佛法经历的描述，可以发现，有一段专门研究般若、中观学的经历，"无端而东儿死，生世十九年耳，聪明而不禄，诚悼痛之。许一鸣同时死，黄树因同年死，于是习《般若》，不能融贯。逾年而同怀姊死，又聂耦庚死，乃发愤治《智论》而《般若》娴习。虽得毕竟空义，犹未敢执无余涅槃以为宗趣也"。② 从这一段可以发现两点，第一点，关于欧阳竟无研习般若、中观学的时间，1923 年，在欧阳竟无 52 岁的时候，他开始钻研《大智度论》；第二点，关于欧阳竟无研究的空宗典籍，主要是《大智度论》和《大般若经》。

在《亲教师欧阳先生事略》中，吕澂也赞誉了欧阳竟无在空宗理论

---

① 释东初：《中国佛教近现代史》，台北：中华佛教文化馆，1974，第 661 页。
② 欧阳竟无：《再答陈真如书》，《欧阳大师遗集》，第 1591～1592 页。

研究上的成就，"民国十六年，特科以兵事废，同怀姊淑又病亡，师悲慨发愿，循龙树、无著旧轨，治《般若》、《涅槃》诸经，穷究竟义，次第叙成"。① 吕澂写的时间虽然是 1927 年，但他是以内学院法相特科因战火而停止的时间，这里所写的是一个围绕 1927 年展开的时间段，因为欧阳竟无的《大般若经叙》写成于 1928 年，《大涅槃经叙》写成于 1931 年。从吕澂的描述上看，虽然欧阳竟无为人称誉的是他的唯识学研究，但是他的思考并不止步于唯识学，这与印顺不止步于中观学是一样的，"民国二十六年夏，集门人讲晚年定论，提无余涅槃三德相应之义，融瑜伽、中观于一境，且以摄《学》、《庸》格物诚明，佛学究竟洞然，而孔家真面目亦毕见矣"。② 吕澂这里说欧阳竟无融瑜伽与中观于一境，是否意味着统一了空有两宗，空有无争？

一　龙树法相学

龙树法相学，欧阳竟无对空有之争问题所做的独特回答，这一概念的提出是在 1925 年内学院年刊《内学》上，未编入《欧阳竟无内外学》，后被张曼涛的现代佛学丛刊收录。1925 年，欧阳竟无已经研习《大智度论》等空宗经典两年多了，这篇文章可以说是他对于空有之争思考的阶段性总结。全文是从两个项目来说明的，法相与龙树法相。基于空有之争的维度，应该分为三个层次，第一个层次，对空宗指责的回应；第二个层次，阐述法相的内涵；第三个方面，论述龙树法相学的含义。

（一）回应空宗质难

相比较欧阳竟无文中两个项目的分法，特别将对空宗指责的回应提出来作为第一个层次，因为这个部分是对阐明龙树法相学有重要意义的，如果无法解决空宗对有宗的质难，那还谈什么包含龙树学的法相学。正如前文所述，中观宗对唯识宗的批判，不管是汉译典籍中的清辨，还是藏传中观学的月称、宗喀巴等，都是一致的，集中在对依他起性与阿赖耶识这两个焦点上面，欧阳竟无也是专就这两方面来谈的。

---

① 吕澂：《亲教师欧阳先生事略》，《欧阳渐文选》，上海远东出版社，2011，第 423 页。
② 吕澂：《亲教师欧阳先生事略》，《欧阳渐文选》，第 424 页。

欧阳竟无认为龙树也有说依他起性，他的根据来源于《中论》，分为正反两个方面。首先，他认为，龙树所说的空义并不否定依他起性，他的根据是《观行品》"大圣说空法，为离诸见故。若复着有空，诸佛所不化"。[①]欧阳根据这一偈颂认为，"空"作为"能"，所要否定的对象是"诸见"（观点），诸见包括有见和无见两种，所以空义所代表的含义是对"见"的否定，而不是对"法"的否定。依他起性作为有为法，包含于"法"中，并不是"见"，这样就意味着龙树所宣扬的空义并不否定依他起性。欧阳竟无这一点主要的立意在于，中观学的"空"所要否定的对象是"见"（观点），而不是"法"（概念）。

欧阳认为，"空"否定的"见"包括有、无两种。在中观宗，"空"只是对自性见的否定，因为自性见，所以存在"有见"，同样因为自性见，以为空就是一无所有而执着"无见"。所以，欧阳竟无这里所表达的空见不空法，实际上是与中观宗一致的。但是，欧阳以这样的理解进一步发展为，依他起性不空，这是中观宗所不能同意的，关键的差异点在于，依他起性的"自性"空还是不空？如果自性不空，在中观看来，还是"有见"，还是"空"所要否定的，将依他起性等同于中观不空的"法"是无用的。也就意味着，在中观考察面前，仍旧必须回答，依他起性自性空还是不空，如果自性不空，还是自性见，还是有见，还是空所要否定的"见"，而不是被保留下来的"法"。

欧阳竟无之所以将中观学所要否定的"依他起性"与中观学所肯定的"法"等同起来，原因就在于，他认为依他起性就是因缘，就是性空不坏缘起的那个"缘起"，这就是欧阳说明的第二个方面，即龙树正面肯定了依他起性。欧阳的根据是《中论》"三是偈"，他解说到"是其所云空者，但因缘法无自性为空，非并因缘亦空之。无因无缘而徒空，则几何不同于外道矣！无因无缘而徒空，则几何不同于外道矣！此因缘即依他，他是因缘，故不妨说有，但须知无我而已。所谓名则是假，义则是中，此龙树之立义也"。[②]欧阳竟无这里的意思是，龙树所说的空义，是对自性的否定，并不否定"因缘"，如果连因缘都空，那就是断灭见，

---

① 《中论》卷二，《大正藏》第30册，第18页。
② 欧阳竟无：《龙树法相学》，内学院年刊《内学》，1925，第18~19页。

与否定因果的顺世外道相同了。进一步说，这个不空的因缘就是依他起性，"他"就是因缘，所以龙树每谈因缘，就是谈依他起性。从龙树所宣扬的因缘就是依他起性出发，欧阳竟无认为龙树所说的空义即因缘义，因缘义即依他起性。

虽然欧阳竟无往复论证龙树并没有空除所有，龙树的空只是对自性的否定、对见的否定，并不否定缘起、缘生法及一切法等，但这些论证在中观学的思路中都是次要的，关键问题在于欧阳竟无论证的核心环节是否为中观学所认可：即依他起性就是龙树所说的因缘么？藏传向度明确表示，不能简单地以依他起性就是缘起来将空有两宗的矛盾化为乌有；清辨也是一直追问，依他起性自性空还是不空呢？依他起性即使是有为法，也要追问其自性空还是不空，但是，欧阳并没有就这一类问题进一步讨论。

关于阿赖耶识，欧阳竟无认为龙树也是讲的，他提出的论据有三点。第一点，《大智度论》卷36 "识众者：内外六入和合故生六觉，名为识；以内缘力大故，名为眼识乃至名为意识。问曰：意即是识，云何意缘力故生意识？答曰：意生灭相故，多因前意故，缘法生意识。问曰：前意已灭，云何能生后识？答曰：意有二种：一者、念念灭，二者、心次第相续名为一。为是相续心故，诸心名为一意，是故依意而生识无咎。意识难解故，九十六种外道不说依意故生识，但以依神为本"①。这整一段对于欧阳竟无论证龙树也说阿赖耶识很重要，欧阳竟无认为，这一段的关键在于"意即是识，云何意缘力故生意识？"，意味着问者对答者有关于识外别有一个意的质疑，答者自然是论主龙树，那么意味着龙树认为六识外别有一个"意"，欧阳从这一点推论这一个"意"就是第七识，"即是说第七识也。既有第七，即应有第八。因外未推论及第八识境，故未详说"②。

欧阳竟无随即提出第二点论据，根据在于《中论》，他认为龙树之所以在《观业品》破斥外道、小乘种种不失法的原因并非是否定轮回相续的载体，而是认为他们安立的不失法不够精密，"此龙树所破不失法，

---

① 《大智度论》卷三十六，《大正藏》第25册，第325页。
② 欧阳竟无：《龙树法相学》，内学院年刊《内学》，1925，第20页。

盖说似阿赖耶识而不精者".① 欧阳竟无对龙树破斥相续载体一句之后，认为龙树从正面肯定阿赖耶识的关键一句在《观业品》，"虽空亦不断，虽有亦不常。业果报不失，是名佛所说".② 欧阳竟无认为，这个非空非有而使得业果不失的载体，就是阿赖耶识。

第三点论据是《大智度论》卷二十七与卷一，"著常颠倒众生，不知诸法相似相续".③ 欧阳竟无直接从这一句进行推论说"诸法相续者但相似耳，此佛法最要处，岂龙树反不知？昔人讲龙树学拘拘《中论》，乃不知此义，故不能按实。然不知无著说，固未易论此矣！"④ 欧阳竟无这里所引用的与上文《中论》相似，就是通过不断不常的相续载体而推论龙树也肯定阿赖耶识的必要性，并且认为研究龙树学的人会被《中论》所拘束，而不能参阅《大智度论》来认识。

欧阳竟无从这三点证据推论阿赖耶识在龙树那里已经隐含有这样的意思，只是没有用"阿赖耶识"这个称谓，这在《大般若波罗密多经叙》以十事来抉择龙树、无著学中也是这样论证的⑤。三个证据中，相比较第一点从识外之意就是末那，然后再推论第八识，后两点的推论更为有力些，即从相似相续与不断不常推论龙树所说的因果不失的载体就是阿赖耶识，关键问题在于龙树在这里安立因果的意趣是阿赖耶识么？如果龙树在这里安立的就是阿赖耶识，那么为什么玄奘翻译的《广百论释论》中护法还要质疑清辨依他若空，染净都无，如果不是护法误解了清辨的意思，就是清辨误解了龙树的意思。从有宗的角度来看，中观学的一切法空就是落入断灭见，因为一切法空是一无所有，但是在空宗看来，这是不成立的，因为一切法空是一切法自性空，性空并不碍缘起，并没有破坏常识世界，那么，这里的关键就是，如何成立因果理论呢？这是有宗与空宗的区别，也是护法与清辨的差异。

关于这个问题，《中论》说得很清楚，"以有空义故，一切法得成。若无空义者，一切则不成".⑥ 汉译青目释为"以有空义故，一切世间出

① 欧阳竟无：《龙树法相学》，第 20 页。
② 《中论》卷三，《大正藏》第 30 册，第 22 页。
③ 《大智度论》卷一，《大正藏》第 25 册，第 60 页。
④ 欧阳竟无：《龙树法相学》，内学院年刊《内学》，1925，第 21 页。
⑤ 参看欧阳竟无《大般若波罗密多经叙》，《欧阳大师遗集》，第 281 页。
⑥ 《中论》卷四，《大正藏》第 30 册，第 33 页。

世间法皆悉成就。若无空义，则皆不成就"。① 正因为诸法是空，所以世间法、出世间法、有为法、无为法、有漏法、无漏法等一切法都宛然而有。从这个角度来理解欧阳竟无所引用《观业品》，意思就很明确了，诸法性空而成假名，假名相续，作用不失，自然就不断不常，并不需要另外有一个类似阿赖耶识的载体来维系因果。

从这样的角度再来考察欧阳竟无第三点论据"相似相续"，《大智度论》原文整段是"无著常颠倒众生，不知诸法相似相续有。如是人观无常，是对治悉檀，非第一义。何以故？一切诸法自性空故。如说偈言：无常见有常，是名为颠倒；空中无无常，何处见有常？"② 为了对治执着常的有见众生，才为人说无常，这是对治悉檀，并非是第一义的，原因在于一切诸法自性空，所以非常非无常，说无常只是为了对治常见众生，常与无常都不是真实的。从这整段的意思看来，欧阳竟无所引用的"诸法相似相续有"是为了对治执常众生而显无常义，而欧阳竟无却将这句话认为是对治无常而显常义的阿赖耶识，如果不是断章取义的话，应该被看作是唯识学对龙树文本的一种解读，而这样的解读并没有将空有之争的核心阿赖耶识的问题解决。

欧阳竟无回应空宗对依他起性与阿赖耶识的质难，以龙树也有此意来作为回答，这样的答案与其说是对空宗质疑进行回答，不如说是以唯识学的理论来诠释龙树的文本，因为如果以中观学的理论来解读龙树这一段，就无法得出与欧阳竟无一样的答案，而正如《大智度论》及《中论》整段或者整品，完整地来解读龙树，中观学的诠释无疑比唯识学更为合理，这也是为什么清辨及其后学一直攻击唯识学对龙树的刻意歪曲的原因③。当然，沿着欧阳竟无的思路下来，空、有两宗自然达到了差异之下的统一，所以欧阳竟无做了最后的总结说，"龙树说意重在法无自性，无著说意着重依他起性。如是各有详略，则其异也"。④

（二）龙树法相

欧阳竟无将上文对空宗质难的回答包括于龙树法相学的论述中，但

---

①　《中论》卷四，《大正藏》第 30 册，第 33 页。

②　《大智度论》卷一，《大正藏》第 25 册，第 60 页。

③　参看吕澂《吕澂佛学论著选集》卷四，齐鲁书社，1991，第 2276～2277 页。

④　欧阳竟无：《龙树法相学》，内学院年刊《内学》，1925，第 21 页。

从文章的结构以及上下衔接来说，上文的内容可以认为是独立的回答质疑，而真正关于龙树法相学的论述有三个层次：空有判教、龙树法相学特质、龙树法相学之法相。

欧阳竟无认为在阐述龙树法相的义理之前，需要对龙树建构法相学的历史进行一番探讨，"龙树法相。此须知龙树之为人与时、地等"。[①] 欧阳对龙树出现的时间、地点等都做了论述，对于龙树法相学的创立的情况，他是这样说的"当时佛法大宗不出上座、大众二系，北方盛行上座之一切有，南方盛行大众之说假。说假之极，病在恶取，龙树对执乃说般若。其在北方学说随机者有经部，说有而稍变。后无著随顺经部而说瑜伽，随其性，对其执，盖说有而不执也。故龙树破空执，无著破有执，皆讲法相，但时地易之耳"。[②] 按照欧阳竟无的说法，龙树学说盛行于南印度，是为了对治南印度说假部的空执；无著之说盛行于北印度，对治经部之执有。

根据《异部宗轮论述记》："此部所说：世出世法中，皆有少假，至下当知。非一向假故，不同'一说部'；非出世法一切皆实故，不同'说出世部'。既世出世法皆有假有实，故从所立，以标部名。"[③] 说假部主张世间法与出世间法都存在"假"，也存在真实，那么，从这样的教义看来，说假部的空执这样的说法，不知道欧阳竟无的根据在哪里？一般认为，龙树所创中观学就是对治部派尤以说一切有部的有执为主，比如欧阳竟无自己在《大般若波罗密多经叙》中就表达了这样的观点。《大般若波罗密多经叙》中以十义抉择龙树、无著之学，其中第七点，阐述了龙树与无著对小乘观点的批判，他认为，龙树破《发智》，无著破有部，《发智》并不是说假部的论书，而是说一切有部的，可见，在这个《大般若波罗密多经叙》中，他认为龙树、无著批判的对象都是说一切有部。另一方面，在《龙树法相学》的阐述中，无著对治经部，相对于龙树对治说假部，两者看似是平等的关系，这种理解是否符合历史可另当别论，但是无疑代表了欧阳竟无的思想研究。

可见，欧阳竟无对于空有两宗创立的评判，看似是历史研究的叙述，

---

① 欧阳竟无：《龙树法相学》，内学院年刊《内学》，1925，第15页。

② 同上。

③ 《异部宗轮论述记》卷一，《续藏经》第53册，第575页。

其实是基于思想研究，对空有之争进行了评述。他的观点与历来一般的观点不同，一般认为龙树破有、无著破空，他却一反而提出龙树破空、无著破有的观点。龙树所破的对象，也从说一切有部改为说假部。无著破空，与龙树平等，两者理论所要揭示的都是"法相"，只是时间与地点不同，而有所差异。

　　欧阳竟无在这里的讨论，已经与汉传佛教传统的判教相似，只是稍微简单些，通过这样的判教呈现出他本人对于空有之争的观点，在于空有两宗平等之上的因地、时而存在差异，这个平等的基础就是法相，所以以上的说明并不能作为证明龙树确实有构建法相学的证据，而只能作为欧阳竟无关于龙树创建法相学的观点。

　　第二个层次，龙树法相学的特质，"此为龙树立说之根本，故其说有两大特点：一法相分别义，二说空不证一切智智义"。① 欧阳竟无的根据是《大智度论》卷二十六中，"问曰：《般若波罗蜜·如相品》中，'三世一相，所谓无相'，云何言佛智慧知三世通达无碍？答曰：诸佛有二种说法：先分别诸法，后说毕竟空。若说三世诸法，通达无碍，是分别说；若说三世一相无相，是说毕竟空"。② 这段原文是《大智度论》不断发挥的"诸法一相、所谓无相"的其中一段，简单地说，诸法一相就是无相，无相即空，诸法在空的意义上是无相、一相。所以这里所说的诸佛有两种说法，一个是分别诸法，一个是毕竟空。诸法种种相是分别说的一方面，诸法一相无相是毕竟空的一方面，所以《大智度论》另有"菩萨摩诃萨行般若波罗蜜，虽知诸法一相亦能知一切法种种相；虽知诸法种种相，亦能知一切法一相。菩萨如是智慧，名为般若波罗蜜"。③ 根据"法相分别义"，说无常、苦、空、无我等，说有、说无等，虽建构了种种不同的概念，但其本质是统一的，即"毕竟空义"。但是在本质层面的"毕竟空义"，只有行般若波罗蜜，即欧阳竟无所说的依般若之力，才能了知。通过认识种种法相，证悟作为法相本质的"空"，但是并不执着于"空"，所谓观空而不证空。

　　所以，欧阳竟无总结龙树法相学的特质为两个方面，法相分别义与

---

① 欧阳竟无：《龙树法相学》，内学院年刊《内学》，1925，第21页。
② 《大智度论》卷二十六，《大正藏》第25册，第255页。
③ 《大智度论》卷十八，《大正藏》第25册，第194页。

毕竟空义。龙树在《中论》《大智度论》中确实分别种种法相，而诸法相又毕竟空，因为诸法一相所谓无相。值得注意的是，欧阳将毕竟空义，理解为说空不证一切智智义，作为修空义，这与欧阳竟无所引用的《大智度论》"诸佛二种说法"是有差别的，因为修空义所指代的观空而不证，是根据《大智度论》与般若义相对的方便力的总结，并不是这一段话中毕竟空义的解释，应该是欧阳竟无在讲演中根据毕竟空义，联系方便，而引申出来的龙树法相学在修空上面的特质。

这两方面的特质，按照文中对于法相的规定，就是法相两方面的意涵，实相与相貌，前者说明诸法的统一性，后者说明诸法的差别性，"法相之义，凡有实相、相貌之别。盖总别相皆有自性差别，自性即实相，差别即相貌"。① 欧阳竟无正是从法相的两种意涵来规定龙树教义的特质，诠释龙树法相学的特质。

第三个层次，龙树法相学的法相，这一点是欧阳竟无构建龙树法相学的关键，即他以怎样的法相含义包摄龙树中观学？在文中，欧阳竟无是从三个方面论述龙树法相学的法相的。第一个方面，"考龙树所著书皆言实相，不但谈空，此实相即法相也"。② 欧阳竟无将自己所规定的法相与龙树论中的"诸法实相"等同。第二个方面，"龙树之般若即依于法相又可知也"。③ 沿着诸法实相与法相的等同，那么观照诸法实相的般若之智当然也就只有依法相才能呈现，这使得法相也与龙树所强调的般若相联系了。第三个方面，"龙树所讲，唯此实相，非常人所计之法性或空等也"。④ 欧阳竟无区别了龙树的法相义与一般认为的法相或者空义是不同的，这一点是从前面两点得出的一个结论，代表欧阳竟无确立了龙树法相的观点。

从判教、龙树法相学的特质以及龙树法相之法相义，三个方面的考察可以发现，作为连接龙树学与法相的关键就是，欧阳将"诸法实相"与自己所安立的"法相"等同，那么接着引出了欧阳竟无说明过程中最为重要的一个问题，他所使用的法相的内涵是什么？

---

① 欧阳竟无：《龙树法相学》，内学院年刊《内学》，1925，第14页。
② 同上。
③ 同上。
④ 同上。

（三）法相

法相，是欧阳竟无极具创见的一个范畴，当然也引起了相当的争议。这里就两个层次来阐述欧阳竟无独特的法相义：第一个层次，就"龙树法相学"这次演讲来谈，因为这一部分是与以上两个部分统一的；第二个层次，就欧阳竟无的其他文本来考察"法相"义，因为在这次演讲中，他并没有详细展开。

在"龙树法相学"这次演讲中，欧阳竟无对"法相"义的阐述分为两个方面，即理与教。从理的方面来说，"法相"就是佛法，"法相范围至广，有同佛法"。①欧阳竟无的根据就是《大智度论》第二卷，论中在说明为什么经最初都会出现"如是我闻"，这一词语都是阿难等声闻大弟子说的，表示的意思就是自己所听闻到的佛留下的法藏，所以也意味着入佛法相，就是佛法，"入佛法相故，名为佛法"。② 如果按照整段是在解释为什么"如是我闻"，那么这一句话所表达的意思有两种可能，第一种可能，入的是佛法，第二种可能，入的是佛的法相，因为欧阳竟无这里是需要强调法相即佛法，所以他认为是后一种理解。

根据《大智度论》下文对"如是我闻"的解释中，佛说"……若今现前，若我过去后，自依止，法依止，不余依止。……复次，我三阿僧祇劫所集法宝藏，是藏初应作是说：'如是我闻'……"③。从下一段对"入佛法相"的解释来看，法就是佛所说的法，所留下的法藏的意思，那么，这个"法"与其与"相"合为"法相"，看起来应该与"佛"合为"佛法"更为合适。但是这两种可能其实是一致的，只是欧阳竟无所理解的后一种更为凸显"法相"，但是仍旧会有一个疑问，如果法相即佛法，那么为什么佛陀说"入"？欧阳竟无当然不会在一个简短的演讲中还严谨地讨论这个问题，这就需要借助他的其他著述来考察他所构建的法相意涵。

在等同于佛法的法相含义中，性、相并无分别，两者也不违背，欧阳竟无从性、相无分别、无违背推论出"法性、法空皆法相也。是故法

相是总，大乘、小乘、空等义门多就其一分而言，皆得不违法相总趣涅槃。以理言法相盖如此"。① 以法相等同佛法之后，出现的极大融摄性，大、小、空、有等一切佛法都归入法相之中。在这样的理解中，空、有二宗自然只有差别而没有矛盾，因为两宗只是分别展开了法相的一个方面，两者都是趣入涅槃的佛法，所以都是法相。这种法相就是佛法的依据，以及这个法相与狭义法相的差别，欧阳竟无也没有展开，需要其他著述来帮助理解。

"法相"义的第二个方面是教，即教法，包括经、律、论三藏。欧阳竟无从法相即佛法的观点出发，认为经就是佛法相，律就是入佛法相，论就是类治法相，"经是佛法相，律乃入佛法相者"。"经是佛法相，论乃类治法相者"。② 最后通过以"法相即佛法"的基础，将经、律、论等教法都统摄起来之后，得出以教来显示法相的观点，"经解法相，故入经之律与依经律之论亦均解法相，以教言法相如是"。③ 所以，教只是代表语言文字所构建起来的理论，而语言文字所表达的正是"法相"。

在从理、教两方面阐述了"法相"的含义之后，欧阳竟无之后还特别讨论了法相与法性的关系。一般来说，法相与法性的差别是空、有二宗的差别，空宗偏于诠释法性，有宗偏于诠释法相，但是，在欧阳竟无等同佛法的法相之下，佛法、法相、般若、实相成了虽有差别而实际无差别的范畴。虽然欧阳竟无对法相与法性谈了三点，但归结起来的意思是一致的：两者存在差别，但实际上是统一的，"法相、法性义无别，而总别有殊，观秦唐异译可知。又解：法性亦为差别，故知性与相不别"。④ "法相或法性皆有总别，别亦有别性，总亦有总相。"⑤ "般若即法相，即总即别，举一般若而一切法相皆在，至矣尽矣。如讲瑜伽义亦即般若，同其性质，同说实相，所谓无所得也。唯识亦然。"⑥ 三义理解的基础都是等同于"实相""佛法"的法相，这样的法相义已经与法性相对的法相义不同了，而更多的是包含了法性义的法相义。将法相等同

---

① 《大智度论》卷二，《大正藏》第 25 册，第 13 页。
② 欧阳竟无：《龙树法相学》，内学院年刊《内学》，1925，第 14 页。
③ 同上。
④ 欧阳竟无：《龙树法相学》，内学院年刊《内学》，1925，第 15 页。
⑤ 同上。
⑥ 同上。

于般若、中观的诸法实相，实际上统一了有宗与空宗，如果进一步将法相义与佛法相同，那么，偏于强调法相义的有宗则是包摄空宗了。

从对"龙树法相学"中的法相义的考察来看，"法相"的理解对于欧阳竟无构建空有无争的龙树法相学非常关键，正是在等同于诸法实相乃至佛法的"法相"含义下，空有才能被统一在法相学中。但在这个讲演中欧阳竟无并没有就"法相"义充分展开，所以，有必要联系其他文本对欧阳竟无"法相"义做一番考察。

"法相"范畴的构建与欧阳竟无另一个重要的创见有关，就是法相与唯识的分宗。"关于欧阳竟无的主张，最初散见于他对瑜伽诸论所作的'叙'（民国五年至十年），而迟至民国二十七年的《辨唯识法相》，其仍坚持一贯的立场，并未因太虚的质难而有所动摇。"① 在《百法五蕴论叙》《世亲摄论释叙》等中，欧阳竟无提出了法相、唯识分宗的主张，标志着这一观点成熟的就是《瑜伽师地论叙》。

欧阳竟无在《瑜伽师地论叙》中，分别阐述了唯识义与法相义，"唯识义者：众生执我，蕴、处、界三，方便解救，遂执法实，心外有境；救以二空，又复恶取；是故唯言遣心外有境，识言遣破有执之空，而存破空执之有，具此二义，立唯识宗。以有为空若无，以空为有亦去，证真观位，非有非空。若执实有诸识可唯，亦是所执，长夜沦迷"。② 唯识是为了遣除心外有境的执着，之所以还有"识"可唯，是为了遣除对空见的执着，因为这两方面的原因，所以建立唯识宗。

相对于唯识宗，法相宗义是不同的，并不讲唯识，而是根据五法三自性来建构的，"世尊于第三时，说显了相，无上无容，则有遍计施设性、依他分别性、圆成真实性。复有五法：相、名、分别、正智、如如。论师据此，立非有非空中道义教，名法相宗。遍计是空而非是有，依、圆是有而非是空。依他摄四：相、名、分别及与正智，圆成摄一：所缘真如。是则诠表一切，皆属依他"。③ 在后文中欧阳竟无还考察了唯识、法相二宗差别，分成十义，程恭让教授将十义差别与《瑜伽真实品叙》

---

① 周志煌：《唯识与如来藏》，台北：文津出版社，1998，第160页。
② 欧阳竟无：《瑜伽师地论叙》，《欧阳大师遗集》，第317页。
③ 欧阳竟无：《瑜伽师地论叙》，《欧阳大师遗集》，第318页。

六义差别联系起来，而归结为四个方面的差别①与六个方面的差别②。欧阳竟无虽然简别唯识与法相种种差别，但根据唯识宗义与法相宗义的界定，其中的一个核心差别就是，唯识宗立唯识，法相宗立三性。1938 年在一次与友人的交谈中，欧阳竟无对两宗这一核心差别做了阐述，引用《楞伽经》《密严经》证明法相与唯识的差别，法相宗立五法三自性，唯识宗立八识二无我，"所以唯识法相必分为二者、世尊义如是也。世尊于《楞伽》、《密严》，既立五法、三自性之法相矣，而又立八识、二无我之唯识"。③

虽然以立唯识与三自性来区别了法相与唯识二宗，但是，两者却都包摄入弥勒学的，"盖弥勒学者，发挥法相与唯识二事也。初但法相，后创唯识。弥勒《瑜伽》中诠法相于〈本事分〉，而诠唯识于〈抉择分〉。是法平等曰法相，万法统一曰唯识。二事可相摄而不可相淆，亦复不可相乱，此弥勒学也"。④ 相对于弥勒学，欧阳竟无认为还有文殊学，"前《辨二谛三性》文，明二谛空宗为文殊学，三性非空非不空宗为弥勒学，而于弥勒学之内容未能剖判，今故继述此文"。⑤ 两者的差别在于文殊学明二谛空宗，弥勒学明非空非不空宗，并认为唯识与法相是弥勒学的内容，这样的理解与"龙树法相学"中以实相为法相，以佛法为法相的法相义，已经有所不同，当然这种不同也可以看作从 1925 年到 1938 年之间的一种思想改变，但是改变是极有限的，这一点可以通过对 1941 年欧阳竟无晚年所作《"内学院"院训释·释教训》进行考察来看出些端倪。

在《"内学院"院训释·释教训》中，欧阳竟无概括整个佛教的教法是"五法三自性，八识二无我"，"毕竟空义，无所云教。而众生不知，方便大悲，教乃权立。是故染净之谓教，是为教中之义。是故五法、三自性、八识、二无我之谓教，是为教中之法"。⑥ 教法是应对众生而设立的方便，并非本来就有，欧阳竟无概括教法的核心在于五法三自性，八识二无我。在"说教三"部分通过唯识、唯智以及涅槃学展开，在这

---

① 参看程恭让《抉择与真伪之间》，华东师范大学出版社，2000，第 144 页。
② 参看程恭让《欧阳竟无佛学思想研究》，台北：新文丰出版公司，2000，第 341 页。
③ 欧阳竟无：《辨唯识法相》，《欧阳大师遗集》，第 1530 页。
④ 欧阳竟无：《辨唯识法相》，《欧阳大师遗集》，第 1529 页。
⑤ 同上。
⑥ 欧阳竟无：《"内学院"院训释》，《欧阳大师遗集》，第 138 页。

个部分里，欧阳竟无清晰表达了三种教法并不矛盾的观点。

唯识、唯智及涅槃学，三学教法，其实相当于太虚、印顺的三系分判，"舍染义为解脱义，离二障空二取，因之有唯识学。以舍染而取净义，为般若义，不戏论观实相，因之有唯智学。取净义为法身义，染亦是净，无非中道，因之有涅槃学"。[①] 舍染是解脱义，解脱就是离烦恼障与所知障，能取、所取空，就是唯识学；舍染取净是般若义，般若就是智慧，即无分别智，所以成立唯智学；取净就是法身义，法身没有染、净的分别，所谓常、乐、我、净之涅槃，而有涅槃学。可见，在三学的安立中，三者是平等的，舍染的唯识学，舍染取净的唯智学，取净的涅槃学。

在三学差别的基础上，欧阳竟无提出"一法具三玄"的理念，来表达教法的一味，"凡一法上，具性与相：法身为性，唯识为相，相相应于性，厥称般若，此所谓一法具三玄也"。[②] 涅槃学诠性，唯识学诠相，性与相的相应就是唯智学，三者同具于一法上，一法具三玄也就意味着，诸法皆有性、相、性与相的相应这三个维度。在这个意义上，三学只是从不同角度诠释诸法本来。欧阳竟无还在一法具三玄的基础上提出一玄具三要，认为解脱、般若、法身之间的一味，表达的意趣与一法具三要是相同的，即三学的平等融摄。

三学的平等融摄，无疑代表了欧阳竟无对于空有之争的观点，因为唯智学就相当于中观学，"龙树学者，唯智之最上学也"。[③] 唯识学与涅槃学可以认为是有宗，在三学平等一味的基点上，空有两宗、三学当然是无争的，但是需要更进一步考察的就是空有是如何达到无争的？

按照欧阳竟无对于教法的论述，虽然分为三学，但是其核心在于五法三自性，八识二无我，按照《辨唯识法相》中的解说，五法三自性是法相宗所立，八识二无我是唯识宗所立。可见，教法虽有三学，但核心是二宗，而法相相比较唯识的精纯更为广大，所以可以认为，欧阳竟无有将三学置于法相宗中的意图，而这一意图在以三性诠三学的论述中表现得最为明显，"虚妄分别性是依他，成立依他，舍染取净，教然后立。依他起上，二取是无，是遍计执，犹般若之不其戏论也。依他起上，二

---

① 欧阳竟无：《"内学院"院训释》，《欧阳大师遗集》，第138～139页。

② 欧阳竟无：《"内学院"院训释》，《欧阳大师遗集》，第153页。

③ 欧阳竟无：《"内学院"院训释》，《欧阳大师遗集》，第188页。

空是实，是圆成实，犹涅槃之常、乐、我、净也。而皆在依他上显者，三性不离唯识，三界心、心所是虚妄分别故也"。① 般若对戏论的否定，就是对依他起上遍计所执性的遣除，就是对能、所二取的否定；涅槃学对涅槃常乐我净的诠表，就是依他起上遣除遍计所执性而显圆成实性；之所以需要在依他起上遣除遍计所执性，以及在依他起上显现圆成实性，正因为诸法都是虚妄分别，不能离持种的阿赖耶识而别有真实外境，内识生时，似外境现，所以依他起性归结至唯识，而与强调遍计所执性的般若学、强调圆成实性的涅槃学相区别，"唯识立依他，般若遣遍计，法身即成实"。②

综上所述，欧阳竟无的"法相"是一个内涵极为广大的范畴，与中观学的"实相"等同，而使得空有平等，从而得出法性即法相的观点，"无性为性，是为法性；一相无相，亦为法相。固不可说无相之法非是法性，即不可说无性之法非是法相"。③ 在这种平等的"法相"意涵中，龙树学自然就是法相学，龙树所要诠释的佛法也属于法相学。于是，空有之争在"法相"的广大意涵中成为了一个不需要讨论的问题，所以，欧阳竟无在与章士钊的信中这样说到"二、唯识、法相学是两种学，法相广于唯识，非一慈恩宗所可概。三、法性、法相是一种学，教止是谈法相，龙树、无著实无性、相之分"。④ 清楚地表达了法相学融摄唯识学与中观学的意思。

二　二谛三性

空有之争，之所以围绕依他起性与阿赖耶识展开，因为两宗理论体系的差异导致对某个范围内诸法的有、无产生争议。中观宗以二谛为理论核心，唯识宗尤其重视三性，二谛与三性之间不能完全匹配，从而导致了空有之争，欧阳竟无对二谛与三性做过专门的讨论。

（一）二谛三性之所诠：佛境菩萨行

在《"内学院"院训释·释教训》中，欧阳竟无概括了自己对"教"

---

① 欧阳竟无：《"内学院"院训释》，《欧阳大师遗集》，第 139～140 页。
② 欧阳竟无：《"内学院"院训释》，《欧阳大师遗集》，第 155 页。
③ 欧阳竟无：《大般若波罗密多经叙》，《欧阳大师遗集》，第 284 页。
④ 欧阳竟无：《与章行严书》，《欧阳大师遗集》，第 1543 页。

的理解："证智无戏论，佛境菩萨行。"① 其中，尤其重视佛境的论述，证智、无戏论及菩萨行都是对佛境的一种辅助。欧阳竟无讲得很明白，"何谓佛境耶？不其戏论，非一切法断灭无有，而内证圣智之异其所依也"。② 佛境是通过否定戏论，作为圣智的认识对象来呈现的。

　　"戏论"这一范畴意在揭示语言的有限性，语言无论如何善巧，都无法圆满描述佛教的真谛，所以都成了值得抛弃的戏论。欧阳竟无在"何为戏论"里引用了无著对龙树八不偈的解释，其中，否定用非灭、无灭来理解龙树的"不灭"，因为说某法不会灭、不具有灭，违背世间的常识，不符合俗谛，所以无著反问那些以非灭、无灭来解释"不灭"的人说，"何法无灭？何法无生？"③ "不灭"并不是对灭的否定，更不是对灭的肯定，说诸法灭与不灭都是戏论，"盖非灭不灭云者，说灭戏论也，说不灭亦戏论也。根本此事非谈生灭，而以生灭作此事谈者。反覆转展皆戏论也，是故非之、不之也"。④ 欧阳竟无所说的"此事"是真谛层面的佛境，即佛教所要揭示的诸法实相，既不能通过"灭"，也不能通过"不灭"来描述，因为灭与不灭都是具有相对局限性的戏论，是不圆满、不全面的。只有对此有清晰的认识，才具有证得一切智智的可能性，"戏论是三界二障之所自出，不其戏论，则正性离生之所从入也"。⑤ 与"灭""不灭"一样，断灭、有、无等均是戏论，都不是对佛境的准确描述，都具有缺陷，只有通过否定包括有、无在内的所有戏论，才能真正呈现佛境。

　　既然佛境不能通过戏论来呈现，那么只有通过"内证圣智之异其所依也"，欧阳竟无引用《大般若经》对如来之智的描述说道："如如来如实通达生相法如是而有也，能证乎是，是为证智。证智所缘，是为佛境。法界真如是也，毕竟空也，一切智智也，无余涅槃也，第一义谛也，一乘道也，无学也，无位也，顿证也，一也。"⑥ 在没有成就圣智之前，只能以凡夫的生灭心随顺佛境，趣向佛境。凡夫的生灭心若不念念与佛境

---

① 欧阳竟无：《"内学院"院训释》，《欧阳大师遗集》，第 107 页。
② 欧阳竟无：《"内学院"院训释》，《欧阳大师遗集》，第 108 页。
③ 《顺中论》卷二，《大正藏》第 30 册，第 45 页。
④ 欧阳竟无：《"内学院"院训释》，《欧阳大师遗集》，第 107 页。
⑤ 欧阳竟无：《"内学院"院训释》，《欧阳大师遗集》，第 108 页。
⑥ 欧阳竟无：《"内学院"院训释》，《欧阳大师遗集》，第 108～109 页。

相应，则容易生起二想、杂想等，"学四谛则落声闻乘，学十二因缘则落缘觉乘，学六度万行则落菩萨乘，空则恶取于空，有则非善巧乎有，各端其极，水火不融"。① 这里，欧阳竟无认为，之所以学佛者会落入各个法门之中，原因在于不能念念与佛境相应，其实佛境一味，哪会生起水火不容的教法，所以欧阳竟无表达说："唯有一乘道，无二亦无三，于无性无动，于智智不转。以谈瑜伽则离言自性，以谈般若则是法平等，以谈涅槃则佛性中道。万派千流汇归瀛渤，无不同此法界流，无不同归一法界。若其发虑，则所向有殊，所施各异，说相说性，说常无常，释迦说法四十九年，何尝自语相违？是则相反无不相成，是则汇流无如趣一。"②

欧阳在 20 世纪初开始瑜伽系统的钻研，20 年代则以瑜伽系统为基点转向了般若、涅槃系的研究，希望能够整合佛教所有理论，这篇写于欧阳竟无逝世前几年的《释教训》可以代表他晚年对整个佛教的统摄态度。在他看来，三大系都是佛陀的教法，因为所向、所施不同，所以存在说相与说性的差别，但是，教法所趋向的目标是一致的，即佛境。在这点上，佛教虽然存在空、有等看似矛盾的理论体系，但根本上是一致的，这正是欧阳竟无晚年的佛学基点及论证目的，"一真法界，诸佛自证，理同不异，谓之为一"。③

围绕作为佛境的一真法界，存在二谛与三性的差异，"大乘有两轮：曰二谛，曰三性。二谛以说法，《中论》'诸佛以二谛，为众生说法，一以世俗谛，二第一义谛'，是也。三性以立教，《密严》五法、三自性、八识、二无我，此即是诸佛最后之教理是也"。④ 二谛与三性都是对"佛境"的揭示，只是角度不同，所诠释的对象是一致的，"种种所说，诠各不同，而皆一味，一味于佛境而已"。⑤

基于二谛、三性都是对"佛境"的诠释这个观点，欧阳竟无认为，空有之间并没有截然的对立，而是相辅相成的，都是引导凡夫而构建的

①　欧阳竟无：《"内学院"院训释》，《欧阳大师遗集》，第 110 页。

②　同上。

③　欧阳竟无：《"内学院"院训释》，《欧阳大师遗集》，第 115 页。

④　欧阳竟无：《辨二谛三性》，《欧阳大师遗集》，台北：新文丰出版公司，1976，第 1511 页。

⑤　欧阳竟无：《"内学院"院训释》，《欧阳大师遗集》，第 132 页。

方便，"龙树为取真而无性，此之无性但无增语，非性全无，以有实性曰无性性。无著为导俗而自性，此之自性但有此事，非主宰有，以无主宰曰性无性。大士婆心，各以方便异门诠空，使人明了"。① 龙树否定自性，并非是对事物自性的破斥，而是揭示事物本来就无自性的事实，所破斥的对象并非是诸法自性，而是凡夫对诸法起自性执着的妄念，所以欧阳竟无说龙树并没有在诸法本来上增加或者减少什么。与龙树所说的"无性"一样，无著的"有性"也是为了引导凡夫，并非是对常一自在的自性的肯定。所以，虽然龙树强调"无性"，无著肯定"有性"，但都仅仅是为了引导凡夫而对"佛境"的一种诠释。

二谛作为般若中观的核心理论，与唯识之三性存在差异，并不能完全对等，空、有的矛盾也由之而起，但是，欧阳竟无将二谛与三性在"所诠"佛境是相同的这一基础上进行了整合，揭示出二谛与三性的内在统一性，"是则无言无别之真，是佛境；言说分别之俗，是菩萨行也"。② 不论是二谛，还是三性，都是落入语言的菩萨行，作为引导世俗凡夫的方便而存在，趋向于超越语言、思维的佛境。

可见，佛教所施设的方便之"教"无不是俗，因为所有理论都是分别言说，具有相对的有限性，无法准确呈现作为无限性的佛境。但同时，"教"也是真，因为教是依"真"之佛境而施设，"此佛不得已之苦衷，亦佛善巧方便之说法也。佛一心一意欲说其独境为众生享受、而又不可得而说，乃万不获已而设此善巧方便之法以说之，所说者俗，而所指者真，此之谓以俗说真也"。③ 所以，在这种以"教"为不离真谛之俗谛的观点下，不管是中观宗之二谛，还是唯识宗之三性，无不是俗谛，但又是依佛境之真而建构的引导世俗凡夫的菩萨行。

（二）三性诠释二谛：俗无真有

在欧阳竟无看来，二谛是说法，三性是立教，都是通过语言的形式对佛境的表述："说法无二道，其极曰一真法界；立教视机感，其极曰二空所显。既已云一真法界矣，而复曰二空所显者，法界法尔，唯如是真，

---

① 欧阳竟无：《"内学院"院训释》，《欧阳大师遗集》，第 120 页。
② 欧阳竟无：《"内学院"院训释》，《欧阳大师遗集》，第 130 页。
③ 欧阳竟无：《以俗说真之佛法谈》，《欧阳大师遗集》，第 3497 页。

增益固不得；法界法尔，有如是幻，损减亦不得也。不真无体，幻灭无用也。依真说法，依幻立教，此其所以立二谛复谈三性欤！"① 二谛归于一真法界，三性归于二空所显，一真法界与二空所显都是对佛境的呈现，虽然表述不同，但并没有在佛境上增加或者减少什么。之所以通过具有差别的二谛与三性来表达佛境，原因在于两者具有不同的维度，欧阳竟无说"依真说法，依幻立教"，以此来回答为什么要在二谛外别谈三性，那么，如何理解欧阳竟无在这里所说的"依真说法，依幻立教"呢？

在欧阳竟无与熊十力围绕"三性"展开的书信讨论中，熊十力首先就三性理论提出质疑："子真来函，三性之说，将依、圆析成一片说去，一方是恒常，一方是生灭，反求诸心，无论如何，总觉其不可通。非敢有立异之私也，亦求其安于心而已云云。"② 熊十力认为，在三性理论中，遍计所执性是无常的，而依他起性与圆成实性是永恒的，他认为这样的理论构建是有问题的。欧阳竟无为了解答熊十力的疑惑，首先解释了二谛外别谈三性的原因："圣教既于《般若》谈二谛，而复于《瑜伽》谈三性，以建立其两轮者何耶？是有二义：一、圆满详尽，祛除险堕义；二、舍染趣净，阐扬圣教，简别魔外义。"③ 在欧阳竟无看来，二谛外别立三性有两方面的原因。

第一个方面，"祛除险堕义"，是怎样的危险需要祛除呢？"谈二谛而不谈依他者何耶？二谛直捷明体，不暇详用，但俗之俱非，即真之顿显，因此而知彼顿之为超悟境界也。然略依他之有，利根超悟无论矣。钝不超悟，必堕恶取空，或别有所堕。驯至于是，一唯我执，上不知世尊，下不容论难，沦堕之险，可胜言哉！谈依他之有，则由用以显体。体既藉显，用亦得尽其能。所谓渐义，由节节相应而圆满相应，更何所堕欤？"④ 在欧阳竟无看来，二谛通过完全否定世俗，而直接显示出真实，所以二谛的框架中不需要依他起性。他认为，"谛"意味着真实，所以遍计所执性是需要被完全否定的"世俗"，而不是"俗谛"，他说遍

---

① 欧阳竟无：《辨二谛三性》，《欧阳大师遗集》，第 1511 页。
② 欧阳竟无：《答熊子真书》，《欧阳大师遗集》，第 1557 页。
③ 同上。
④ 欧阳竟无：《答熊子真书》，《欧阳大师遗集》，第 1558 页。

计所执性"俗而不谛"①，兼具"俗"与"谛"这两重内涵的就是依他起性。但是，由于中观学的二谛理论特质是直接呈现作为"体"的圆成实性，意味着，二谛理论忽略了被否定的俗谛之中存在的虚妄而幻有的那一面，即他所说的"俗谛依他，非即无也"。由于忽视对俗谛中幻有的肯定，使得二谛理论虽然适合利根，但是给钝根带来了堕入断灭空的危险，所以，他对熊十力所说的二谛外别立三性的第一个原因正是为了解决二谛存在的断灭空危险。

　　第二个方面，欧阳竟无认为"教"之所以为教，在于舍染取净的意义："二谛直捷取体，一切皆净，更不举染，故略依他。三性则尽量诠用，必染净双谈，故依他独详。"② 二谛由于直接呈现作为真实的"体"，所以只有净而没有染，欧阳竟无认为，染的存在很重要："诸佛立教，莫不依于染净，有染然后有净，去染然后得净。若染依他无，则识本无乱，何所为去！去之云何，又何净至？唯其有染，则有缠缚，乃有解脱。缚脱对治，染去净存，是之谓教。法尔有乱识，法尔建立有，乃诸佛方便立教之深意欤！"③ 佛教作为引导凡夫趋向清净"体"的途径，必然应当包含"染"，舍染而后得净，但是二谛由于直接呈现清净之"体"而缺乏"染"的成分，所以需要在二谛外别有三性。这样的理解实际上意味着，在欧阳竟无看来，二谛理论并不算严格的教法，教法需要构建种种法相引导人舍染取净，而二谛是如此的直接，直接到使人看不到如何趋向真谛的方法。

　　不论是祛除断灭空的危险，还是构建舍染取净的教法，欧阳竟无都认为有必要在二谛之外别立三性，其实质都是对二谛中缺乏的依他起性的肯定，他说："二谛简无以显有，三性更简有中生灭虚妄之有，而显有中涅槃真实之有。二谛之俗谛，即三性之依他，既称为谛，妄有非无。"④ "二谛简无以显有"的理解在欧阳竟无的很多文本中经常出现，代表他理解的二谛是通过对"无"的否定而达到对"有"的彰显。如果对比"简无以显有"的二谛理解与一般中观学所说的俗有真空的二谛

---

① 欧阳竟无：《答熊子真书》，《欧阳大师遗集》，第1558页。
② 欧阳竟无：《答熊子真书》，《欧阳大师遗集》，第1559页。
③ 欧阳竟无：《辨二谛三性》，《欧阳大师遗集》，第1515页。
④ 欧阳竟无：《答熊子真书》，《欧阳大师遗集》，第1557页。

观，可以发现，欧阳竟无所理解的二谛是通过三性诠释的二谛，而不是中观学的二谛，因为他所理解的被否定的"无"就是遍计所执性，所彰显的"有"就是圆成实性。正因为如此，他才说二谛"略依他之有"。也正因为如此，他才说三性更为圆满，因为三性相比较二谛，不仅遣除"有中虚妄之有"即遍计所执性与染分依他起性，而且显示"有中涅槃真实之有"即净分依他起性与圆成实性。

基于三性维度的审视，二谛缺乏依他起性，所以既存在断灭空的危险，又缺乏舍染取净的方便。针对中观学二谛理论的缺陷，欧阳竟无进一步提出自己对二谛的理解，即"俗无真有"的二谛观。

什么是真谛有呢？"谈二谛者，莫不依般若波罗蜜，龙树有言：观一切法实相慧，名之曰般若波罗蜜，一切法实相涅槃也，即第一义谛也。第一义谛有，依之以观一切法，则凡不与第一义谛相应者，无也、非也、不也，无色声香味触法，乃至无智无得等也，非常非乐非我非净等也，不生不灭不增不减等也。此岂言一切法断灭无哉？"① 欧阳竟无在这里以"一切法实相涅槃"解释真谛有，什么是"一切法实相涅槃"呢？其实就是在《唯识抉择谈》所说的自性涅槃，自性空故涅槃。所以，欧阳竟无所说的真谛有，并不是对中观学所否定的"自性有"的肯定，而是对作为胜义自性的空的肯定。可见，所肯定的真谛就是诸法实相、自性涅槃，就是"龙树法相学"之法相。

欧阳竟无引用《般若经》来证明第一义谛如实而有："《般若经》言：如诸愚夫异生所执非一切法如是有故，应如无所有如是而有；若于无所有法不能了达，说为无明生死三界。《般若经》又言：甚深般若波罗蜜多，非如是等诸法所摄，亦非不摄，如是所摄所不摄法，所有真如不虚妄性、不变异性、如所有性，如诸如来及佛弟子菩萨所见，是谓般若波罗蜜多。是盖言第一义谛如实而有也。其所谓无者，乃计执之俗谛无也。以计执之俗谛无，立一切法毕竟空义，文殊、龙树、清辨等而以为宗。"② 这里要区别一个趣向，空宗习惯于从遮的方面来否定世俗自性，而有宗习惯于从表的方面来肯定胜义自性，胜义自性的肯定与世俗

---

① 欧阳竟无：《辨二谛三性》，《欧阳大师遗集》，第1512页。
② 欧阳竟无：《辨二谛三性》，《欧阳大师遗集》，第1513页。

自性的否定在"所诠"上是一致的，只是通过各自不同表达很容易让对方误会是自性执着或者断灭空见。欧阳竟无在这里以肯定胜义自性的表达方式来概括《般若经》龙树学，基本可以认为是以有宗的思想来诠释空宗二谛，这与晋水净源批评僧肇"表诠未备"意思是一致的，在唯识与如来藏思想的考虑中，都会认为中观太"遮"而有断灭的危险。

综上所述，欧阳竟无对二谛的理解与中观学是不同的，实际上他是从三性的维度来理解与诠释二谛，一方面认为中观学的二谛理论存在缺陷，另一方面又以三性诠释二谛得出"俗无真有"的观点，"依他起上，若复起执，为遍计所执性，即二谛之俗谛，毕竟无有。依他起上，不复起执，为圆成实性，即二谛之真谛，如实而有"。① 正因如此，欧阳竟无才提出"二谛外别立一性"的观点，强调依他起性存在的必要性："于二谛外别立一性，非无如计执，非有如圆成。而亦有亦无系于一法，继二谛而创立者，其唯依他起性乎？"② 基于中观学理论维度，并不需要在二谛外别立依他起性，或者说，正是这个别立的依他起性才导致了空有之争，而欧阳竟无对二谛外别立三性的讨论恰恰在极力证明依他起性的必要性，从空有之争的维度看，其实质就是从有宗的角度来理解并进一步批判空宗。

（三）别破空宗清辨：俗有真无的不究竟

通过三性诠释二谛，欧阳竟无得出"俗无真有"的观点，那么，势必对"俗有真无"的二谛观进行批判，但"俗有真无"历来被认为是中观学正统的二谛观，为什么他会认为强调二谛的中观宗对二谛的理解反而是错误的呢？

欧阳竟无认为，"俗有真无"二谛理论来源于清辨的错误："青目本《无畏疏》，是以极纯，安慧、清辨如何可及？《般若灯论》，品品最后引大勇猛证毕竟空，余所不谈，俗有真无之说因是以立，而大异于《中观》正论。月称之后，转展互破，以是胶葛不宁，而《中论》学晦矣。"③ 欧阳竟无驳斥了俗有真无的二谛理论，他认为，这种错误理解源

① 欧阳竟无：《辨二谛三性》，《欧阳大师遗集》，第 1514 页。
② 同上。
③ 欧阳竟无：《"内学院"院训释》，《欧阳大师遗集》，第 189 页。

自清辨的《般若灯论》过于强调毕竟空的后果，违背龙树《中论》的思想，正因如此，作为《中论》之学、龙树之义的俗无真有二谛观就被湮没在清辨的错误之中了。

可见，欧阳竟无批判清辨二谛观的根据是龙树的二谛观，那么，龙树的二谛观为什么是俗无真有，而不是清辨俗有真无的理解呢？在《唯识抉择谈》中，欧阳竟无有过较为充分的说明。在"抉择二谛谈俗谛"部分中，他引用窥基四重二谛的理论认为，第一重的俗谛是遍计所执性，第四重真谛是圆成实性，而后三重俗谛与前三重真谛就是依他起性，"四俗中初遍计是无，四真中后圆成叵说，惟前三俗与前三真，是依他法，或其所证"。① 作为第一重俗谛的遍计所执性，与中观宗"俗有"的俗谛是统一的，欧阳竟无称其为"情有"；作为第四重真谛的圆成实性，与中观宗"真无"统一，他称其为"理无"，"空宗俗有乃相宗初俗，是为情有，情则有其遍计瓶盆也。空宗真无乃相宗后真，是为理无，理则无其遍计瓶盆，俱以一真法界不可名言也"。② 基于四重二谛与中观宗二谛的匹配，否定"情有"，即凡夫的执着；肯定"理无"，即圣者的无我境界，欧阳竟无实际上得出了龙树与唯识宗在二谛理论上的统一，即空有无争。但是，从"情有"与"理无"两个角度来理解龙树的二谛理论，实际上还是从三性的角度诠释了龙树的二谛，再用诠释后的二谛与四重二谛匹配，所以，仍旧存在一个关键问题，包括后三俗谛与前三真谛在内的依他起性在中观学二谛中属于真谛，还是俗谛呢？即依他起性的自性问题。

正是在两宗二谛一致的空有无争立场上，欧阳竟无才揪住空有之争的罪魁祸首——清辨进行了猛烈的批判，严厉斥责其对龙树理论的歪曲："性宗之空，龙树与清辨所谈前后迥别。所谓以遮为表者，惟龙树得之，读《大智度论》可以概见。盖胜义谛本非言诠安立处所，说之不得其似，遮之乃为无过。譬如言红，红之相貌难于形容，愈描画必愈失真，不若以非青非黄非白遮之；此虽未明言何色，而意外既有非青黄白之红色在。龙树言空，大都如是，故为活用。善解其义者，固不见与相宗抵

---

① 欧阳竟无：《唯识抉择谈》，《欧阳大师遗集》，第1374页。
② 同上。

触，其实且殊途同归矣。后来清辨之徒意存偏执，但遮无表，所谈空义遂蹈恶取，相宗破之不遗余力，未为过也。"①欧阳竟无区别了龙树之空与清辨之空，前者与相宗殊途同归，后者则有趣入断灭空的危险，遂被相宗破斥，原因就在于龙树"以遮为表"，而清辨"但遮无表"。

欧阳竟无对清辨"但遮无表"的批判，实际上是站在唯识学的立场上看清辨，如果在中观宗内部，清辨被认为是自立量派，即有表，应成派的月称反而认为清辨"遮"的不够，还留有自性有的余地。对比欧阳竟无与月称关于清辨的评判，可以发现，截然不同甚至是矛盾的观点背后是评判者的立场，两者在立场上存在明显的空有差异。可见，欧阳竟无认为清辨遮得太过，致使有恶趣空的危险，是因为他自身是站在比清辨更加"有"的立场上；如果以月称的立场，则认为清辨空得不彻底了。通过这样的比较，欧阳竟无以有宗的立场在诠释二谛的意趣，就很明显了。

三　两圣一宗

欧阳竟无在《大般若波罗蜜多经叙》中对龙树、无著之学做了十义抉择，即从十个方面论证其一致性，其中一些方面在上文龙树法相学及二谛三性的论述中已有讨论，比如龙树也说阿赖耶识等。其中，第一个方面是比较重要的，所以联系其他文本一起阐述，即两圣一宗，"宗"指的是理论核心，欧阳竟无认为，龙树、无著都以"非空非不空"为宗。

欧阳竟无是这样来说明"非空非不空"这个理论核心的："非空非不空宗者：龙树《中论》，无著《辩中边论》，若初得闻，入道有门，应以《中边》最初一颂，诠释《中论》中道义颂，而后非空非不空义。两圣一宗，非各别轮，曰龙树空、曰无著有。'虚妄分别有'者，释'众因缘生法'句也；'于此二都无，此中唯有空'者，释'我说即是空'句也；'于彼亦有此'者，释'亦为是假名'句也；'故说一切法、非空非不空、有无及有故、是则契中道'者，释'亦为中道义'句也。空为一边，假为一边，合空及假，中道圆成。但空非空，空空乃空；假以济空，乃为空空；空空之空，乃为中道；是故即空即假即中。其义则是，

① 欧阳竟无：《唯识抉择谈》，《欧阳大师遗集》，第1371页。

其文不明。为是但空，为是空空，不能索解，但为诠义，非是释文。龙树空空，非初句空，乃末句中，释以无：文始不淆。"① 欧阳竟无认为，《辩中边论》中最能体现无著思想的是"虚妄分别有，于此二都无，此中唯有空，于彼亦有此。故说一切法，非空非不空，有无及有故，是则契中道"。这首偈颂所体现出来的"非空非不空"的中道义才是无著真正要发挥的。同时，欧阳竟无把《中论》中凸显中道的偈颂"众因缘生法，我说即是空。亦为是假名，亦是中道义"与无著的偈颂相比较，得出两者都以"非空非不空"的中道为理论核心，得出"两圣一宗"的结论，通过论证龙树与无著思想上的内在统一性，驳斥了一般所说的空有之争。

在考察两偈的契合时，欧阳竟无发现鸠摩罗什所译的此颂，最末一句"亦是中道义"的"亦"使人感觉整个句子以空为主，空亦是假，空亦是中，这样的理解在欧阳竟无看来有失中道，这也是欧阳竟无为什么批评清辨《般若灯论》品品归于毕竟空而落入断灭空之嫌疑："'亦为中道义'句，微考梵文及西藏文，应作'是为中道义'。即空亦假，是称中道，中道为宗，意始明显。秦译此颂因缘即空、亦假、亦中，文似标空，非是尊中，实亦未善。既称《中论》，崇乃在中。《十八空论》分析诸空，崇始在空。《十二门论》录《中论》空，示入道门，名标为门。《中论》所诠，道赅全体，义破执边，法尔标中。法尔标中，不应趣空。龙树学宗，非唯一空。《智论》、《中论》取证甚繁，此姑不述。"② 欧阳竟无对鸠摩罗什所译偈颂这样的理解，以及对清辨偏空的责难，所立足的角度并非是中观学，而是唯识学的角度，因为站在有宗看空宗，极容易理解中观之空是断灭，或者有断灭的嫌疑，但是站在中观学自身的立场，鸠摩罗什的译法恰恰正是表现了空即是中的正统看法，一个强有力的证据就是月称对清辨的批判。月称也跟欧阳竟无一样，批评清辨，但是月称并非如欧阳竟无批评清辨空的太过，而是批评清辨空的不够，那么如果欧阳竟无看到月称的文本，则批评之词更甚。所以在这里可以看出，如果以清辨为中观与唯识的分水岭的话，月称比清辨空的程度与范

---

①　欧阳竟无：《大般若波罗密多经叙》，《欧阳大师遗集》，第279～280页。

②　欧阳竟无：《大般若波罗密多经叙》，《欧阳大师遗集》，第280页。

围更大，欧阳竟无则在一定程度上限制空的延展，但是考察欧阳竟无所理解的中道，其实就是中观学所说的空，之所以欧阳竟无认为表述上偏空是有问题的，而应该正中，原因就在于他是以唯识宗的理论在审视《中论》。

站在有宗所伸张的"中"的立场来看空宗之"空"，则必然认为"空"是"偏空"，有落入断灭空的嫌疑。但是，正如欧阳竟无认为清辨将二谛理解为俗有真无是对龙树的错误理解一样，他认为将龙树所宣扬的教义归为"空"也是一个错误，因为龙树学作为等同法相学的意义上，龙树并非是偏空的空宗，在《大智度论叙》中，提出"龙树非空宗"①的观点，他的论述是："龙树云我说空者，破诸执有。譬如唱言众皆寂静，以声遮声，非求声也。（卷六）……夫此实相非有非无，不以空，不以非空，奈何漫言龙树宗空。龙树固特标中，应与无著上承弥勒，同许之为非空非不空宗。"②欧阳竟无认为，不管是中观还是唯识，都是站在中道的立场上，所标明的都是"中"，只是在唯识看来中观更强调"空"而不是"中"。

欧阳竟无认为，需要强调龙树所宗不是"空"，而是"非空非不空"，在所宗中道的意义上，龙树空、假、中则与无著三性达到统一，"龙树空假中，即无著三性。遍计执空，依他起假，圆成实中也。无著发挥有义，以依他为主，依他起上遍计执空，即成实中。假空二合而为中道，非假空外别有一中也。龙树发挥空义，以遍计为主，遍计寂然，依他宛然是名中道，亦空假二合而为中道，非空假外别有一中也"。③无著从"有"的一方面来说，"假"的依他起性上遍计所执性"空"，而显出圆成实性之"中"；龙树则是从"空"的一方面来展开，遍计所执性本"空"，依他起性"假""有"，与"中"，三者是平等的关系。由此，无著与龙树不再是空有之争的来源，而成为了空有两宗理论内在统一性的明证。

综上所述，从"龙树法相学""二谛三性""二圣一宗"三个命题的考察可以发现，欧阳竟无在空有之争问题上的态度是很明确的，坚持空

①　欧阳竟无：《藏要论叙》，《欧阳大师遗集》，第 1102 页。
②　欧阳竟无：《藏要论叙》，《欧阳大师遗集》，第 1106～1107 页。
③　欧阳竟无：《大般涅槃经叙》，《欧阳大师遗集》，第 424 页。

有无争。但是，他理解的空有无争与汉传向度的空有无争传统是不同的，因为他并非是基于如来藏思想将空、有两宗放在不究竟的平等位置上来融摄的；虽然他坚持空有无争，但是他与空有简别的藏传向度也并非截然不同，藏传向度是基于中观学立场将唯识学作为不究竟的阶段性理论，欧阳竟无在说明空有无争的过程中恰恰是处处以唯识学理论诠释中观学的概念乃至文本，凡与唯识学理论不同的解读就被认为是破坏两宗内在统一性的误读，所以他将空有之争的所有错误归于清辨。可见，欧阳竟无在空有之争上的创见，不仅突破了汉传向度的局限，而且与藏传向度不同，虽然他包摄中观学的法相学是一个意涵非常广大的概念，但是从二谛三性、两圣一宗的论证看来，他实际上还是站在唯识宗的立场上通过解读中观学概念与文本来融摄中观学理论。

第二节　太虚：八宗平等之上的空有无争

太虚（1889～1947），近现代佛教改革的主要推动者之一，被誉为近代中国佛学之大成者，极具融贯统摄之特色，不拘一家一宗的风格，世称大师。

根据《太虚自传》与《太虚大师年谱》，1907 年，太虚在十九岁时去慈溪汶溪西方寺阅《大藏经》，"大师阅《般若经》有省。蜕脱俗尘，于佛法得新生自此始"。[①] 印顺这里所说的《般若经》，根据《太虚自传》，指的是六百卷《大般若》，而当太虚阅尽般若部所有经典之后，又阅了《华严经》，"从此，我以前禅录上的疑团一概冰释，心智透脱无滞，曾学过的台、贤、相宗以及世间文字，亦随心活用，悟解非凡。然以前的记忆力，却锐减了。又前一月中，眼睛不知不觉的也变成近视了，此为我蜕脱尘俗而获得佛法新生命的开始"。[②]

1915 年，在二十七岁的时候，太虚在普陀山闭关。闭关期间所研习的典籍中包括中观学论典，"致力于三论玄疏，于百论疏契其妙辩"。[③]太虚自己在《自传》中这样说到："民四春，致力于嘉祥关于三论的各

---

① 印顺编《太虚法师年谱》，宗教文化出版社，1995，第 9 页。
② 太虚：《太虚自传》，《太虚大师全书》第三十一卷，宗教文化出版社，2004，第 174 页。
③ 印顺编《太虚法师年谱》，宗教文化出版社，1995，第 37 页。

种玄疏，尤于《百论疏》契其妙辩的神用，故遇破斥、竟有无不可纵横如意之势。拟作'一切可破论'，曾创端绪。"① 太虚研读了吉藏的三论疏等，其中对《百论疏》最为相应，欣喜于其高妙的辩论。

通过阅藏与闭关这两段经历的考察，可以发现，相比较中观论典的研读，太虚更为契合相应的是般若类经典，有"获得佛法新生命"的说法，可见其对太虚佛学思想形成过程中的重要作用。另一方面，太虚并没有对般若类经典以及中观学论典表现出特别的超乎寻常的兴趣，并且其佛法新生命也并非得般若部单纯之力，他起码对于《华严经》是抱持着平等的重视，并且将两部经典与之前学习的天台、华严、法相及禅宗的体悟进行了融通。二十七岁闭关期间，在研究和温习台、贤、禅、净经典的同时，以宗教实践体味《大乘起信论》《楞严经》，虽然也对三论典籍进行了研习，但是除了用于破斥对手的精妙辩论，并没有记录下如何契合于中观学，或者说对他佛学思想有多大影响的文字。

印顺在分析自己与太虚的差别时这样说："那有关大乘三宗，我与大师的差别在哪里？这应该是，由于修学的环境不同，引起传统与反省的差异，当然也由于不同的个性。"② 印顺认为，太虚通过《楞严经》《起信论》等经典，包括章太炎、谭嗣同等人的佛学论述；以及台、贤、禅、净等思想，接触的是"宋以来的佛法传统""大师心目中的中国佛学，就这样的凝定了，用来适应时代，以从事中国佛教的复兴运动，直到晚年。大师对中国佛教的衰落，及'说大乘教，修小乘行'的情况，归因于佛教徒。对唐以来传承的一切佛法，在进行佛教革新运动中，认为一切经是佛说的"。③ "大师说三宗平等（其实也有不平等），而以宋以来的佛法传统——法界圆觉宗为最高妙。"④ 从《自传》与《年谱》来看，太虚对佛教理论的研习一贯有一种圆融的态度，而且，他对汉传佛教传统台、贤、禅、净等如来藏思想相比较其他两系更为重视，对他的影响也更大。

---

① 太虚：《太虚自传》，《太虚大师全书》第三十一卷，宗教文化出版社，2004，第199页。
② 释印顺：《为自己说几句话》，《永光集》，中华书局，2011，第167页。
③ 释印顺：《为自己说几句话》，《永光集》，第167~168页。
④ 释印顺：《为自己说几句话》，《永光集》，第169页。

一　三系判教

（一）判教的递变：空有两宗三系差异之凸显

近现代，佛教的发展进入一个更为广阔的空间与时间，在空间上，从汉地扩展到藏传、南传等，在时间上，随着佛教历史研究的发展，也突破了由小乘到大乘的直线性理解。所以，无法再以中国佛教传统中的判教，来理解整个佛教的发展及其脉络，这就需要改良传统判教，或者建构一种新的判教体系，太虚围绕三期三系展开的判教，无疑是近现代最具代表性的判教思想之一。

太虚的判教有一个逐渐成熟以及改善的过程，随着太虚本人的研习而出现三个时期不同的判教。在《我怎样判摄一切佛法》中，太虚对自己的三个时期的判教进行了总结，第一个时期与第二个时期的转折点就是 1915 年的普陀山闭关，他改变了第一个时期教下、宗门的分判而提出八宗平等的观点。

第一期教下、宗门的分判，这是在明朝禅、讲、律、净、教的分判传统之上进行的，他认为讲、律、净、教"皆可为教下所摄，故全部佛法，即宗下教下也。离语言文字，离心意识相，离一切境界分别，去参究而求自悟自证者谓之宗；由语言文字建立，而可讲解行持者谓之教。以宗下教下说明一切佛法，是我初期对佛法的系统思想"。① 之所以这样分判，是因为太虚当时对佛法的修学，分为两个方面，一方面是参究禅宗，一方面是听一些经教。通过这样的修学基础，加上 1907 年阅藏将禅、教进行融通，做出教下、宗门的判释。教下宗门的判教显然是受到了禅宗"教外别传"的独特判教之影响，以禅宗的立场来对整个佛教进行判释，除了禅宗自身"不立文字"外，其他华严、天台等都有文字可依，所以，太虚才将离语言文字、心意识、分别而强调自悟自证的禅宗从明朝平等的五门中独立出来。

第二期，太虚通过闭关对佛法的认知发生很大的改变，这一时期的判教与第一期判教相比有两个方面的转变。第一个转变是小乘被融摄进

---

① 太虚：《我怎样判摄一切佛法》，《太虚大师全书》第一卷，宗教文化出版社，2004，第 434 页。

来，在第一期判教中，太虚只是对汉传佛教传统中的五宗进行二分，但是第二期中一个很重要被考虑进来的因素就是小乘，他认为小乘是大乘的方便与阶梯，以大乘为究竟，两者并非平等。第二个转变，在汉传佛教传统中，将毗昙、俱舍、成实、涅槃、地论、摄论等考虑进来，统摄归入其他唯识宗、三论宗、华严宗等，将中国历史上的大乘十一宗归结为八宗，而八宗是平等的，平等的原因在于"境"与"果"，"天台、贤首、三论、唯识、禅、律、净、密这大乘八宗，其'境'是平等的，其'果'都以成佛为究竟，也是平等的，不过在'行'上，诸宗各有差别的施设"。① 太虚八宗平等的判摄已经与汉传佛教传统判教有所不同了，因为他强调各宗之间的"平等"，比如他不同意天台藏、通、别、圆的判教，因为这样的判教将自宗推为最圆满，"我则认为诸宗的根本原理及究竟的极果，都是平等无有高下的，祇是行上所施设的不同罢了。八宗既是平等，亦各有其殊胜点，不能偏废，更不能说此优彼劣，彼高此下"。② 这就是他这一期判教的第二个转变。

第三期是太虚判教的最终版本，并以此为圆满，是在 1923 年左右发生的改变，之所以有二期到三期的改变，他称其为"迥然不同"。虽然太虚并未对发生转变的原因进行论述，但是一个很重要的原因应该是唯识学的盛行以及他与欧阳竟无之间的争论。"大师唱道大乘平等，而宗本在台、禅，得学要于《楞严》《起信》。比年（唯识大盛），大师特于唯识深研，颇有于平等中，对大乘空宗，统唯识于圆觉而立不空宗之意。故于贤首家贬抑唯识处（如判唯识为法相、为大乘，而自居于一乘、法性），起而为之抉择贯通。"③ 印顺在这里所说太虚相对于安立大乘空宗，将唯识统摄于圆觉宗的根据是《对辨唯识圆觉宗》，太虚以唯识与圆觉为一宗，这是在 1922 年春的时候，在《自传》中，太虚说到："壬戌正月，我接受了汉阳归元寺讲圆觉经之请，大约是于二月初进寺开讲，讲到三月初圆满，编印了一本圆觉随顺释科目，并在海潮音上发表了对大乘空宗应以唯识圆觉为一系的论文。"④

---

① 参看太虚《我怎样判摄一切佛法》，《太虚大师全书》第一卷，第 435 页。
② 太虚：《我怎样判摄一切佛法》，《太虚大师全书》第一卷，第 436 页。
③ 印顺编《太虚法师年谱》，宗教文化出版社，1995，第 72~73 页。
④ 太虚：《太虚自传》，《太虚大师全书》第三十一卷，宗教文化出版社，2004，第 235 页。

　　但是到 1922 年底的时候，与欧阳竟无内学院系统发生争论："这一学期，对内学院欧阳竟无等，起了不少的论辩。对梁任公、王恩洋所提出的起信论真伪问题，对景昌极的相分同种别种问题，对吕秋逸的佛诞纪元问题，对欧阳渐的唯识抉择谈，似乎都在这年的上半年或下半年。"① 太虚针对欧阳竟无的《唯识抉择谈》而作《佛法总抉择谈》，在这篇长文中已经表现出三宗的判摄思路，将年初认为应该融通的唯识与圆觉分离成为两宗。

　　在《再论大乘三宗》中，太虚对自己判教过程中的这一改变有过谈论："往者、尝据'空'与'非空不空'，合说大乘为'一切法空宗'、'唯识圆觉宗'之二宗。然以唯识与圆觉犹可分也，故究竟显了乃分三宗。"② 总之，通过对唯识的深入研究，以及与欧阳竟无的讨论，太虚对大乘的判教发生了迥然不同的改变，出现了围绕三宗而展开的判教体系。

　　判教是从纷繁复杂的佛教历史中寻找一条线索，而恰能对佛教整体发展给出一合理的解释，既解释其中各宗的差异性而作区别，也揭示其中的统一性而作整合。纵观太虚判教的三个时期，存在两个转变，从教下宗门到平等八宗，再到三宗，这样的转变其实就是他所理解的佛教各宗之间差异性与统一性的观点的转变。

　　第一个转变，从教下宗门到平等八宗的转变，从强调教下各宗的统一性，到强调教下各宗的差异性，不仅仅是台、贤、慈恩、律、净土、密等各宗，而且还对小乘宗派的毗昙、俱舍、成实之间的差异性有所认识，除此之外的涅槃宗、地论宗、摄论宗等都给予应有的融摄。各宗差异性的认识代表太虚对各宗教义研究的深入，在差异性被肯定的基础上从境、行、果三个方面揭示各宗的统一性，而达到平等。

　　第二个转变，从平等八宗归结为三宗，法性空慧宗（般若宗）、法相唯识宗及法界圆觉宗（真如宗），从大乘八宗的布局到大乘三宗，是将除三论宗及唯识宗外各宗都纳入法界圆觉宗，意味着太虚对其他六宗统一性的进一步深入的认识。

---

　　① 太虚：《太虚自传》，《太虚大师全书》第三十一卷，第 244～245 页。
　　② 太虚：《再论大乘三宗》，《太虚大师全书》第五卷，宗教文化出版社，2004，第 324 页。

太虚判教从合到分再到合的过程，对其空有之争的研究与思考意味着什么？这就需要考察三论宗在太虚三期判教之间的变化。第一期判教中，教下宗门的分判，教包括天台、贤首、慈恩、律、净土、密六宗，并未提及三论宗，原因可能是三论典籍的丧失，使得三论宗湮没无闻，他本人阅读的教典中没有三论宗典籍，并且据太虚所说的明朝对佛法的五门分判中也没有三论宗，所以在第一期分判中不存在空有之争的维度，实际上是以重视理论还是重视实践来作的划分。

第二期判教中，太虚阅读三论章疏后，特别对吉藏的《百论疏》有所感触，而《百论疏》正是杨文会从日本购得的，所以在之前一期判教中没有三论宗，而这一期判教将三论宗举出而平列八宗。但是，这一期判教平等的态度与第一期是一贯的，在境、果上平等，而肯定各宗在"行"上存在差别。在这种意义上来看待空有之争，不仅没有争，而且也不存在了义不了义、究竟不究竟的问题，在"行"上，诸宗各有差别的施设，"这差别的施设，乃各宗就某一点上来说明一切法所起的观行：如唯识宗，以一切法皆是识而说明一切法，三论宗以一切法皆是空而说明一切法，故各宗有各宗的方便殊胜施设。这样来判摄一切佛法与古德的判教，完全不同了……"①

第三期判教中，将大乘六宗合为法界圆觉宗，强调了六宗的统一性，但同时，也强调了般若宗、唯识宗及真如宗三宗之间的差异性，并且在三宗分判之前，太虚曾有一段时间认为法相宗与圆觉宗应该为一宗，理由是都以"非空非不空"为宗，以此区别与法性空慧宗以"空"为宗。不管是两宗，还是区分开法相宗与法界宗之后成为三宗，相较前两期的判教都更为凸显空有之争，即凸显空宗与包含法界、法相的有宗之间的差异，但是这种差异并非是矛盾性，而是一种平等之下的差异，最终还是坚持一贯的差异之上的平等，这就是太虚三期判教的主要精神。

综上所述，从太虚判教的三个时期，两个转变来看，空宗的特殊性不断的提升，与其他各个宗派之间的差异性在不断深化，这种差异恰是使得其他六宗合为法界圆觉宗的原因，因为空宗与其他六宗的差异，如果不是如此的"根本"，那么只需维持第二个时期的判教即可。空宗特

---

① 太虚：《我怎样判摄一切佛法》，《太虚大师全书》第一卷，第 435 页。

殊性不断被凸显出来的同时，意味着空有之间的差异不断呈现出来。但是，这种差异性在太虚看来从来不是"根本"的，不管是在三个时期哪一期的判教，太虚一贯融摄平等的精神，使得空有两宗三系之间的差异都是平等之下的差异。

（二）三期判教：空有之争的历史分判

根据太虚三期三宗的判教思想，三宗是对大乘佛教教义的判摄，相对于三宗，三期更偏向于佛教历史发展的判摄，但这种对佛教历史的判摄并非是单纯的历史研究，更多的是以教义判摄为基础的历史描述。

太虚将佛陀之后的教法分为三期，小行大隐时期、大主小从时期及大行小隐密主显从时期。小行大隐时期，虽然已经存在大乘佛法，但是隐而不显，这种说法虽然缺乏历史学研究的支持，但为大乘佛教的出现并非是无中生有提供依据，可以视为对大乘非佛说的一种回应。大乘佛教主要在第二期与第三期，作为大乘佛教两轮的唯识与中观所引起的空有之争，太虚认为发生在第三期，"约在佛灭千二百年间，大乘空宗产生了清辨，大乘有宗产生了护法。清辨论师传承龙树菩萨毕竟空义破斥有宗，护法论师传承无著菩萨如幻有义破斥空宗，于是大乘空有二宗分道扬镳，互相对立，成为空有之诤"。①

在这一段对空有之争的描述中，体现了太虚关于空有之争的两个观点，第一点，他认为空有之争的出现是清辨与护法的争论，与龙树、无著无关，他认为龙树、无著只是存有空有互相敌对的因子："这种现象，在二期大乘盛行的时候是没有的，以其时龙猛、提婆虽偏重于阐扬大乘毕竟空义，无著、世亲虽偏重于发挥如幻有义，但后者祇是补充前者，并未据为各有所宗，另成一派。但第三期间空有互相对敌的因子，已种于第二期。"②

第二点，太虚认为，之所以空有两宗互相敌对，在于清辨继承了龙树毕竟空义，护法继承了无著如幻有义，互相攻伐。也就是说，他将空宗的根本义归纳为毕竟空义，将有宗的根本义归纳为如幻有义，这与第二期的描述也是相符合的，"继有龙树、提婆应运而生，对破一切有部等

---

① 太虚：《我怎样判摄一切佛法》，《太虚大师全书》第一卷，第439页。
② 同上。

法执，阐扬大乘毕竟空义。后复有无著、世亲兴起，发挥大乘妙有之理，对一切法空的基本思想，加以补充的说明。他认为一切法虽说是毕竟皆空，然其中的因果，有条不紊丝毫不爽，故说明一切种。成立阿赖耶。这在教理上，是发挥得淋漓尽致了"。① 可见，他认为两宗分别阐扬毕竟空义与如幻有义，在龙树与无著之时并没有发生争论，无著只是以"补充"来对毕竟空义做进一步的发挥。

综上所述，空有之争在义理上是毕竟空义与如幻有义的争论，人物则是清辨与护法的争论，空有之争之所以产生，龙树学与无著学虽然已经种下敌对的因子，但是只是"偏重"不同而导致的差异，后出的无著学本身是对龙树学的"补充"。太虚对空有之争这样的理解，基本上是承袭了汉传向度空有本无争的观点，将空有之学视作相夺相成的关系，无著是对龙树中观学的补充。

（三）三宗判教：空有之争的宗义抉择

太虚判教体系中最重要的就是他的三宗分判，在《佛法总抉择谈》、《我怎样判摄一切教法》、《再论大乘三宗》、《大乘位与大乘各宗》、《三唯论图释》、《佛学大系》、《对辨唯识圆觉宗》及《大乘宗地图释》等文中都有阐述。

大乘三宗的分判形成于 1922 年所作的《佛法总抉择谈》，依三性将大乘佛教分判为三宗："今作佛法总抉择谈，将以何为准据而抉择之耶？曰：依三性。盖三性虽唯识宗之大矩，实五乘法之通依也，故今依以为抉择一切佛法之准据焉。"② 在此之前，太虚并没有以三性来分判三宗的观点，1922 年春所作的《对辨唯识圆觉宗》，他所作的分判还是在华严、天台的判教思想以及圭峰宗密破相宗、法性宗、法相宗等思想的基础上进行分判，并没有以三性来抉择三宗这样的想法。即使在 1921 年《佛学大系》中提出的三唯论，唯心论、唯性论、唯智论，非常近似于三性判三宗，但分判的基础却大为不同。

在《佛学大系》中，是以回答三个问题来展开的，"一、名名色色的'本来'是什么？二、名名色色的'现行'是什么？三、名名色色的

---

① 太虚：《我怎样判摄一切佛法》，《太虚大师全书》第一卷，第 439 页。
② 太虚：《佛法总抉择谈》，《太虚大师全书》第十卷，宗教文化出版社，2004，第 373 页。

'究极'是什么？"①"本来"指的是真如，唯性论旨在说明作为本来的真如；说明本来与现行关系，归结都是识的唯心论；以及说明这个本来的妙觉的唯智论。可以发现，三唯论是围绕真如而展开的，所谈论的三个方面指的是：真如，真如与万法的关系，如何认识真如。其与如来藏思想的关系可谓千丝万缕，但在空有之争的框架中需要追问的一个问题是，空宗在哪里？

按照"三唯论贯通"中的表格，嘉祥宗即三论宗从教观入，与从证悟入的禅宗同为唯性论。但是，在唯性论的阐述中，即回答万法本来的过程中，并没有提到"空"或者"无自性"等空宗范畴，而是从真常的角度论证，诸法变异故不真，真如不变异故真。这样的说明方法，与龙树《中论》中所谈论这一问题的思路是存在差距的，"若诸法有性，云何而得异，若诸法无性，云何而有异"。② 中观是不认可有一个常恒不变的自性的，因为有这样的自性存在，诸法就不能够变异、变化，这是中观学针对说一切有部自性义提出的。太虚论述真常乃万法本来，当然与说一切有部的观点是不同的，但是从论述上来说确实有清辨所批判的似我真如的表达形式，比如他说："恒通遍满于无数无数类差各别，极速极速生成坏灭的名名色色，确实是有未尝异未尝变、永不异永不变之性的。"③ 这样的说法，当然与部派自性义是不同的，但是其论述的角度并非是空宗擅长的遮诠，而是从表诠上肯定诸法无自性的空性，这样的观念与空宗通过遮诠否定自性的角度是不同，其实质就是"理论渊源"章中晋水净源与僧肇之间的理论差异。

遮诠作为中观学的特征，是被太虚所肯定的，他在《再论大乘三宗》中，就是以唯破、安立以及破立同时来区别三宗，"法性非安立故，一切名相不可施设故，唯用遮词遣破，破如可破，毕竟无一名之可得。故唯引发法空般若以通达之，龙树系大乘学属之"。④ 法性因为是真谛，一切名词概念都不能表达，只有通过遮诠否定的方法进行表达，但是，通过否定并没有确立任何名词的真实性，只有引发法空不二的般若智慧

---

① 太虚：《佛学大系》，《太虚大师全书》第一卷，宗教文化出版社，2004，第264页。
② 《中论》卷二，《大正藏》第30册，第18页。
③ 太虚：《佛学大系》，《太虚大师全书》第一卷，第265页。
④ 太虚：《再论大乘三宗》，《太虚大师全书》第五卷，宗教文化出版社，2004，第325页。

通达，龙树代表的中观学就是这一系。太虚在这里说明了龙树系"唯用遮词遣破"，但是在《佛学大系》中三唯论的论述中，包括三论宗的唯性论的论述中，却是从表诠的角度肯定了真常的真如。

如上所述，太虚在 1921 年以表诠来阐述嘉祥的唯性论，到了 1928 年《再论大乘三宗》则明确地以遮诠为空宗特质，一方面是他思想的发展使得观点发生了转变，另一方面，在《佛学大系》中，太虚只谈到了嘉祥宗，即以吉藏著疏作为判断依据，并没有由此而扩大到整个中观宗，正如本书第二章对吉藏思想的分析，其本身融摄的涅槃思想使得三论宗思想表现为一种空、有的融合性。不管怎样，从 1928 年太虚所揭示空、有两宗遮、表的差异来考察 1922 年的"三唯论"，可以发现，太虚是以有宗的立场在诠释空宗，通过作为"空所显性"的真如来诠释空宗之"空"。

在 1923 年《三唯论图释》中，太虚对三唯论进行改进，建立了唯识论、唯境论、唯根论。在这个分判中，"天台宗言一心三观从一境三谛而发，三论宗虽言毕竟空而空即是境，故此二宗皆属唯境。密宗有金刚、胎藏二界；胎藏界说众生理性如藏胎中，开显即为佛境，故当属唯境论"。[①] 除了三论、天台以及金刚界密宗外，净土一分也属于唯境论，而之前与三论并列为唯性论的禅宗则与华严同为唯根论。可见，《三唯论图释》中的"三唯论"与《佛学大系》已经大不相同，除了唯识学仍旧属于唯识论、唯心论，唯性、唯智与唯境、唯根的安立已经极为不同了，意味着太虚对于如来藏系宗派与空宗思想的理解的改变。

建构唯境论的依据，在于《成唯识论述记》中窥基对清辨的评价，《成唯识论述记》原文是："清辨计总拨法空，为违中道，强立唯境，诸心所现即是唯境，有何心也？顺世外道亦立唯有四大种色。若依此义四句分别，清辨、顺世有境无心……有相无见，谓清辨师。"[②] 窥基评价清辨有境无心，所以称其唯境。但是《述记》中对清辨还有另外一种说法："清辨计言，若论世谛，心、境俱有。若依胜义，心、境俱空。经中所言唯心等者，识最胜故，由心集生一切法故，非无心外实有境也。"[③]

---

① 太虚：《三唯论图释》，《太虚大师全书》第五卷，第 323 页。
② 窥基：《成唯识论述记》卷一，《大正藏》第 43 册，第 237 页。
③ 窥基：《成唯识论述记》卷一，《大正藏》第 43 册，第 236 页。

"清辨亦云，若约胜义诸法皆空，唯有虚伪，如幻化等。若约世俗，见、相俱有，许有外境，故非唯识。"① 第一种说法，窥基称清辨唯境，并称清辨有境无心、有相无见。第二种说法认为，对清辨来说，俗谛心、境俱有，真谛心、境俱无，并强调见分与相分在世俗谛是存在的，这与前一种"有境无心"的判断完全违背。并且考察上下文可以发现，"唯境"一段是对上文的一个总结，在上文中对《成唯识论》"或执内识如境非有"②，已经批评了清辨否定心、境的观点，为什么在总结的时候却与上文的分析相违背呢？结合玄奘翻译的《掌珍论》《广百论释论》等，清辨的主张与后一种说法是一致的，并非"有境无心"，而是心境俱无。

可见，从窥基整体的说法来看，"唯境"并非是认为清辨以外境为真实，根据窥基的《大乘法苑义林章》，"唯"有简持、决定、显胜义三种意思③，"唯境"所显示的意思是"心"不能单独存在，必须依靠"境"而缘生，所以这里的"唯"只是否定离"境"之"心"。但是，太虚却以此义建构唯境论，"'唯'者，独此无余义，谓除此以外更无所有"。④"能唯之色声香味触五尘，可摄眼耳鼻舌身五根。又摄前五识；其能唯之法尘，一分能缘者摄六识，一分所属及能缘者摄六根：此唯境论亦可理善成立。"⑤"毕竟废除主观心意识了而唱唯境论"⑥ 同样认为清辨主张唯境，窥基与太虚认识的差异在于，前者是简别离境之心，后者是独境无心，也就使得清辨在他们印象中唯境之程度不同。但有一点是统一的，都是以唯识宗的立场来评判清辨对唯识的破斥，即以唯识宗的立场来称谓中观宗为唯境宗，难怪同情空宗的印顺在《年谱》写到这一段时，要加一个评语"实非空宗学者所许"⑦。

纵观两次三唯论的分判，从以真如为核心的分判，再到以根、尘、识为据的分判，都无法合理地融摄三论宗、中观宗，或与禅宗合为唯性

---

① 窥基：《成唯识论述记》卷三，《大正藏》第43册，第318页。
② 窥基：《成唯识论述记》卷一，《大正藏》第43册，第236页。
③ 窥基：《大乘法苑义林章》卷一，《大正藏》第45册，第260页。
④ 太虚：《三唯论图释》，《太虚大师全书》第五卷，第320页。
⑤ 太虚：《三唯论图释》，《太虚大师全书》第五卷，第322页。
⑥ 太虚：《略评〈新唯识论〉》，《太虚大师全书》第二十八卷，宗教文化出版社，2004，第138页。
⑦ 印顺编《太虚法师年谱》，第86页。

论，或与天台合为唯境论，而且所分判的依据，或者是以表诠的真如为基点，或者是以唯识学窥基对清辨的评价为基准，意味着在这个时期，太虚对中观学的了解并不充分。但是，恰恰是在对中观学了解并不充分的基础上，他在对中观宗、三论宗、清辨之学的评判上表现出，一方面，他对整个佛教的融摄愿望以及思考模式；另一方面，他在这一时期对空宗与有宗之间的差异并不清晰，这可以从两个三唯论来看。第一个三唯论，他以回答诸法本来，来安立三论宗为法性宗，不管太虚这里所说的真如就是"空"，或者是"空所显性"，将此作为诸法本来的提问方式以及论述方式都并非是中观学的，存在遮、表的差异；第二个三唯论，他以清辨为"唯境"，认为是对外境的肯定，根据1927年《宗依论》的论述："分有情身器之蕴素为十二处，若除意处，几乎全同机械的人生世界观。即其意处，亦不过前刹那垂灭——等无间缘——之六识；而六识则不过十二处相触所生之刹那灭虚伪相——近于行为派谓心理但是物体刺激有机体所生之反应状态——。此为极端破除有情内我——神我或灵魂等——之存在者，可成立唯根论或唯有机体论，所谓'唯是六根，更无他物'是也。亦可成唯境论或唯机械性——缘生法——论，所谓'心本无生因境有，境若灭时心亦亡'是也。故与大乘唯识教违反最甚，二十唯识颂特论之。"[1] 将唯境论近似等同于唯物论、唯机械性论以及唯尘论，这与窥基简离境之心的唯境论说法已经不同了，与清辨的主张则形成更大的差异。可见，太虚两次三唯论的分判对空宗义理的融摄都并不圆满，一方面是他获得并研读三论、中观典籍并未充分的原因，而另一方面，他本人的思想基点并非立足于中观学，与作为中观学者的印顺明显不同，正如印顺本人所体会到的那样。

在三唯论改进的基础上，太虚进一步提出了三宗的判教。《佛法总抉择谈》分判三宗的依据就是三性，太虚认为虽然三性是唯识宗的特质，但是可以认为是人天乘在内的五乘法共通的理论，所以以三性来分判。太虚认为，三宗各偏诠一性，将一性扩大而缩小其他两性，般若宗偏依遍计所执性，扩大遍计所执性，而将其他两性摄入遍计所执性中。唯识论扩大了依他起性，真如宗则扩大了圆成实性。

---

① 太虚：《宗依论》，《太虚大师全书》第二十卷，宗教文化出版社，2004，第289页。

太虚这么分判的依据来自窥基《大乘法苑义林章》："摄法归无为之主故，言一切法皆如也；摄法归有为之主故，言诸法皆唯识；摄法归简择之主故，言一切皆般若。"[①] 窥基认为，将一切法融摄入无为法，则肯定了真如的普遍性；将一切法融摄入有为法，则会凸显识的普遍性；将一切法融摄入智慧，般若的普遍性就会呈现出来。太虚依据窥基的说法，将一切法摄入无为法的真如、有为法的依他起性以及拣择之般若。窥基的说法中并不含有三性为依的意思，将有为之主、无为之主、简择之主与三性匹配，应该可以看作是太虚的创见，只是在窥基那里获得了一些启发。

太虚综合窥基的分判与三性进行判教，以唯识宗的理论来分判整个佛教，就空有之争的维度来看，对于中观宗的分判就是个值得考察的问题，因为中观宗与唯识宗在理论上多有龃龉。在三宗判教中，中观宗被判为般若宗，即扩大遍计所执性，而摄依他起性与圆成实性，"偏依托遍计执自性而施设言教者，唯破无立，以遣荡一切遍计执尽，即得证圆成实而了依他起故。此以十二门、中、百论为其代表，所宗尚则在一切法智都无得，即此宗所云无得正观，亦即摩诃般若；而其教以能起行趣证为最胜用"。[②] "般若宗最扩大遍计执性而缩小余二性，凡名想之所及皆摄入遍计执，唯以绝言无得为依他起、圆成实故。故此宗说三性，遍计固遍计，依他、圆成亦属在遍计也。"[③] 般若宗将一切语言、思维摄入遍计所执性，通过遣除遍计所执性而"绝言无得"。太虚以"绝言无得"为依他起性与圆成实性，圆成实性作为遣除遍计所执性后所呈现的诸法实相是题中之义，但是，依他起性又如何摄入"绝言无得"？所以，太虚以三性来分判佛教，在空有之争问题上，还是陷入老问题，即三性与二谛的不完全匹配，使得依他起性破、立不同。在1937年《汉藏教理融会谈》中，太虚就说到"有宗讲三性，但三性不是共通常谈的"。[④] 所以，太虚在《会谈》中不是以三性，而是以二谛来考察空、有问题。

综上所述，通过探讨太虚三宗判教的基础，《佛学大系》三唯论的

---

① 《大乘法苑义林章》卷一，《大正藏》第45册，第260页。

② 太虚：《佛法总抉择谈》，《太虚大师全书》第十卷，第375页。

③ 太虚：《佛法总抉择谈》，《太虚大师全书》第十卷，第377页。

④ 太虚：《汉藏教理融会谈》，《太虚大师全书》第一卷，第349页。

基础是围绕真如展开的，以此判中观宗为唯性论，但这样的分判忽略了空有两宗遮、表的差异；《三唯论图释》以窥基对清辨"唯境"的评论而将中观宗判为唯境论，这样的分判不仅没有考虑《掌珍论》《广百论释论》之中清辨的思想，也没有完全展开窥基"唯"简离境之心的意思，单以与唯识相对而立，难以完满融摄，并且存在以唯识义抉择空宗的倾向；《佛法总抉择谈》以三性来分判三宗，认为中观宗扩大了遍计所执性而缩小了其他两性，以两性为"绝言无得"，其实也同样难以逃脱关于依他起性有、无的老问题。

可见，太虚分判所体现出来对于空有两宗宗义之抉择，虽然秉持融摄的平等，但是由于本人的佛学进入故而或以唯识宗来分判，或以真如宗来分判整个佛教，都是以"有宗"的名相来表达融摄空宗教义，进而抉择空有两宗的差异，所呈现出来的差异并不会激化为"空有之争"。所以，太虚三宗判教从一开始就是坚定的空有无争的立场，而这种立场多以擅谈法相、真如的有宗教义融摄空宗，并没有关注空宗对有宗的批判。

二　三系宗义研究

（一）法性空慧宗与法相唯识宗之差异

在三宗判教的框架中，太虚对中观宗界定过不少名称，比如般若宗、空慧宗、法性般若宗等，不同的名称不仅意趣不同，往往分判依据及区别他宗之特质也各有偏重。种种名称中，太虚最常用的应该是"法性空慧学"，并在1942年汉藏教理院讲《法性空慧学概论》，可以视作太虚对空宗教义的系统讲说。

在1928年《再论大乘三宗》中，太虚根据《瑜伽师地论》中法性、法住、法界来判定包括法性空慧学在内的三宗。法性，一切名相不可施设，只用遮诠遣除，只有通过般若通达，所以称其为法性空慧宗，大乘龙树系属于这一宗，与法相唯识宗及法界圆觉宗并立为三宗。当然这三个概念并非在此文首次提出，1922年武昌佛学院所讲的《佛教各宗派源流》，文中明确以三论宗为法性空慧宗，但没有提到法相唯识宗与法界圆觉宗，当然也没有明确区别三宗，更没有提及三宗判教之依据。1925年的《论法相必宗唯识》驳斥欧阳竟无包摄三宗的法相义，认为三宗不同，不可融摄于法相学内。同年，《佛法大系》也提到两者之位别。1926 年《能知的地位差别上之所知诸法》也是以讨论根本智与后得智的差别而提及，对两宗的差异或者分判的根据都没有进行广泛的阐述。

1931 年讲的《大乘宗地图释》中虽然以八宗而非三宗的框架来分判大乘佛法，但是其中对于法性空慧宗的部分，太虚进行了非常详细的讨论，直接以法性空慧宗等同于三论宗，这个分判并没有以扩大遍计所执性来进行说明，而是以法性与空慧展开，"以龙树学系之所显为法性，以能显法性二空慧故，立名曰法性空慧宗"。① 之所以强调法性与空慧，是因为太虚认为此宗以般若空慧直显诸法法性，以此区别其他宗派。

根据《大乘宗地图释》与太虚的其他著述，关于空有两宗的差异，大体可以归纳为七点。第一点，"问：性宗明诸法空遣一切执，此宗亦明空理空观遣我法执，有何差别？答：性宗从般若——空慧——直显诸法毕竟空，遣我法执；相宗从唯识明一切法相依他起故空无自性，遣我法执，是故不同"。② 这是太虚直接表达关于空有两宗之差异，他认为，空宗以般若直契法性之空，唯识宗则是通过唯识了知诸法依他起故空，前者相比较后者更为直接，以空慧直显。

第二点，空有之争关键在于有所得与无所得的差异，而这样的阐述之立场是法性空慧宗的，"以法性宗为立场而观八宗有无所得法、有所得法之一对：无所得法即法性宗，谓一切法皆无所得，乃至有一法过于涅槃者亦不可得，破而不立，显至究竟亦不可得，故曰无所得法；余七宗为有所得法，思之可知"。③ 在法性空慧宗看来，除了自宗之外，其他各宗都是有所得法。"无所得"是般若类经典以及三论宗嘉祥惯用之表述，表达的意趣就是对自性的否定，其实质就是空，那些空的不彻底的宗派一概会被视作"有所得法"。

第三点，空有之争所凸显的显密差异，这个阐述的立场是法相唯识宗的立场。"依法相宗为立场而观八宗则有显了教隐密教一对：显了教即是法相宗，众生法佛法心法等皆了然显示明确建立故；余七宗皆为隐密教，所说之义虽已竟了，而能诠之文教多未明显，是故曰隐密教，唯识

① 太虚：《大乘宗地图释》，《太虚大师全书》第五卷，第 414 页。
② 太虚：《大乘宗地图释》，《太虚大师全书》第五卷，第 423 页。
③ 太虚：《大乘宗地图释》，《太虚大师全书》第五卷，第 453 页。

经论所谓密意趣语是也。"① 其根据就在《解深密经》，显密之间的差异其实就是了义不了义的争论，唯识宗认为自宗所依经典之教是已经说明、说尽了的，而其他宗派所依经典还能再引申，所以以自宗所依教为了义。

第四点，空有两宗所起观行不同，太虚将佛教分为四类：佛力加持类、善法增上类、超理直行类及胜解观行类四种，法性空慧宗与唯识宗都属于胜解观行类，因为两宗都重视教理知解，由胜解而起观行。但两宗观行不同，性宗为实相观，观实相而成就般若；法相宗则是唯识观。

第五点，遮表不同，在《论法相必宗唯识》中，太虚简别中观宗不属于欧阳竟无所说的法相学，所以认为"遮破法执之空慧非法相""余尝于中国大乘八家，观其诠表宗依之相类者，判为三宗：一者、法性空慧宗，二者、法相唯识宗，三者、法界真净宗。盖遮执空慧，即此中之法性空慧"。②

第六点，般若宗是登地前教法，助于获得根本智，而唯识宗则是初地以上后得智境，"般若宗为地前'破执'之教，故为最下；唯识宗乃初地以上'后得智境'之教，故为处中……"③

第七点，毕竟空与如幻有的差异，"猛龙、提婆渐偏重阐扬大乘毕竟空义，以治外小之增益执。无著、世亲渐偏重阐扬大乘之如幻有义，以治外小之损减执。但仍互融无间，未据所宗自为其派，故此前皆可谓之未分宗派之大乘也。……清辨论师远尊文殊，宗本龙猛、提婆造大乘掌珍论等，为欲极显毕竟空义故，破斥兼及护法等师。而护法论师远尊弥勒，宗本无著、世亲造成唯识论等，为欲极彰如幻有义故，破斥兼及清辨等师"。④

以上七点是太虚经常提及的观点，根据第一点般若所通达空性、第二点所宗无所得、以及第五点毕竟空，对于法性空慧学所代表的空宗对有宗的批评的核心其实已经展现出来了，即空的不彻底、有所得、有识可唯等，但太虚并没有将这些批评描述成矛盾，而是理解为差异。

① 太虚：《大乘宗地图释》，《太虚大师全书》第五卷，第453页。
② 太虚：《论法相必宗唯识》，《太虚大师全书》第十卷，第456页。
③ 太虚：《略评〈新唯识论〉》，《太虚大师全书》第二十八卷，第139页。
④ 太虚：《佛教各宗派源流》，《太虚大师全书》第二卷，第237～238页。

（二）关于阿赖耶识与依他起性的考察

在太虚看来，中观宗与唯识宗在理论上存在七点差异，但是这七点并非水火不容的矛盾。那么，太虚是怎样看待汉译典籍以及藏传典籍中的空有之争的呢？关于清辨与护法的争论，太虚的观点是一贯的，认为两者过于偏重宣说毕竟空与如幻有，虽然相夺，但实际上是相成。在龙树、无著那里，并不存在空有之争的理论矛盾，无著如幻有只是对毕竟空的"补充"。

太虚的观点与法藏在《十二门论宗致义记》中的观点完全一致："清辨等破有令尽，至毕竟空，方乃得彼缘起幻有。若不至此毕竟性空，则不成彼缘起幻有，是故为成有故破于有也。……护法等破空存有，幻有存故，方乃得彼不异有之空。以若不全体至此幻有，则不是彼真性之空。是故为成空故，破于空也。若无如此后代论师，以二理交彻全体相夺，无由得显缘起甚深，是故相破反是相成。"① 法藏认为，清辨通过破除自性来呈现毕竟空，毕竟空而不坏缘起幻有之诸法，反以相成；护法破空存有，破自性空见而保留如幻缘起有，才使得空不断灭，不异缘起。所以，清辨与护法互相破斥，使得对方理论之错误及末流的执着被遣除，才能显示真实空义。太虚在《我怎样判摄一切教法》《佛学概论》《大乘宗地图释》《佛教各宗派源流》《瑜伽真实义品讲要》等各个时期的作品中都坚持此观点，可见，这是他的一贯立场。

太虚既然坚持如此一贯的观点，认为空有无争，相夺相成，那么，他就需要对汉译典籍中清辨与护法的争论，以及藏传典籍中月称、宗喀巴对唯识学的批判给出一个合理的解释，主要是作为争论核心的阿赖耶识与依他起性的问题。

在1941年汉藏教理院所讲的《诸法有无自性问题》，可以说是太虚对空有之争的一个总结，因为中观宗对唯识宗的批判，是围绕其依他起性与阿赖耶识的自性有无问题，而中观宗对如来藏思想的批判也是针对清净本体的自性问题，在这篇讲稿当中，太虚对这些问题都给予了说明，表达了他对空有之争的整体观点。

《诸法有无自性问题》全文除序言外大致分为四个部分，谈了小乘

---

① 法藏，《十二门论宗致义记》卷一，《大正藏》第42册，第218页。

乃至大乘三宗的有无自性说。关于空宗的有无自性说，根据龙树、提婆的论，太虚认为，从最彻底的诸法缘起的立场出发，来显明无自性的空义，所以世间法、出世间法、有为法、无为法、有漏法、无漏法等一切诸法，都是必须彻底的缘起而空无自性，同时也是空无自性而缘起的。进而发展到月称以及清辨，"在胜义谛上看，不问有为无为，毕竟都是空无自性的，这一'胜义皆空'义，是二派共同的，没有异义"。① 中观宗之所以被称为空宗，原因就是胜义谛空，月称、清辨虽各成派，然对中观宗的共义是不会有差别的，但是月称回应清辨对佛护的批判，认为清辨在世俗谛肯定诸法自相，是空的不彻底的表现。太虚认为，月称与清辨在俗谛上的差异只是名相不同而已。

太虚认为，清辨与月称虽然在俗谛的表达上看似矛盾，但是如果仔细考察，就会发现两者其实是一致的。他之所以如此认为，原因在于月称虽说诸法在俗谛层面也是无自性的，但是肯定其假名，所以月称并不否认世间法、出世间法等一切法，反而因为空无自性而成立业果等一切法。太虚的这种说法，表达了他对月称的肯定，因为唯识学认为月称否定了俗谛的自性而落入了断灭空，从太虚的观点中可以发现，他并不认可唯识宗对月称的批判。另一方面，他对清辨的看法是："清辨所说之有，也就是因缘生起的缘起有。这缘起有，一面是无自性故空；一面是因缘生故有。由是考究，世俗谛上月称所说的假名，与清辨说的实有，不过名词上的差别而已。"② 按照藏传译典《入中论善显密意疏》《辨了不了义善说藏论》以及法尊的几篇文章，包括藏传宗义书的说法，清辨安立的不是缘起有，而是自相有，自相即自性，所以一般认为清辨在俗谛层面所肯定的"有"是自性有，而太虚却认为清辨之有是缘起有，原因在于他对唯识宗"依他起性"的理解。

清辨在俗谛层面是肯定依他起性自性有的，与唯识宗相同，清辨之所以广破唯识宗，是因为他认为唯识宗依他起性自性安立于胜义谛，"如为弃舍堕常边过说彼为无，亦为弃舍堕断边过，说此为有，谓因缘力所生眼等世俗谛摄，自性是有，不同空华，全无有物，但就真性，立之为

---

① 太虚：《诸法有无自性问题》，《太虚大师全书》第一卷，第335页。

② 太虚：《诸法有无自性问题》，《太虚大师全书》第一卷，第336页。

空。是故说言，依此故空，此实是有。如是空性，是天人师，如实所说。若就此义，说依他起自性是有，则为善说。如是自性我亦许故，随顺世间言说所摄，福德智慧二资粮故，世俗假立所依有故，假法亦有"。① 清辨认为，从避免落入断灭空的过错来看，应当肯定依他起性的自性，这也是他为什么安立"真性有为空"以"真性"来限定空的范围的原因，当然也是月称批判他不究竟的原因。清辨对依他起性的猛烈抨击是在胜义谛层面，"若建立依他起性世俗故有，便立已成。若立此性胜义谛有，无同法喻。如已遮遣执定有性，亦当遮遣执定无性，是故不应谤言增益、损减所说依他起性"。② 清辨认为，在胜义谛层面肯定依他起自性，是对依他起性的增益执；而相对的，在世俗谛层面否定依他起性自性，是损减执。

依他起性自性的安立，直接导致了月称对清辨的批判，而太虚则认为清辨世俗谛所肯定的诸法自相安立等同于月称的假名安立，在另外一篇《汉藏教理融会谈》中："依我看来，这立不立自性，不过名词上的区别；以清辨等的自性也是就缘生法假名的，并不同世间所执的实我实法——实我法的自性，唯识和清辨都是早已破除了。……不但清辨不执，即有宗也是不执的。"③ 可见，太虚对于清辨安立的依他起性自性的理解与月称是不同的，这一不同直接关系到太虚对空宗批判有宗依他起性问题的看法，当然也直接反映出太虚对空有之争的观点，所以他才说有宗也是不执这个自性的。

在"唯识宗的有无自性说"章节，太虚明确说明依他起性就是缘起法："依他起性的正义，就是缘起法，所以古来也有译作'缘起性'的；依他众缘和合生起的诸法，叫'依他起性'。"④ 将依他起性理解为缘起性，这是太虚一贯的观点："奚谓依他起性？曰：训其名义，则依者藉仗，他者因缘，起者转变；转变之相、即是因缘所作，因缘之起、由于互相藉仗，仗因藉缘、乃成转变之相、故此三义不可离减。"⑤ "依他起

---

① 《大乘掌珍论》卷一，《大正藏》第 30 册，第 272 页。
② 同上。
③ 太虚：《汉藏教理融会谈》，《太虚大师全书》第一卷，第 358 页。
④ 太虚：《诸法有无自性问题》，《太虚大师全书》第一卷，第 337 页。
⑤ 太虚：《成大乘论》，《太虚大师全书》第五卷，第 305 页。

自性，是由种种分别之缘所成的，除了各各分别之缘，亦没有所谓依他起性的自性。"① 在太虚看来，依他起性就是缘起性，并没有所谓的自性，所以，依他起性从来不是一个需要空宗驳斥的有宗教义。

关于阿赖耶识的问题，太虚认为，也是属于依他起性所生，意味着众缘所生而无自性的，"唯识的'识'，以标准的唯识宗义看，是属依他起性众缘所生的；若离开依他起性谈识，则将超越唯识宗的思想范围，走入他宗的思想体系。识、有能了别转变一切法的雄力，是依他起法中最殊胜最主要的法；所以唯识宗看一切法，或可离言而有，但决不可离识而有"。② 太虚认为，唯识理论中，一切法不可脱离作为依他起性的因缘，包括识也是，而识是诸依他起法中最主要的法，凡是认为离识而有诸法的已经不符合唯识宗的理论了。

基于将依他起性等同缘起性的观点，太虚认为唯识宗与中观宗的差异在于"离言不可离识"与"离识不可离缘"，"唯识宗是以可离言不可离识来说明诸法或有自性或无自性的。空宗是以可离识不可离缘来说明诸法都无自性的。然'识'也是缘起法，以缘起义说'识'也空无自性，是毫无问题的；但不可离缘的法，是否都不可离识，或不可离假名，则不无问题"。③ 中观宗以是否符合缘起来判定有、无自性的问题，在太虚看来，既然阿赖耶识是缘起法，并且与等同因缘的依他起性息息相关，那么，唯识宗自然是符合中观宗所高唱的空义的。

（三）驳斥月称之批判

关于依他起性与阿赖耶识的自性问题，因唯识宗后出于龙树，故龙树并未对此进行论述，但中期中观学的清辨与月称则都以此为批评唯识宗的焦点。由于清辨《般若灯论》批判部分未译，仅存《掌珍论》及护法《广百论释论》中之驳斥，所以展开并未详细。但是，月称对唯识宗的批判则由于法尊的翻译而相对清晰地展现在近现代佛学研究者面前。太虚在看完《入中论》之后围绕空有之争问题，就月称的指责特别做了一番讨论，在《阅〈入中论〉记》的第四部分，以"朋护法者"与

① 太虚：《〈唯识三十论〉讲要》，《太虚大师全书》第九卷，第243页。
② 太虚：《诸法有无自性问题》，《太虚大师全书》第一卷，第339~340页。
③ 太虚：《诸法有无自性问题》，《太虚大师全书》第一卷，第341页。

"党月称者"展开论述。

太虚认为，自己并不是朋护法者，只是为了破斥月称，故而假立一个朋护法者，但是，文中所说诘问驳斥都可以代表太虚本人的观点，足以反映出他对月称攻难的回答。文中第四个诘答就是关于依他起性的，代表月称在《入中论》及《辨了不了义》中对唯识宗依他起性的批判，太虚归纳为三个方面："汝依他性三相安立：一、无所知，二、从自内习气而生，三、有自性非戏论境为假有法依处。……有此依他起性，岂非违诸法空无自性耶？"① 以三相安立依他起性，这在中观宗看来是违背缘起无自性的，也就是违背中观宗最核心的理论——"空"。

首先第一个方面，无所知。"诘曰：汝'无所知'定义如何？答曰：所知是境，汝等执为内识而无外境，故'无所知'。"② 月称认为，唯识宗否定外境，唯有内识，只有能知，没有所知，这是违背境、识相待的缘起的。在中观宗看来，内识、外境有、无相同，月称的本偈是："无色不应执有心，有心不应执无色。般若经中佛俱遮，彼等对法俱说有。"③ 宗喀巴对月称的理论进行了进一步的解释："若许无外色者，则亦不应执有内心。若许有内心者，则亦不应执无外色。若时以正理推求假立义，了知无外色者，亦应了达无有内心，以内外二法之有，皆非正理所成立故。若时了达有内心者，亦应了达有外色。以二法俱是世间所共许故。此说唯识师，许心色二法有无不同者，其所无之色，谓无外色。"④ 在《般若经》中，佛对于能知之心与所知外境之自性都是否定的，而在说一切有部那里，能、所是俱有的，能、所的有无应该是俱有、俱无，以此来否定唯识宗唯有内识的主张。

太虚认为，唯识宗并没有否定所缘、所知境，只是认为这是内识所变现的，不存在脱离识的外境，并引用了《成唯识论》来说明唯识是诸法皆不离识的意思。对此，月称在《入中论》的回答是："经说外境悉非有，唯心变为种种事，是于贪著妙色者，为遮色故非了义。佛说此是

---

① 太虚：《阅〈入中论〉记》，《太虚大师全书》第二十八卷，第71页。
② 同上。
③ 宗喀巴：《入中论善显密意疏》，《宗喀巴大师集》第三卷，法尊译，民族出版社，2000，第409页。
④ 同上。

不了义。此非了义理亦成，如是行相诸余经，此教示显不了义。"① 月称认为，《楞伽经》中以外境无，而内识变现为见、相二分等安立所缘、所知的说法，只是为了遣除凡夫对于外境之"色"自性执着，是不了义的。

太虚以中观宗的立场从二谛理论进行驳斥，唯识否定识外之境，识内境也只是世俗有，那么在胜义谛上唯有内识，也就是肯定了内识胜义自性，所以说唯识还是违背缘起的。太虚的回答是："此汝妄计，非吾宗意。吾宗所取即境，能取即心，执法自性，属所取境，汝执法无自性亦所取境。汝等所执取境尽空，则诸能取心识亦空，证真胜义。说识亦胜义有，乃世俗胜义有，非胜义胜义有。"② 太虚认为，这是中观宗对唯识宗的片面理解，并不是唯识宗的本意，唯识宗于内识中建立二分等安立能、所，是符合缘起的，然后，通过外境空而内识亦空，并以窥基的四圣谛来回答中观宗二谛之中内识胜义有的质难。

在《汉藏教理融会谈》中，太虚主要从二谛的角度探讨了空有之争，其中以中观宗的二谛与窥基所构建的四重二谛做了比较，认为："从世间世俗到证得世俗皆无非是世俗假法，虽然弯弯曲曲的说世间胜义等，其结果仍不过说明缘生性空，不出空宗的二谛理，此空宗义岂不简明确实？何用弯弯曲曲于胜义上生许多障碍，反使其不直截明显！故不如空宗因缘生法自性皆空来得爽快。"③ 窥基在胜义、世俗各安立四重二谛，世俗后三与胜义前三相对，太虚认为，全部世俗谛及胜义谛前三都是中观宗所说的俗谛，唯有最后一重真谛是中观宗所说的胜义谛，两宗二谛并无差别。

在这样的二谛理解中，太虚认为，唯识宗以唯识为胜义，是世俗胜义即第三重胜义谛，并不是胜义胜义即第四重胜义谛，对应到中观宗二谛，则唯识只是俗谛，而不是真谛，所以月称在真谛层面批判唯识是一厢情愿，因为唯识宗并不在最高层真谛上肯定唯识，太虚才说要从外境无内识有进一步能取心亦空。这样的看法确实是符合中观宗的，但是却有将唯识视作不了义的危险，将唯识作为进入心、境皆空的方便，完全与宗喀巴以及月称视唯识为阶梯统一了。所以，太虚紧接着以中观宗的

---

① 宗喀巴：《入中论善显密意疏》，《宗喀巴大师集》第三卷，第411页。
② 太虚：《阅〈入中论〉记》，《太虚大师全书》第二十八卷，第72页。
③ 太虚：《汉藏教理融会谈》，《太虚大师全书》第一卷，第352～353页。

立场说，这就是《中论》空义，是与我宗符合的，"然则汝等应但宗归《中论》空义，何须别立无境唯识义耶？"① 既然最后都归宗于龙树《中论》之空义，唯识理论的必要性必然受到质疑。

第一个"无所知"方面可以视作关于不离依他起性之阿赖耶识的讨论，那么，第二和第三方面则是关于依他起自性的讨论："汝又破是有有性非戏论境为假有法依因，计何为'自性'耶？答曰：'自性名无作，不待异成法。'诘曰：若汝所计'自性'，则于依他起之缘生幻事，当然是无，又谁执之为有，待汝破令无耶？"② 太虚以《中论》"性名为无作，不待异法成"来规定"自性"范畴的含义，他认为，如果以与缘起（待异法）相违背的"自性"来考察唯识宗的话，唯识宗的依他起性是不可能存在这样的自性的。

中观宗以唯识宗自己所说的遍计所执性无，而依他起性有来质难："汝等说三性中，遍计执无性，依他起有性，彼何谓耶？诘曰：岂不闻经说离言自相（或自性）耶？汝着言辨，谓法尽于名言，遂不知有离言法？诸瑜伽师定心所现，及因明者所许世间现量，闻气而觉香臭，饮水自知冷暖，乃至蜂聚蚁群，各成业用；凡此缘生幻事，均不离识。然非必待名字言说而立。此离言亦成事，不同龟角、兔毛必藉名言假说，谓之离言自相，谓之唯事。对彼唯藉名言假说之遍计所执相，亦说为假名法所依实事，为名言种类之忆念计度分别所不到故，亦说非戏论境。然为缘起幻事，本无'无作不待异法成'之自性。对圆成实真胜义性，仍世俗有而非胜义。汝因不解经义，妄计妄破。"③ 这一段话非常关键，是太虚对于中观宗依他起性自性问题的正面回答，但思想上与《诸法有无自性问题》等文章是一贯的。大致可以理解为两层意思，第一层是关于唯识宗所说的依他起性有性的"性"的理解，这个被肯定的自性并非是中观宗否定的不待异法成的自性，这个自性是"离言自性"，所谓的离言自性并非是否定缘起而显的自性，而是否定了"名言"而显的自性，所以太虚这里详细的说明是为了简别龟毛、兔角等完全以"名言"而存有的"假法"，相对于依名言而有的假法（遍计所执性）而说不依名言

---

① 太虚：《阅〈入中论〉记》，《太虚大师全书》第二十八卷，第73页。

② 太虚：《阅〈入中论〉记》，《太虚大师全书》第二十八卷，第77页。

③ 同上。

（离言）的依他起性为"有性"，意味着依他起性有性并不与中观宗无性相违背。第二层意思则进一步说明两宗的统一，还是以中观宗二谛与窥基四谛来说明，相对于真实胜义的圆成实性来说，依他起性有性只是世俗有而不是真实胜义，由此两宗关于依他起性的观点得到了统一。

　　既然依他起性在真谛层面无自性，那么，是否意味着唯识宗在真谛层面也像中观宗那样否定一切法的自性呢？这一问题很关键，其实就是空有之争最为紧要的环节：真谛层面究竟是否存在真实之法。在这个问题上，太虚认为月称犯了很严重的错误："汝执世间名言全不思察者为世俗，故唯世间世俗；汝执唯所说无自性空为胜义，故是胜义世俗。不达离言内证一真法界，此但汝自局执，岂龙猛义为汝限耶？汝为争自宗胜，力破吾宗，却如贼入空室，竟无可偷。"① 太虚认为，龙树是肯定了胜义胜义的，但是月称却执着于世俗胜义，而未进一步肯定胜义胜义，太虚称此为"一真法界"，在龙树那里则称为第一义谛，在唯识宗则是圆成实性。但是，月称止步于名言世俗胜义，而逞口舌之争，太虚猛烈地批评了月称："此种褊狭之胸襟，实出部派之恶诤，较之宗喀巴以三士道摄佛及圣弟子等所说皆为教授；上士道中摄二大辙及密咒道，宽隘天渊！犹使中国佛徒之不习印度部诤者，竟莫能想像其何以横恶如此！习印度部诤者，乃知大毗婆娑丑诋大天具造五逆，而分别功德论则推崇为唯一菩萨，过情失实，乃其斗诤惯风；印度之佛法由此而衰灭，不足惊尤不应学也！"② 太虚认为，月称过于褊隘的宗派见，使得两宗陷入斗争的不良风气。基于对月称宗派见的批判，太虚认为，月称对唯识宗的批判完全是唇齿之间辩论的游戏，与佛教根本目标的解脱无关，"未真达离言自性而见此等施设皆唯假说自性者，则每唯自宗为是，而于他宗不善容察，由是相伐"。③

　　关于空有之争，中观宗与唯识宗的争论，太虚观点之考察已如上说，不管是三期分判，还是三乘三宗的判教，太虚都是肯定空有两宗在根本理论上没有矛盾，之所以互争的原因在于，或者是月称等后学的宗派见，或者是清辨、护法偏重于发扬毕竟空及如幻有之其中一义。虽然太虚一

---

① 太虚：《阅〈入中论〉记》，《太虚大师全书》第二十八卷，第 79 页。
② 太虚：《阅〈入中论〉记》，《太虚大师全书》第二十八卷，第 69 ~ 70 页。
③ 太虚：《略评〈新唯识论〉》，《太虚大师全书》第二十八卷，第 136 页。

贯认为空有无争，面对空宗的责难，还是作了一番解答，通过依他起性即缘起、依他起性自性仅仅是俗谛层面的观点，将两宗理论融会起来。有不少学者认为太虚是真常系，比如周志煌认为"以太虚大师来说，其思想特色重在圆融。……实际上，太虚又更重视真常心系（如来藏思想）的禅宗"。[①] 就空有之争的维度来看，太虚的观点并不是汉传向度的传统观点，因为汉传向度传统下的空有无争，以如来藏系为主融摄中观宗与唯识宗理论，同时将两宗放在不究竟的阶段性理论的位置上，而太虚并不认可台、贤为主的汉传佛教调和空有而推崇己宗的做法，他坚持八宗平等的立场。当然，他更不可能认可藏传中观宗的见解，因为他对传入汉地的藏传中观正统进行了批判，但是，他还是在汉、藏佛教平等的基础上认为应当互学对方之优长。太虚这种平等而择善的态度有一种对传统佛教进行反省的意趣，当然他所在的近现代这个时期也具备各种条件，所以，太虚站在超越传统的立场上对于空有之争进行了独特的探究。

空有之争的另一个面向，中观学与如来藏思想之争论，在印顺部分谈及关于判教的争论已经基本展现，中观学与如来藏的争论，在中国历史中鲜有发生，两者是融合状态，所以太虚并不以此为问题而关注，只有当印顺以中观学立场对真常如来藏系颇有微词时，太虚才予以驳斥，所以他对此谈论并不多。不过，他对于中观学与如来藏之间的理论差异的观点基本是一贯的，这可以从对如来藏系思想自性的考察中发现。在"中国佛学的圆中自性说"部分，由于汉传佛教特别是禅宗高唱"自性"，所以太虚认为有必要对汉传佛教中的"自性"也作一番考察，是不是月称所批判的自性呢？

中国佛教真如宗所肯定、称扬之自性，太虚称其为"圆中性"，以表明这个自性与空宗否定的自性是不同的。"离执净智所显胜意，因是离执，所以是空；净智所显胜义，则又是有。究竟真空就是妙有，遍常妙有就是真空。……凡是'空'者，皆缘起性空之空，真常圆满成就之空；若一法不有，即不成真空。这非妄有、非顽空、即真空、即妙有之如实义，无以名之，假名曰'圆中性'。"[②] 太虚称真空之究竟就是妙有，

---

① 周志煌：《唯识与如来藏》，台北：文津出版社，1998，第5页。
② 太虚：《诸法有无自性问题》，《太虚大师全书》第一卷，第342页。

这个妙有是用来简别断灭空而显真空的，正因为这是诸法本来的状态，所以称其为"自性"，"它是一切法的本来面目，其实普遍恒常本自如是，无庸上帝天神等之造作，所以叫做'自性'的"。① 这个"自性"并非离诸法单独存在，"原是佛果智境的事事无碍法界全体性。但法法统一切法，则不妨在佛而佛，在人而人。所以通俗点说，不妨叫它做宇宙性；切近点说，也就是人生性；再切近说，就是当人自心性"。② 从圆中性出发，就可以归纳出台、贤、禅、净四宗之特点，在理论基础上肯定诸法本来圆满，在宗教实践上从现前一念心为着手点。

可见，对于台、贤、禅、净最受中观学质疑的"自性"问题的看法，太虚仍旧坚持空有无争，他认为，如来藏系为主的汉传佛教所倡导的"自性"是符合中观宗理论的，这种观点与他对唯识宗、中观宗争论的判断是一致的，认为如来藏系思想以及唯识宗思想，与中观宗思想，虽然有种种差异，但是差异之上，是更为广阔的"平等"，这种广博的统一性精神被太虚称为"统持法"③。

在《再议印度之佛教》中，太虚对"统持"进行了说明，认为其根源于汉地的文化、民族的精神。"本是以言中国之所宜：则大一统之国家，中和性之民族，非统贯一切之道不足以尽其情，非圆澈一切之理不足以定其志。而就其知识思想言论之所及，必于变中求得其常，偏中求得其圆为满足，非锡兰或西藏等边附国民之偏霸一方可自安者。尝论中国重统持融贯，唐以后教理仅行台、贤者，亦由乎此。故中国易取西藏、锡兰所长，而任举彼二之一不足以代替中国之所有。至于注重人事，固为中国之特性。"④ 太虚认为，中国政治趋于统一，民族趋于统一，所以非融贯圆彻的理论不能适应中华民族的性情，这种精神与南传、藏传都很不相同，所以重视融贯"统持"。

太虚推崇汉传佛教统持或者说总持的精神，驳斥印顺对真常系的批判，驳斥欧阳竟无对如来藏系的批判、在行的施设上推崇法界圆觉宗等，不少学者认为太虚乃是真常如来藏系的立场，但是这样判断的时候却忽

---

① 太虚：《诸法有无自性问题》，《太虚大师全书》第一卷，第343页。
② 太虚：《诸法有无自性问题》，《太虚大师全书》第一卷，第344页。
③ 太虚：《法性空慧学概论》，《太虚大师全书》第七卷，第295页。
④ 太虚：《再议〈印度之佛教〉》，《太虚大师全书》第二十八卷，第62页。

视了太虚对台、贤、禅、净之批判，也忽视了太虚在中观宗与唯识宗争论之核心上显示出的对中观学理论的准确把握以及对唯识宗的融摄。

种种观点都体现了太虚并非是单纯如来藏系的立场，这与他"统持"的精神是相关的，他关于华严宗有一段文字很能反映问题，"近有人见《觉书》、《海潮音》上《评支那内学院文件》，《评梁漱溟唯识述义》，及《三重法界观》、《对辨一乘大乘》、《对辨唯识圆觉宗》、《曹溪禅之新击节》等，或疑有所偏重于天台、唯识或唯识、三论，而对于贤首独若深非之者。然予所崇重于华严者，虽不若墨守贤首家言者之甚，而于平等大乘之上，别标华严之殊胜处，实不让持贤首家言者也。此予总持大乘之根本宗旨，曾一表现于整理僧伽制度论外，又曾示之以大乘宗地图，他处则随转门中密意趣之抑扬耳"。① 太虚对别人质疑他偏重天台、唯识、三论，而忽视华严，专作此文回应，他这里区别了两个范畴，贤首系与华严宗，通过这样的区分，实现不墨守于贤首宗而进越到整个华严宗之中，"不若墨守贤首家言者之甚，而于平等大乘之上，别标华严之殊胜处，实不让持贤首家言者也。此予总持大乘之根本宗旨……"，不墨守于某一宗，进而实现在平等大乘之上，对其理论精神之真把握，这是太虚"总持"大乘佛教的根本宗旨。

在《〈般若波罗密多心经〉讲录》中，在解释"舍利子！是诸法空相：不生不灭，不垢不净，不增不减"这一段时，太虚说道："此明圆成实性，正说离相实相自在心体也。……此自在心体，圆寂常住故不生，不生故不灭。"② 太虚将中观宗的"诸法实相"与唯识宗的"圆成实性"，以及如来藏思想中的"自在心体"三个关键范畴直接等同理解，正是"总持"精神于平等大乘上融会之表现。在对熊十力《新唯识论》的评价中，他说："余宗佛法全体，而不主一宗一学，……余昔评支院师资之摭击起信，今评熊论之摭击唯识，皆宗佛法全体立言，非主一宗一学而建义。"③ 太虚正是在"统持"这一根本宗旨的引领下，在平等大乘精神之上，对空、有两宗三系做出了不同于汉传向度及藏传向度的理解。

---

① 太虚：《略说贤首义》，《太虚大师全书》第十六卷，第 340 页。
② 太虚：《〈般若波罗密多心经〉讲录》，《太虚大师全书》第七卷，第 14 页。
③ 太虚：《略评〈新唯识论〉》，《太虚大师全书》第二十八卷，第 133 页。

第六章 《起信论》之空有对辩：
唯识学与如来藏系

近现代中国佛教的复兴，不是传统佛教在沉寂之后的重现，而是通过佛教现代化实现的转型，佛教学术研究是其中一个重要方面。正如上文所述，关于中观宗与唯识宗思想论争的研究，在近现代更为广阔的视域中展现为三系之间的"空有之争"，既表现为因研究者空、有立场的不同而呈现出汉传向度、藏传向度、独创向度三种思路，又表现为基于不同向度的空有立场之间的论争。在上文三种向度的论述过程中，已经讨论了不少近现代佛学研究论争，包括欧阳竟无与法尊《辩法法性论》的论争、印顺与默如关于三系的论争等。

在近现代佛学论争中，不能不提的就是围绕《起信论》展开的论争，《起信论》所蕴含的思想作为汉传佛教传统的代表，影响深远，近现代由于唯识学的兴盛，基于唯识学思想体系重新审视《起信论》成为一股潮流，其实质是唯识学与《起信论》所代表的如来藏系之间的互动，在这个互动当中，唯识学不再像与中观学的比较中那样呈现出"有"，而是基于中观宗、唯识宗所共同代表的印度佛教"空"的立场，与汉传佛教的"妙有"相简别，在两宗三系"空有之争"的张力下是一个颇有趣味的议题。

第一节 《起信论》质疑

一 汉传向度：《起信论》圆具空有

1922 年，梁启超发表了《大乘起信论考证》，将学术研究的方法引入《大乘起信论》的考察当中。他在《大乘起信论考证》序言部分就提出科学方法在佛学发展过程中的重要性："近数年来，国中谈佛者炽然矣，其纯出于迷信的动机者且勿论，即实心求法者，亦大率东听一经，西翻一论，绝少留于别派之条贯，往往糅矛盾之说于一炉，以自招思想之混乱。吾以为今后而欲昌明佛法者，其第一步当自历史的研究始。印度有印度之佛学，中国有中国之佛学，其所宗向虽一，其所趣发各殊，谓宜分别部居，溯源竟流。观夫同一教义中而各派因时因地应机蜕变之迹为何如，其有矫诬附益者则芟汰之。夫如是，以言修持耶，则能一其宗尚，以言诵习耶，则能驭繁赜。要之，七千卷之大藏，非大加一番整理，不能发其光明，而整理之功，非用近世科学方法不可。"①

梁启超所说的"科学方法"指的就是学术方法，强调文献与历史的考证，他希望通过引入新的方法来为《起信论》这一佛教公案开辟出新的思路："今吾侪以历史的眼光谈佛教，中间有许多观念及事实，与畴昔一般佛教徒所信者甚相悬绝。"②"日本近十年来，从事于此者渐有人矣，而我国则阒乎其未之闻。吾检此《起信论》一段公案，未尝不惊叹彼都学者用力之勤，而深觉此种方法若能应用之以整理全藏，则其中可以新发现之殖民地盖不知凡几，此实全世界学术上一大业，而我国人所不容多让者也。"③

在考察《起信论》之前，梁启超围绕"科学方法"首先列举了几项需要共同认可的前提，在他所提及的九点前提当中，从空有之争研究这一维度来看，其中三点尤为重要。首先，他所使用的研究方法之重点在于承认思想由简而繁的演进："思想之发展变迁，有不容躐进之阶级，而且恒有时代背景映乎其后。"④ 其次，从这样的研究方法来考察整个佛教史，梁启超将印度佛教分为六个阶段，六阶段的划分与学术界一般的原始佛教、部派佛教、大乘佛教、密教的划分基本一致，只是将大乘佛教细分为三个阶段。第一个大乘佛教阶段，他称为"实相派大乘"，主要指的是中观派，并包含《法华经》《涅槃经》等如来藏系典籍。第二个阶段，"唯心派大乘"，主要是唯识派，但也包含了《华严经》等如来藏系经典。第三个阶段，主要是"空有之争"阶段，指的是中期中观学清辨等。最后，他强调"调和"作为中国佛教传统的特色，"吾国思想界

---

① 梁启超：《大乘起信论考证·序》，山西人民出版社，2014，第6~7页。
② 梁启超：《大乘起信论考证》，第1页。
③ 梁启超：《大乘起信论考证·序》，第7页。
④ 梁启超：《大乘起信论考证》，第2页。

有一最大特色焉，曰：好调和且善调和"。① 印度佛教存在大乘与小乘的论争，小乘内部、大乘内部的论争，中国佛教通过判教等方式调和存在诸多相互矛盾之处的经典，所以他认为"调和"可以说是中国的"民族精神"。

围绕《起信论》的真伪问题，梁启超通过学术研究方法从文献与学理两个方面来考察。通过文献的考察，梁启超认为马鸣只是小乘佛教说一切有部中的文豪，他所作的工作只是"使佛教变为平民化"②，远不及三论、唯识等大乘佛教论师，并配不上《起信论》这一思想界之巨著。"从学理上考察"，梁启超对《起信论》的基本判断是："《起信论》盖取佛教千余年间，在印度、中国两地次第发展之大乘教理，会通其矛盾，撷集其菁英，以建设一圆融博大之新系统，譬诸七层浮屠，此其顶也。"③ 在梁启超看来，《起信论》调和诸论而将理论推至圆融，他的依据在于思想史发展的逻辑："凡学说发达之顺序，大率先有甲立，次有乙破，末乃丙合。今就印度思想系统言之，则中观甲也，瑜伽乙也，《起信》丙也。就中国思想系统言之，则地宗甲也，摄宗乙也，《起信》丙也。"④ 可见，作为中国"调和"精神杰出代表的《起信论》，不仅调和了印度思想中的中观与唯识，而且调和了中国思想系统中的地论与摄论，这就是梁启超对《起信论》的基本判断，其实质就是将《起信论》作为调和空、有的产物。

《起信论》首先调和的是中观宗与唯识宗的空有矛盾："其在印度，龙树无著双峰对峙，龙树从实相方面立观点，说法体恒空；无著从缘起方面立观点，说万法唯识。延及末流，护法清辨，互诤空有，法海扬澜。《起信论》以众生心为大乘法体，而众生心一面涵真如相，一面涵生灭因缘相，生灭又以真如为依体，而真如又具空、不空二义。于是般若法相两家宗要摄无不尽，而其矛盾可以调和。"⑤ 他认为，龙树代表的中观宗阐发空义，无著代表的唯识宗从缘起立义而偏有，在这样的论述中，

---

①　梁启超：《大乘起信论考证》，第 10 页。
②　梁启超：《大乘起信论考证》，第 21 页。
③　梁启超：《大乘起信论考证》，第 50 页。
④　梁启超：《大乘起信论考证》，第 52 ~ 53 页。
⑤　梁启超：《大乘起信论考证》，第 50 ~ 51 页。

仍旧是汉传向度中空宗显性空、有宗扬缘起的论述。基于这种空有本无争的立场，他进一步将空有之争的主角，即清辨与护法界定成"末流"。可见，在他看来，空有两宗在龙树、无著阶段确实存在差异，但只是呈现同一个理论的不同侧面的差异，到了清辨、护法，差异才变成了矛盾，《起信论》正是调和空有两宗这本没有矛盾的矛盾，将两宗所强调的不同侧面都呈现出来。所以，梁启超的基本观点是，中观宗、唯识宗只是因为显示不同侧面而存在差异，这种差异甚至是末流的矛盾被《起信论》"调和"了，调和并非是使得存在差异的两宗统一，而是将空、有的理论说尽了，说完满了，其实质就是将《起信论》作为高于空有两宗更"圆"更"中"的代表，这是汉传向度的基本立场。

《起信论》不仅调和印度佛教中观宗与唯识宗的理论，而且也调和了中国佛教地论、摄论两宗，他说："其在中国，地论、摄论诸师，关于佛身如来藏阿赖耶识问题，各尊所闻，閧成水火。《起信论》会通众说，平予折衷，言佛身则应真双开，言藏识则净妄同体。于是南北各派之说，据无不尽，而聚讼得有所定。"① 对地论、摄论的调和，主要包括两个方面，即佛身的调和与染净的调和。

在对中国佛教佛身说的考察中，梁启超以佛身或佛性论为"佛教界之实在论"②，他认为，印度在龙树、提婆之前，中国在罗什之前，关于佛身论的理论，都应该属于"客观的佛身说"③，因为或以三十七道品等诸功德为法身，或以实相为法身等。与客观的佛身说相对的，就是"主观的佛身说"④，即佛教中坚持"心性本净，客随烦恼之所杂染，说为不净"⑤ 的那一部分立论，他根据《异部宗轮论》说大众部具有这种理论，但并没有明确坚持这种理论的宗派。他认为，主观佛身说出现以后，佛身与如来藏、心识之间产生了复杂的问题，"全部《起信论》，不过对于此问题之融通解答而已"。⑥

从前提第三点，以及主、客观佛身说的理解，可以发现，梁启超并

① 梁启超：《大乘起信论考证》，第 51 页。
② 梁启超：《大乘起信论考证》，第 54 页。
③ 同上。
④ 梁启超：《大乘起信论考证》，第 55 页。
⑤ 《异部宗轮论》卷一，《大正藏》第 49 册，第 15 页下。
⑥ 梁启超：《大乘起信论考证》，第 56 页。

没有意识到与中观宗、唯识宗异质的如来藏系。所以，他才会把如来藏系经典《法华经》《涅槃经》与中观宗并列称为"实相派大乘"，而把《华严经》与唯识宗并列称其为"唯心派大乘"。也正因为没有意识到如来藏系的存在，他才没有在大乘佛教中找到坚持"心性本净，客尘所染"的派系，仅仅在部派佛教中找到了一个大众部。可见，在空有之争的视域中，主客观佛身之间的差异指向的主要是中观学与如来藏的差异，但由于他将如来藏系典籍纳入中观与唯识两大思想体系中，所以仅仅是从《起信论》作为调和的产物推论有一股强大的主观佛身说，却没有明确哪些典籍、宗派属于这一系列。

除了佛身问题之外，梁启超认为，《起信论》也调和了地论与摄论学派另一个争论，即阿赖耶识与如来藏的关系问题。地论学派认为，阿赖耶识是真、常、清净的，"赖耶即佛性即如来藏之说，源出于南印派，而盛行于我国之北朝，即所谓地论师派"。① 摄论派则认为，阿赖耶识是杂染的，而第九识是清净的。《起信论》正是为了调和这种矛盾立说而为中国人所作，"在印度调和久未成熟之学说，乃不得不有待于中国人。此则《大乘起信论》出世之时也"。② 在梁启超看来，《起信论》一心开二门，心真如又分为离言与依言，后者即如来藏，依如来藏而有的生灭性与如来藏本身的不生不灭性和合而成为阿赖耶识，"自《楞伽》以迄地、摄两宗，皆以真妄二元对待，校其一异。《起信》则建设真妄同体浑然一识之一元观，故曰'不生不灭与生灭和合，非一非异'"。③

梁启超借用哲学一元、二元的范畴来揭示《起信论》对阿赖耶识与如来藏关系问题的调和，他以真如门为"哲学家所谓实在论"④，生灭门为"哲学家所谓现象论"⑤，并且明确表明《起信论》并非"二元论"⑥。然而，这种被他称为一元论的解决方案存在很大的问题，也是后世学者尤其是唯识学者的强烈质疑的来源。不论是有部七十五法的体系，还是唯识学百法的体系，真如都是无为法，即没有因缘造作的法，"言无为法

---

① 梁启超：《大乘起信论考证》，第67页。
② 梁启超：《大乘起信论考证》，第68页。
③ 梁启超：《大乘起信论考证》，第70页。
④ 梁启超：《大乘起信论考证》，第49页。
⑤ 同上。
⑥ 同上。

者，即不生不灭、无去无来、非彼非此、绝得绝失，简异有为，无造作故，名曰无为也"。① 既然是无为法，就不会造作，怎么会和合？甚至是与杂染法和合？梁启超也随之自设此问，然而却以《起信论》本身的水波之喻为正义，认为这个比喻就能够解决这个问题，"此不生不灭与生灭和合之所以可能，而真妄合体之一元观所由成立也。此义既立，而积年争论之如来藏与阿赖耶同异问题，可以解决。质而言之，则如来藏为阿赖耶构成之主要素；而阿赖耶尚借他要素乃能构成，故亦可云，如来藏与阿赖耶非一非异也"。② 基于这种观点，阿赖耶识真妄之争，自然也就"迎刃而解"，即从觉、不觉立阿赖耶识真妄和合。

阿赖耶识与如来藏杂染与清净的问题，以及《起信论》"一元论"的解决方案，其实质就是唯识学与如来藏系之间的差异乃至争议。唯识学是阿毗达摩体系与中观学空有论争之上的另一种提升，"唯识说大量采用部派佛教的阿毗达摩思想，但是并不是阿毗达摩佛教直接的后继者，而是立于空的立场批判地摄取了阿毗达摩佛教。因此大乘空的思想与阿毗达摩有的思想，在唯识佛教中综合起来而得到调和"。③ 唯识学一方面肯定有部"法"具有任持自相的内涵，但另一方面，也肯定中观对有部的批判，认为法虽不舍自相，但并非三世恒有，所以《成唯识论》在解释"由假说我法"时这样写道："世间圣教说有我法，但由假立，非实有性，我谓主宰，法谓轨持。"④ 虽然唯识学还是被中期中观宗揪住了依他起性与阿赖耶识等问题，但是相比较如来藏系那种肯定永恒实体的笃定，唯识学还是显示出与中观学共同的立场——"空"，这也正是内学院系统猛烈批判《起信论》的重要原因。

虽然在唯识学立场上，内学院一系判断《起信论》与唯识学根本不同，但是梁启超由于没有意识到如来藏系，所以他认为，《起信论》是调和杂染的阿赖耶识与清净如来藏的作品，其实质就是调和唯识学与如来藏系的空、有，因为唯识学虽然肯定了作为无为法的真如，但是只是作为理体存在，并不能成为缘生万法的本源，《起信论》真如缘起理论

---

① 窥基注解《百法明门论解》一，《大正藏》第44册，第47页中。
② 梁启超：《大乘起信论考证》，第71页。
③ 平川彰：《印度佛教史》，庄坤木译，台北：商周出版社，2002，第335页。
④ 《成唯识论》卷一，《大正藏》第31册，第1页。

在唯识学看来破坏了种现互生的缘起，从唯识学所肯定的"空"里大大地凸显了一个作为"有"的如来藏。

　　通过文献与学理两大方面的考察，梁启超将《起信论》放在整个佛教思想史中，他认为，《起信论》中存在明显调和空、有的思想："盖《起信》中一大部分精神，在调和大乘两宗空有之诤，至易见也。"① 这就意味着，不可能是出现在空有之争之前的。他认为，《起信论》是在中国佛教三论宗、地论宗、摄论宗三宗对峙之后的调和的产物，"三宗对峙，成鼎足割据之状，思想界之混乱，达于其极，以好调和之中国国民性，对于此种状态，殊难安忍，于是乎感有会通融和之必要"。② "《起信论》者，消化印度的佛教而创成中国的佛教之一大产物也。"③ 梁启超认为，《起信论》意图调和空、有，调和地、摄，但是其在思想史之影响，实质上是伸张了地论宗教义而为华严宗的先驱。梁启超这里所说的空、有指的是中观宗与唯识宗，由于没有意识到如来藏系的存在，所以他没有发现被调和的地论与摄论涉及的佛身、染净之争论的实质也是在于空、有，他更没有发现被他称为调和空有产物的《起信论》之所以是华严宗的先驱，是因为本身就是代表"有"的论典，才能开出华严宗。

　　为什么梁启超没有像印顺、太虚等人那样将佛教理解为三系而凸显出如来藏系？为什么没有发现《涅槃经》等经典与中观、唯识的异质？为什么没有将《起信论》作为与中观、唯识思想体系对等的论典来看？为什么会将《起信论》作为调和中观、唯识的产物而隐隐就把此论推到一个更高的地位？种种问题的答案恐怕还是要回到汉传佛教传统当中去解答，梁启超虽然引入了新的方法，但是并没有新的思考素材，文献还是旧文献，思路还是老思路，所以他仍旧是站在汉传向度上肯定了《起信论》调和空有而地位最高，"抑吾更有言者，无论此书作者是谁，动机何等，曾不足以稍损其价值。此书实人类最高智慧之产物，实中国、印度两种文化结合之晶体"。④ 梁启超的结论和立场其实还是回到了汉传向度空有无争，不仅中观宗与唯识宗本来不存在矛盾，就连如来藏系与

---

① 梁启超：《大乘起信论考证》，第77页。
② 梁启超：《大乘起信论考证》，第82页。
③ 梁启超：《大乘起信论考证》，第83页。
④ 梁启超：《大乘起信论考证》，第86页。

中观宗的佛身差异，乃至如来藏系与唯识宗的染净差异都是本来空、有无争的。

针对梁启超通过学术考证的方法考察《起信论》而作的《大乘起信论考证》，太虚在 1922 年年底就发表了《评〈大乘起信论考证〉》作为回应。不过，与其说是回应，毋宁说是从根本上否定了梁启超引入的学术方法，理由在于东方的"道术"并不适合通过西方的学术方法来考察。

太虚认为，佛教是修证的道术，属于内在的，无法通过作为外在的研究方法来定案，"东方人由修证内心、索阐遗言得来之道术，其变迁历程，与西洋人之学术进化史，截然不同：一是顿具渐布，一是渐进渐备。于此义若能审谛不虚者，则原考证'从学理上考察'之说，无论其有百千万言，皆决然可一扫而空之矣"。① 作为东方道术的佛教是内心熏修印证而来，是顿具的，并非是一个思想发展的过程，梁启超所引入的学术方法的基点就是思想发展的逻辑，太虚直接否定了这种发展逻辑，认为佛教作为道术是在佛陀创教一开始就圆具整全的思想，只是后来随各种机宜而流布。

在太虚看来，基于佛教思想是"顿具渐布"的理解，梁启超的思想演进的学术考察就不再具有解释佛教历史的合理性了。梁启超推论的前提是，《起信论》调和空有，必在空有两宗之后，而太虚则认为《起信论》因为圆具空有而在空有两宗之前，也就意味着，中观宗与唯识宗是应对不同的机宜而出现在《起信论》之后的，"马鸣创始复兴大乘亦然，盖由自内深证大乘悟境，于久来隐没在小乘中诸大乘经，发见其精奥，宗造《大乘起信》……等诸论，皆直提宏纲而规模深远，与释尊顿转华严根本法轮，遥遥相呼应。至龙树、则因大乘之根基以立，渐偏重对破外凡小，宗般若经，宏法空教。又数百年，至无著、天亲时，兼注重对破凡外小及大空，宗深密等，宏唯识教。又数百年，经清辨、护法至智光、戒贤，两派言纷义繁，从事调解和会，智光、戒贤各有三时教——此即成唯识论判教所本……"②

可见，太虚在本文中其实还是坚持了汉传向度的空、有无争，在这

---

① 太虚：《评〈大乘起信论考证〉》，《太虚大师全书》第二十八卷，第 30 页。
② 太虚：《评〈大乘起信论考证〉》，《太虚大师全书》第二十八卷，第 28～29 页。

一点上是与梁启超一致的，两者的差别仅仅是《起信论》是作为调和中观宗与唯识宗理论的产物，还是作为两宗思想之源头。太虚与梁启超虽然关于《起信论》在前为源头、在后为调和总结上存在矛盾，但是从空有之争这一维度看，两者并没有差别，不仅坚持空有无争，而且将《起信论》看作高于中观宗与唯识宗思想的作品，或作为两宗的源头，或作为两宗的总结。正如上文对太虚三系的研究，虽然太虚在1922这一年通过与内学院等论辩而渐渐地凸显出三宗与三系的判教模式，但是这篇文章中并没有将《起信论》作为中观宗、唯识宗并列的"法界圆觉宗"来看待的迹象，所以太虚这里虽然批判了梁启超，但与梁启超一样同样是汉传向度的立场，坚持《起信论》圆具空有。所以，太虚才批判梁启超那种否定了《起信论》来源于印度神圣性的学术方法，"吾以之哀日本人、西洋人治佛学者，丧本逐末，背内合外，愈趋愈远，愈说愈枝，愈走愈歧，愈钻愈晦，不图吾国人乃亦竟投入此迷网耶！"[①] "呜呼！东西洋之科学、哲学、文学、史学者！而日本于今日，所以真正佛学者无一人也！"[②]

可见，梁启超通过学术方法揭示《起信论》调和空有而在空有两宗之后，太虚否定梁启超的思想演进研究方法，认为《起信论》本具空有而在空有两宗之前，虽然两者在《起信论》出自印度还是中国这个问题上存在不可调和的矛盾，但是在空有之争的维度上，两者实质上都坚持中观宗与唯识宗本来就没有矛盾，《起信论》也是圆具两宗空、有思想并高于两宗的作品。

二 唯识学：《起信论》执有

1922年9月，南京内学院开学，欧阳竟无在开讲《成唯识论》之前先做了一个讲座，名为《唯识抉择谈》，其中"抉择五法谈正智"部分，对《起信论》持批判的态度，他的主要依据并非是对《起信论》的考证，而是教义的辨析。如果说梁启超还是站在汉传向度上在一定程度上维护了《起信论》的权威性，那么，欧阳竟无基于唯识学所作的批判，

---

① 太虚：《评〈大乘起信论考证〉》，《太虚大师全书》第二十八卷，第27页。
② 太虚：《评〈大乘起信论考证〉》，《太虚大师全书》第二十八卷，第35页。

基本上给根本否定《起信论》思想定了基调。

欧阳竟无批判《起信论》最根本的依据在于"真如"的理解："真如超绝言思本不可名，强名之为真如，而亦但是简别，真简有漏虚妄，又简遍计所执，如简无漏变义，又简依他生灭，此之所简，意即有遮。盖恐行者于二空所显圣智所行境界不如理思，犹作种种有漏虚妄遍计所执，或无漏变异依他生灭之想，故以真义如义遮之。是故真如之言，并非表白有其别用（如谓以遮作表，亦但有表体之义。本宗即用显体，以正智表真如净用，即但视真如之义为遮）。古今人多昧此解，直视真如二字为表，益以真如受熏缘起万法之说，遂至颠倒支离莫辨所以，吁可哀也！"① 欧阳竟无主要是从遮诠的角度来理解真如的，"真"是表达对有漏虚妄与遍计所执的否定，"如"是表达对无漏变义与依他生灭的否定，所以从"遮"的角度来看是不可能有"真如缘起"这样的理论的，因为在他看来，真如本身就是对圣智所行境界的错误理解的否定，从而建构的虚假的名词，怎么可能从这个虚假的名词生起万法，而这种错误理解的开端肇始于《起信论》，"真如缘起之说，出于《起信论》，《起信论》作者马鸣，学出小宗，首弘大乘，过渡时论，义不两牵，谁能信会，故立说粗疏，远逊后世，时为之也"。②

从空有之争的维度来考察，可以发现，欧阳竟无关于真如的理解是"空"的立场，所以基本上是从遮诠、否定的角度去看待真如，以"真如"为否定自性实体的虚假名词，不具有真实的内涵与实际的指代，对从肯定的角度理解真如，即肯定一个常恒的真如持一种批判的态度，而这种以真如为常恒的观点就是被近现代研究者概括为大乘三系之一的真常如来藏系的基本立场。

欧阳竟无将佛教史理解为性相两宗，以部派佛教时期的各个部派为性相两宗"开其先路者"③ 这样的看法，本身就是空有之争维度的呈现，只是他没有以空宗、有宗，或者大乘三系来表述，而是以性、相两宗来概括。他认为，法性宗不安立种子，可上溯部派佛教中的说假部、分别

① 欧阳竟无：《抉择五法谈正智》，《大乘起信论与楞严经考辨》，台北：大乘文化出版社，1978，第 2 页。
② 同上。
③ 欧阳竟无：《抉择五法谈正智》，《大乘起信论与楞严经考辨》，第 3 页。

论、大众部等；法相宗安立种子义，可上溯《俱舍论》、经量部、上座部等。虽然法性宗与法相宗不能直接对应大乘三系，但是根据欧阳竟无区分的理由，包括蕴处界三科的假、实，以及是否安立种子义，可以认为，法性宗就是空宗，因为其不仅不安立种子，而且计界、处为假，而与之相反的法相宗则是有宗①。基于这样的看法，他认为，《起信论》的思想最接近部派佛教时期的分别论，其错误也是类同的，"分别论之义颇觉粗浅支离，马鸣为相似之谈，其失遂同"。② 欧阳竟无所说的过失就是"失用"，因为《起信论》和分别论一样认为，心性本净、客尘所染，只要离染心则转成无漏，这种观点以本净的心性为无漏因，但是本净的心性既然是作为无为法的真如，就不可能作为"因"，因为真如不生不灭，而"因"是要生果的，所以欧阳质问说"因是生义，岂是不生？"③ 真如作为永恒不变的无为法的内涵，与其作为缘生万法的内涵之间存在不可调和的矛盾，由此矛盾导致了《起信论》和分别论的巨大错误，即以体混淆了用。

那么，欧阳竟无所指摘的"失用"之"用"指的是什么呢？他指的就是缘生万法之用，相比较《起信论》直接用作为"体"的真如缘生万法，法相宗则通过种子理论来构建缘生万法的体系。所以，基于法相宗的理论构建，体是体，用是用，《起信论》不安立种子而以不生不灭的真如为无漏因，这种观点在他看来是不能成立的，"《起信论》不立染净种子，而言熏习起用，其熏习义亦不成"。④ 之所以不能成立，可以从两个方面来看，一方面，清净的真如无法受杂染无明的熏习，因为染净两种矛盾的性质不能互相兼容，由此无法安立杂染的世间法；另一方面，熏习一定要有能熏习与所熏习，《起信论》所说此心已总摄一切法，那也就是欧阳竟无所说的"彼蕴此中"，能、所不分，没有主客体的区分，熏习义也是不能够成立的。

可见，一方面，欧阳竟无认为《起信论》开端的真如缘起说从

① 参看欧阳竟无佛教史分类之表，《抉择五法谈正智》，《大乘起信论与楞严经考辨》，第5页。
② 欧阳竟无：《抉择五法谈正智》，《大乘起信论与楞严经考辨》，第6页。
③ 同上。
④ 同上。

"表"的角度肯定了一个恒常的实在，并以之为缘起万法的根本，属于"有"执；另一方面，《起信论》因为没有种子的安立，而使得真如之体直接生起染、净诸法，这不仅违背真如无为法常恒不变的性质，而且产生染、净共依的矛盾，基于《起信论》熏习义无法成立导致了杂染的世间无法安立，乃至清净的解脱也无法追求，产生了断灭空的嫌疑。

　　欧阳竟无并没有专文批判《起信论》，只是在这次讲座中提及，但是基于唯识学繁杂的思想体系，他一下子就抓住了《起信论》中与唯识学体系异质的理论核心，即那个作为万法本源的既是理体又是主体的"真如"。真正从唯识学立场对《起信论》作全面清算的是内学院法相学特科主任王恩洋。王恩洋于1923年2月发表了《大乘起信论料简》，在这篇文章中，王恩洋从缘生与法性两个方面对《起信论》的理论进行了辨析，这两个方面正是基于佛教空有两宗而界定的："我佛说教，空有两轮。说缘生有，所以显示法相用故；说法性空，所以显示法性体故，知法有用，则能正起功德，知法无体，则能悟入无得……我佛既以空有两轮说一切法，一切法俱不离此两轮，是故菩萨住持正法，亦不出空有两宗。文殊、龙树据般若以明空，空有空空，所以显法性也，弥勒、无著本深密以说有，能变所变，所以显缘生也。然空有不相离，故即空而用以显，即有而体亦彰，平等平等，无欠无余。即此二宗，摄大乘尽。"① 王恩洋认为，空有两宗相辅相成，中观宗重在显示法性，唯识宗主要是诠释缘生。

　　与欧阳竟无观点一致，王恩洋认为，真如并非是表诠，而是遮诠，即并非肯定一个恒常不变的实体，而是"遮彼二我之假，显此无我之真，遮彼有执之妄，显此无执之如……"② 可见，真如其实就是空，所以他强调说："真如非一实物，非诸法之本质，非诸法之功能。而诸法之空性、空相、空理也。"③ 并且引用清辨与《成唯识论》来证明空、有两宗在真如并非实体这一观点上是一致的，这也是后来被吕澂称为印度佛教特质的"性寂"。

---

① 王恩洋，《大乘起信论料简》，《大乘起信论与楞严经考辨》，第104页。
② 王恩洋，《大乘起信论料简》，《大乘起信论与楞严经考辨》，第100页。
③ 王恩洋，《大乘起信论料简》，《大乘起信论与楞严经考辨》，第101页。

　　基于这样的真如观，再来考察《起信论》中的"真如"，就会发现两者存在本质矛盾，王恩洋将其概括为三个方面：首先，以空有两宗为代表的佛教以真如为诸法空性而否定实体，《起信论》中的真如恰恰就是实体。其次，真如是理体而无作用，《起信论》的真如则有生起万法之用。最后，《起信论》肯定真如的实体性是恒常不变的，却是诸法生灭的根据，与以无常之常性为真如的理解根本不同。总之，《起信论》之真如，与中观、唯识两宗理论中的真如，表现为"有"与"空"的差异，《起信论》肯定了中观宗与唯识宗都没有肯定的真如的实体性，并且由此衍生了能生万法的"有为"性质，相比较中观宗与唯识宗，表现出强烈的"有"的特质。

　　在王恩洋看来，《起信论》中的真如义不仅违背法性，而且违背缘生。缘生所说的其实就是"诸法生起必待因缘"，王恩洋归纳了缘生义的七个方面，他称为"缘生要义"。其中，第七点就是"缘生法中，能生所生，性必平等"。[①]《起信论》中真如生万法的理论违背了这一点，真如是一、常，而真如所生的万法非一、无常，"汝真如能生万法，万法从真如生，而真如不从余生，真如但能生而非是所生，真如性常一万法非常一。有如是等之不平等，是为不平等因。因既不平等，则汝真如与诸外道、梵天、上帝、时方、自然、世性、我等，有何差别。又既诸法俱从真如生，而真如是一，是则无明、正智、有漏、无漏、善、染、无记共一因缘，共一因故，无明因即正智因，有漏因即无漏因，善因即恶因，恶因即善因。因既杂乱，无漏应生染业，三毒应起大悲，以是义故，失坏世间出世间一切法，是即第二失坏缘生义"。[②]作为能生的真如，与作为所生的万法之间并不平等，尤其是真如只是能生的主体，而不能作为从其他法产生的客体，意味着真如是产生万法而不从其他任何法产生的绝对实体，所以王恩洋才说这样的真如等同于外道的梵天、上帝、我等绝对实体，因为从根本上违背了"缘生"。

　　王恩洋概括唯识宗与《起信论》这两个体系的唯心理论为"真唯心"与"似唯心"（或称为"伪唯心"），批判《起信论》只是似是而非

---

①　王恩洋，《大乘起信论料简》，《大乘起信论与楞严经考辨》，第88页。

②　王恩洋，《大乘起信论料简》，《大乘起信论与楞严经考辨》，第110页。

的"相似法"，并非正理。他认为："以真如为心体，生灭为心相用等。此中真如生灭既破，彼所云唯心者其理亦破，以合真如生灭以为心故，彼二既破，故此亦破。故彼所云唯心，是似唯心，实背唯识之理。所以者何？以一真如体能生万法，有一因共因不平等因之过。真如既即心体，是即此一心体能生万法也，是即此心有一因共因不平等因一切过也，是伪唯心非真唯心。"① 王恩洋所说的"真唯心"就是唯识宗所构建的"唯识"理论，在此文前半部分，王恩洋特别从三个方面概述了唯识义："一者，所言唯识非一切诸法皆识故而言唯识，亦非谓唯有一识更无别法故，而言唯识，但以一切法皆不离识故言唯识。……二者，藏识但摄藏诸法种子，不亲作诸法种子。……三者，所云心识所缘唯识所变等者，此识变言应更抉择。盖以识种生时，挟带色种生起……"② 其实不论是第一点对于"唯"字是"不离"的诠释，还是第二点否定阿赖耶识亲生，第三点挟带依，都是在说明唯识宗的"唯心"并非是心生万法的唯心，意味着所唯的"识"并非是违背缘生、法性的实体，相反的，《起信论》中的伪唯心则表现出恒常的真如又能生万法的矛盾。

可见，真伪唯心之间的差异，其实质是空、有的差异，即是否肯定一个恒常且能生万法的真如。在王恩洋看来，以唯识宗、中观宗为代表的整个佛教的基本精神都是否定这样的一个实体，所以他最后总结的时候讲得很明白，《起信论》之理论建构与空有两宗相违背，他说："虽则满篇名相，曰真如，曰无明，曰生灭，曰不生不灭，曰阿梨耶，曰如来藏，曰法身，曰不可说不可相，离四句，绝百非，离一切相，即一切法，非即非离，不一不异，诸如是等无一名非佛典中名，无一句非佛典中句，名句分别无非佛法中文，合贯成辞则无一不为外道中理。乃至自相差别，自语相违，理事前后自相矛盾，此论而可存，三藏十二部经空有两宗一切论义并皆可废矣！"③ 王恩洋把欧阳竟无的观点进一步发挥得淋漓尽致，同时把对《起信论》的批判推到了与整个佛教理论矛盾的顶点，中观宗与唯识宗虽各据空有而仍依佛教否定作为实体的主体之"空"立场，而《起信论》则恰恰肯定了这一立场而成为与"空"对立的"有"。

---

① 王恩洋，《大乘起信论料简》，《大乘起信论与楞严经考辨》，第114页。
② 王恩洋，《大乘起信论料简》，《大乘起信论与楞严经考辨》，第97~98页。
③ 王恩洋：《大乘起信论料简》，《大乘起信论与楞严经考辨》，第115页。

第二节　《起信论》论战

一　唐大圆对王恩洋的批判：空有矛盾

在王恩洋对《起信论》作唯识学角度的全面清算之后，唐大圆作了《〈起信论〉解惑》与《真如正诠》两篇文章，首先做出回应。

唐大圆认为，空宗理解的真如偏重于否定遍计所执性，有宗理论体系中的真如偏重于肯定依他起性，而《起信论》之真如是兼具空、有两宗真如之内涵的，其实质就是汉传佛教传统中螺旋形上升之中道，"《起信论》法藏疏，判为如来藏缘起宗，然如来藏即真如自体相，是亦可说起信以真如为宗。真如在三性属圆成实，而圆成实含二义：一为就遮遍计所执而显真如义，则为三论等空宗真如；一为就表依他如幻而显真如义，则为唯识等有宗真如。惟起信之真如义有遮有表，就圆成遣，遍计而彰，依他，故其谈真如则有体有用，而谈如来藏亦有空不空等"。① 可以发现，这种将《起信论》推到高于空有两宗，且调和总结空有理论的极高位置的观点就是汉传向度的基本立场，也是梁启超考证得出的结论。

唐大圆认为，王恩洋之所以批判《起信论》，尤其是批判其真如理论，原因在于王恩洋只知道"真如"义涵中否定的一方面，而不能认可《起信论》中肯定的那一方面真如义，他说："王君惟仅知真如遮义，故云起信言真如，与佛法之异有三：一者佛法所云真如，无实体而是诸法空性，此则谓真如即体，而是诸法本质。二者佛法真如都无有用，性非能生，不生万法，但以有万法故，而真如之理即存，而此则谓真如能生，生起万法，以有真如故而万法起。三者佛法云真如，非以有一常住之实体故，诸法随之而生灭，但以诸法生灭无常故，而显此无常之常性，此则以有一真如常住之实体故，诸法随之而生灭。不知此所云佛法，但是真如遮义，一边一佛法。若知真如有表义者，则可云真如是诸法空性，亦可云有实体，可云真如都无有用，性非能生，亦可云非不有用，能生万法，可云真如非有常住之实体，亦可云有实体，诸法随之生灭。惟王

---

① 唐大圆：《〈起信论〉解惑》，《大乘起信论与楞严经考辨》，台北：大乘文化出版社，1978，第136页。

君欲求起信之疵，而吹毛靡从，费尽河辩，终觉起信与般若瑜伽等义无别，因竭平生气力而立此三异……"①

所以，在唐大圆看来，王恩洋对《起信论》的批判其实是站在空宗角度上的，但是王恩洋又要成立唯识学种子义等，所以是自相矛盾："问如前纲要说相宗应以依他如幻而显真如，何以王君谈真如，反舍自宗，偏取空宗遣遍计之遮义？曰：彼为欲攻起信真如缘起义，不得不取遣执之空宗。问：既舍自宗，虽攻真如缘起何益？曰：为欲成立自宗之种子义，则虽舍己从人有所不顾。问：若谈真如，则取依他表义，欲成立种子，复取遣执遮义，岂不自语相违耶？"② 王恩洋从来不觉得自己是偏空的，他只是基于中观、唯识两宗之印度大乘佛教的共同立场来分析作为无为法的真如。唐大圆立足于汉传佛教传统即如来藏系的思路，以空宗偏空，有宗偏有，但是按照印度佛教中观学与唯识学的理论建构来说，中观宗所显空本身就是非空非有的，而唯识宗也是在接受了中观宗立场上而建构起来的，唯识宗也常常强调阿赖耶识等无自性。所以，唐大圆认为，王恩洋偏空恰恰反映了两者立足点不同，即汉传佛教传统与印度佛教传统的差异，也反映了如来藏系与中观、唯识两宗立场的差异。站在如来藏系立场上，唐大圆认为，王恩洋一方面以"空"的立场批判《起信论》真如太"有"，另一方面又要通过种子成立有宗理论，完全是自相矛盾。

唐大圆在《真如正诠》中基本上表达了与《〈起信论〉解惑》一样的意思，他认为真如并非如欧阳竟无所说"但遮非表"，"应知是真如者，非空非有，非虚非实，非受熏非不受熏，非能熏非不能熏。由是以谈，应悟真如本非空非不空，非真非不真，非如非不如。惟因随事对机，善权方便，说空说有，实则空有皆不可说"。③ 基于这样的观点，唐大圆不仅认为对真如受熏、实体、生法等的质疑是不合理的，而且进一步试图调和欧阳竟无师徒对《起信论》的批判，他认为："就起信所假言之真如，义可无明互熏，毫无乖舛。惟因词义深隐，浅人粗心，易致误会，欧阳师徒，以大慈悲，行菩萨道，一则就古德言，微显阐幽，使人得其

① 唐大圆：《〈起信论〉解惑》，《大乘起信论与楞严经考辨》，第140页。
② 唐大圆：《〈起信论〉解惑》，《大乘起信论与楞严经考辨》，第146页。
③ 唐大圆：《真如正诠》，《大乘起信论与楞严经考辨》，第160页。

正解，一则就迷法者，解粘去缚，使之趋归中行。其所呵斥，非斥起信，实呵执起信者，是故世之学者，读古今书，应善会通，不可因呵起信而薄欧阳师徒，亦不可因欧阳师徒之呵而薄起信。"① 可以发现，不论是对真如的理解，还是对欧阳师徒的调和，都是汉传向度立场的再现。

二　太虚对王恩洋的回应：唯识学释

针对来自欧阳竟无与王恩洋为代表的唯识学立场上对《起信论》的批判，太虚在 1925 年 1 月发表了《〈大乘起信论〉唯识释》。太虚这篇文章的目的就是回应基于唯识学立场的《起信论》批判，他说："今以时人依据《成唯识论》，对于此论颇多非拨，而主张此论之贤首家说，又不足祛除其迷谬，乃从《成唯识论》寻得此论立说之依据点，示全论之宗脉，裂千古之疑网，择要以言，不复详其章句。"② 通过唯识学诠释《起信论》，太虚希望以此调和两系思想，不能不说是一种理想的回应方式。

太虚首先确立了《起信论》造论的依据，根据中国佛教传统，经论都是佛菩萨的自证境界，所以《起信论》也是马鸣自证现量智境，"则马鸣造此论之依据点，必在八地或初地以上之菩萨心境，断可知矣——此论应据八地，以多就恒行不共无明说故，今就通义，且依地上"。③ 既然依据的是地上菩萨马鸣的自证境界，则肯定了地上菩萨心有漏、无漏无间相生，并援引《成唯识论》无间缘之说证明。

太虚认为，《起信论》大乘法之"众生心"指的就是地上菩萨之心，不是有漏凡夫心，也不是无漏如来心："虽其意指四圣六凡共通之心相名为众生心，但除若圣若凡各各之心，别无有一共通之心可得。其共通者，只是心之义相，即诸心心所聚皆同觉了，此觉了相，等于空无我之诸法共相，不过觉了是一切心心所聚之共相，空无我是一切法之共相而已。共相唯是假名而非实事，则亦不能指圣凡共通之心相谓众生心。故此当大乘法之众生心，唯依据亦有漏可代表六凡，亦无漏可代表四圣之地上

---

① 唐大圆：《真如正诠》，《大乘起信论与楞严经考辨》，第 160 页。
② 太虚：《〈大乘起信论〉唯识释》，《太虚大师全书》第二十八卷，第 405 页。
③ 同上。

菩萨心，能说明之。此即予谓马鸣菩萨造此论依据点之所在也。"① 太虚区别了"觉了相"与"诸法共相"，一切法的"共相"是"空无我"，而"觉了相"是心、心所之共相。四十年后吕澂提出的"性寂""性觉"之分与太虚"觉了相"与"诸法共相"的意味相同，印度佛教从性寂来理解心性，而中国佛教尤其《起信论》理解心性明净具有觉照之作用，所以更强调"性觉"，他所说的性寂就是太虚所说的诸法共相之空无我，性觉就是具备觉照之"觉了相"。

太虚通过区分作为"心心所共相"的"觉了相"与"诸法共相"，实际是要说明"众生心"既不是诸法共相，也不是心心所共相，因为共相是假名安立并非真实，"共相唯是假名而非实事，则亦不能指圣凡共通之心相谓众生心"。假名与实事相对，太虚言下之意是《起信论》所说的众生心一定要是"实事"，这里的实事指的就是常恒存在，是佛教普遍的用法，比如《俱舍论》中就以三无为法为实事而说"余三实唯法"②"实唯法者，实谓无为，以坚实故，此法界摄故，唯法界独名有实"。③太虚这里指为"实事"的就是被称为众生心的菩萨心，并以此为《起信论》的依据点。

可见，在太虚看来，《起信论》所说的众生心一定是常恒存在的实体，而且是与作为假名共相的空无我不同的，这种理解基本是符合《起信论》本意的，并且也正如太虚区别法界圆觉宗、法性空慧宗、法相唯识宗一样，明确地将肯定常恒一心的《起信论》与重视空的传统的中观、唯识两宗区别开来。但是，太虚所凸显的众生心的"有"并非是如来藏系典型的理解，所以他批判了天台和华严以真如、如来心等理解众生心，他说："贤首家依如来心——一真法界及事事无碍法界，或真如——一真法界及理法界，说明此众生心；天台家依真如说明此众生心，皆不能适如其分量。唯识家依异生心以非难此论所云之众生心，亦非恰当。"④ 之所以不能以如来心理解众生心，因为如来心常无漏，不能依之而有漏生灭心，也不能以真如来理解众生心，因为真如指的是法性，所

---

① 太虚：《〈大乘起信论〉唯识释》，《太虚大师全书》第二十八卷，第 406~407 页。
② 《阿毗达磨俱舍论》卷二，《大正藏》第 29 册，第 9 页上。
③ 《阿毗达磨俱舍论》卷二，《大正藏》第 29 册，第 9 页中。
④ 太虚：《〈大乘起信论〉唯识释》，《太虚大师全书》第二十八卷，第 407 页。

以不能有生起之用，太虚认为，只有以菩萨心来理解才能解决无漏与有漏的互生。他以无漏根本智与有漏后得智的关系来解释《起信论》中有漏与无漏的相依，他说："此论以菩萨心为依据点，故曰依一心法有二种门：依根本无分别智亲证真如之心境而开示者，则曰心真如门；依后得正分别智变缘真如万法，及无漏现行无间续起有漏现行八识心心所聚四分之心境开示者，则曰心生灭门。"① "盖菩萨心无漏现行时，可依根本智起后得智，复可依后得智无漏无间有漏现行。后得智亦如来藏摄，依后得智无间而起执障相应之三界有漏生灭心，故可云依如来藏故有生灭心……"②

可以认为，太虚之所有有不同于中国佛教传统如天台、华严之理解，其目的是维护中国佛教传统，因为受到了来自唯识学者的非议，比如有漏如何依无漏而起？真如作为无为法怎么能生起无明？传统的天台、华严宗理论已经不能回答这些质疑，所以太虚另辟蹊径。太虚也批判了唯识学者的异生心中本具无漏种的理解，因为无漏种不可能生起有漏现行，"唯识家以异生心中本具之无漏种说如来藏，其无漏种曾未现行，而无始无明执障亦从无间断，绝无从无漏无间起有漏之事，亦不应说依如来藏有生灭心，非依无漏种得有有漏现行故……"③ 当然，太虚对唯识学者的批判本身是不会有效果的，因为唯识学者以无漏种来理解如来藏的原因就是质疑《起信论》依无漏生有漏的莫名其妙的思路。

三　王恩洋对太虚的批判：滥用名相

同年，针对太虚《唯识释》，王恩洋作《〈起信论唯识释〉质疑》，发表于《内学》第二辑。不论是欧阳竟无，还是王恩洋，他们对《起信论》的批判基本围绕在真如不仅可以与无明互熏，而且还能生起染净诸法这样的理论，所以太虚的《〈大乘起信论〉唯识释》也是着力于去回应这些质疑，他从《起信论》是入地菩萨心境出发，以无漏的无分别智与有漏的后得智通过等无间缘而无间相生，以此来解决有漏与无漏的互熏，并且通过菩萨心来解决真如作为无为法不能生起染净诸法的问题。

---

① 太虚：《〈大乘起信论〉唯识释》，《太虚大师全书》第二十八卷，第411页。
② 太虚：《〈大乘起信论〉唯识释》，《太虚大师全书》第二十八卷，第408~409页。
③ 太虚：《〈大乘起信论〉唯识释》，《太虚大师全书》第二十八卷，第409页。

然而，在王恩洋看来，太虚以唯识来解释《起信论》存在诸多问题，故而作《〈起信论唯识释〉质疑》。

王恩洋的质疑主要围绕太虚对染净互熏、依真如起染净诸法这两个问题的解释上，太虚的说法是："《成唯识论》之说等无间缘，第七转识有漏无漏容互相生，第六转识有漏无漏亦容互作等无间缘，皆依此登地以上菩萨心境说，登地以前无无漏故——此专依大乘说，小乘初果后，亦如此——此菩萨心有漏无间导生无漏，既可上同如来，代表四圣；无漏无间导生有漏，复可下同异生，代表六凡。此为地上菩萨心最特殊之点。"① 王恩洋质疑作为染净互熏中的连接"等无间缘"，他说："考诸唯识诸书，于第一义，有以等无间缘说缘生者乎？有以等无间缘说熏习者乎？"② 他认为，从唯识学角度来说，常常以因缘来解读缘生，有时也用增上缘，而并不用等无间缘，因为等无间缘并不具有普遍性，只局限于心、心所法的关联，色法等并不具备等无间缘，"一切法因缘增上二缘必备然后得生，若阙其一必不得生，故说缘生必本此二。而等无间或有或无，故不依之说缘生也"。③ 除此之外，等无间缘势用微劣，基于这两点原因，唯识学并不以等无间缘来解释缘生，太虚为了回应染净缘生则创造性地引入了等无间缘的做法，在王恩洋看来并不符合唯识学的理论。

既然王恩洋质疑染净缘生的等无间缘，那太虚基于等无间缘所说的熏习义则更不能被接受了。根据唯识学对种子、能熏、所熏的理论安立，熏习一定要有能熏与所熏且同时存在，否则不能成立熏习，但是等无间缘是缘已灭之前念而起后念，并不同时，"一言熏习，即有所熏及与能熏，而此二者定必同时俱现和合而转。等无间缘乃已灭心心所望现生心心所立。已灭过去，现生现在，时既不同不能俱起，无和合义。而言熏习，实乖正理"。④

除了通过"等无间缘"疏通的染净缘生、互熏之说，王恩洋还质疑了太虚真如中包含有为法或者说有为法元素的理解，太虚的说法是："真如自体相指诸法平等体之真如与无漏种，及初地以上菩萨佛由无漏种起

---

① 太虚：《〈大乘起信论〉唯识释》，《太虚大师全书》第二十八卷，第406页。
② 王恩洋：《〈起信论唯识释〉质疑》，《内学》第二辑，1925，第131页。
③ 王恩洋：《〈起信论唯识释〉质疑》，《内学》第二辑，1925，第132页。
④ 王恩洋：《〈起信论唯识释〉质疑》，《内学》第二辑，1925，第133页。

无漏现。要之，即以无为无漏、有为无漏一切无漏法名为真如自体相，亦名为如来藏法身。"① 王恩洋认为这种说法不符合唯识学的理论，其至不符合大小乘诸教法，"所谓真如合有为无漏无为无漏以为体者，亦果出于圣教耶？以吾人所见，则无论小乘大乘诸讲法相者，莫不以真如为无为法，从未有以真如亦为有为者。若云圆成实性俱摄真如及与净分依他，故知真如亦有为者，此亦不然"。② 从有部七十五法的安立，到唯识学百法，真如一直是纯粹的无为法，不落入因果当中，没有生灭，但是太虚说真如含藏无为无漏与有为无漏。按照《俱舍论》有漏、无漏、无为、无为与四谛的对应，有为无漏指的是道谛，太虚这里所指的是正智。他将正智包含于真如之中，这种说法并不见于唯识学理论，所以王恩洋总结说："法相不可乱，是瑜伽唯识造论必遵之规律，今说有为亦真如摄，不知更有何经何论足为凭据也。况夫有漏无漏不得相缘而生，等无间缘无熏习义，已如上明。纵使真如为无漏种子现行者，亦绝无由释于真如无明熏习之义也。"③

实际上，王恩洋通过上述两点批判了太虚对唯识学名相的滥用，尤其是"等无间缘"与"真如"的理解，不符合唯识学理论却称其为"唯识学释"。然而，王恩洋质疑太虚的目的还是在于质疑《起信论》，所以对太虚的"救"进行了批判，认为其不仅不符合唯识学理论，也不符合《起信论》。王恩洋引《起信论》熏习义一段衣服与香的比喻说明《起信论》本意之缘生也是因缘，并不是等无间缘，太虚为疏通唯识学染净不能互熏的批判而特别强调的等无间缘并不符合《起信论》的意趣，"今以避染净不能并立之过，乃舍因缘增上缘而说等无间缘，能合于唯识与否且不问，固已先失起信论本义矣！"④

在对太虚两个重要诠释进行质疑之后，王恩洋对太虚《起信论》唯识释最根本的基点也进行了批判，即本论是马鸣菩萨自证境界、众生心指的是菩萨心的观点，他认为，《起信论》作为教法应针对被教化的众生而安立，并非是以菩萨心来安立，"……凡此种种，皆凡夫心境也。而

① 太虚：《〈大乘起信论〉唯识释》，《太虚大师全书》第二十八卷，第 435 页。
② 王恩洋：《〈起信论唯识释〉质疑》，《内学》第二辑，1925，第 133 页。
③ 王恩洋：《〈起信论唯识释〉质疑》，《内学》第二辑，1925，第 134 页。
④ 王恩洋：《〈起信论唯识释〉质疑》，《内学》第二辑，1925，第 135 页。

诸佛菩萨依之说法。正法者，悲之等流，今说法不依众生境说，而自说其所有心境，将与凡夫何干"。[1] 他还进一步认为太虚这种说法也不符合《起信论》，因为地上菩萨所起后得智并非是真实义愚，也不造业，所以《起信论》所说的无明造业的染并非是地上菩萨的后得智。

太虚作为近现代有意识实现佛教现代化的僧人，创造性地诠释了佛教不少内容，包括《〈大乘起信论〉唯识释》等无间缘、菩萨心、真如义三个方面，都被王恩洋从唯识学的理论体系进行了反驳，然而王恩洋对《起信论》批判的重点仍旧与欧阳竟无相同，即"真如"的理解，他在这篇回应当中又重申了《大乘起信论料简》中对《起信论》真如理论的批判，实质就是如来藏系与中观、唯识之间的"空有之争"，他说："在大小两乘空有两宗所立法相，云真如者，岂非特指法性说耶？岂非特指无为说耶？无为无生，不生自，不生他，亦不为他所生，故涅槃是显得非生得，常恒坚住都无所作，故名无为。今言真如而能熏习缘生，岂不大乖缘生道理？常法为因，既非释种。且真如是一，万法是多，由一生多因不平等。真如是净，无明等染，染净相生邪因非处。诸如是等，同外道说。且真如能生，失无为义，失法性义，失不生不灭不垢不净不增不减义，尤背圣教，大乖佛旨。"[2]

四 太虚对王恩洋的回应：拘执唯识

王恩洋的批判，站在唯识学角度上可谓有理有据，针对太虚《〈大乘起信论〉唯识释》也确实指出了其中与唯识学理论相违背的地方，尤其是太虚一直想解决的真如作为无为法却缘生万法的问题。但是，从佛教在近现代面对的境况来说，王恩洋代表的内学院可能过于拘束于唯识学，太虚于次年（1926）作《答〈起信论唯识释〉质疑》，回应了王恩洋的质疑，最主要的回应就在于名相上，他认为王恩洋执着于唯识学体系中的名相，并引唯识学典籍来证明自己的说法也并不违背唯识学，"《起信》唯识释者，用唯识显了之名义，以探释《起信》中同名异义、异名同义所密含之意趣，犹诸论之释异门密意教，非要名义尽同，乃可

---

① 王恩洋：《〈起信论唯识释〉质疑》，《内学》第二辑，1925，第135页。
② 王恩洋：《〈起信论唯识释〉质疑》，《内学》第二辑，1925，第130页。

引释。在唯识书，虽此名无此义——若真如一名不含正智义，或此义有他名——若真如用别名正智，然观《起信》中之此名，可与唯识书中何名何义相当，即引彼之名义以释此名而显示其隐含之义"。① 太虚所说的通过唯识释所要追求的目标是揭示"密含的意趣""隐含之义"，并非是将唯识学与《起信论》中概念直接对应，所以在他看来，《起信论》中的真如并不是唯识学的真如，《起信论》中的熏习也不能直接对应唯识学的熏习，他只是借用唯识学的名相来表明《起信论》中的名相也含有这种内涵，但并不仅仅止步于唯识学对名相内涵的界定。

不论是唯识学质疑《起信论》的染净互熏，还是真如缘起，都离不开最核心的一个名相就是真如，所以太虚在《〈大乘起信论〉唯识释》对真如进行了诠解，王恩洋在《〈起信论唯识释〉质疑》中又质疑了太虚的诠解，太虚故而又在《答〈起信论唯识释〉质疑》中重申"真如"的理解。太虚认为，《起信论》之真如是包含正智在内的，而正智正是王恩洋所质疑的包含在真如之内的"有为无漏"，因为在唯识学看来，作为无为法的真如不可能与有为法兼具，但太虚认为包含正智的真如是可以被认可的，并非一定要在唯识学五法的框架中来理解，"真如一名，吾亦喜五法中与正智等相对而立，名义清正。然五法名不遍大乘，而大乘教都说真如，其不立五法之大乘教所说真如名，则不能定律于正智对立之真如义。以每真妄净染相对，指真净曰真如，或曰真心，或曰觉性，或曰如来藏，或曰自性清净心；指妄染曰妄念，或曰不觉，或曰无明，或曰凡夫心，或曰客尘烦恼。此其所用之真如名，自兼含正智义在中；若未立八识教，隐含七八在意根之内也。观义释名，以其如此，释其如此，本无非五法对举不得用真如名之禁例！又谁能谓兼含正智义于真如，即成外道论耶？"② 太虚认为，名相并非是固定的，王恩洋在五法的框架中质疑真如不能包含正智是忽略了"密含的意趣""隐含之义"，就如在没有安立八识的理论之前，意根本身就包含了末那和阿赖耶识。

另一方面，《起信论》中包含正智的真如是否违背唯识学呢？太虚引《摄大乘论》《成唯识论》连发两个反问，认为唯识学典籍虽没有这

①　太虚：《答〈起信论唯识释〉质疑》，《太虚大师全书》第二十八卷，第439页。

②　太虚：《答〈起信论唯识释〉质疑》，《太虚大师全书》第二十八卷，第441页。

么明确表达，但内涵其实是具备的，他说："《起信》用真如名，有时单指理体，若言：'一者、体大，谓一切法平等不增减故。'有时兼指智用，若言：'一者净法，名为真如。'其言真如为能熏、所熏段，明言净法名为真如，此真如与清净含义相等。摄论之自性清净、离垢清净、得此道清净——正智、生境清净——圣教、摄诸清净法；此真如亦摄诸清净法。就清净义，正智真如合名真如，亦何不可？且唯识论随胜德假立十真如，亦含智、断、恩德以说真如，彼既假立，此何不可？"① 太虚对真如为什么不能包含正智的反问，其实质是唯识学与如来藏系对真如的不同理解，如来藏系以"密意"的形式赋予了唯识学思想体系中名相不具有的丰富内涵。

虽然太虚在这篇文章中还对缘生、熏习等名相进行了回应，但是无疑真如是他论证的核心。作为《起信论》的核心概念"真如"，如果按照唯识学的思路，必然会受到质疑，若以唯识学为大乘佛教正统，则进一步判断《起信论》违背佛教正义也在情理之中，所以太虚通过唯识释以及这篇回应想要达到的目标就是以如来藏系《起信论》的内涵丰富唯识学的名相，所以在他看来，唯识学者像欧阳竟无、王恩洋等都是过于执着于唯识学思想体系内名相的固定内涵，所以他说："虽学术上为使用名词之便利，有此名定唯此义之要求，然言语文字之实际应用，卒难如愿，故不应执名以求义，亦须观义以释名也。"②

五 常惺对王恩洋的揭示：以空斥有

王恩洋对过于拘执唯识学的名相与内涵的批判并没有回应，原因可能是多方面的，其中一个重要原因是他已经在1923年即发表《料简》的那一年回应过类似的质疑，当时的质疑方是毕业于月霞创办的华严大学的常惺。在《大乘起信论料简驳议》一文中，常惺驳斥王恩洋对真如的批判，其中一个重要角度在于王恩洋理解的"真如"仅仅是唯识学一宗之见，并非是《起信论》之真如，两宗在理解上呈现空、有差异。

关于真如的理解，常惺认为："真如门乃显一切法所依之体，平等不

---

① 太虚：《答〈起信论唯识释〉质疑》，《太虚大师全书》第二十八卷，第442页。
② 太虚：《答〈起信论唯识释〉质疑》，《太虚大师全书》第二十八卷，第439页。

二，即一切法以论于真，非离一切法外而另有一凝然实物，能生于一切也。"① 这种理解是符合唯识学乃至大乘佛教的，《大乘百法明门论》中以"四所显示故"② 来界定无为法，即无为法是作为色法等其他四类法的"所显"，其他四类法则是无为法的"能显"，否定了独立于有为法外无为法的存在，这也正是常惺的意思。但是，如果按照这种理解，"真如"是无法"生"一切法的，这就是王恩洋批判的重点，常惺认为这里的"生"并非《起信论》本意，而是王恩洋"无端加入"，所以他说："以真如为泯相显实门，不坏相而即泯，以法法当体即真，故即造而论于具。生灭为揽理成事门，不坏理而成事，以理有随缘之用，故即具而论于造。虽有具造不同，而惟是一心，一切法无二故，是以不当以生灭之即具而造，致难于真如之即造而具。良由真如体中一切法，性本自具；无劳生灭门中相用生起而后有，但以平等观之，相用即体，惟是一真，不见有差别之相可得。是以立义分中亦云：'是心则摄一切世间法出世间法。'始终言摄，未曾言生，一字之诛，无端加入，吾诚百思而不得其解也。"③ 常惺从体用一如的相摄义理解真如与万法的关系。

基于体用一如的理解，常惺否定了作为无为法的真如"生"有为诸法的理论，他说："唯识中以'真如无为'为所缘体，'正智有为'为能缘用。此理智对待而说，能所攸分，不可混淆。《起信》中摄用归体，举所含能，总称一心，非局于无为体而拣却有为用也。"④ 显然，《起信论》是与唯识不同的思路，所以王恩洋基于唯识教理对《起信论》的批判自然也不能成立，而变成宗见之争，作者说："论者不能依文求义，以义定名，乍见真如，抹去'净法'二字，戴著唯识家绿色眼镜，强指为'无为'，转谓论中进退失据为可哂，斯亦不可以已乎？"⑤ 甚至还说到性、相两宗名相安立的特色"性宗名相开合不定，理智原可互摄，非如相宗之丝毫不紊"。⑥

---

① 常惺：《大乘起信论料简驳议》，《大乘起信论与楞严经考辨》，台北：大乘文化出版社，1978，第168页。
② 《大乘百法明门论》卷一，《大正藏》第31册，第855页中。
③ 常惺：《大乘起信论料简驳议》，《大乘起信论与楞严经考辨》，第167页。
④ 常惺：《大乘起信论料简驳议》，《大乘起信论与楞严经考辨》，第168页。
⑤ 常惺：《大乘起信论料简驳议》，《大乘起信论与楞严经考辨》，第170页。
⑥ 常惺：《大乘起信论料简驳议》，《大乘起信论与楞严经考辨》，第171页。

常惺不仅批判王恩洋戴着唯识的"绿色眼镜"，而且进一步认为这是性、相两宗之差异，他说："谓'真如为诸法体，能生万法，因不平等，流同外道'。当知一说能生，便非真如。性相两宗，所诠不同；法相说染净各有种子，缘生之相，丝毫不紊。法性显一切法，自体本具，以四性推之，原来无生。得其意者，融镕无二。"① 意思是明确的，《起信论》作为性宗的代表，与唯识学之相宗在"缘生"义上有不同的理论建构，相宗以种子与现行的互生来理解"缘生"，性宗则以本具"无生"来理解缘生。在这里，常惺沿用中国佛教传统的性、相分判，认为《起信论》的真如缘生体现的正是"性宗"万法本具无生的意趣，其实质，是以中观学的理论内核诠解了《起信论》的真如无生，而与唯识学相区别，显示出"空有之争"的形态，即以空宗与有宗在"缘生"义上的不同来驳斥王恩洋独以有宗缘生义批判空宗缘生义，所以他认为王恩洋"欲以唯识垄断一切"②。

然而，常惺的驳斥在王恩洋那里并不能成立，因为王恩洋在《料简》中是基于中观、唯识、《起信》（如来藏系）的分判，进一步显示《起信论》相比较中观学、唯识学共同的大乘立场"空"，更显示出"有"的特色，包括实体真如、真如生万法等，故而批判《起信》类同外道。

六 王恩洋对常惺的回应：性相皆空

常惺在《大乘起信论料简驳议》中对王恩洋的驳斥，其核心之点在于真如的理解，他既同意王恩洋对真如乃万法之空性的界定，又不完全同意王恩洋在体用简别的立场上区分真如与正智。正由于他没有完全认可王恩洋理解的真如，所以他的部分肯定引出一个极难解决的老问题，即真如如何能生万法？王恩洋的真如不存在这个问题，因为他的真如是万法所显之空性，是理体，并非独立于万法；常惺肯定了并非独立于万法、作为理体出现的真如，又要去肯定《起信论》真如生万法，所以才以"摄"理解"生"，并指摘王恩洋对真如生万法之"生"的理解是违

① 常惺：《大乘起信论料简驳议》，《大乘起信论与楞严经考辨》，第170页。
② 常惺：《大乘起信论料简驳议》，《大乘起信论与楞严经考辨》，第175页。

背《起信论》文本的"无端加入"。

面对常惺驳议最核心之"生",王恩洋认为常惺的理解并不符合《起信论》本意,"真如为一实物,能生一切法义中,谓《起信论》言:是心则摄一切世间法出世间法,始终言摄,未言生。一字之殊,无端加入云云。此中言生,《起信论》中具有明文、即如驳者所引用大文中能生一切世间出世间法善因果故,及生灭门中能摄一切法能生一切法等是也。……皆宗《起信论》者也、则其以真如为一实物为诸法本质,为诸法因缘而生诸法,诸法生已而灭复归真。如是之义,自非吾所妄测,更非吾所能诬罔也明矣。彼义如此,胡乃不同外道冥性"。①

王恩洋认为,《起信论》所说的真如生万法,并非是万法呈现空性,而是在万法外有一个"不平等"之真如作为"能生",所以,并不存在常惺所说的性、相之别,因为性、相两宗都否定一个能生万法的自性存在,他说:"性相两宗所诠不同。法相说染净法各有种子,缘生之相,丝毫不紊;法性就性而说,则一切诸法自性本空,即言无生。如是就相则说因缘,就性则言无生,斯成正义,我意则然。而谓真如为诸法体能生万法者,自坏缘生亦失法性,因不平等流同外道矣。"② 之所以王恩洋否定了常惺以性相之争来理解真如的不同诠释,并不是说明超出了空有之争的维度,恰恰证明在《起信论》"真如"理解上完完全全是"空有之争",原因在于王恩洋与常惺理解的"性宗"内涵是不同的,性宗在中国佛教历史上模糊的指向中观宗典籍与如来藏系,所以,常惺是在如来藏系的内涵下理解性宗,而把真如理解为性宗"有"与相宗"无"之争,王恩洋是在中观宗的内涵下理解性宗,说性宗"就性而说,则一切诸法自性本空,即言无生"。故而性宗"空"与相宗"空"的立场本来无争。基于中观宗与唯识宗空的立场之"真如",是王恩洋一直坚持的真如正义,所以他在后文详细分判佛教中也说到:"佛法所言真如法性绝不作诸法因缘而生诸法,无作用无功能无本质无自体,而即一切法之空性实相。料简中所谓但以诸法缘生,故而真如之理存,非以因有真如故而万法起者是也。此我佛之正义,性相两宗所极成,绝不同于冥性、梵

---

① 王恩洋:《大乘起信论料简驳议答辩》,《中国佛教与唯识学》,第98页。
② 王恩洋:《大乘起信论料简驳议答辩》,《中国佛教与唯识学》,第100页。

天、上帝、元质等者也。"①

第三节 印顺：《起信论》论战之阶段性总结

印顺并没有参加20世纪20年代关于《起信论》的讨论，因为王恩洋与太虚论辩的时候他才十几岁并且还未出家。1950年，印顺在香港梅修精舍开讲《起信论》，由演培、续明记录而成《大乘起信论讲记》，这时候距离王恩洋等人的讨论已经过去二十多年了，使得印顺可以围绕《起信论》展开的唯识学与如来藏系的"空有之争"作阶段性的总结。

在这个讲记中，印顺的态度基本上是对欧阳竟无、王恩洋等人唯识学角度的批判持一种否定的态度，但也并不完全认同太虚原地踏步式的辩驳。他认为，欧阳竟无、王恩洋等是拿唯识宗一宗的理论作为判断《起信论》的基本标准，"欧阳竟无他们——也依据考证，但主要是从义理的疑似上说。据他们的见解，起信论所说的，是不对的。因为起信论所说的，与唯识学不相合。他们似乎以为：唯有瑜伽、唯识所说的教理才是正确的。起信论既与此不合，即是错误；所以也决定不是马鸣造的。欧阳竟无，还多少融通一点；到了王恩洋、吕澄他们，就直斥为伪造了"。② 对于为《起信论》辩护的太虚，印顺揭示其维护中国佛教的目的，但是对其维护的方式颇有微词，称此为和事老："他底思想——中国佛教传统的思想，是和起信论一致的，是把这样的思想作为佛陀根本教法的。如起信论后起，或被人推翻了，那他的思想根源，以及中国佛教所受的威胁，是怎样的可怕！所以特为方便会通，尽力出来扶持。关于义理方面的非议，大师是和事老。他以为：起信论所说的很好，唯识宗所讲的也不错。……"③

在印顺看来，欧阳竟无、王恩洋等揭示了唯识学与《起信论》的不同，这并没有问题，但是他们进一步基于唯识宗的立场以这种不同去否定《起信论》，这样的态度则值得商榷了。另一方面，太虚则连这种不同都要调和融会，这在印顺看来就成了"和事老"，体现的其实是印顺

---

① 王恩洋：《大乘起信论料简驳议答辩》，《中国佛教与唯识学》，第105~106页。
② 印顺：《大乘起信论讲记》，中华书局，2010，第2~3页。
③ 印顺：《大乘起信论讲记》，第4页。

对汉传向度中空有"和会"态度的不满。所以，他认为，既要承认唯识宗与《起信论》理论建构的不同，又不能以其中一者去否定另一方的合法性，这就是印顺在《起信论》上的基本态度："站在唯识学的立场，评论起信论的教理不对，这不过是立场的不同，衡量是非的标准不同，并不能就此断定了起信论的价值。……我觉得，唯识学者对于起信论，应以讨论、商榷的态度，不应以'同我则是，异我则非'的态度来否定起信论。然对于以唯识融会起信论，似乎也终于多此一举。起信论与唯识论，各有独特的立场，不同的方法，不同的理论，一定要说它们恰好会通，事实是不易做到的。学派的教理，既各有不同处，就是费尽力量以求圆融会通，而结果，别人也还是不会承认的。所以，我们先应了解他们的不同；不要偏执，也不要附会。先明白各论的特殊意义，再来考虑它在佛法中的地位。我觉得，我们应该这样！"①

一 真常心体：绝对唯心论

《起信论》中的思想与中观学、唯识学最显著的不同在于心体恒常的观点，中观学与唯识学都坚持不存在恒常不变的实体性存在，中观学更是以此诠释缘起这一佛教的核心教义。基于这样的理论建构，中观学最需要回答的是，既然没有实体性存在，世间与解脱是如何可能的？《起信论》中也有这一问题的提出："若心灭者，云何相续？若相续者，云何说究竟灭？"②

印顺非常明确地表明在这一问题的回答上，《起信论》以鲜明的特色表明了与中观学、唯识学不同的真常唯心论的答案，"答曰：所言灭者，唯心相灭，非心体灭"。③"生死相续，由于心的相续。若如上说，粗细心都是灭尽的，而且是刹那灭的；那众生的相续，就不可能的了。所以说：'若心'是'灭'的，如'何'能说'相续'——众生的生死相续；菩萨修行相续到成佛？反之，'若'杂染心是无尽'相续'的，如'何'又说'究竟灭'呢？究竟灭，即是彻底灭，佛的功德智慧，也可说灭尽吗？这是从虚妄分别生灭中，推寻出一常在不变的心体，作为

---

① 印顺：《大乘起信论讲记》，第6~7页。
② 马鸣：《大乘起信论》卷一，真谛译，《大正藏》第32册，第578页上。
③ 同上。

生死相续的主体；也就以此而明佛果常住而不灭。这是真常唯心论的特色，与中观、唯识都不同。"① 以不变的心体作为生死相续的主体与佛果常住不变的依据，这是真常唯心论的主要特点，与中观学、唯识学形成鲜明对比。中观学不需要另寻一个主体来安立世间与解脱，因为"空"只是对自性的否定，并不否定世间的相、用；虽然唯识学的阿赖耶识看似与真常心体类似，然而，唯识学不断强调阿赖耶识只是承载如瀑流的种子的集合体而已，本身是有为法而虚妄不实的。所以，不论是中观学，还是唯识学，都不会像《起信论》那样用敏感的"不灭"这个词语来表诠一个主体，甚至这个主体都不是无为法，而是"心体"。

《起信论》思想体系中的"体"就是"众生心"，近代唯识学者对《起信论》的批判也着眼于这个关键点，"众生心，是本论建立大乘法的根本依。本论以为：成立大乘法义，要使人确信得有大乘法。直指众生心为大乘，这样，人人都觉得大乘法当下即是，不须外求，即能从自心中深信大乘。但唯识家说：众生心，即是杂染报体的阿赖耶识；这就觉得本论的解说，与唯识学的立义不合。贤首家说：众生心是如来藏心，即指吾人本具的圆满无差别的真净心；这又不是唯识者所能同意的。因此，太虚大师以为：若如唯识家。从凡夫位说，与本论的立义不顺；若如贤首家，从佛位说，也不能恰当。所以，以为本论的众生心，是依菩萨位说的"。② 《起信论》以众生心作为大乘的法体，唯识学认为，众生心应该是杂染的，怎么能够作为大乘法体呢？太虚在《〈大乘起信论〉唯识释》中以众生心为《起信论》作者马鸣之菩萨心，希望调和杂染与清净，回应唯识学的质疑。

如何理解与评价《起信论》的众生心呢？是唯识的杂染心，华严宗的清净心，还是太虚调和的菩萨心？《起信论》以不变的心体作为生死相续的主体与佛果常住不变的依据，也就意味着这个心体是众生与佛平等的内在依据。印顺就众生与佛的共通性问题归纳出三种不同的理解，第一种是部派佛教时期，第二种是中观学与唯识学的理解，第三种就是如来藏系的思路。他认为，唯识学与中观学在众生与佛平等的理解上是

---

① 印顺：《大乘起信论讲记》，第 141 页。
② 印顺：《大乘起信论讲记》，第 32 页。

一致的，都是立足于法性的角度，"空相应的大乘经论，与虚妄唯识论者（受有一切有系的深刻影响；一切有系是不许心性本净的），约法性清净说：一切法空性，平等不二。佛法性与众生法性，如圆器空与方器空一样，没有任何差别可说。心的法性是本净的，所以说心性本净。约法性净，说生佛平等。不是说：众生有真常的净心，与佛一样"。① 印顺认为，中观学与唯识学是从法性的角度来理解众生心的，包含物质与精神在内的一切法的本质是空，以空作为一切法的法性。基于一切法性空，从而呈现出众生心与佛心的平等，并且他还强调，在中观宗与唯识宗看来并非是众生有如同佛一般的真常的清净心而实现生、佛平等的。

然而，《起信论》代表的真常大乘经论所建构的佛与众生平等的理论基础就是真常的清净心，在这一点上，与中观学、唯识学的理论分道扬镳了："本论为众生修学佛法而说，所以特揭众生心为本。众生心，即心真如而含得无边的功德性，它又是生灭的杂染心，充满著无边过失。真常大乘者的众生心，是不能偏重于真净，也不可局限于妄染的！"②"唯识者说：如来藏指法空性说。……然我敢肯定的指出，如来藏，决不但指法性、法空性说，主要的，还在说明众生有成佛可能的功德性。唯识宗名此为无漏种子，如依大乘经说，无漏种子与如来藏，应该是同一契经的不同解说。"③ 印顺区别了唯识学与《起信论》对如来藏的理解，唯识学仅仅在法空性的角度上理解如来藏，然而，《起信论》的如来藏不但包含法空性的内涵，而且具有功德性，即平等性中包含"无量性功德"相，包括智慧与色相。《起信论》的如来藏不但包含法空性的内涵，而且具有被唯识学称为无漏种子的成佛可能性，印顺认为这只是不同佛经中的不同解说，唯识学者一定要以唯识学的无漏种子去判断《起信论》的错误，在印顺看来这是有问题的。

关于唯识学与《起信论》在如来藏上的不同理解，印顺依据《华严经》等认为如来藏本身确实包含功德性，并不需要另有无漏种子的安立，所以他说："说了如来藏，即无须再说无漏种子；说无漏种子，即无须再说如来藏；因为所依的契经，是同一的。……专以如来藏为空性，是无

① 印顺：《大乘起信论讲记》，第33页。
② 同上。
③ 印顺：《大乘起信论讲记》，第37～38页。

为理性；以无漏种为有为法，附属于阿赖耶识中。于是乎建立理性佛性（如来藏），又建立行性佛性中的本性住种姓——无漏种子。不知如来藏为平等空性与无量净能的统一。无论起信论是否究竟，在这些问题上，比唯识宗要正确得多！"① 印顺认为，《起信论》在如来藏的理解上，比唯识学正确，他认为如来藏确实应该包含了无漏种子所指向的成佛的可能性，不仅唯识宗仅仅在法性空的角度理解如来藏是有问题的，而且基于如来藏与无漏种子分离的立场否定一部分人成佛的可能性也是受到了说一切说部的影响，"唯识学者，受有一切有系的深厚影响，不许一切众生皆可成佛。所以，唯识学的古义，虽也知无漏种为法界所摄；以含摄得无漏种的法界为本，明菩提心行；但仍以无漏的有无具缺，是众生不等的。一分的唯识学者，特重共三乘的瑜伽论，所以对法界与无漏种的融摄，略而不谈"②。由于受到有部影响，唯识学不认可人人皆可成佛，所以区分了作为法性的如来藏与功德性潜能的无漏种子。因为作为法性的如来藏是遍的，如果以如来藏作为成佛的可能性，那么意味着人人皆可成佛，但是印顺认为唯识宗受到有部影响而否定一部分人成佛的可能性，所以必须把成佛的可能性从普遍的如来藏当中分离出来。中观学与如来藏系没有区分理性佛性的如来藏与行性佛性的无漏种子，所以并没有否定无漏功德潜在的普遍性，也就没有有与无的差别，但是一部分唯识学学者以为无漏种子存在有、无差别，所以一些凡夫不能成佛。

可见，在无漏功德的潜在问题上，中观宗更倾向于去肯定其普遍性，与如来藏系的态度是一致的。受到藏传中观学影响的印顺在三系评判中，一直对真常如来藏系评价不高，然而在这个问题上，竟然会评判《起信论》的理解比唯识学"正确得多"，一方面是依据《华严经》等来判断如来藏范畴的内涵，另一方面可能也是基于在成佛可能性上如来藏系与中观学的一致性。在法性平等义上，三系是一致的，"约诸法理性说，是一切法平等的。这和唯识、中观家，似乎是相同的"③。《起信论》与中观学在法性平等义上肯定了成佛可能性的平等，但是，唯识学把成佛可能性从法性平等义分离出来称为无漏种子，再进一步强调这个作为成佛

---

① 印顺：《大乘起信论讲记》，第38页。
② 同上。
③ 印顺：《大乘起信论讲记》，第45页。

可能性的无漏种子并不是普遍的，也就是成佛可能性的不平等。但是，中观学与如来藏系虽然都肯定了成佛可能性，理论基础是不同的，中观学仅仅是在三系都认可的法性平等理论基础之上，也就是在一切法自性空上讲的，如来藏系完全不同地去肯定了一个永恒的"如来藏"，两系呈现出强烈的空与有的差异。

《起信论》的"心"，不仅具有三系共同认可的法性平等的内涵，而且具有无漏功德性，在印顺看来，《起信论》代表的唯心超越于唯识学，原因在于真常唯心论不仅将杂染的世间唯心，而且连清净的出世间也唯心，达到真正的一切唯心。他以色类、心类、理性类三类，分别对应物质、精神、本体，《起信论》所代表的真常唯心论相比较包含色类的唯识学来说，更强化心的意义，因为心还包含理性，"本论是真常唯心系的，所说的心，比唯识学还要强化。心——众生心，不但含摄了色；而且统有理性与事象，即无为与有为"。① 印顺称《起信论》为"绝对唯心论"，并且认为《起信论》相比较唯识学的唯心论更圆满，因为唯识学的"客观唯心论"虽然坚持世间一切皆由阿赖耶识所现起，但是不能解释清净、无为的现起。相比较唯识学，《起信论》的唯心将世间、出世间，有为、无为全部融摄进了"心"，"要进一步的达到一切唯是真实心，方是唯心的极致。不但妄境依于妄心，妄境妄心，又都是不离真心而现起的。一切的事相与理性，杂染与清净，统摄于真常心中。本论从众生心有觉与不觉义说起，能综合主观（摄所从能）、客观（摄现从种）、真常（摄事从理）的三类唯心说。《楞伽经》也是贯彻此三者而说唯心的。所以真能悟入真如理性时，唯一真心，而到达绝对唯心论的实证"。②

在唯心论中，印顺认为《起信论》是最圆满的，他称其为"彻底的唯心论"，"本论是彻底的唯心论，依众生心建立生死流转与解脱还灭，一切以心为本。所以在真如门与生灭门中，都举心为根本。如心真如门中，举真心为根本；心生灭门中，举生灭心——阿赖耶识为根本"。③ 在《起信论》的框架中，真如门是清净的如来藏，生灭门是杂染的阿赖耶识，这就涉及如来藏与阿赖耶识的关系。根据《楞严经》《密严经》等，

---

① 印顺：《大乘起信论讲记》，第 14 页。
② 印顺：《大乘起信论讲记》，第 122 页。
③ 印顺：《大乘起信论讲记》，第 57 页。

印顺认为这一系的经典都强调如来藏与阿赖耶识不异。所以，当不谈如来藏只谈阿赖耶识的唯识宗批判这一系经典的时候，他认为是唯识宗学者以自宗教义去判断了与自宗不同思想体系，"唯识学者，几乎不谈如来藏，专门说阿赖耶。所以，吕澂即据唯识宗的阿赖耶识说，批评'楞伽经体用未明'。实不知《楞伽经》自有《楞伽经》的体系，与唯识宗义，有他的根本不同处"。① 欧阳竟无对《起信论》的批判也是围绕"不明体用"，体是指如来藏，用是生起杂染与清净法之用，在唯识学那里是无漏种子，两者存在有为、无为的差别。在唯识学者看来，《起信论》直接以如来藏生用，将无为法的真如与有为法的无漏种子混为一谈。

印顺认为，唯识宗对阿赖耶识偏于杂染的理解是违背《楞伽经》《胜鬘经》等大乘经义的，表现为小乘说一切有部倾向，"唯识者的阿赖耶识，实为大乘经义的有部阿毗达摩化，实不合大乘经的本义"。② "依他起具二分，本论即说阿黎耶识有觉不觉二义。这种思想，本是出于大乘经的，但如成唯识论，倾向小乘一切有系的思想，不再说依他起具二分，不再说杂染清净性不成，但说：杂染生杂染，清净生清净"。③ "这自以为体用分别极精，然而这只是倾向小乘一切有系的大乘论，而大乘经与大乘论，不一定如此。"④ 按照《楞伽经》等大乘经典来说，阿赖耶识具备杂染与清净，而唯识宗却偏重杂染，否认清净，这就需要在阿赖耶识之外建立无漏的来源，即无漏种子，这也就导致了唯识宗不认可《起信论》与如来藏相即的众生心兼具清净、杂染，"唯识宗，以阿黎耶识为所依止而立一切法。阿黎耶识是有漏虚妄杂染的，以有漏虚妄杂染识为中心，故说众生从无始以来有有漏杂染种子。此有漏杂染种，与阿黎耶识不一不异，而即阿赖耶自性所摄，故又名为种子识。至于无漏清净呢？以为无漏种子，无始以来依附阿赖耶识。然不是阿黎耶识自性所摄；一是有漏杂染的，一是无漏清净的，虽说相依而二者是终究不能合为一体的。由此可见真常唯心大乘经与虚妄唯识大乘论，说法是如何不同！经以真如无漏为主体，而有漏附在一边；唯识论以有漏赖耶为主体，

---

① 印顺：《大乘起信论讲记》，第58页。
② 印顺：《大乘起信论讲记》，第66页。
③ 印顺：《大乘起信论讲记》，第69页。
④ 同上。

而无漏附在一边"。① 由于受到有部影响，唯识宗错误地理解了大乘佛教中的如来藏与阿赖耶识，使得必须在杂染的阿赖耶识外寻找清净的根源，从而建构了无漏种子的理论。然而，对于绝对唯心论的《起信论》来说，并不需要于"真心"外再寻找一个清净法的来源。

二　真如缘起：真谛一元论

中观学在无漏功德的潜在问题上，与将无漏种子从如来藏中分离出来从而否定"人人皆可成佛"的唯识学不同，而与如来藏系呈现出表面上的一致。但是，无漏功德的潜在与无漏功德是否可以依真如现起，这是两个问题。那么，无漏功德是否依真如现起呢？也就是《起信论》中的真如缘起说是否能够成立呢？印顺认为，中观学与唯识学都不认可真如缘起的无漏功德："如问：真如法性中有没有无漏功德性？唯识与中观，虽也可以说有无为功德性。但无漏功德的依缘现起，唯识与中观者，即不许以真如为因。起信论的无漏功德因，与唯识家有不同处。"② 印顺这里所用的"也可以说"四个字用得很巧妙，一方面，一部分唯识学是承认如来藏中含藏功德性的，正如上文所说的《楞伽经》等；另一方面，虽然中观学没有在表诠层面说如来藏含藏无漏功德，主要的中观学典籍甚至都很少提到真如、如来藏这类范畴，但是，一部分唯识学者将无漏种子分离出来说有一部分人无法成佛的说法，中观学是不能同意这种破坏缘起性空普遍性的观点的。所以，印顺才说"也可以说"。

为什么中观和唯识不允许真如缘起无漏功德呢，《起信论》却建立这样的理论？难道《起信论》的真如不是无为法么？印顺认为，《起信论》的真如不仅是无为法，而且这个真如与众生心融为一体，所以才能够缘起无漏功德，"说法界是不二，是总相、是大，与唯识和中观所说一样。但说到法界即是心性不生不灭，即是不生灭心，中观与唯识就不能同意了。依中观说：真如是一切法的法性，为什么专指心性说？《起信论》依众生心立不生不灭的真如性，指真如性为心，这是与中观不同的地方"。③ 印顺讲得很清楚，在中观学那里，法性就是诸法本质，缘起性

---

① 印顺：《大乘起信论讲记》，第 66~67 页。
② 印顺：《大乘起信论讲记》，第 45 页。
③ 同上。

空，这个法性因为是遍在的，所以众生心同样缘起性空。但是，《起信论》却将这个遍在的法性与心性融合，也就正如印顺所说在偏重于"不异"的角度上肯定了心性的遍在，这一点是中观学所没有发挥的内涵，"于众生心中，指出那离念本净的、平等真实的一心；有平等义，真实义，所以这一心名为真如。心真如门，即依此一心而安立"。① 正如"理论渊源章"中所述，如来藏系与中观学的一个典型差异就在于对"心"的看法，在中观学那里，"心"与万法一样缘起性空，并不需要特别强调；但是，如来藏系却大大地着重发挥了这个"心"，甚至将"心"与理性真如融合成为遍在的心体，正如晋水净源、《坛经》等所表现的那样。

《起信论》的真如缘起说以真如缘起无漏功德，不能为中观学与唯识学接受，而正如上文所述，更加受到唯识学者批判的是从真如缘起世间法，即"从真起妄"的缘起理论。印顺否定从真起妄的真如缘起说，"若说真如缘起，从真而可以起妄，那佛也还可以成为众生了！那还了得！"② 但他并不认为《起信论》是真如缘起，因为在他看来这个问题在真常唯心论者那里包含两个方面，一个方面是一元论的，即真妄、净染都摄于一心，另一方面又是二元论的，清净与杂染的不一，以此否定那种认为《起信论》是从真起妄的观点，他说："真常唯心者，说明一切，是有二种论法的：一、从现起一切说，建立相对的二元论，如说杂染与清净，真实与虚妄。不能但说真净，如从真起妄，佛应还成众生。若但说妄，众生应没有成佛的可能。本论在这方面，所以说有觉与不觉，生灭与不生灭义。二、从究竟悟入真如实性说，建立绝对的一元论。真与妄，净与染，虽似二元，但非绝对的敌体。因为转染还净，返妄归真时，体悟到一切法即是常住一心，一切法无不是真如实性，一切无不是这绝对的一心。这一论法，在真常唯心的立场，是极端重要的。"③ 印顺这个观点与梁启超所谓的一元论解决方案一致，都是试图揭示《起信论》备受批判的从真起妄理论并非是其原意。

一般认为，《起信论》是真如缘起说的代表，印顺与欧阳竟无等一

① 印顺：《大乘起信论讲记》，第48页。
② 印顺：《大乘起信论讲记》，第91页。
③ 印顺：《大乘起信论讲记》，第92～93页。

样否定真如缘起说，但是他认为《起信论》并非是真如缘起说，即并非是从真起妄，而是有一元、二元的理论应对杂染世间法与无漏法的生起，"向下妄现，建立二元，真妄并立；向上体悟，建立一元，唯一真心；这是真常唯心者的共同论义。如不知此义，但说从真起妄，返妄归真，立义不圆满，容易为虚妄唯识者所误会与攻难，而不能自圆其说"。① 然而，这种一元、二元的解说，是为了解决对《起信论》从真起妄的质疑，然而究竟是否符合《起信论》本意，还是印顺的发挥？二元的根据是《起信论》阿赖耶识中觉、不觉二义，觉是有自体的，而不觉是随觉而妄立，所以无自体的，"觉是如实不空的，不可说没有自体相。但不觉的虚妄分别念，虽现有它的相用，若推究起来，'念'是'无自'体'相'的"。② 所以二元说到底是一元，《起信论》"依本觉故而有不觉"③这句是重要依据。印顺所说的一元与二元可以从二谛的角度来理解，在俗谛层面，真、妄对立，染、净分离，而在胜义谛层面唯有一个清净真心，并无杂染与其对立，这确实是符合《起信论》为代表的如来藏系的主体思路。

　　站在唯识学角度上来看，真如是无为法，既不从他法产生，也不能产生他法，只是一个永恒的理体而已。所以，《起信论》从真如生世间法，世间法又熏习真如，这样的理论完完全全地与唯识学理论相违背了。《起信论》的思想与唯识学存在一个根本差异，就是《起信论》认为心自性清净但又与无明同时存在，"是心从本已来，自性清净而有无明，为无明所染，有其染心，虽有染心而常恒不变，是故此义唯佛能知"。④ 杂染的无明并非是真心所生，因为无始与真心俱有，"此和合识中的根本无明，也无始来成就，所以不能说从真心生妄心"。⑤ 在这一点上，与唯识学的理论建构形成截然不同的差异，因为唯识学认为既然真心是常恒不变的，即属于无为法，就不可能与无明相俱；如果说无明是无始与真心相俱的，也是"常恒不变"的，那就否定了成佛的可能性，因为佛应当

---

① 印顺：《大乘起信论讲记》，第 93 页。
② 印顺：《大乘起信论讲记》，第 97 页。
③ 马鸣：《大乘起信论》卷一，真谛译，《大正藏》第 32 册，第 576 页中。
④ 马鸣：《大乘起信论》卷一，真谛译，《大正藏》第 32 册，第 577 页下。
⑤ 印顺：《大乘起信论讲记》，第 127 页。

是没有杂染无明的，所以，印顺才说"唯识家但承认真实不变，所以与本论的思想有差别。……（《起信论》）唯一净心而不妨有染相的差别，所以觉与不觉，有着矛盾而统一，统一中有矛盾的意义。这是难理解的，唯佛能知。从佛现证而方便安立，即无始来有此相关而又相对的二元"。①

印顺以真谛一元论，即唯有一心，来解释了对从真如法生世间法的质疑，那么印顺又是如何理解真如受熏的呢？《起信论》与唯识学在熏习义上有很大不同，欧阳竟无就批判《起信论》的熏习义是不能成立的，因为真如作为无为法怎么能够受熏，受熏的应该是无漏种子，更不可能被杂染的无明所熏。《起信论》中的熏习确实就是欧阳竟无批判的真如与无明的互熏，"熏习义者：如世间衣服，实无于香，若人以香而熏习故，则有香气。此亦如是：真如净法，实无于染，但以无明而熏习故，则有染相。无明染法，实无净业，但以真如而熏习故，则有净用"。② 印顺也提到了真如与无明的互熏，但是他着重点出真如为无明所熏并非是真如成为杂染的，而只是真如显现染相，"真如与无明，是相互熏习的，所以众生无始以来，依真现妄，妄中有真，真妄始终和合而成为一团。不过，真如为无明所熏，只可说现起染相，不可说真如成为杂染。无明为真如所熏，只可说现起净用，不可说无明成为清净"。③

以唯识学作为主要立场的欧阳竟无之所以会批判《起信论》的熏习义，坚持真如不能受熏，更不能受无明熏习，原因在于两家的熏习理论的建构是不同的，印顺清晰地展现了这种不同："唯识家的熏习说，重于同类的，潜能的。……唯识家是渊源于一切有部的多元实在论；他的熏习说，仅是一切法熏习而保持功能性于赖耶中，而不是说：此法受彼熏，此法由于彼法而起变化，此法中现起彼此融化了而起的新现象。本论的熏习说，重于此受彼熏，而此中现起彼此合化的东西。"④ 唯识学的熏习是同类熏习，即杂染不能熏清净，清净不能熏杂染，这种熏习并没有产生新的化合物，而只是能熏的功能被保持在阿赖耶识中。然而，《起信论》的熏习重在"彼此合化"，有新的化合物产生，也就意味着不能仅

① 印顺：《大乘起信论讲记》，第 127 页。
② 马鸣：《大乘起信论》卷一，真谛译，《大正藏》第 32 册，第 578 页上。
③ 印顺：《大乘起信论讲记》，第 144 页。
④ 印顺：《大乘起信论讲记》，第 144~145 页。

仅是同性熏习，更不能仅仅是保存能熏的功能。

更进一步说，唯识学的熏习理论本身就否定杂染或者清净的法成为所熏的可能性，故而有无记性的种子的存在。那么，没有种子的《起信论》以真如为能熏、所熏，在唯识学看来就是不能成立的了，"唯识说真如不为能熏，也不是所熏。这因为以真如为抽象的理性——真实平等性，与具体物隔别；一点德用也没有"。① 印顺为《起信论》做了辩解："即使真如不可说受熏，但真如能为增上缘，难道没有任何影响吗？何况本论的真如，含摄得无量清净功德呢？修学佛法，就在乎以清净的力量治伏杂染的；虽然杂染法也在不断的蒙蔽真净的，歪曲真净的，以及障碍行者的进修，……总之，不把熏习专看为种子，真如专看为理性，一切都可以通了。"② 他以修行转染成净来反驳唯识学对《起信论》真如受熏、能熏的批判，这种反驳显然不会被含有始有、本有种子的唯识学所接受，但是可以发现，一方面，印顺坚持以《起信论》本身的思想来解释《起信论》，另一方面，他本人也并不赞同唯识学的批判，用他的话说："这种宗派的独断态度，是万万要不得的。站在唯识的立场，说别宗不对，不合正理；别的宗派，也可以站在另一立场，说唯识的不对，不符正理；但决不会因此而问题就解决了。"③

三　质疑"大我"：据中观学"空"

印顺着力于比较唯识学与《起信论》的差异，并试图说明唯识学者以一宗的思想来评判《起信论》是不符合佛教正理的，然而，印顺本人深受中观学影响，与《起信论》的如来藏系思想也有差异，比如不生不灭的如来藏性与缘起性空的中观学理论之间的差异，"所破所灭，都就虚妄杂染说，清净的如来藏性，是不可灭除的。这是真常唯心论的根本论题。如楞伽经说：'藏识灭者，不异外道断见论议。'所以生灭的灭除了，不生不灭的法身、净智，却永远存在"。④

但是，他并未在书中用中观学思想来批判《起信论》，更多的是在

---

① 印顺：《大乘起信论讲记》，第145页。
② 印顺：《大乘起信论讲记》，第145~146页。
③ 印顺：《大乘起信论讲记》，第6页。
④ 印顺：《大乘起信论讲记》，第86页。

《楞伽经》等大乘经典的基础上去说明《起信论》，同时，他也指出《起信论》与所依的《楞伽经》等很大不同，比如在阿赖耶识坏不坏相这个表述的理解上，"这里所说的，似乎依于楞伽经，而实与楞伽不同。……楞伽经的坏不坏相，与本论的坏不坏不同。本论的坏不坏相，坏是灭，不坏是不可坏灭的；这是依中国文字去解义了！而楞伽经说的坏不坏相，坏指变异相或差别相；不坏即无变异无差别相。阿赖耶识与前七识，是非异非不异的，所以说非坏非不坏。本论也说坏不坏，但是约阿赖耶识的可灭不可灭说。起信论的长处，在泛论大乘要义；而探寻契经的法相，往往不合本义！"① 印顺不仅认为《起信论》依中国文字去解经典之义，而且还认为《起信论》虽然依据如来藏系大乘经典，但是与经典中所说出入很大。从这两点出发，印顺的话外之音就是《起信论》深受中国文化影响，并不符合大乘经典本意，这恐怕是一个非常严重的批判了。印顺多次表明《起信论》是综合古说的产物，"本论是摄取一切资料而成为独创确切的体系，不必与古说完全一致"。②

印顺在解说真如空、不空二种义时，对三系的空不空进行了整体的比较，"本论的如实空与如实不空，依《胜鬘经》的如来藏有空如来藏与不空如来藏而说。魏译《楞伽经》，称生灭无常法为空，无漏无生灭法为不空，与今说不同。中观宗明空、有，如说缘起有，毕竟空；世俗有，胜义空；不许说法体不空。如约有缘起假名的相用说，也不妨说不空。唯识宗所明的空义，和本论极相近；不空，即不同了。唯识宗说不空，在依他起与圆成实二性上说，特别重视依他起的不空。本论但约真如实性说不空"。③ 中观宗以真谛空、俗谛有，性空而缘起有，自性空而相用有等等来表述自宗的空有；唯识宗以遍计所执性空，依他起性、圆成实性有来安立空有，"唯识宗的圆成实性，也名空性，'以是二空所显性故'。从人法二空所显的说，即是不空的真如实性。中观宗不同情这种论法，直就人与法的当体即空明真如；不说空却虚妄，另有不空的真实可显。这是二宗的争论处"。④ 唯识宗的空有是不同主体的空有，即遍计

---

① 印顺：《大乘起信论讲记》，第 88~89 页。
② 印顺：《大乘起信论讲记》，第 118 页。
③ 印顺：《大乘起信论讲记》，第 53 页。
④ 同上。

所执性空而依他、圆成有，这就使得唯识宗的空有在中观宗看来是空掉一个后另有一个不空，这是中观宗所不能允许的。

印顺认为，《起信论》所说的真如空与唯识宗所明"极相近"，但是不空则不同了，他尤其指出其不同的关键点在于"依他起性"，在《起信论》的立场上来说，唯一肯定的不空是真如实性，而依他起性并不包含在不空的范围之内，这就使得《起信论》的空有与唯识宗大为不同。另一方面，《起信论》虽然与中观宗一样认为空有的对象是一个，而不是唯识宗所说的空遍计而依他、圆成有，但是《起信论》与中观宗的空有对象是截然不同的，所以印顺才说："古代学者有将如实空解说为即缘起的性空；如实不空解说为即性空的缘起，这是附会而不足取的！"① 缘起即性空一面为空，性空即缘起的一面为有，这样的空有安立就是中观宗的思想体系，但是印顺却批判了古代学者用中观学会通《起信论》的企图，认为这是附会而违背《起信论》本意的，因为论中明白地写明了"不空"的内涵是无漏功德，"二者、如实不空，以有自体，具足无漏性功德故"。②

印顺从"不空"的内涵出发否定了会通中观学与《起信论》的做法，也就意味着《起信论》不空的主体是不能为中观学所接受的，"真如自体相，本来如此，不是有最初边的新生，也没有最后边的灭尽。不生不灭，即是'毕竟常恒'的。《心经》的'诸法空相'，在真常者看来，即是真如如来藏。诸法空相，也是'不生不灭，不垢不净，不增不减'的"。③《心经》作为流传最广的般若经系统的代表，其思想核心体现了大乘般若学所重视的"空"，产生于般若学的中观学表诠系统更适合解释般若经。然而，不论是后来的唯识学，还是真常唯心论者，都需要去解释般若经，所以印顺才说"在真常者看来"，以此来区别中观学者与唯识学者的不同理解。中观学以"空"解释的"诸法空相"，真常者则以真如如来藏来理解，两者的差异在于，中观学的空多从遮诠的角度去否定虚妄的自性执着，真常者则通过真如如来藏从表诠的角度肯定实相的永恒实在，印顺也在后文中以"空"与"大我"来做了简单的区

---

① 印顺：《大乘起信论讲记》，第 54 页。
② 马鸣：《大乘起信论》卷一，真谛译，《大正藏》第 32 册，第 576 页上。
③ 印顺：《大乘起信论讲记》，第 167 页。

别："《般若经》显毕竟空；不取众生相，约众生自性空说。自性本空，有什么可著？若有所：即非菩萨。唯心（虚妄唯识者也如此）者，从大我去说：众生即是自己，离自己不见有众生相，所以不取不著。"①

印顺所说的"大我"就是含藏无漏功德的真如、如来藏、众生心，虽然每个范畴强调的方面不同，但指向的确实是那个永恒存在的"真我""大我"。在解释从生灭门入真如门一段时，印顺概括了唯心论的观法："唯心论的观法，可有二个步骤：一、依心以破除妄境，知境无实性而唯心妄现。二、依境无而成心无：如执没有妄境而有妄心，这还是不对的。因为妄心与妄境，是相待而存在的，妄念和妄境，一样是不真实的。真知外觅虚妄不实，而不再计执妄念为有，妄念也就不起了。遣除了妄心和妄境，真心现前，即达到了色心不二，与法身如来藏相应。这即是从生灭而趣入真如的方便。"② 印顺认为，《起信论》所体现的唯心观法在遣除心、境上基本上是与中观学、唯识学等大乘佛教意趣一致的，但是遣除心、境所呈现出来的"实相"则与中观学等有很大的不同，《起信论》所强调的"真心"基本没有在中观学论典中被提出，甚至被中观派与唯识派认为类同外道，《成唯识论》说："若即说心，应同数论相虽转变而体常一。"③ 宗喀巴在解释月称《入中论》时也有同样的表达："其密意之所依，是空性，无相，无愿，法无我性。密意之所为，是为除愚夫之无我恐怖，及为引摄著我之外道与曾习彼见之有情。令彼渐次入真实义。故说有常恒坚固之如来藏。现在及未来之菩萨，不应于此妄执为我也。此义是说：如言执：则与执著外道神我相同，故不应如言执著也。如言执著之妨难，谓如言而许，则与外道之神我无别。"④ 站在唯识学与中观学的角度，对肯定真常的《起信论》中的思路是做了严格的简别的，起码两宗后期基本上是这种态度。

不仅中观学、唯识学对《起信论》所肯定的恒常实体存质疑，印顺认为，从《起信论》的立场来说，中观宗的思想也会受到来自《起信论》的质疑。在"对治邪执"部分，《起信论》显示出与其他经论极为

---

① 印顺：《大乘起信论讲记》，第 173 页。
② 印顺：《大乘起信论讲记》，第 184 页。
③ 护法：《成唯识论》卷二，玄奘译，《大正藏》第 31 册，第 8 页下。
④ 宗喀巴：《宗喀巴大师集》第三卷，第 414 页。

不同的表述，比如在破人我执部分，依凡夫而有五种人我执，前两种是对经义的理解偏于空义，其实质就是断灭空，而《论》却将其归类为凡夫人我执，这种讲法与其他经论对人我执的理解是很不同的。

按照《起信论》的理解，中观学真谛空其实就是"人我执"，其实就是闻说经中说空而执空，因为中观学没有肯定那个不空的真心，所以印顺说："知真如法身不空，即不起空见了。依此说，如中观宗所说：胜义谛中一切法空，即成为错误的了。唯识与真常论者，是有宗，所以说妙有，说不空；这与中观者是有着根本不同的。本论以为：真如不空，自体具足无量性功德，是常是恒是依止，这才可以建立一切法。而中观者说：一切法自性空，不碍众生的流转，涅槃的证得；空与什么都没有，意义是不同的。中观者与真常者，是有着根本不同处。"[①] 印顺在这里强调中观学与真常唯心论有着"根本不同"，关键在于安立世间、出世间、有漏、无漏的所依，相对于《起信论》将所依确定在真心、真如、如来藏等，中观学并没有肯定"空"之外还存在着什么。

第四节　吕澂：《起信论》证伪新思路

吕澂在1962年左右陆续发表了《试论中国佛学有关心性的基本思想》《禅学述原》《〈起信〉与禅》《〈起信〉与〈楞伽〉》等文章，就《起信论》展开探究，这个时候距离王恩洋、太虚等人之间的讨论已经过去四十年了，离印顺讲《起信论》也已经过去十几年了。吕澂是在1918年协助欧阳竟无办内学院的时候才开始专研佛学，三、四年时间的研究可能并不足以参与1922年左右的论战，而且相比较法相学主任的王恩洋，吕澂时任内学院学务处主任，当时可能并不精研唯识学。即使如此，当吕澂六十年代重提《起信论》问题的时候，一定是对二十年代那场讨论有充分了解的，但是他并没有就当时的人物观点进行评述，而是提出了一个新的思路，突破以唯识宗一宗的思想批判《起信论》，吕澂主要是抓住了《起信论》将如来藏与藏识理解为截然不同的两物这个问题，认为这种理解来源于魏译本《楞伽经》中的错误，与其他三个认为

---

① 印顺：《大乘起信论讲记》，第188页。

如来藏与藏识是一物的《楞伽经》版本不同。

一 新思路的呈现：源于讹译

吕澂认为，虽然中国佛教历史上不乏对《起信论》的批判，近代又有人通过考证方法证伪，但是效果都不足以撼动《起信论》（以下简称《起信》）的地位，所以他认为，要采用新的方法才能有新的突破，他称为"义据批判法"，"今别取途径，先寻其义理之根据，从而分析，再予以刊定，务使其伪迹表著，无所遁形而后已，此法姑名之曰，义据批评法"。[①] 吕澂这里所说的义据批评法，其实就是依据义理，并结合梵文文献进行分析："现在，我们认为，以《起信》对于隋唐佛学思想的关系那样的密切，如要正确地理解隋唐佛学的实质，就非先弄明白了《起信》理论的真面目不可，因此《起信》的来历如何，仍有深入探讨的必要。不过采用枝节的考据方法（如分析有关《起信》撰译问题的资料，比较真谛译本所用名相等等），解决不了问题，应该单刀直入，以解剖论文的重要关键下手。以下便是我们试作的探讨。"[②] 可见，吕澂所说的"义据批判法"其实还是近似欧阳竟无、王恩洋、太虚、印顺等人所作的思想研究，否定的其实是梁启超那种考证方法。

那么，吕澂通过义据批判法所发现的核心理论是什么呢？其实就是如来藏与阿赖耶识的关系问题，印顺以真谛层面一元论的理解试图解决的真妄同体、染净互熏的那个问题。

通过比较了梵文本《楞伽经》（以下简称《楞伽》）、唐译本、刘宋译本以及魏译本，吕澂发现魏译本与其他三个本子的"中坚部分"有所不同，"今以《楞伽》现存的梵本（日本南条文雄校刊，1923 年出版）为标准来刊定，梵本的中坚部分，非但译出较晚的唐译本和它相同，即较早的刘宋译本也和它相同，可见它是始终未曾有过变化，在宋唐之间译出的魏本却与之有所不同，这自然不会有特别的梵本为魏译所据，而只能是魏译的理解上有问题，翻译的技巧上有问题而已。这并非随便的论断"。[③] 吕澂特别指出魏译本理解有问题的"中坚部分"，其实就是如

---

① 吕澂：《吕澂集》，第 194 页。
② 吕澂：《吕澂集》，第 182 页。
③ 吕澂：《吕澂集》，第 183 页。

来藏与藏识的同异问题，而这个问题恰是《起信论》构建如来藏缘起首先要解决的问题，"《起信》理论的重心可说是放在'如来藏缘起'上面的，而首先要解决的即是如来藏和藏识的同异问题。这些原来也是《楞伽》的主题"。①

在如来藏与藏识同异的问题上，魏译本的理解与梵文本、唐宋本不同，梵文本与刘宋本都将如来藏与藏识看作一个："《楞伽》确定了这一基本观点，还有一段文章说明染净缘起之义，归结于众生之有生死（流转）、解脱（还灭）。都以如来藏（即藏识）为其根本。"② 但是魏译本将如来藏和藏识看作截然不同的两个："如原本《楞伽》说，名叫如来藏的藏识如没有转变（舍染取净），则依它而起的七种转识也不会息灭（宋译：'不离不转名如来藏藏识，七识流转不灭'）。这是用如来藏和藏识名异实同的基本观点来解释八种识的关系的，但魏译成为'如来藏不在阿黎耶识（即是藏识）中，是故七种识有生有灭，而如来藏不生不灭'。这样将如来藏和藏识分成两事，说如来藏不生灭，言外之意即藏识是生灭，这完全将《楞伽》的基本点取消了。"③《起信论》正是根据将如来藏和藏识是不同的这样的基点来说的："再看《起信》关于如来藏的理论，如将'如来藏'和'藏识'看成两事，如说如来藏之起波澜，如说七识能厌生死乐求涅槃等，莫不根据魏译《楞伽》的异说，并还加以推阐。"④

由于魏译《楞伽经》翻译本身就有讹义，所以依之而做的《起信论》自然存在问题，他说："《起信论》云'依如来藏心而有阿赖耶识（前为不生不灭心，后为生灭心）'一义，是为《起信》全体讹谬思想之所依，而此谬义权与即在魏译《楞伽》如来藏不在藏识中之错译。"⑤ 从唯识学的立场看来，清净的如来藏如何可以成为杂染世间法的所依，因为清净与杂染是本来矛盾的，这也是吕澂在这里指出的所谓"《起信》全体讹谬思想之所依"，即他在括号中特地补充说明的矛盾点"前为不

---

① 吕澂：《吕澂集》，第184页。
② 同上。
③ 吕澂：《吕澂集》，第184～185页。
④ 吕澂：《吕澂集》，第185页。
⑤ 吕澂：《吕澂集》，第113页。

生不灭心，后为生灭心"。

按照印顺的解说，来源于《楞伽经》的《起信论》中的思路本身就是清净与杂染互生的，如来藏既可以生起无漏法，也可以生起杂染的世间法。印顺并没有对清净与杂染互生的观点进行价值评价，只是试图说明《起信论》确实是这种思路，而吕澂则对这种思路进行了评价，认为这是讹谬，其评价的依据就是唯识学的立场。按照吕澂寂、觉之分，在空宗那里，如来藏应同法性而呈"空"，则无法作为缘生清净、杂染诸法之所依；在有宗那里，肯定了一个真实不虚的真如，以之作为万法根源，终成如来藏缘起之说。具有唯识学立场的吕澂，相比较中观学者印顺而呈现出"有"的趋向，而在对《起信论》的批判上，两人则不约而同地是以"空"的立场对那个生起万法的真实恒在的真如提出了质疑，可以用吕澂的一段话来表明对《起信论》心性本觉的批判缘由："吾侪学佛，不可不先辟异端，以其讹传有损人天眼目之危险也。如从本觉著力，犹之磨砖作镜，期明何世？求生心妄，来曾本觉，榨沙取油，宁可得乎？即还其本面亦不过一虚妄分别而已。"①

在《〈起信〉与〈楞伽〉》一文中，吕澂详细论述了《起信论》中来源于魏译本《楞伽经》的七点错误，除了在其他文章中多次强调的如来藏与阿赖耶识分离的观点外，另外还列举了七点。

第一点，《起信论》将真如和如来藏视为同一个，并与"一心"相等同，吕澂认为，根据就在于魏译《楞伽经》中"寂灭者名为一心，一心者名为如来藏，入自内身智慧境界，得无生法忍三昧"。② 在吕澂看来，这种混同净染并归之于一心的说法正是《楞伽》所破外道的观点，他说："迷缘妄相，悟缘真如，更不可以本心与真如（或客尘与妄相）混为一体。如此分疏，观妄知真，方有入处。起信错引魏译，视染净万法悉为一心之开展演变，此正《楞伽》所破外道缘生之说，复何有于佛法哉。"③ 之所以判断这种说法是错误的，原因在于梵文本《楞伽》这一段中没有所谓"一心"，这一段是在说由离分别而寂灭，由寂灭而如来藏证智，所以魏译本的"一心"其实指的是专注一境，而吕澂认为，

---

① 吕澂：《吕澂集》，第 116~117 页。
② 《入楞伽经》卷一，《大正藏》第 16 册，第 519 页上。
③ 吕澂：《吕澂集》，第 195 页。

《起信论》的作者以为此"一心"是一个可与真如、如来藏等同的实体，由此而产生了染净都依此"一心"起的错误。

第二点，《起信论》以此一心具备潜在的觉照功能，这一点就是吕澂在其《试论中国佛学有关心性的基本思想》一文中提出的中国佛学区别于印度佛学的差异，即性寂、性觉之分，通过混同真如与正智而使得真如具备正智的作用，从而肯定真如不空，另一方面又以一心之生灭的那一方面为空，由此构建了独特的真如空不空的理论。吕澂认为，这种真如空与不空的说法也是来源于魏译《楞伽经》："阿梨耶识名如来藏，无共意转识熏习故名为空，具足无漏熏习法故，名为不空。大慧！愚痴凡夫不觉不知，执著诸法刹那不住，堕在邪见而作是言，无漏之法亦刹那不住；破彼真如如来藏故。"① 他发现，梵文本不仅没有将真如、如来藏合提，而且这一段是在说如来藏常无常，不在说空不空，由此论证《起信论》引述自魏译《楞伽经》真如空不空的理论从来源上就是错误的。

第三点，《楞伽经》以如来藏与阿赖耶识为一法之异名，但是魏译《楞伽经》将两者理解为截然不同的两个法，也就是吕澂曾多次引用的那句"如来藏识不在阿梨耶识中"。② 不仅这一处，吕澂共举出了魏译四处都将两者理解为两个不同之法，"考《楞伽》原义并不如此，特魏译错解之耳"。③《起信论》依如来藏而有阿赖耶识，通过水、波之遇来说明两者因转变而不同，如来藏为水、阿赖耶识为波，吕澂认为，这违背了《楞伽经》藏识为水，七识为波的理解。

第四点，《起信论》依不生灭的如来藏有生灭的心，生灭与不生灭和合而为阿赖耶识，吕澂认为，这个理论同样来源于魏译《楞伽经》，魏译以如来藏不生灭，无明七识为生灭，生灭与不生灭和合为阿赖耶识。但是，通过其他版本的考察，吕澂认为《楞伽经》原意在表达习气积集为阿赖耶识，与无明相应则成为七识，并不是说如来藏熏习而成赖耶，由赖耶而起七识。

第五点，吕澂指出了《起信论》三界虚妄，唯心所作，三粗六细，

---

① 《入楞伽经》卷八，《大正藏》第 16 册，第 559 页下。
② 《入楞伽经》卷七，《大正藏》第 16 册，第 556 页下。
③ 吕澂：《吕澂集》，第 197 页。

九相成六识等问题，都来源于魏译错误的理解，尤甚者，更是将"自相"误写成"智相"，他惊讶《起信论》作者竟然以为有此种"不伦不类"之识，"梵本《楞伽》，自相原为种类相，谓诸识种子之因相，魏译改文作自相，本可通，但写作智相，则大误，《起信》据以立六粗之智相，更引伸为智识，相应染，可谓奇构"。① 值得注意的是，这一段提及了元晓、法藏的注释，因为吕澂已经认为《起信论》是依据错误百出的魏译《楞伽》而作的，所以元晓、法藏的维护性解说被理解为"与慈恩相抗"，"元晓、贤首皆好奇矜异。《起信》明明非佛家言，而不惜曲为援引以与慈恩相抗，此岂但为佛学旁门，抑亦《起信》之罪人矣"。②

第六点，《起信论》染净互熏，即真如与无明的互熏理论，吕澂认为，这种"本不可通"的说法也来源于魏译《楞伽经》，"《楞伽》之言习气，不过种子之异名，亦通于本有，不必皆出于熏修也（胜军等以为习气必由熏习而有，此乃新熏家一往之解）。今易习气为熏习，以静为动，至有真如常熏无明等异说，皆由译错解错而生，梵土佛学家言何尝有此"。③ 吕澂认为，由于魏译使得《起信论》将本不能受熏的真如而能够受无明熏习，其他版本的《楞伽经》则并没有这种意味。

第七点，《起信论》修行观方便以真如三昧为主，这与《楞伽经》相近，但是《起信论》对真如三昧的理解则是依据了错误的魏译《楞伽经》。

七点当中，如何理解真如、如来藏、心、阿赖耶识这四个关键范畴的问题是核心，吕澂认为，魏译《楞伽经》将真如、如来藏、心等同，而将如来藏与阿赖耶识理解为不同，这违背了《楞伽经》的原意，虽然他引述不少，但是其核心点有两点。第一点，魏译《楞伽经》将原文当中的"专注"翻译为实体性的"一心"，从而使得中国人在理解上通过这个"一心"将真如与如来藏等同起来，吕澂通过梵文本与其他版本的比较发现，这个"一心"的翻译所产生的误解是有问题的。第二点，吕澂引述最关键的"如来藏识不在阿梨耶识中"④ 等句，认为《起信论》依如来藏而有阿赖耶识的理论是来源于魏译。

---

① 吕澂：《吕澂集》，第199页。

② 同上。

③ 同上。

④ 《入楞伽经》卷七，《大正藏》第16册，第556页下。

然而，这两个推论核心点都是值得商榷的，虽然魏译《楞伽经》的那一句翻译容易让人产生如来藏、真如、一心是一法的误解，但是，并不能够说明《起信论》就是这种误解的直接产物。关于第二点，吕澂虽然在几篇文章中多次强调魏译《楞伽经》是几个版本中唯一将如来藏与阿赖耶识理解为两个法的版本，所以判断翻译者的理解有问题，导致了《起信论》以这种有问题的理解作为理论构建的基础，但是，在魏译《楞伽经》明明有"阿梨耶识名如来藏，无共意转识熏习故名为空，具足无漏熏习法故，名为不空"。① 为什么《起信论》不吸取这一句作为它的理论基础呢？还是吕澂没有关注这一句，吕澂在文中其实引用了这一句，但是恰恰遗漏了前面的部分成了这样的一句"魏译云，如来藏无共意转识熏习，故名空，具足无漏熏习法故名为不空"。② 《起信论》唯独忽视如此清晰表达的这一句"阿梨耶识名如来藏"，而采用了吕澂所引用的那四句，这样的判断恐怕还是有待进一步考察的。

二　新思路的基底：寂觉空有

吕澂在六十年代提出的围绕《起信论》与魏译《楞伽经》在如来藏与阿赖耶识关系上共同的错误理解的观点，相比较内学院欧阳竟无、王恩洋显然是更进一步，不仅克服了太虚、印顺、唐大圆所说的站在唯识一宗立场的批判，而且否定了梁启超、印顺的一元论解决方案，坚称《起信论》来源于错误理解的魏译《楞伽经》的染净分离的观点。

从空有之争的维度考察吕澂的观点，可以发现一个问题，欧阳竟无、王恩洋等人站在唯识学角度的批判，从来没有针对《起信论》将如来藏和阿赖耶识理解为两个，而是批判其依如来藏而有阿赖耶识的如来藏缘起说，因为唯识学中，如来藏与阿赖耶识本就是截然不同的两个。所以，吕澂的推论其实从反面证明了《起信论》如来藏与阿赖耶识异体的观点符合唯识学，如果仅仅依据如来藏与阿赖耶识异体就批判《起信论》是错误的，唯识学一样也要受到批判。那么，吕澂借以批判《起信论》的主要"义据"到底是什么呢？从上述七点来看，最重要的理论依据并非

① 《入楞伽经》卷八，《大正藏》第16册，第559页下。
② 吕澂：《吕澂集》，第196页。

是在多篇文章中出现的第三点，而是第一点、第二点、第四点、第六点，即异体的如来藏和阿赖耶识的关系问题。

唯识学虽然认为如来藏与阿赖耶识异体，但是正如印顺所说，如来藏是作为万法本质的法性，阿赖耶识的功能是承载种子，相对于如来藏系肯定一个恒常的真如，唯识学对如来藏与阿赖耶识的理解都表现为"空"的特质。但是，《起信论》在如来藏与阿赖耶识异体的基础上，将如来藏与真如、心等同，并认为其具有觉照功能，而且更提出可受无明熏习的"本不可通"的观点，这才是吕澂批判《起信论》在思想层面上的真正理据，这一理据被吕澂表述为著名的"性寂"与"性觉"的差异。

在《试论中国佛学有关心性的基本思想》一文中，吕澂明言《起信论》的错误理解影响了中国佛学的中心结构，"此论（《起信论》）对各家异说的取舍安排，实际是以元魏译本《楞伽经》为其标准。由于魏译的经存在一些异解甚至是误解，论文也跟着有不少牵强之说。尽管如此，它仍然形成了中国佛学思想的中心结构"。[①] 然而，这里他所说的中心结构并非是如来藏与阿赖耶识异体的理解，而是如来藏中蕴含觉照功能的理解，从空有之争的维度来说，他还是在批判《起信论》中那个具有主体功能的本体，即类同于外道梵天的"真如""如来藏"，还是那个印顺所说的"大我"。

吕澂以"性寂"与"性觉"来概括中国佛学与印度佛学在心性思想上的极大不同："印度佛学对于心性明净的理解是侧重于心性质不与烦恼同类。它以为烦恼的性质器动不安，乃是偶然发生的，与心性不相顺的，因此形容心性唯寂寞、寂静的。这一种说法可称为'性寂'之说。中国佛学用本觉的意义来理解心性明净，则可称为'性觉'之说。"[②] 在印度佛学中，心性明净指的是与烦恼躁动的性质不同而呈现出寂静的性质，所以吕澂称其为"性寂"，中国佛学相比较印度佛学赋予了"心"本觉的性质，所以称其为"性觉"。

性寂呈现的是与色等法之性相同的心性，而性觉则表达了与诸法之

---

① 吕澂：《吕澂集》，第103页。
② 吕澂：《吕澂集》，第105页。

性不同的具有觉照等主体功能的心性，所以吕澂引用了宗密关于空宗与性宗的比较来进一步阐明他的观点，他说："空宗之说心性只是空寂，性宗所说则'不但空寂，而乃自然常知'。又空宗'以诸法无性为性'，性宗则'以灵明常住不空之体为性'。这些话是说，空宗将心性看成和一般法性同样，只有空寂的意义，而未能表示其特点。性宗则不然。它区别了心性和法性的不同，即心性是有知的、本觉的，而法性则无知、不觉。故空性两宗同说心性，而意义各别。这一解析无异于上文谈到的性寂和性觉之分，也可用来说明中印佛学有关心性的思想异点之所在。"①吕澂这一段清晰地阐明了中国佛学与印度佛学在心性上的极大差别，并且通过考察他所引述的宗密的空宗与性宗的比较，可以发现，重"性觉"的中国佛学的主流是性宗，而重"性寂"的印度佛学的主流是空宗，这是吕澂论述中的应有之义。

如果站在性寂的角度，包括中观学、唯识学等理论体系，性觉的说法是不能被接受的，因为空寂的法性不可能拥有本觉的主体性，即觉照功能的潜在是被否定的。在这个角度上，中观学与唯识学都可以作为"空宗"的代表，而《起信论》代表的整个中国佛学则是有宗的代表，即近代判摄为"如来藏系""真常唯心系""法界缘觉宗"等，关于《起信论》所展开的中国佛学与印度佛学差异的研究，其实质就是近现代新形态的"空有之争"。

在《起信论》心性理解的问题上，吕澂表达的是空宗的立场，并由此基点进一步重新审视了中国佛教内的四大问题：首先，他认为，《楞严经》等将本觉的心夸大为圆觉，明显的是性觉的思路而不是印度佛学，所以以其为伪作；其次，法藏将性觉说与如来藏经论结合而阐发的如来藏缘起理论，并与中观、唯识、部派等并列，吕澂认为这种分判是有问题的；再次，从性觉推论诸法皆有觉性，而导致了"无情有性"这样的主张，也是有问题的；最后，以性觉为主要内容的禅宗当然也受到批判。

可见，吕澂从中观、唯识等印度大乘佛教"性寂"立场出发，判断《起信论》蕴含主体功能的本体是与印度佛学异质的"性觉"，正是这个

---

① 吕澂：《吕澂集》，第 106 页。

与印度佛学异质的"性觉"为后来的天台宗、华严宗、禅宗等共同接受，"这些足以代表中国佛学的，一讲到心性来，莫不贯穿着《起信论》所表现的性觉思想"。① "论（《起信论》）为中土相似佛学之鼻祖，依菩提流支所译《楞伽》异义伪撰之作。"②

---

① 吕澂：《吕澂集》，第 105 页。
② 吕澂：《吕澂集》，第 112 页。

第七章 《新唯识论》：空有之争的近现代新展开

所谓研究，与其说是"各说各话"式的，不如说是在统一的问题域中互相探究，发明己义。围绕"空有之争"这个问题，近现代呈现出三种思路，而三种思路并非截然分离，是互相交涉的，并通过论争使得自身的思路与立场更为清晰。现就近现代佛学研究争论的一个典型，即围绕《新唯识论》的论战，来进一步讨论三种思路之交涉与差异，上文提到的三种向度的代表，几乎都参与其中，包括周叔迦、巨赞、印顺、太虚、吕澂、王恩洋等。

《新唯识论》本身如以作者的意趣来说，并非是一本佛学著作，但其内容与唯识学、中观学乃至如来藏思想之纠葛，以及熊十力对护法的批判态度，使得本书及作者受到佛学研究者的一致批判，周叔迦曾在《〈新唯识〉三论判》中说："夫人情各是其所是而非其所非，熊君之作，若名之曰《熊子哲学》，则余何敢置一辞？今乃曰《新唯识论》，新者对旧言也，是其中是非不可以不辨矣，爰为之判。"① 他认为，《新唯识论》实在是与唯识学差异太大，以至于如果题名为《熊子哲学》更为合适，他的意见几乎是佛学研究者批判《新唯识论》的一致观点。

1932 年，熊十力出版了《新唯识论》的文言本。1932 年 12 月，刘定权在《内学》第六辑上刊登的《破新唯识论》一文，欧阳竟无为之作序。1933 年 1 月，太虚于《海潮音》14 卷第 1 期发表《略评新唯识论》。1933 年 2 月，熊十力完成《破破新唯识论》，由北大出版部印行。1933 年秋，周叔迦作《新唯识三论判》，由北平直隶书局出版。1936 年冬，巨赞评《新唯识论》，在《论学》发表，并于 1981 年开始改成语体文在《法音》发表。1943 年，熊十力与吕澂在来往书信中发生争论。1944 年熊十力改定为语体文本，由重庆商务出版社出版。1945 年，王恩

---

① 周叔迦：《周叔迦佛学论著全集》第二册，中华书局，2006，第 605 页。

洋在《文教丛刊》发表《评新唯识论者之思想》。太虚于 1947 年发表《〈新唯识论〉语体文本再略评》。印顺 1948 年发表了《评熊十力的〈新唯识论〉》，批判《新唯识论》。1949 年，熊十力发表了《摧惑显宗记》，对印顺的批判做出回应。这场争论中，涉及人物之多，文本之复杂，难以梗概其全部，期望就空有之争这一维度而于其中寻一思路。

第一节 独创向度：体用不二 判摄空有

一 所破：唯识执识

《新唯识论》之"新"，意在对唯识宗的批判，包括真如与种子的二重本体、不明无方之变等多个方面，其中一个很重要的方面，就是关于"唯识"的问题。不管是文言本，还是语体本，熊十力在论初就破斥窥基"识简心空"的观点，这一被批判的观点引用自《成唯识论述记》的序，"唯遮境有，执有者丧其真；识简心空，滞空者乖其实"。从此句出发，熊十力以窥基执识不空而大加批判，认为窥基的观点并非究竟，应该是先以唯识遣除外境执着，再进一步连识执也要被遣除，"先以唯识遮境执，此乃除彼识执"。[①]

窥基《成唯识论述记》原文是："唯谓简别，遮无外境。识谓能了，诠有内心。识体即唯，持业释也。识性识相，皆不离心。心所、心王，以识为主。归心泯相，总言唯识。唯遮境有，执有者丧其真。识简心空，滞空者乖其实。所以，晦斯空、有，长溺二边，悟彼有、空，高履中道。"[②] 从整段对于唯识义的诠解来说，很明显的是以非空非有而显中道，"唯"否定了外境之有，"识"否定了内识之无，以外境非有、内识非无，达到非有非无的中道。唯识学的"空"与中观宗不同，是他空，以内识不空显出外境之空，起码在中观宗看来是这样的，于是，就留下了可以被指摘的地方，熊十力的指责正是聚焦于此。

在熊十力看来，"所遮外境"是遮离心外境之执，在这一点上，他

---

① 熊十力：《新唯识论》，中华书局，1985，第 46 页。
② 窥基：《成唯识论述记》卷一，《大正藏》第 43 册，第 229 页。

与唯识学一致，"今首谈境，余之主张略与旧师相近"。① 但若考察其
"遮境"的原因，则大大的不同，唯识宗认为境为识变，而熊十力认为
识与境是一体两面。"夫识对境彰名，才言识，便有境。如何可言唯识无
境耶？原夫境识以义用分，而实全体流行，非可截然析成两片也。唯其
非顽然之体：故幻现能所相貌。"② 熊十力是从体用不二的角度说明境与
识的关系的，"日星高明不离于吾视，大地博厚不离于吾履，他身繁然并
处不离于吾情思，是故一切境相与识同体，感而遂通，其应如神，以其
一体本无离隔故也。据此，则唯识为言，但遮外境，不谓境无，以境与
识同体不离，故言唯识。唯者特殊义，非唯独义。识能了境，力用特殊，
说识名唯，义亦摄境"。③ 熊十力是从体用的框架中"遮境执"的，他认
为，识与境都是"用"，两者"同体不离"，那么，这个"体"是什么，
根据论初《明宗》部分，"体"就是本心、真心，境与识都是"全体流
行"，意味着"境"与"识"是总摄一切法的，从这样体、用的角度来
看，以"境不离识"遮除境执，与唯识学理论相比，多了一个作为
"体"的真心。

　　在破除了对外境的执着之后，就进一步破除对识的执着："夫执有外
境，故假说唯识以遮之。若复妄执内识为实有者，则亦与执境同过。"④
熊十力是从缘起的角度破斥执识不空的："维昔大乘虽说唯识以破境执，
然又虑夫执识为实者，其过与前等也，故乃假说缘生，以明识相虚幻无
实。缘者，藉义。众相互相藉待，故说为缘。生者，起义。识相不实而
幻起故，姑说为生（识相，即是众缘互待而诈现者，故说幻起）。夫识
若果为实有者，即是有实自体。有自体故，便无待而恒现成。今说缘生，
既明识相即众缘相。易言之。即此识相唯是众缘互待而诈现，舍此无别
识相可得（诈现者，谓虽有相现而不可执为实故，故名之为诈）。故识
者，有待而非现成，元无自性（自性见上）。此非实有，义极决定。"⑤
如果识是实有的，即有自性，有自性则不依待于他法而成立，并且常恒

---

① 熊十力：《新唯识论》，中国人民大学出版社，2006，第30页。
② 熊十力：《新唯识论》，第53页。
③ 熊十力：《新唯识论》，第53~54页。
④ 熊十力：《新唯识论》，第56页。
⑤ 熊十力：《新唯识论》，第57页。

不变，熊十力这种论证进路完全符合中观学对"自性"的看法，《中论》"性名为无作，不待异法成"。① 识本身就是缘生法，并无自性，所以识并非是实有的，以此遮除识执。

如果仅仅是从缘生法为识，故无自性而不真实的角度来说明"识"空，那么熊十力的说法是与中观学相同的，只是清辨仅仅破阿赖耶识，而熊十力之"识"包括八识。但是，熊十力并不止步于缘起，而是有一个更进一步的原因，这个原因就是清净的真心："盖识对境而得名，则其形著也，不唯只作用幻现（凡言识或心者，本依作用立名，然复有别义，亦不妨假目本体。详《明心章》）。实乃与妄习恒俱（取境之识，恒挟妄习以俱起。习云妄者，以无根故耳）。此识既杂妄习，所以亦成乎妄而不得为真心之流行也（此处吃紧）。故识无自性，亦如外境空而无物（自性独言自体）。盖所谓识者，非有独立存在的自体故。或曰：'外境实无，故说为空，而识以作用幻现故名，即非全无，云何亦说为空耶？'曰：外境以本无故，说之为空。识以无自性故，说之为空。空之情虽异，而其为空则同也。"② 这一段话很能体现熊十力的核心观点，在以窥基执识而需舍弃的论述中，最关键的就是破斥"识简心空"，按照熊十力的论述，识是杂染的，与作为本体的"真心之流行"有差别，所以识没有自性。他认为，以窥基为代表的旧唯识师的错误就在于，将杂染的识与清净的真心，即体、用截成两片，以生灭有为法为用，以不生灭的无为法为体，体、用截然分离，无法与真心相即，才是识空的原因。在这段话中，熊十力的理解与中观学分道扬镳了，就是如何是无自性的，是空的？中观学以缘起故空，而熊十力认为因杂染而无自性。

在语体本中，熊十力将这一点说得更加清楚："这个取境的识，他本身就是虚妄的。是对境起执的，他根本不是本来的心，如何可说不空？如果把妄执的心，当作了本来的心，说他不是空无的，那便与认贼作子为同样的错误。我们以为，世间所计度为离心实在的外物只是妄境。……在这方面，我是赞成基师的说法的。至于妄执的心，虽亦依本来的心而始有，但他妄执的心是由官能假本心之力用，而自成为形气之灵，于是向外驰

---

① 《中论》卷三，《大正藏》第 30 册，第 19 页。
② 熊十力：《新唯识论》，第 56~57 页。

求而不已。故此心妄执的心，是从日常生活里面。接触与处理事物的经验累积而发展。所以说他是虚妄不实的，是对境起执的。他与本来的心，毕竟不相似的。这个妄执的心和本来的心。根本不相同处，在前章里《明宗章》已可略见，向后《功能章》和《明心章》自当更详。我们以为妄执的心，实际上是空无的，因为他是后起的东西。只有本来的心，才是绝对的、真实的。基师在此处把妄执的心说为不空，这是应当修正的。"① 结合文言本中"证真则了如幻，故应说识是空"一句，在对窥基执识的破斥上就很清楚了。熊十力一方面赞成窥基，一方面又反对窥基。他赞成窥基遮除离心外境的看法，但是他反对窥基以此"识"为真实，原因在于这个识是"妄执的心"，与"本来的心"是有差别的，识依真心而有，但并非是真心，所以并不是绝对的、真实的，而是空无的。在熊十力看来，"识"之所以是空的，因为不是"本来的心"，那么他的这种思考逻辑如果反推就是，"本来的心"是不空的。这种观念不仅不能为自空的中观学所接受，也不能为以识不空简外境空的唯识学所接受，熊十力正是以这样独特的观点双破空、有两宗的，不能不说他是关于"空有之争"的一种独特思路。

二　能破：体用不二

就熊十力批判窥基"识简心空"来看，他赞成窥基遮外境与破斥窥基执识有的理由是一致的，都是认为以窥基为代表的唯识学无法"即用显体"，将杂染的有为法与真实的无为法截然分离而不可相即。在壬辰删定本中，熊十力说："据彼持论，体用条然各别，如隔鸿沟，觉不可通，是则谈用只是显用，云何即用而可显体？"② 从这种即用显体的主张出发，不管是文言本、1944 年语体本，壬辰本，乃至《体用论》，熊十力对唯识学的批判不遗余力，同时也批判空宗乃至整个大乘佛教，有的地方又同情中观宗与唯识宗，但其批判与同情的基点都是从即用显体来说的，所以他的立场就是坚定的体用不二这一维度。

上文并未谈及熊十力在破斥"唯识"的过程中谈及空宗，此处别引

① 熊十力：《新唯识论》，第 256～257 页。
② 熊十力：《新唯识论》，中国人民大学出版社，2006，第 59 页。

《体用论》一段来结合讨论，虽然《体用论》广泛批判空宗破知见、恶趣空等，但最值得注意的是关于熊十力所说"体"的讨论："余通玩空宗经论。空宗可以说真如即是万法之实性，实性，犹云实体，真如即实体之别名（万法，谓心物万法，亦通称法相）。此二种语势不同，其关系极重大。兹以二语并列于下：（甲）真如即是万法之实性。（乙）真如变成万法。甲乙二语所表示之意义，一经对比，显然不同。由甲语玩之，便见万法都无实自体，应说为空。所以者何？万法之实体即是真如，非离真如别有独立的自体故。非字，一气贯下。故知万法但有假名，而实空无。由乙语玩之，诸法虽无独立的自体，而非无法相可说。法相者，即是真如变成种种相，所谓宇宙万象。是故乙语肯定法相，甲语便完全否定法相。亦复当知，乙语表示即相即性，非相外有性故。"① 熊十力在这里区别了甲、乙两种说法，甲真如即是万法之空性，是空宗的主张，乙真如变成万法，是熊十力所主张的，熊十力认为空宗破一切法相，乃至空相、法性，遣荡至尽，最后成为虚无，"空宗扫相终归破性，用空而体亦俱空"。② 虽然熊十力以空宗之宗旨在破相显性，但是他仍旧说"由破相显性之主张，一直往前推演，则相空而性复何存？此则大空诸师自己返攻自己，而终不自觉也"。③ 相、性被理解为体、用的关系，其实，熊十力这里还是以即用显体来质疑空宗离用显体的断灭空错误。

基于空宗连法性都破掉，连"体"都破掉的观点，熊十力对于空宗当然也会有断灭空的指责了："平情论之，清辩谈空固未免恶取，然其见地实本之《大般若经》。《般若》已空法相，更空法性，明文具在。于清辩何责焉？理见到真处，必不为激宕之词。理实如此，便称实而谈，何等平易。若说理稍涉激宕，必其见有所偏，非应真之谈也。印度佛家毕竟反人生，故于性体生生真机不深领会，乃但见为空寂而已。"④ 从清辩恶取空，而指责佛教的空寂，反人生，其理由也是体用不二，因恶取空而体、用都无，就只剩下空寂了。熊十力进一步认为，唯识宗对清辩恶取空的批判是值得肯定的。

---

① 熊十力：《体用论》，中国人民大学出版社，2006，第38～39页。
② 熊十力：《体用论》，2006，第40页。
③ 熊十力：《体用论》，2006，第35页。
④ 熊十力：《体用论》，2006，第42页。

　　综上所述，熊十力在空有之争这个问题上，同意空宗破斥唯识的
"识"，同意唯识宗破斥中观是断灭空。中观破斥唯识，阿赖耶识的自性
有无是核心问题之一，虽然熊十力所说"识"未必是阿赖耶识，但他选
择了这一问题对"旧唯识师"进行批判；唯识破斥中观，以中观的空是
"全无"的断灭，虽然熊十力在说空的时候往往在自性空与"全空"之
间游走，但他亦选择了这一问题对中观宗进行清算。需要追问的是，熊
十力双破空、有两宗，对空有之争的问难进行肯定，但他并非是时而以
空宗义破有宗，又时而以有宗义破空宗，他的立场是一贯，就是体用不
二，两宗在他看来，都不能即用显体，故而都是错误的。

　　在空有之争问题上，熊十力认为空有有争，而且确确实实地指责了
唯识宗执识与中观宗断灭，并进一步认为佛教的反人生倾向，不及儒家
等。但是，他"空有有争"观点的背后，其原因并非是藏传向度自空、
他空的差别，更不是汉传向度，既没有同情空宗，也没有同情有宗，也
就在"空有有争"观点之后，进一步认为空宗与有宗都是不完满的，完
满者必须要体用不二，可以即用显体，"熊十力融会儒释道，创造性地构
架了我国近现代哲学史上独特的，庞大的哲学体系。这个体系的基石，
就是所谓'体用不二'论"①。这样的观点在三种思路中，只能归入独创
向度了，可以视作佛教现代化的一种尝试。

第二节　汉传向度：空有无争《新论》妄议

一　王恩洋：空有无争

　　王恩洋（1897～1964）于1919年通过梁漱溟的指导来阅读法相唯识
学典籍乃至佛教其他经论，1923年，欧阳竟无设立内学院，王恩洋跟随
他学习唯识学。1925年，内学院成立法相特科，王恩洋任主任兼教授。
从王恩洋经历来看，他专治唯识学，那他是如何看待《新唯识论》的呢？

　　王恩洋认为，熊十力讨论中观学与唯识学，都与两宗思想相差甚远，
这是他对熊十力《新唯识论》的总体评价："问者曰，熊氏对'有宗'

① 郭齐勇：《熊十力与中国传统文化》，台北：远流出版事业有限公司，1990，第78页。

诚多错谬，其对于空宗，复何如耶？曰，学问思想是整个的、熊氏思想之错误在其本身。本身既错则无所不错矣。世间肤受之士，每对般若、瑜伽两家思想以为大有不同。在我看来，则两家思想并无二致。"① 王恩洋认为，空有两宗并没有矛盾的地方，即认为空有无争，这样观点，既是对熊十力以唯"识"不空、清辨断灭空来定论空有两宗的抨击，也是对熊十力空有有争观点的反驳。

王恩洋从六个方面来展开论述空有无争的观点："一者诸有为法从因缘生，此为空有两宗共同之义。二者缘生之法无有实性。犹如幻化，此为空有两宗共同之义。三者缘生之法既空如幻，则执彼性不幻，有实自性者，在深密则谓为遍计所执。在般若则名为分别戏论，计执戏论，名异义一。皆为非有，此亦二宗同义。四者直就缘生法说，幻体非有，故说为空。幻相不无，故说为有。中观遣体，故斥有以说。空者，不同兔角空花，但如幻梦。瑜伽存相，故斥空而说有，有者不同神我自性，亦如幻梦。两宗似异，而实不异。五者离诸戏论，即见实相。去计所执，即证圆成。所谓实相，即是空相。所谓圆成实性，即是二空无我性。……空宗亦名性宗，所云性者，即是无性。瑜伽亦名相宗，无相之相，是法实相。二宗亦无差别。六者既一切法缘生无性非有似有，此外更无别一法为诸法本体，则立有无生无灭之无为法以为诸法实性圆成实性。似为赘疣，易滋误解。是故言空，无为亦空，而《掌珍论》斥为无实不起空华。唯识亦言真如亦是假施设名。然而所以必立此法者非谓离空别立实有，乃所以显示此空无我理之确定真常而不可变易也。"②

王恩洋关于空有无争的六点说明，归纳起来，有两个方面。第一个方面，空、有两宗关于有为法的观点是一致的，包括第一点到第四点：第一点，肯定空有两宗都以有为法为因缘所生；第二点，进一步论述因缘所生的有为法没有自性，犹如幻化；第三点，两宗都否定执着缘生有为法有自性的观点，唯识称之为遍计所执，中观则称其为戏论；第四点，缘生之有为法非空非有，无自性故非有，幻相宛然故非无，中观诠释非

---

① 王恩洋：《评〈新唯识论〉者之思想》，《王恩洋先生论著集》第九卷，四川人民出版社，2001，第 428 页。
② 王恩洋：《评〈新唯识论〉者之思想》，《王恩洋先生论著集》第九卷，第 432～433 页。

有的一面，唯识诠释非无的一面。

　　第二个方面是关于无为法的：第五点，虽然中观宗与唯识宗对遣除执着后所显现的真实名称不同，实相、圆成实性等，但所代表的内容是一致的。第六点，两宗都强调不能将无为法作为执着的对象，无为法并非脱离有为法别有一个实体性存在，清辨说无为如空花，唯识所说的真如也是假名施设，"显示此空无我理之确定真常而不可变易也"。既然王恩洋认为空有无争，那么，清辨、月称等所指责的阿赖耶识与依他起性之自性问题，他是如何理解的呢？

　　王恩洋认为，"唯识"所唯的"识"绝不可能是具有自性的，完全无可指摘，他在文中强调"唯识"的内涵，并不是否定万法而独存"识"，只是万法不离识的意思。"其言唯识也，不曰无有万法但唯有识，故曰唯识。但谓万法皆不离识，故曰唯识耳。如何不离耶？曰，心所有法，识相应故。色法，心心所法二所变故。不相应行，心心所色三分位故。无为之法，二空所显，四实性故。皆不离识，故曰唯识。或谓色既有种，与心种别，各从因生，如何识变耶？曰，识为能缘，挟色种起，变似境界以为所缘，心力强故，相随见起，故说识变。色力弱故，见不随相生，故不说色变。证斯识生境界，自有多理证成，此不繁引。唯识之义盖如是耳。"① 王恩洋从唯识学入门，毕生钻研唯识学，他以他对唯识学的理解认为，唯识学并非实有"识"可唯，他从心、心所、色、不相应行以及无为法五位，来说明五位法皆不能离识而有，所以说"唯识"。

　　与阿赖耶识一样，王恩洋认为，依他起性也不具有自性，因为依他起性就是缘起，"何谓依他起性？谓诸有为法，非自然起，非无因起，仗因托缘，而后生起，故曰依他起。譬如禾稼，必有因缘，谓自种子，如谷种麦种等。必有增长缘如土壤、肥料、日光空气、雨水、人工等。因缘和合而后谷麦等生。无因则不生也，无缘则不生也，自无实体，亦无主宰，故曰依他起。一切有为法，其性皆待因缘起，故统名之曰依他起性"。② 王恩洋从种子、雨水、人工之因缘和合来解释依他起性，依他起性就是一切有为法皆待因缘而起的意思，就是中观所说的缘生法："瑜伽

---

① 王恩洋：《评〈新唯识论〉者之思想》，《王恩洋先生论著集》第九卷，第420页。
② 王恩洋：《评〈新唯识论〉者之思想》，《王恩洋先生论著集》第九卷，第424页。

力依他起性，中观亦说因缘生法。由依他起性，故说无有遍计所执性。由因缘生法，故说万法性空。由达遍计所执之虚妄，故知圆成实性之真常。由达万法之性空，即悟万法之空性。说性空者，即空遍计所执之我性法性。此显其体非有。言空性者即显无我无法之空理为真实不虚矣。此中空性亦名空相，此中空相亦名实相，而实相即实性也。"① 王恩洋不仅认为依他起性就是缘生法，还将中观之自性执等同于遍计所执性，将二空所显等同于圆成实性，在这样的理解下，依他起性自性的质疑当然也就被化解了。

可见，王恩洋以"识"无自性、依他起性即缘起这样的角度来理解中观宗对唯识宗批判的两个核心点，坚持空有无争。站在这样的维度上，王恩洋当然认为熊十力是完全没有理解唯识学，才会认为唯识学的理论存在问题。

二 吕澂与巨赞：对《新唯识论》的矛盾批判

与王恩洋的观点相同，吕澂曾在书信中批判熊十力《新唯识论》的立意，他专门就熊十力对空有之争的看法，提出过批评："龙树、无著之学，后先融贯。两家皆对一切有而明空，皆对方广道人而明中道空。不过一相三相，后先为说方式不同而已。乃从清辨立说，章疏家所据在此。强分空有，二不可也。龙树兼主《华严》，罗什传习，亦以《十住婆娑》与《智论》并宏。乃以为单宗《般若》，三不可也。无著通宗《般若》、《宝积》，《瑜伽抉择》解整部'迦叶品'，以见大乘宗要。《中边》亦有遵依《般若》、《宝积》明文。乃以为'专主六经，四不可也'。"② 吕澂认为，龙树、无著之学皆明"非空非有"的中道，龙树《十住毗婆沙论》以《华严经》十地品为依据，而罗什传译也是弘传《大智度论》的，不能单纯认为中观宗独宗《般若》，而无著也并非如此褊狭。

在吕澂看来，熊十力是遵从清辨的观点而强分空有，将原本没有矛盾的两宗硬生生地说成了矛盾，所以他对熊十力指责有宗的"识"不空等观点大加批判，认为不过是以清辨的观点在看待唯识宗，吕澂说道：

① 王恩洋：《评〈新唯识论〉者之思想》，《王恩洋先生论著集》第九卷，第428~429页。
② 吕澂：《吕澂致熊十力》，《熊十力论学书札》，上海书店出版社，2009，第43页。

"尊论谈空说有，亦甚纵横自在矣。然浮光掠影，全按不得实在。佛宗大小之派分离合，一系于一切说与分别说，岂徒谓空有哉！有部之宗在一切说，大众亦有分别说者矣。《瑜伽》解空，在分别说，则不得泛目为有宗矣。若是等处，岂容含混？而尊论颇惑之，此乃全为章疏家所蔽，充其量不过以清辨旁宗，上逆般若，测、基涂说，臆解《瑜伽》，真有真空，果如是耶？"①"一切说"和"分别说"的区别在于，前者用一种说法涵盖所有一切，后者则是区别地对待各种具体的现象，这在《印度佛学源流》里有详细论述。吕澂这里的意思是，《瑜伽师地论》并非是"一切说"有，意味着吕澂认为熊十力是以清辨的观点来理解唯识宗，以"唯识宗"是说一切为有的有宗，这种看法在吕澂看来是完全没有理解唯识学。

有趣的是，巨赞同样认为熊十力有门户之见，但是他并非如吕澂所说认为熊十力是以清辨为宗，而是认为熊十力在谈到空有问题时拘束在玄奘门下之见，"在谈到空与有的关系时，仍旧拘泥于玄奘门下的门户之见，没有能够援据护法的《广百论释论》和清辨的《般若灯论》等书更为大公之论，这是熊十力在研究佛教经典方面的一大疏忽"。② 这是就熊十力《唯识学概论》来谈熊十力整个佛学研究的，巨赞认为，他没有根据"新三论"来理解空有之争，正如巨赞在《略论空有之争》等文章当中对清辨与护法二谛的比较，得出空有无争的结论。熊十力没有去依据这些典籍，而是依据了窥基"总拨法空"等对清辨的指责，在巨赞看来，熊十力其实是遵从了唯识宗的立场。

正如上文对于巨赞的讨论，他在前期是认为空有无争的，而且他的无争，是完全等同的无争，从这种观点出发，熊十力的见解则说有说无都是错误的了："据我看来，当他推崇有宗的时候，并非真知有宗，因此也不足以知空宗。推崇空宗，厚责有宗，也是这样。"③

熊十力在《新唯识论》文言本中并没有太多提到空宗，但是到了后期著作的时候，他对空宗有广泛的讨论，对空有之争的讨论也不少。原因应该是他在1947年读《大智度论》，对空宗有了一番更为深入的了解，

---

① 吕澂：《吕澂复熊十力》，《熊十力论学书札》，第 25 页。
② 巨赞：《熊十力所著书》，《巨赞法师全集》第一卷，第 375 页。
③ 巨赞：《熊十力所著书》，《巨赞法师全集》第一卷，第 388 页。

对空有之争思考也更加深入，所以在 1947 年之后的《新唯识论》语体壬辰本以及《体用论》，谈到空宗的内容明显增多。不管谈及空宗内容是少是多，熊十力一直受到各方的批评，从王恩洋、吕澂，再到巨赞。三人站在空有无争的角度上，对熊十力双破空有的观点进行了猛烈的批判，然而，相较吕澂视熊十力遵从清辨，巨赞反而认为熊十力是站在玄奘唯识宗角度上说话，这恐怕是两人本身空有立场的不同所致。

第三节 藏传向度：为中观辩 正空斥有

藏传中观学研究者法尊、能海等，对熊十力的《新唯识论》似乎不太关心，未见发表有评论的文字，只有受到藏传中观学影响的印顺，在1948 年发表了《评熊十力的〈新唯识论〉》，批判《新唯识论》。

印顺认为，熊十力的《新唯识论》属于玄学唯心论，并就其扬儒抑佛的观念、本体的预设等进行批判。总体上，印顺认为熊十力对于佛学的理解是片面的、似是而非的。即使如此，印顺还是对熊十力在空有问题上，严格简别空有之争的态度给以肯定："关于空有，不说空有无诤，不说'龙树无着两圣一宗'。虽仍不免附会，但自有常人所不及处。"①印顺所肯定的是熊十力空有简别的观点，所否定的是熊十力在分析空、有中的附会的做法，并且顺带批判了以欧阳竟无"两圣一宗"为代表的空有无争的观点。印顺在全文中从多个方面批评熊十力《新唯识论》的立意，但是他认为最根本的错误在于从体用不二的角度考察佛教而认为佛教是离用言体的，"《新论》的根本谬误——以佛法的泯相证性为离用言体，即于佛法作道理会"。②

一 空宗不破相：性空不碍缘起

熊十力所说的离用显体，多从空宗来阐述，他以空宗为"破相显性"，所破之相是现象，所显之性是本体，前者是用，后者是体，所以他认为以空宗为代表的佛教"离用显体"，也正是这一方面的原因，他认

---

① 释印顺：《评熊十力的〈新唯识论〉》，《无诤之辩》，中华书局，2011，第 11 页。
② 释印顺：《评熊十力的〈新唯识论〉》，《无诤之辩》，第 25 页。

为儒家在肯定人生方面比佛教强的多，佛教在他看来破除了活生生的生命流动，成了反人生的了。印顺对这种观点破斥尤甚："佛家中，大乘佛法，尤其是空宗，决不如《新论》所说的'离用言体'。推宗龙树的天台学者，认为证悟有见真谛及见中道二者：见真谛即见空寂而不了假有——并不是执为实有；见中道是证真空即达俗有，即空即假即中的。西藏所传的龙树中观见，也有二家：一主'绝无戏论'，一主'现（有）空双聚'。这可见离用契体（应说泯相证性），及即用显体（应说融相即性），在空宗学者间，是同时存在的。"① 印顺对于熊十力指责空宗乃至整个佛教"离用显体"的回答，是从性空与缘起的关系来做说明的，印顺认为，空宗所推崇的是作为"中道"的空，而不是偏空，他进一步区别了两种证悟模式以做回答。

在《中观今论》中，印顺对两种证悟类型有过详细讨论，称为"偏真"与"圆中"："从凡入圣，即先从事修而后入真悟，所悟的理是什么？这可安立为悟圆中与悟偏真的两种。上面曾说到，西藏传有二宗：一、极无戏论，二、现空如幻，天台宗也说有偏真与圆中两类。唯识家说真见道证真如而不见缘起，月称论师也不许可见道的悟圆中理，但他们皆以究竟圆悟中道为成佛。中国的三论宗，不承认大乘有偏真悟，悟即是圆中的，二谛并观的。"② 关于所悟之理，从天台宗圆中与偏真的区别，到西藏中观学"极无戏论"与"现空如幻"的区别，再到唯识、月称乃至三论宗，印顺认为各家所说虽然存在理论上的差异，但是可以发现确实所证悟的理有两种区分，而这两种情况在空宗学者间，确实是同时存在的。

"偏真"更强调真谛的悟解，所以会出现唯识所说的"真见道证真如而不见缘起"这种情况，而这种情况正是熊十力所批判的"离用言体"，"悟偏真，现象与本性是不相即的；悟圆中，假与空是相即的"。③但是，印顺认为，虽然各宗或有两种类型的区别，但皆以圆中为归："行者的悟证，首先要得空有无碍的正见。这是三论、天台以及藏传中观者所公认的。此时，若功德不足，方便慧不足，即证毕竟空性，极无戏论；

---

① 释印顺：《评熊十力的〈新唯识论〉》，《无诤之辩》，第24页。
② 释印顺：《中观今论》，中华书局，2010，第156页。
③ 释印顺：《中观今论》，第131页。

若功德深广，方便慧善巧，即能顿悟圆中。"① 偏真与圆中都是依据空有无碍的理论基础，在修行的目标上是一致的，只是因为凡夫利、钝不同，所以出现了偏真与圆中的差别。可见，虽然两种情况在空宗中确实存在，但是在印顺看来，偏真的情况并非是了义而究竟的，圆中才是究竟的，才是天台、三论、藏传中观学之最终目标。不管是偏真，还是圆中，空有无碍的理解是基础，缘起有即性空，性空不碍缘起，熊十力连空有无碍都不能准确认识，单以类似"断灭空"的"离用显体"来批评空宗乃至整个大乘佛教，在印顺看来实在是有些片面了。

与"离用显体"等价的"破相显性"的指责，印顺的总体回答是，这并不是空宗的理念："论到空宗，《新论》是'赞成空宗遮诠的方式'。曾一再说道：'破相显性的说法，我是甚为赞同'；'一言以蔽之曰：破相显性'。然而我敢说：'破相显性'，不是空宗的空，决非《般若经》与龙树论的空义；反而是空宗的敌者——有宗。"② 印顺在这个判断中，有两个观点，首先，他认为空宗不说"破相显性"，其次，他认为说"破相显性"的是有宗。

印顺认为，空宗不是"破相显性"的，因为中观宗并不"破相"，也不"显性"。空宗明明坚持空有无碍，性空不碍缘起，何来破相之说，其实与上文对"离用显体"的回答一致。印顺的主张确实是符合中观学文本的，不管是汉传中观学的三论宗所主张的："不坏假名而说实相，故有宛然而无；不动真际建立诸法，故无宛然而有。"③ "不知有宛然而无所有，故不知第一义。不知虽无所有宛然而有，故不识世谛。"④ 还是藏传中观学所强调的"无"与"全无"的简别，及其所安立的最大不共宗义"解释龙猛菩萨论之诸派中，其无微尘许之自相，而能安立一切作用者，是为此宗不共释规"。⑤ 就此问题，郭齐勇先生曾就熊十力对中观宗的批评有这样的评述，他说："就笔者看来，说空宗主旨'破相显性'似不准确，因为空宗虽然重于遮诠的方法，然其中道观、二谛义毕竟还

---

① 释印顺：《中观今论》，第 158 页。
② 释印顺：《评熊十力的〈新唯识论〉》，《无诤之辩》，第 15 页。
③ 《中观论疏》卷二，《大正藏》第 42 册，第 20 页。
④ 《中观论疏》卷二，《大正藏》第 42 册，第 150 页。
⑤ 宗喀巴：《宗喀巴大师集》第三卷，第 347 页。

是承认客观事物和思维的相对的唯名的实在，……"①

　　不管是何宗何派的中观宗，都不会否认世间万法，森罗现象，熊十力所说的"破相"与"离用言体"的意指都是一样的，都是对空宗否定现象的一种指责，其实质就是认为中观宗断灭空、恶取空，所以印顺说："《新论》以为空宗是'破相'的，以为'空宗是要遮拨一切法'；'空宗荡除一切法相，即是遮拨现象'。遮拨现象，这哪里是空宗面目！这是破坏因果的恶取空者！空宗的精义，即'不坏假名（不破现象）而说实相'。"② 熊十力为什么会认为空宗是"离用"的、"破相"的，即为什么会认为空宗是断灭空的呢？原因在于熊十力所认为的体用不二之"体"的坚持，而这种坚持在印顺看来，就是有宗的宗义。

二　空宗不显性：《新论》近似有宗

　　印顺认为，与空宗相对的"有宗"，有两种类型，虚妄唯识论与真常唯心论。唯识宗以依他起性上遍计所执性空，所显圆成实性，就是熊十力所说的破相（遍计所执性）显性（圆成实性）。真常唯心系则与杂染的"识"相对而建构了清净的真心，此真心客尘所染，依真起妄，破相（无明所起妄相）显性（清净真心）。

　　这两系都坚持"假必依实"，都认为"一切法空"是不了义的，都认为有一个"不空"的存在等，因此印顺都把他们归为有宗。他认为，熊十力的思想接近有宗，在两宗之中，更接近真常唯心论："我们读《新论》，觉得他于般若及唯识，有所取，有所破；在修持上，还相对的同情禅宗；而即体即用以及种种圆理，是他自悟而取正于大易的独到处，——从自己的心中流露出来。有人问到台、贤，他以为'至其支流，可置勿论'。而且，'天台、华严等，其渊源所自，能外于大空大有乎'？这似乎说：台、贤不出于大空大有，所以无须再说。然而，新论是不会误认台、贤为同于大空大有的，新论是有所取于台、贤的，轻轻的避开去，不是掠美，便是藏拙！"③ 印顺认为，熊十力在《新唯识论》中既破中观宗，又破唯识宗，在破中观宗的时候肯定唯识宗的部分理论，在批

---

① 郭齐勇：《熊十力与中国传统文化》，台北：远流出版事业有限公司，1990，第96页。
② 释印顺：《评熊十力的〈新唯识论〉》，《无净之辩》，第15页。
③ 释印顺：《评熊十力的〈新唯识论〉》，《无净之辩》，第11页。

判唯识宗的时候又肯定中观宗，而每每谈到自身之体认，又脱不开禅宗之窠臼，《新论》虽然说台、贤不出中观、唯识，但是在印顺看来，熊十力双破中观、唯识两宗的原因，就是"有取于"台、贤的，即与真常唯心论脱不开干系。

印顺批判真常唯心论的态度是比较明确的，对近似真常唯心论的熊十力，他当然更保持一种警觉的批判态度，严厉地简别此种倾向与空宗所诠佛教之差别："真常唯心论，在印度与婆罗门教合化的，在中国与儒道混融的，我从佛家本义的立场，是不能完全赞同。然而，这在印度是久已有之，在中国的台、贤更发挥到顶点。《新论》近于此系，也大量的融摄，然而不但默然的不加说明，还故意的抹煞，似乎有所不可！"① 印顺认为，熊十力在《新唯识论》中所体现的思想是玄学的唯心论，其思想中那种体用的格局，以真如、真心为体的理解，起于南北朝中国佛学者，熊十力从真常唯心论那里认可了这一部分的思想而加以改造。

可见，印顺批判熊十力《新唯识论》，虽然对错解唯识略有回应，但主要是围绕对空宗乃至整个佛教"破相显性""离用显体"指责的回应，并进一步批判熊十力近似真常唯心系的理论基点。印顺的批判，与王恩洋、吕澂、巨赞、周叔迦等都不同，并不是肃清熊十力对唯识的错解，更不是站在空有无争的角度认为熊十力所说空、有皆错，他认为："论到有宗，《新论》确乎认识一点，不比对于空宗那样的根本不会。对于唯识有宗的评难，也有部分可以参考的。但从根本体系去说，《新论》的批评，并不正确！"② 为什么印顺会认为熊十力对唯识学的批判一部分是可取的，而不是像王恩洋、吕澂一样全盘否定？原因很简单，印顺在空有之争问题上是认为空有有争的，认为空宗对唯识的指责是有迹可循的，比如熊十力对窥基执识的破斥，在空有无争的吕澂、王恩洋及周叔迦那里是不认可的，但是，在空有简别立场上的藏传向度看来，唯识宗理论中的阿赖耶识确实存在有自性的质疑，不是如空有无争者所说的那么理所当然。

---

① 释印顺：《评熊十力的〈新唯识论〉》，《无诤之辩》，第 12 页。
② 释印顺：《评熊十力的〈新唯识论〉》，《无诤之辩》，第 19 ~ 20 页。

第四节　独创向度之间：异中趋同　佛法调适

独创向度，是相对于汉传向度与藏传向度来说的，汉传向度继承汉传佛教之传统，藏传向度继承藏传佛教之传统乃至受其影响，而独创向度则是与两种传统都有重大差别的思路。上文仅就欧阳竟无与太虚两人在空有之争上所显示的独特观点进行讨论，但两人只是代表，并非只有此两人，本章之所以以熊十力《新唯识论》所引起的论战来作考察，一个重要原因就在于熊十力本人在空有之争上的观点及其研究，也是独创性的，虽近似真常唯心论，但与汉传向度毕竟不同。也正因为如此，才会受到汉传向度乃至藏传向度的批判。虽同为独创向度，太虚也猛烈地批判熊十力，先做《略评〈新唯识论〉》，后做《〈新唯识论〉语体文本再略评》。

一　太虚与熊十力之差异：八宗平等与体用玄学

在《略评〈新唯识论〉》中，太虚评价熊十力思想的基点，认为熊十力此论的立场是本于禅宗而力图创造一种新的华严学，意味着，太虚认为熊十力其实是站在如来藏系思想上对唯识学的一种批判："顷熊君之论出，本禅宗而尚宋明儒学，斟酌性、台、贤、密、孔、孟、老、庄、而隐摭及数论、进化论、创化论之义，殆成一新贤首学；对于护法、窥基之唯识学亦有一蹴而蹐之概。"①"依此以观熊论（指新唯识论，下皆同此），所谓：'今造此论，为欲悟诸究玄学者，令知实体非是离自心外在境界，及非知识所行境界，唯是反求实证相应故。'即知其论属真如宗，以彼所计'实体'，即指'真如性'故，宗在直明直证真如性故。熊论所宗既别，亦自得成立其说；然袭用'唯识论'为题，且据其自宗以非斥别有其宗之护、窥诸师唯识学，则殊不应理矣！"② 根据熊十力《新唯识论》所明之宗，太虚认为，熊十力主张直接证入真如性，所以如果以三宗（般若宗、唯识宗、真如宗）来判别的话，应该是属于真如

---

① 太虚：《略评〈新唯识论〉》，《太虚大师全书》第二十八卷，第132页。
② 太虚：《略评〈新唯识论〉》，《太虚大师全书》第二十八卷，第135页。

宗的理论，因为熊十力所欲证之实体即真如，郭齐勇先生也评价说"熊氏确实抓住了唯识学和台、贤、禅的分歧，并以台、贤、禅的方法批评唯识"①。

熊十力《新唯识论》所明之宗，即希望通过此论开显的意趣，在于反求实证相应，原文是："今造此论，为欲悟诸究玄学者，令知宇宙本体非是离自心外在境界及非知识所行境界，唯是反求实证相应故。"② 宇宙本体是什么？反求实证相应是什么？"世间谈体，大抵向外寻求，各任彼慧，构画抟量，虚妄安立，此大惑也。真见体得，反诸内心。自他无间，征物我之同源，动静一如，混时空之分段。至微而显，至近而神，冲漠无朕，而万象森然，不起于坐，而遍周法界。是故体万物而不遗者，即唯此心。见心乃云见体。"③ 宇宙本体就是"心"，所以不该向外探求，需要反向内而求得一种相应，这种"反求实证相应"，熊十力解释为"自己认识自己"④，意味是离能知、所知的境界，否定主客二元对立的认识，所以他说"非知识所行境界"，唯证方知。

可见，《新唯识论》所明此宗，与唯识学一般所说"万法唯识"的理论之间，有一层隔阂，在于万法唯识乃说明诸法与识之间的关系，而熊十力所明之宗，在万法与识之间，还有一个"宇宙本体"。当熊十力整段在说明"见心乃云见体"的时候，"识"在哪里呢？于此可见《新唯识论》与唯识学之间的差异。

正如太虚的判断，熊十力这种与唯识学理论极不相同的"心"与"体"，实际上就是真常如来藏系的理论，所以，吕澂曾批判熊十力所说与《起信论》《楞严经》等文献的思想一致，"尊论完全从性觉（与性寂相反）立说，与中土一切伪经、伪论同一鼻孔出气，安得据以衡量佛法？若求一真是真非，窃谓尚应商量也"⑤。根据性觉与性寂的差异，吕澂认为熊十力是从性觉上立说的，所以是与"伪经论"一致，吕澂所判为伪经的经论，在三系的判教中就是真如宗。太虚评价《新唯识论》说：

---

① 郭齐勇：《熊十力与中国传统文化》，台北：远流出版事业有限公司，1990，第97页。
② 熊十力：《新唯识论》，第43页。
③ 熊十力：《新唯识论》，第43~44页。
④ 熊十力：《新唯识论》，第44页。
⑤ 吕澂：《吕澂复熊十力》，《熊十力全集》第八卷，湖北教育出版社，2001，第424页。

"余许熊论不失为真如宗之属,以其提撕向上,主反求实证相应,鞭辟入里,切近宗门,亦正为义学昌炽中之要着。"① 宗门与教下相对,指的是禅宗,太虚认为,熊十力的观点应当属于真如宗,并且那种"反求实证相应"的提倡是切近禅宗的。可以发现,太虚与吕澂在批判熊十力《新唯识论》过程中的不同,太虚不认为依据真如宗的立场就是错误,因为太虚并没有否定"性觉"的真如宗,所以郭朋先生从太虚的字里行间读出了"虽抑犹扬"②。那么,在太虚眼中,熊十力的错误在哪里呢?

太虚在1947年发表的对语体本《新唯识论》的评价中,对1933年的《略评》有一个总结:"民国二十年初见熊十力君《新唯识论》,曾作略评载《海潮音》月刊,后又编入商务版《法相唯识学》。谓大乘佛学分唯识、性空、真心三宗。中国之禅、贤、台属真心宗,熊论近之,于佛学系统应名真心论,不应题唯识论。"③ "夫用名定义,各有其权,余斥熊论不应题唯识,以据熊论在直明实体,不在依幻习识用而彰相性之故。"④ 太虚指出1933年发表的那篇评论中一个重要的观点,关于《新唯识论》书名的问题,但这并非仅仅是一个书名的问题,而是关系到熊十力与太虚关于唯识学在理解上的差异,太虚真正批判的是什么呢?

作为第三种思路之代表,太虚的基本态度是"统持",也正在统持上评判空有之争。面对熊十力以真如宗立场批判唯识宗的时候,太虚评判的基础也是佛法的统持,"大乘三宗,虽据点不同,各成殊胜方便,而互遍互容,实皆无欠无余。熊论对唯识与性空两宗,妄肆诽拨,适见其于两宗均未圆彻耳"。⑤ 太虚所分判的大乘三宗,基本上是中观宗、唯识宗及真如宗,在《佛法总抉择谈》中以三性扩充缩小来说明三宗,而所说的三宗之据点就是三性,虽然各扩充一性而缩小余性,但只是名称上的不同而已,"此三宗,虽皆统一切法无遗,然以方便施设言教,则于所托三性各有扩大缩小之异"。⑥ 所以,在太虚看来,"旧"唯识学是统持一切法而圆满的,中观宗及真如宗也是统持一切法而圆满的,只是理论

---

① 太虚:《太虚大师全书》第二十八卷,第149页。
② 郭朋:《太虚思想研究》,中国社会科学出版社,1997,第171页。
③ 太虚:《〈新唯识论〉语体文本再略评》,《太虚大师全书》第二十八卷,第171页。
④ 太虚:《略评〈新唯识论〉》,《太虚大师全书》第二十八卷,第145页。
⑤ 太虚:《〈新唯识论〉语体文本再略评》,《太虚大师全书》第二十八卷,第173页。
⑥ 太虚:《略评〈新唯识论〉》,《太虚大师全书》第二十八卷,第134页。

构建不同，以一宗之教义破斥另一宗，在太虚看来是不可取的，"未真达离言自性而见此等施设皆唯假说自性者，则每唯自宗为是，而于他宗不善容察，由是相伐"。① 虽然太虚认可熊十力综合中国传统佛教与儒道等而欲开出一门新的"华严学"的意图，但是，太虚认为，《新唯识论》站在真如宗立场上批判唯识宗，是不可取的。

太虚表明自己的立场是不主一宗一学的态度："余宗佛法全体，而不主一宗一学，……余昔评支院师资之掊击起信，今评熊论之掊击唯识，皆宗佛法全体立言，非主一宗一学而建义。"② 所以，在他看来，三宗各自统持佛法整体，意味着三宗的理论是包摄佛教核心教义在内的完整体系，所以，没有所谓的"缺陷"，需要"新"唯识学来弥补，只是平等之上的差异而已。那些执着这些理论乃至理论体系中的范畴的学者，则每以为自宗为是、他宗为非，这种态度正是太虚所强烈批判的。

太虚站在佛法全体之上总持的态度，表现在，《我怎样判摄一切佛法》中批判天台，《阅〈入中论〉记》批判月称，《议〈印度之佛教〉》中批判印顺，《论法相必宗唯识》中批判欧阳竟无，以及这里批判的《新唯识论》等等，"龙树、无著皆真觉中人，乃一以遮诠空执情，一以假说表幻事，虽炽言而皆导悟真于言外，斯其所以为善巧矣。天台、贤首争立圆教；日密横分二教，竖判十心——藏密于教理唯宗龙树、无故无增立——；贤首尤恣谈玄境，斯既滞于言解，反成钝置"。③ 太虚这里对台、贤两宗的批判，与法尊在《从西藏佛教学派兴衰的演变说到中国佛教之建立》一文中对台、贤等汉传佛教的批判类似，只是两者的视角不同。法尊的立场是在空宗的立场上认为，台、贤高谈圆教，忽略空、有，末流堕弊；太虚则认为，各宗平等，以一宗教义来破斥另一宗的做法实在是一种宗派见解，严重损害了佛法的整体性。

熊十力的语体文本比文言本翔实很多，在空有之争多个问题上也都有讨论，"《新论》语体本，比文言本，精密得多，此书极重要"。④ 太虚以为，熊十力出版完《境论》之后有《量论》，随即作了《略评〈新唯

---

① 太虚：《略评〈新唯识论〉》，《太虚大师全书》第二十八卷，第136页。
② 太虚：《略评〈新唯识论〉》，《太虚大师全书》第二十八卷，第133页。
③ 太虚：《略评〈新唯识论〉》，《太虚大师全书》第二十八卷，第147页。
④ 熊十力：《与友论〈新唯识论〉》，《学原》1947年第1卷第6期。

识论〉》，认为他的思想近似真如宗。直到看到语体本的详述之后，太虚发现熊十力并非是真如宗的立场，作《〈新唯识论〉语体文本再略评》，评价他的思想为"唯心的顺世外道"。

其实，熊十力文言本乃至语体本都只是《境论》，没有《量论》，所以太虚在《略评〈新唯识论〉》时看到的已经是全文了，之所以太虚发生判熊十力为"真如宗之属"到"唯心的顺世外道"的转变，应该是熊十力在文言本中还没有完全展开论述的原因。但是，同样是面对熊十力《新唯识论》文言本，欧阳竟无令刘定权作《破〈新唯识论〉》并亲自作序，斥责其违背圣言，而太虚的《略评》态度相对缓和，并评判其为真如宗之属，原因是什么呢？

原因在于，欧阳竟无等关于真如宗的态度与太虚是截然不同的，所以，欧阳竟无等批判熊十力的时候，有一个更广大的基础，即对汉传佛教主流的台、贤、禅所代表的真如宗也是抱持着一种批判的态度。在与陈真如的信中，关于熊十力，欧阳竟无这么说："吾辈皆毛道凡夫，当急求初渐次加行智境界法门，若侈谈无所得，或窃取有所得，非方广道人，即顺世外道，于生死大事何曾涉着一毫，此可欺人或自欺耶？念念无心，是无漏地上境界，凡夫有漏，从何觅得？然无路可通，而有方便，大智慧人苦心婆心贻我大宝，岂堪忽视？"①"无所有不可得是无漏地上境界，凡夫有漏但是二取，然有方便可以趣入。"②熊十力高唱顿门，极似禅宗，在欧阳竟无看来，熊十力所说念念无心等无所得之说，都是初地以上圣者的无漏境界，凡夫不能够急切求得，但是有方便可以趣入，这个方便就是教法。可见，欧阳竟无反对一下子从无所有的直接进入方式，这种态度决定了他对禅宗的态度，认为需要利根才能实现，而钝根只能从唯识三性进入佛教，熊十力不分利钝，不别有漏无漏，不知凡夫、地上，径直地说些与禅宗相似的话，更是遭到欧阳竟无的批判。所以，对于熊十力所得出的无住涅槃乃至无所得，乃至本分事为所体悟得的境界进行批判："十力乃云止是自己分上事，究竟属自己分上何等事耶？"③

---

①　欧阳竟无：《答陈真如书》，《欧阳大师遗集》，台北：新文丰出版公司，1976，第1579 页。

②　欧阳竟无：《答陈真如书》，《欧阳大师遗集》，第1580 页。

③　欧阳竟无：《答陈真如书》，《欧阳大师遗集》，第1575 页。

相比较欧阳竟无严厉的批判态度，太虚则是在八宗平等的追求上肯定了熊十力真如宗的思想根源，其实这也可以从太虚在文后对欧阳竟无系《破〈新唯识论〉》的回应看出来，他说："作《略评〈新唯识论〉》旬有余日，获阅刘君定权之《破新唯识论》，破之固当矣。欧阳居士序之，深致慨熊君十力之毁弃圣言量。然履霜坚冰至，其由来者渐！夫起信与楞严等，殆为中国佛教唐以来相承之最高圣言，居士虽未获融贯会通，而判为'引小入大之不了义'说，犹未失为方便；乃其门人王君等，拨而外之，居士阴许而不呵止。殊不知即此便开毁弃圣言之渐！迫令千百年来相承起信、楞严学者，亦敢为遮拨法相唯识，仿佛中论，依傍禅录，奚有瞀僧狂士，攻讦窥基、护法而侵及世亲、无著。今刘君犹曰：'除起信论伪书外'，居士亦未拣除，徒责熊君之弃圣言，所谓'有知人之智而无自知之明'欤！"① 太虚对文言本《新唯识论》态度与欧阳竟无、吕澂、王恩洋、刘定权等内学院系统的极大差异，很重要的一个原因就是双方对于真如系为主的汉传佛教传统的态度是根本不同的，比如吕澂性寂与性觉的区别，很明显地与太虚八宗平等的立场截然相反。

二 太虚与熊十力之趋同：佛法调适

不仅仅是对以真如系为主的汉传佛教传统的态度不同，关于佛教发展的方向，太虚与欧阳竟无等人的选择也是不同的，欧阳竟无一系更强调佛教之"真"，而太虚则强调佛教的"全"，为什么这么说呢？从上文关于双方对《新唯识论》的批判的考察中已经得到了充分体现，相比较欧阳竟无一系溯源印度佛教权威，太虚更强调佛教的融摄与整全，也更重视佛教与现代社会的调适，通过现代化转型进一步促进佛教发展。在佛教现代化转型的尝试这一点上，熊十力与太虚具有一定相似性，在熊十力出版《新唯识论》近十年前，太虚就发表过一篇《新的唯识论》，明确的提出"新唯识论"。

1920 年，太虚在发表的《新的唯识论》中提出"新唯识论"的概念，比熊十力《新唯识论》出版早十年，两者在内容上并没有任何关系，但是，同样是讲"新"，相对于"旧"而说。太虚认为，应对现代

---

① 太虚：《略评〈新唯识论〉》，《太虚大师全书》第二十八卷，第 151 页。

思潮需求等，唯识学应强调"新"以适应现代需要，"夫唯识论亦何新之有？然为欧美人及中国人思想学术之新交易、新倾向上种种需求所推荡催动，崭然濯然发露其精光于现代思潮之顶点；若桃花忽焉红遍堤上，湖山全景因是一新，能不谓之新唯识论乎？"①综观太虚全文，他所说的"新"，在于借鉴现代学术或者说思潮的表现手法来诠释，即工具上的"新"，他说："夫唯识学之书亦多矣，种种说法，各适其宜。第对于新近思想学术界中所待解决之疑难，虽大理从同，但人心趋向之形势既殊，顺应之方法随变。而捍格者尤在乎名句文义之时代迁化，今昔差异，故非用现代人心中所流行之活文学，以为表显唯识学真精神之新工具，则虽有唯识论可供思想学术界之需求，令得绝处逢生，再造文明，然不能应化于现代之思想学术潮流，而使其真精神之活现乎人间世，则犹未足为适应现代思潮之新的唯识论也。"②历史上的唯识学著作，也是为了适应各个时代的不同需求所作的，根据名词、句义的差别安立，而通过不同的表达进行解读，从护法等十大论师，到玄奘、窥基，都在对唯识学做各种解释，以适应时代机宜。所以，太虚认为，必须用现代所流行的"活"文学，来表现唯识学的真精神，所以太虚的态度是很明确的，"新唯识论"是工具"新"，而精神实质仍旧需要符合佛教根本理论。

与熊十力一样，太虚也运用了"本体"这个哲学范畴，但用意与熊十力截然相反。在文中，太虚以主客问答的形式来探讨"本体"："客曰：幻必有真，假必有实，宇宙万有则尽幻矣假矣，而岂无本元的究极的实体哉？既有实体，即非唯识。论曰：宇宙实体，孰知其有？无所证知而认为有，则成独断，无可置论。且彼实体，究为何状？若都无状，应即是无！无，则即是都无实体；若有可状，其状安在？若在万有，既为万有之一，何得为万有之实体？若不在万有，则成非有，如何复得执为实体？故执宇宙本体离识实有，无有是处。"③太虚在这里使用了"本体""实体""本元的究极的实体"等词语，可以体现太虚"新唯识论"的"新"，而这个"新"与熊十力《新唯识论》所肯定真如为本体之"新"具有根本差别，这是不消说的。

---

① 太虚：《新的唯识论》，《太虚大师全书》第九卷，第 138 页。
② 太虚：《新的唯识论》，《太虚大师全书》第九卷，第 140 ~ 141 页。
③ 太虚：《新的唯识论》，《太虚大师全书》第九卷，第 148 ~ 149 页。

之所以将太虚与熊十力的"新唯识论"联系起来讨论，并不是讨论其根本的不同，而是讨论两者在佛教发展方向上选择的近似，这与欧阳系形成鲜明对比。比如吕澂在写给熊十力的一封信中说："俗见本不足为学，尊论却曲意顺从。如玄哲学、本体论、宇宙论等云云，不过西欧学人据其所有者分判，逾此范围，宁即无学可以自存，而必推孔、佛之言入其陷阱？此发轫即错者也。"① 吕澂认为，佛学不应与本体论、宇宙论等西方学说相调适，因为如果这样做往往是对佛学的一种曲解，往往表现出"曲意顺从"。关于这一质疑，熊十力的回答是："以言喻人，不能无方便。方便者适其机之谓也。学尚知类，此土先哲已言之。西人治学，析类为精，玄哲与科学，不容漫无分别，未可以俗见薄之也。且言在应机，何可自立一种名言，为世人之所不可共喻？世人计有万象森罗，说名宇宙。吾欲与之说明是事，是否如世人之所计着，则不得不用宇宙论一词。世人推原宇宙而谈本体，吾人与之说明是事是否如世人之所见，则不得不用本体论一词。如不察吾之所以言，而第以名言之有从时俗者，责以时文滥调，试问佛书中果不用当时外道之名言否？"② 熊十力这里也谈以西方学术为方便而示人，与太虚适应现代思潮"新唯识论"的立意是一样的，只是两人对于唯识学的态度是不同的，太虚坚持"新的唯识论，即真的唯识论之应化身也"。③ 太虚称慈恩宗乃至护法之唯识学为"真"，熊十力则称玄奘、窥基之唯识学为"旧"，"真"与"旧"已足见两者之差异了。

---

① 吕澂：《吕澂复熊十力》，《熊十力论学书札》，第 24～25 页。
② 吕澂：《吕澂复熊十力》，《熊十力论学书札》，第 28 页。
③ 太虚：《新的唯识论》，《太虚大师全书》第九卷，第 141 页。

第八章 总结：围绕"空有之争"的空有之争

作为中国佛教复兴的重要方面，佛学研究是佛教现代化的表现形式之一。作为近现代佛学研究主要议题之一的"空有之争"，并不仅仅局限于印度佛教时期中观宗与唯识宗的宗派论争，也不同于中国佛教历史中立足于如来藏系融摄空、有两宗理论的形式①，而是在更为广阔的学术视野以及文献资料的基础上，呈现为中观学、唯识学、如来藏三系之间的研究。基于研究者空、有立场的不同而大致呈现出汉传向度、藏传向度、独创向度三种思路，并进一步形成互争空有的学术论争。

通过三种向度来考察近现代空有之争，涉及的主要人物包括十二人，时间区域大致从杨文会托南条文雄购佛典的 1890 年，到印顺 1994 年增订《平凡的一生》，跨度长达一百年。

第一节 三种向度的特质

一 汉传向度的特质

汉传向度是对汉传佛教传统在空有之争议题上基本态度的继承，基于如来藏系立场融摄中观、唯识而呈现"空有无争"。

杨文会在性相的框架里谈空有之争，他认为两者是无争并且融通的。通过空有之争的论述，他更多的是对禅宗末流的批判，因为禅宗末流提倡抛弃包含龙树之学在内的"教下"。

周叔迦一方面认为空有无争，唯识宗的阿赖耶识就是中观宗的诸法实相，依他起性亦无自性，并且以窥基《成唯识论料简》及《掌珍论疏》作为证明；另一方面又以非此即彼的思路考察了大乘八宗的起源，

---

① 参看丁建华、洪修平《佛教"空有之争"的嬗变及哲学义涵》，《哲学研究》2017 年第 1 期。

台、贤、禅都来源于唯识宗，净土、密宗、律宗则与唯识宗有密切关系。之所以在认识到两宗非此即彼差异的同时，还要坚持空有无争，这不能不解说为是作为居士的周叔迦对佛教传统的坚守。

法舫在忽视空有之争症结所在的清辨"真性"简别之后，得出空有无争的结论。在他看来，中观宗与唯识宗不仅是无争的，而且趋向一致，将佛教改造成了哲学，而与宗教实践相脱离，最终导致了佛教的衰落。

相比较杨文会、周叔迦与法舫，月霞并没有研究中观宗与唯识宗的争论，但是与晋水净源注解《肇论》的思路一致，他以如来藏系的思路解读《维摩诘经》，与僧肇的理解形成鲜明对比，重现了汉传佛教历史上如来藏系"有"融摄中观学"空"的基本思路。

巨赞在1956年之前，通过"新三论"二谛的考察，认为空有无争。但是在1956年之后，巨赞对中观、唯识两宗进行了严格的简别，而这种简别有足够的证据显示其受到了藏传中观学的影响。

作为如来藏系的主要论典，《起信论》本身就是汉传向度的源头与依据，所以在关于《起信论》的讨论中，汉传向度的整体思路是秉持着肯定《起信论》的态度，而且将其视为融摄并高于中观、唯识的作品。肯定《起信论》的学者在《新唯识论》的否定上也是保持高度一致，虽然太虚在前期还认为熊十力有点近似如来藏系的思路，但是后期就直斥为外道了。

综上所述，汉传向度具备以下七点特质：

第一点，坚持空有无争，否定中观宗与唯识宗存在争论。比如巨赞在批判熊十力的过程中表达了对法藏观点的赞成："唐法藏在《楞伽玄义》中说：'清辨破违空之有，令荡尽归空，方显即空之有，因果不失。护法破灭有之空，令因果确立，方显即有之空，真性不隐。此二大士，各破一边，共显中道，乃相成非相破也。'这种说法，比较合于事实。"[①]这种观点沿袭自法藏"和会"的精神，认为空宗也说有、有宗也说空，当然，也要明确法藏所说"和会"并非刻意的撮合，而是中国佛教传统"圆融""统持"的性格，将空有融摄进统一的脉络。

第二点，重新诠释清辨对唯识宗的批判。由空有两宗在理论上的无

---

① 巨赞：《熊十力所著书》，《巨赞法师全集》第一卷，第391页。

争的角度出发，对于清辨攻击唯识宗的历史事实要如何解释呢？有两种解答，第一种观点认为，清辨错误地理解了龙树中观学的真意，比如吕澂认为："本来，瑜伽和中观之争是由清辨引起的，他的《中观心论》就是这场争论的导火线。但清辨反说争论是无著、世亲乃至陈那（自然也包括护法在内，但未明指）引起的。清辨说他们曲解了龙树、提婆学说，并且荒唐地认定：能够真正证得真实的只有瑜伽行派。因此，他才抱不平，对瑜伽行派进行了批判，最后，清辨简直出了恶声，进行谩骂。清辨以为瑜伽行派提到的恶取空是诽谤中观学派的，说这是血口喷人。其实瑜伽行派并无此意，无著也注释了龙树的《中论》名《顺中论》，其中并无轻视龙树之处；至于菩萨地里批判的恶取空，也不一定就是指龙树一系的人。所以，清辨的说法，只是给这场争论找个借口。清辨既已引起争论，后来他的门下也一直与瑜伽行派争论不绝。关于这方面的资料，在西藏保存了下来。"① 第二种观点认为，清辨与护法的批判并不存在，因为汉译文本中清辨所批判的是"相应论者"，相应论者并不肯定就是护法。

第三点，重视前期中观学，肯定龙树与无著的统一性。汉传向度，对龙树的宗义是肯定的，正如吕澂上面这一段所说的，《瑜伽师地论》所批判的恶取空并不一定就是龙树。对龙树以及无著的肯定，会导致在判教中认为，无著学是对龙树学的"补充"或者"救偏"。可见，汉传向度对于前期中观学是肯定的，龙树与无著是无争的。

第四点，否定唯识学中阿赖耶识与依他起性违背中观学。由于龙树、无著的无争，那么关于依他起性与"识"的争议自然是不存在的。正如上文所述，王恩洋就坚持认为无"识"可唯，"识"的自性当然是没有的，而依他起性等同于缘起。在这种意义上，中观宗所攻击的唯识宗的错误，被一一化解或者说澄清。

第五点，基于如来藏系的立场，评判中观宗与唯识宗都是不究竟、不圆满的。上述四点都是对中观宗与唯识宗"空有无争"的总结，而之所以中观、唯识无争，其背后则是如来藏系的立场。由于汉传向度是对传统的继承，而汉传佛教传统的主流一直都是如来藏系，不论是将中观、

---

① 吕澂：《吕澂佛学论著选集》卷四，齐鲁书社，1991，第 2276 ~ 2277 页。

唯识纳入统一的脉络中，还是将如来藏思想推到高于中观、唯识的更圆、更高的地位，都是汉传佛教的基本态度。

第六点，汉传向度是否对汉传佛教传统的一味继承？本书中的汉传向度是仅就空有之争这个问题域来谈的，并非就研究者对整个汉传佛教传统来说的。比如，法舫就批判包括中观、唯识的整个大乘佛教，提倡南传佛教。在批判熊十力的过程中，吕澂依据自己所确立的性寂、性觉的差异，认为熊十力之说与汉传佛教传统伪经是一路的。就连太虚，对汉传佛教的天台宗、华严宗都抱持一种反省的态度。

第七点，汉传向度的代表者，虽然坚持空有无争，但是各自空、有的立场，或者说更为同情中观宗或者唯识宗，是有差异的。这一点，从巨赞、吕澂面对《新唯识论》同一文本的不同评判就可以发现，吕澂认为《新唯识论》更倾向于遵从清辨宗义，而巨赞则认为是遵从了玄奘慈恩宗的说法，其实显示出各自不同的"同情"。

汉传向度具备七点特质，包括空有无争的四点是对中观宗、唯识宗论争的基本态度；第五点揭示如来藏系作为空有无争观点的基本立场；第六点作为补充，进一步确定"汉传向度"的问题域；第七点，突破汉传向度统一性的规定，将围绕"空有之争"这个问题所引发的思考与研究，提升到显示研究者本人立场的层次，实际上是历史上空有之争的现代版。

二　藏传向度的特质

在近现代，受到藏传中观学影响的研究者并非仅仅法尊、印顺两人，比如同为西藏留学僧的能海、观空等，但他们涉及"空有之争"议题的文献较少，能海翻译了《现证庄严论》但文字晦涩，观空仅存一本《译著集》。如果就此认为藏传中观学在近现代影响狭小的话，恐怕就有些片面了，从下面两条新闻可见一斑：《佛化新闻》第 246 期通讯《附省各县佛教徒纷纷来省听讲〈入中论〉》与《法尊法师讲〈入中论〉颂》，第 250 期上也有关于成都佛学社请法尊、严定讲《入中论》的消息①。除此之外，喜饶嘉措也曾在汉藏教理院讲授藏传中观学等等，藏传中观学的影响可能远非遗留下来的文字可以推测。就"空有之争"议题来说，法尊与印

---

① 　参看黄夏年主编《民国佛教期刊文献集成》86 卷，第 421 页。

顺是具有代表性的，法尊作为藏传中观学思路的引入者，印顺作为受到藏传中观学影响的研究者。

法尊，作为藏传向度的引入者，所引入的藏传中观学思路，就空有之争这个议题来看，最明显的特质可以概括为"简别"，从一些原本不大容易区分的相似观点，进行深入的探讨，严格的区别，力求不让立场不同的观点混淆在一起，这样的一种风格，与汉传向度的圆融风格极为不同，或者说正好相反。中观宗对唯识宗批判的焦点，集中在依他起性与阿赖耶识的自性空、不空上，相对的，中观宗也必须回答唯识宗断灭空的质疑；应成派认为，如来藏系思想与阿赖耶识一样是入空的方便，除去凡夫的恐怖而已，所以没有过多的批判，但宗喀巴对禅宗的态度却相当严厉，部分原因是因为他并不十分了解禅宗教义，只是从当时藏地执着禅宗思想的末流而对禅宗进行批判；除了与唯识、如来藏等"有宗"进行简别，与自续的简别也是相当深入，从两宗二谛理论的差异出发，导致了自相安立宗因喻等方法论上的差别。从法尊《〈唯识三十论〉悬论》等文章，以及与欧阳竟无的争论可以发现，法尊基本上是遵循藏传中观学的思路，来决断空有之争的。通过法尊的翻译转述及他本人的观点，基本可以展现出近现代被引入的藏传中观学的基本思路，也呈现出他在空有之争这个议题上的清晰观点。

印顺虽然并不认可自己是空宗传人，更不认可月称应成派传人的说法，但是在空有之争这个议题上，他依据自空与他空的拣择，来考察空有两宗三系，虽然不是月称应成派的传人，但也不可否认受到了藏传中观学影响。然而，也确实如他自己所说，他从藏传中观学那里得些思路之后，即与藏传佛教分道扬镳了，因为藏传中观作为显教，最后却与真常如来藏合而成密教。印顺对真常如来藏思想的批判不遗余力，不仅对其末流的密教严厉斥责，而且对以此为主流的汉传佛教宗派也作了简别："中国的三论宗、天台宗，都把现空交融的无碍，与真常论者空而实不空妙有的思想合流。根本的差异点在：性空者以为空是彻底究竟的，有是缘起假名的；真常者以为空是不彻底的，有是非缘起而真实的。"① 基于这样的理解，印顺对汉传佛教传统保持一种反省的态度，对汉传向度的

---

① 释印顺：《中观论颂讲记》，第 17 页。

弊端以及末流持一种非常严厉的批判态度，使得他的思想独立于当时的佛学研究者，在空有之争这个问题上表现得尤为突出。

印顺并不遵从月称等藏传中观学来抉择空有之争，乃至分判佛教整体，他从藏传中观学那里获得一些"消息"，将部分思路融合进入自己的佛学理解中后，希望回到佛陀的本教以抉择空有之争，进而探求佛教的真义，这样一种本教的学风，为空有之争研究打开了一片新的视野。

作为受到藏传思路影响的代表，印顺坚持空有简别，反对简单的和会空有，所以，虽然他认为《新唯识论》对中观宗乃至整个佛教的理解存在根本错误，但是他肯定了熊十力空有有争的观点，甚至肯定了熊十力对唯识宗的批判："论到有宗，《新论》确乎认识一点，不比对于空宗那样的根本不会。对于唯识有宗的评难，也有部分可以参考的。"① 在印顺看来，熊十力对中观宗"根本不会"，对唯识宗则"认识一点"，却"近于此系""大量的融摄"真常唯心论。

基于中观学立场对如来藏系的反省，印顺在清晰认识到《起信论》思想与中观学的差异之后，并没有像王恩洋等唯识学者那样批判《起信论》，而且将《起信论》作为区别于中观、唯识之外的一系同情式的理解，甚至反驳以唯识学批判《起信论》的狭隘做法。在对《起信论》与《新唯识论》的考察当中，不论是否定，还是肯定，印顺对中观学、唯识学以及如来藏系的"简别"是很能体现藏传向度特质的。

综上所述，藏传向度具备以下七点特质：

第一点，主张空有有争，即肯定中观宗与唯识宗的争论。以与藏传中观学的紧密度区分为两种研究者，一种是继承的，一种是受其影响的。前者显然更为尊崇藏传中观学，也更能反应藏传中观学的原貌，以法尊为代表。后者则受到藏传中观学的影响，但融合有其他的思想，进一步改造与融合，形成比较特殊的思考，以印顺为代表。不管是遵从藏传中观学思路，还是受藏传中观学思路影响，都是主张空有有争的，这一点与汉传向度截然不同，从巨赞后期受到藏传思路影响，在空有之争问题上出现的巨大转变，就可见一斑了。

第二点，重视中期中观学。相比较汉传向度重视前期中观学，藏传

---

① 释印顺：《评熊十力的〈新唯识论〉》，《无诤之辩》，第 19 ~ 20 页。

向度更为遵循中期中观学的思考路径。"中国学派在中国被称为'四论宗'或'三论宗',其差别在于鸠摩罗什所译《大智度论》是否算入为准。此四部作品代表着中观学派在佛护与清辩分别创立应成派与自续派而再造中观学派之前的思想传统。"[①] 对于汉传向度来说,记载于汉传典籍中清辩、护法的争论是不能被绕开的,以及玄奘在《大唐西域记》等中记载的空有之争事件,对于坚持空有无争的汉传向度来说,是必须重新解释的,而藏传向度则不需要,因为藏传思路更为正视中期中观学与唯识学的争论,也正视佛教在这个时期的分化。承认佛教内部的争论对于坚持"总持"的汉传向度来说,是一个比较艰难的问题。藏传向度则沿着清辩、月称所简别的空有差别继续前进,进一步指斥唯识宗。

第三点,视唯识学为不究竟。藏传向度主张空有有争,那么就需要解决一个新问题,这个问题在汉传向度中是不需要考虑的,即如何看待唯识学。在藏传向度中,有一个基本思路,即唯识学是不了义、不究竟、空的不彻底,对佛陀言教的理解是不准确的,佛陀所说的空并非仅仅立足于遍计所执性空,这也意味着唯识学将被作为通向中观学理论的方便。

第四点,中观宗与唯识宗的不平等。这一点与第三点关系很紧密,但需要单独强调,即藏传思路强调的空、有是不平等的,汉传向度强调中观与唯识在如来藏系思想上的平等,两者并没有高低之分。但是,在藏传向度的整个思路当中,因为中观学是究竟的、了义的,所以唯识学只能作为通向中观的阶梯,将唯识学摆在了比中观学低一等的位置上。

第五点,否定如来藏系思想是究竟的。近现代空有之争研究中,汉传向度由于其本身的立场就是如来藏系,所以并没有去讨论如来藏系与中观学乃至唯识学的差异,也就仅仅像月霞那样继续以如来藏系"有"的思想诠释文献。但是,藏传向度从一开始就把如来藏系摆在与作为正统的中观学异质的位置上,所以与唯识学一样,如来藏系思想也仅仅是通往空的阶梯。

第六点,对汉传佛教传统保持反省的态度。汉传向度基于对汉传佛教传统的继承,更多的是肯定传统,然而藏传向度由于其尊崇的对象,

---

① Richard H. Robinson：《印度与中国的早期中观学派》,郭忠生译,南投：正观,1996,第50页。

是一直未被如来藏系宗派重视的中观学，所以，当受到藏传向度影响的研究者重新审视台、贤、禅等如来藏系宗派的时候，就具有了一个与汉传佛教传统不同的视角，产生了思想的比较。通过两种传统的比较，虽也未必去肯定藏传向度，但对当时已经积弱不堪的汉传传统则更多的保持一种反省、批判的态度。

第七点，藏传向度存在"继承"与"影响"两种形态，所以称其"藏传思路影响"并非意味着就是对藏传中观学的完全继承，法尊等人受到藏传中观学的完整培养或可如此，但作为内地接受到转述之藏传中观学，未必能够正确理解，正确理解后未必不受固有知识架构的影响，印顺就以"圆中"为旨归批判月称："月称论师等不承认见道能顿见圆中，此即主但渐无顿。"① 印顺的这种观点，与欧阳竟无两圣一宗非有非无已经接近了，但正如在《中观今论》中，印顺更为依据龙树的《大智度论》来做评判。

藏传向度具备七点特质，包括空有有争的四点是对中观宗、唯识宗论争的基本态度；第五点与第六点，基于作为藏传向度基本立场的中观学，将如来藏系视为通往中观学空义的方便，与汉传向度不同，重新审视如来藏系宗派，对汉传佛教传统抱持一种反省的态度；第七点，作为补充，藏传向度并非意味着藏传佛教传人，仅仅就"空有之争"议题上采取藏传中观学的基本思路来谈的。

三　独创向度的特质

独创向度，虽然讨论了欧阳竟无、太虚、熊十力三人，然非以三人为限，仅以三人为代表，相比较前两种向度，独创向度本身的特质以及与前二者之关系是相对复杂的。

欧阳竟无创造性的提出"龙树法相学"，并通过"二谛三性""两圣一宗"等命题，不仅实现了中观宗与唯识宗的"空有无争"，而且在更为广阔的"法相学"基础上融摄空、有。

虽然太虚与欧阳竟无立场、观点极为不同，常有争论，但是在"空有之争"议题上，太虚竟与欧阳竟无一样认为空有无争。但是，太虚的

---

① 释印顺：《中观今论》，第158页。

空有无争并非是传统向度中那种基于如来藏系立场融摄空有的思路，他明确反对如来藏系宗派那种将中观宗与唯识宗摆在较低位置上的做法，因为他认为大乘八宗应该是"平等"的。太虚"统持"精神下的八宗平等观，不仅是佛教现代化的需要，也适应了佛学学术研究的中立态度。

与欧阳竟无、太虚不同，熊十力反对"空有无争"，而且时而演绎中观学对唯识学的批判，时而又同意唯识学对中观学断灭空的质疑，双破空有两宗，采取近似如来藏系尤其是禅宗的理路，却又与融摄空有的汉传向度不同，以"反人生"来全面否定整个佛教的取向。从佛学的立场来看，不能不说其是与传统决裂的"独创"哲学了。

综上所述，独创向度具备以下三点特质。

第一点，在"空有之争"议题上并无一致观点。欧阳竟无、太虚主张无争，熊十力主张有争，其原因是各不相同的。之所以将观点各不相同的人物归纳到一个向度中，是因为他们也具有一定的统一性，表现在既与汉传向度相区别，又与藏传向度不同，所以称其为独特思路。

第二点，开拓精神，适应时代而尝试理论创新。在内容上，除了与前两种向度不同外，几乎没有其他一致性可供归纳。但是从原因来看，为什么独创向度往往与传统（汉传与藏传）如此不同？可以发现，独创向度往往具有开拓之精神，有"不一样"的东西掺入中观学乃至唯识学的研究当中，正因为其"不一样"，往往会受到其他两种传统的批判，相比较前两种向度，更存争议。熊十力广为三种思路代表者所批判，欧阳竟无空有无争上重要的"法相"也受太虚系的批评，而太虚所希望坚持的八宗平等，往往被人视作是有偏颇的。

第三点，立足于传统。虽有极强的开拓性，并非意味着与传统完全无关，只是与传统的关系存在亲疏差别。欧阳竟无远承慈恩宗，而期望以弥勒学、龙树法相学乃至法相学等理论构建，把捉整全的佛教；太虚则承继汉传向度更多，往往被视作真如宗的代表，不能不肯定太虚与传统向度的密切关系，比如"统持"的特质等，但是他在空有关系上的八宗平等主张与追求，显示其与汉传向度观点之差异；熊十力虽因《新唯识论》饱受争议，也正如太虚、印顺等认为的，其思想显然是受到唯识学、如来藏系影响的。

独创向度所具备的三点特质，第一点是空有之争议题上的思考与前两种向度都不同；第二点是揭示这种不同的内在原因，既是适应时代需要的调试，也是开拓精神的表现；第三点是否定"独创"是对"传统"的完全抛弃与脱离。

第二节 哲学意涵：究竟与方便

围绕"空有之争"这个议题，近现代佛学研究大致呈现出三种向度，但是彼此之间并非泾渭分明，因为研究者都是活生生的人，彼此交涉，且思想也并非固定不变。通过三种向度的归纳，同者同之，异者异之，揭示近现代"空有之争"复杂而颇有趣味的图景。然而，需要追问的是，近现代"空有之争"在佛教从传统走向现代的重要转折点上，究竟承载着怎样的哲学意义？

近现代"空有之争"一如印度、中国历史上的空有之争，是对佛教根本教义的探究，即追问佛教究竟在说什么？基于佛教根本教义"缘起"的不同诠释体系而形成两宗三系的空有之争①。然而，近现代空有之争不仅仅是对作为源头的根本教义的探究，更是对于佛教发展路径的思考。围绕"空有之争"这一议题进行探究与论争，近现代研究者实际上是在摸索佛教如何应对现代科学、民主、学术的冲击。面对佛教如何继续发展这一问题，主要分化为两种路径，可以被概括为"真佛教"与"整全佛教"，前者偏重于回归源头（重视究竟），后者更强调重视当下现实（重视方便）。

以《新唯识论》论战为例，熊十力双破空、有两宗，破有宗执识，破空宗断灭，双破的原因并非如法藏一样双破双合，而是双破之后有一个更高的根据与归结，即"体用不二"。其思想与真如系的近似，以及与唯识系的差异，导致了各方态度的截然不同。如果按照批判的严厉程度来看的话，以欧阳竟无、刘定权、吕澂、王恩洋这一系的批判最为严厉，几乎认为熊十力无一可取，严重违背佛教根本思想，其傲慢的态度也对护法不尊。但是，这些问题，其他批判者都是了解的，批判的严厉

---

① 参看丁建华、洪修平《佛教"空有之争"的嬗变及哲学义涵》，《哲学研究》2017年第1期。

程度却远不及欧阳竟无一系，原因在于欧阳竟无等对真如系为主的汉传佛教传统本身就是持批判的态度，更不用说熊十力那种似是而非的思想，以及他以真如系的思想来批判唯识系，当然受到以唯识学为基础的内学院系统的猛烈抨击，吕澂就以性觉、性寂之差异，称其与一切伪造经论一个鼻孔出气。

印顺对《新唯识论》的批判，并不如欧阳系严厉，他甚至认为熊十力对唯识宗的某些批判是合理的，王恩洋、吕澂等从来没有如此肯定熊十力思想中的任何一个观点，原因正在于印顺更为同情中观宗。中观宗对唯识宗的批判一直集中于阿赖耶识与依他起性，虽然熊十力的批判方式与中观宗截然不同，但是也有揭短之功。相比较而言，印顺更关心熊十力对空宗的批判，包括"离用显体""破相显性"并由此而得出佛教反人生的观点，原因在于这些指责虽然广用"俗学"语言，但其实是类似于空有之争中唯识学对中观宗的指责，即认为中观宗是断灭空，熊十力在书中表达了唯识学这种指责是值得肯定的，自然引起了同情中观宗的印顺的反击。

太虚对《新唯识论》的批判相对缓和，虽然在语体本之后，太虚发现其与禅宗、真如宗之间存在很大差异，认为熊十力之思想属于唯心的顺世外道。但是在看到文言本全文的时候，其态度与欧阳竟无、刘定权也是截然不同的，太虚认为熊十力《新唯识论》可以认为是真如宗之属，即使看完语体本之后，太虚仍旧肯定熊十力之思想不妨自成一派，"以言哲学，虽不妨自成一派，如依佛法立场评之，则不得不说是'顺世外道'"。① 称其为外道，前加"不妨自成一派"及"如依佛法立场评之"，语气相对缓和。当然，太虚站在佛教的立场上，仍旧认为熊十力于空、有两宗都未通晓，但并非斥责其一无是处。

并且，《新唯识论》与太虚本人之前发表的"新唯识论"在佛法向现代思潮靠近的想法上是一致的，只是熊十力对空、有两宗的了解及评破实在无法与佛教本身的理论相融通。太虚前、后两文有一个统一的观点，基于八宗平等、三系平等的立场，认为熊十力以此破彼、以彼破此的观点是错误的，因为太虚认为，法性宗、法界宗、法相宗虽有差别，

---

① 太虚：《〈新唯识论〉语体文本略评》，《太虚大师全书》第二十八卷，第 172～173 页。

但却是统持圆满的，"大乘三宗，虽据点不同，各成殊胜方便，而互遍互容，实皆无欠无余。熊论对唯识与性空两宗，妄肆诽拨，适见其于两宗均未圆彻耳"。①

在《新唯识论》论战当中，处于核心位置的议题就是"空有之争"，研究者通过探究这一问题而表现出偏空、偏有的立场，并进一步基于空有立场互相论辩。熊十力为了适应时代而试图改造"唯识学"，其目的与太虚"新唯识论"的提出并没有什么不同，都是眼见佛教面对现代化冲击不能再墨守陈规而做出的尝试，所以熊十力才说"以言喻人，不能无方便"。② 但是，以欧阳竟无、王恩洋、吕澂为代表的内学院系统，显然无法接受如此之"方便"，更为强调追求"究竟"的"真佛教"，不仅否定一无是处的《新唯识论》，连历史中以《起信论》为代表的那些违背印度佛教思想的经典都要一一揪出来批判，更不要说为了维护"整全佛教"常常做各种"方便"解说的太虚。

在三种向度中，汉传向度与藏传向度虽然都立足于传统，但由于其"圆融"与"简别"精神的不同而形成差异。强调圆融的汉传向度将空有纳入统一脉络中的思维模式，更希望通过"方便"来实现"整全佛教"，所以汉传向度的代表往往不会否定某宗的理论，而是着力批判"末流"，这其中的差异就是问题不出在宗派及宗派理论上，出在宗派中那些智慧低劣的人身上。

强调"简别"的藏传向度，其传统就是严格的区别空有两宗三系，不留一丝一毫的相似之处。由于藏传向度体现的是应成派的理论，所以不仅以中观学为"究竟"，而且不允许其他任何杂质混淆到"真佛教"之中，所以藏传向度的代表往往严厉地抉择宗派理论，其基点就是认为除中观宗外，其他宗派理论都是不究竟的，相比较汉传向度，藏传向度是直接地批判除应成派外的其他宗派为不究竟的，而不是含蓄地批判"末流"。

独创向度，由于其本身就是佛教面对新时代做出调适的结果，所以不仅是强调"方便"的"整全佛教"，而且是比汉传向度"更方便"

---

① 太虚：《〈新唯识论〉语体文本略评》，《太虚大师全书》第二十八卷，第173页。

② 吕澂：《吕澂复熊十力》，《熊十力论学书札》，第28页。

"更整全"。太虚和熊十力都使用过"本体论"等现代学术范畴，但受到来自强调"真佛教"学者的严厉批判，吕澂就称其为"曲意顺从"，"俗见本不足为学，尊论却曲意顺从。如玄哲学、本体论、宇宙论等云云，不过西欧学人据其所有者分判，逾此范围，宁即无学可以自存，而必推孔、佛之言入其陷阱？此发轫即错者也"。①

当然，三种向度与两种路径的关系也并非完全对应。比如，欧阳竟无属于独创向度，"龙树法相学"的提法虽然也是一种新时代调适，但是立足于唯识学传统，本身就是内学院"究竟""真佛教"的代表。梁启超通过学术方法论证了《起信论》高于空有两宗的超越地位，但是其否定《起信论》来源于印度合法性的做法，却遭到本该强调"方便"而融摄学术方法的太虚的完全否定，太虚甚至提出与他一贯做法不同的观点，即佛教是无法用学术方法研究的道术，当然，在其他文本中太虚采用学术方法，或者接受学术观点，本身就是"方便"。

综观近现代空有之争，杨文会独契于《起信论》，追求佛法真义，求经、刻印，不遗余力，于近代佛法开出新局面；欧阳竟无从《瑜伽》到《般若》，进读《华严》《涅槃》，次第豁然；太虚阅藏，于《大般若经》与《华严经》，贯通禅悟、教理，而出现佛法新生命；印顺就三论、唯识入，而精研三论，后于藏传中观受启发，回归龙树《大智度论》乃至《阿含》，希求佛法之真义；法尊闻唯识、三论讲说，慕求法高僧之风范，赴藏求法而归汉地，大振藏传佛教，于应成派之学多有推广；熊十力虽与佛学泾渭难合，毕竟与佛学难脱干系，他本人也于佛学下过一番功夫："余平生之学，本从大乘入手。……直从大乘有宗唯识论入手，未几舍有宗，深研大乘空宗，投契甚深。久之，又不敢以观空之学为归宿。后乃返求诸己，忽有悟于《大易》而体用之义，上考之《变经》益无疑。"② 于佛学虽不契应，当其求所欲之理而显之精神，确是当世之典范。

近现代空有之争研究者虽各有偏好，不出空、有；虽各据空、有，不于空、有止步。正如欧阳竟无虽高唱法相，然进求《般若》《涅槃》；

① 吕澂：《吕澂复熊十力》，《熊十力论学书札》，第 24～25 页。
② 熊十力：《体用论》，中国人民大学出版社，2006，第 8 页。

印顺虽肯定中观，也进求《阿含》以明真义。对于空有之争这个问题，或以中观为基，或以唯识为据，然一旦进入这一问题域进行思考与研究，则必不能止步于一宗，而需空、有兼涉，寻根溯源，通过空有两宗之张力，豁然显出佛教之整体，别开一生面，正如欧阳竟无所说："正法须彻上彻下，融于一贯，不可遗弃何段。史实有穷源竟委之系属，遗弃或疏略，皆不得教之翔实，即法不如实也。不可拘牵何段，各部皆与全体相关。摩尼宝珠不于一显，水不能摄火，法各不相知。然段段义明，即全体毕露，一段而局，即本段亦非，拘牵或概简，亦皆不得教之方便苦衷，亦法不如实也。自小乘经四《含》，论六《足》，各部执，而归极于《俱舍》。如是中观大般若四论，瑜伽六经十一论，如是而一乘三法，所谓经《涅槃》、《密严》。分为四段，段段精研以为教，不遗弃，不拘牵，彻上彻下，融于一贯，则渐意旨也。"①

在近现代空有之争问题域中，偏重"究竟"的"真佛教"与强调"方便"的"整全佛教"，据于空、有，争于空、有，既是溯源过去，探究佛教理论的根本内涵，又是展望未来，摸索佛教发展的正确方向。

第三节　"后印顺时代"：空有之争的延续

在本书所论及的十二位主要人物中，印顺是最长寿且去世最晚的，他出家第二年发表的第一篇佛学论文《抉择三时教》，其内容就是融会三论与唯识的，如果说"空有之争"这个议题从一开始就萦绕在印顺的整个佛学思考中，应该可以说是有迹可循的，他也由此而成为近现代空有之争的"领衔主角"。

印顺于 1952 年赴台，他的思想无疑广泛而深远地影响了当时以及后来的台湾佛学研究，蓝吉富先生认为，台湾地区佛学研究从"未开发"到"已开发"的过程中，印顺具有"最卓越"的研究业绩，正因为如此，到九十年代印顺封笔为止才被称为台湾的"印顺时代"②，无疑是对

---

① 欧阳竟无：《与李正刚书》，《欧阳大师遗集》，台北：新文丰出版公司，1976，第 1566 ~ 1567 页。

② 参看蓝吉富《台湾佛教思想史上的后印顺时代》，《听雨僧庐佛学杂集》，台北：现代禅出版社，2003。

印顺佛学成就及其影响的极大肯定。随着印顺思想的影响不断扩大，他的观点也招来一些批评与反对的声音，可以视作对印顺思想的一种反省，被蓝吉富先生称作"后印顺时代"。

"后印顺时代"中涉及的议题包括：大乘起源的问题，这个问题其实是"大乘非佛说"的衍生讨论，比如陈玉蛟发表的《大乘起源与开展之心理动力》；印顺人间佛教的讨论，比如温金柯《继承与批判印顺法师人间佛教思想》、陈玉蛟《台湾佛教学术研究、阿含学风与人间佛教走向上之综合省思》等；关于印顺禅宗的讨论，李元松《我有明珠一颗》，恒毓《印顺法师的悲哀》；关于印顺净土乃至整体判教的讨论，刘绍桢《大乘三系说与净土三系说之研究》等。蓝吉富先生归纳为对印顺四个观点的讨论："（一）大乘佛法有天乘化倾向，蕴涵有'天佛不二'思想。（二）弥陀信仰的形成与太阳崇拜有关。（三）密教是梵化、天乘化的佛教。（四）印度大乘三系思想中，真常唯心系距离佛法核心较远，较接近印度神教的真我、真心思想。传统中国佛教中的天台、华严、禅宗等宗思想，皆较接近真常唯心系。上列诸项批判，对于密教、净土、禅宗等宗信徒而言，当然是一些不中听的看法。"① 可以概括为两个方面，理论上的反思与实践上的反思。

从理论反思方面来看，本文第四章中提及的印顺所有观点，几乎都被论及，包括判教、尊崇《阿含》、推崇龙树中观、对真常唯心系的批判等。第二个实践方面，并不是与理论方面截然分开的，之所以分开讲，是因为实践往往被作为批判者批判的一个根据，批判者基本上都会以印顺没有宗教实践，即佛教修证的经验与体悟，由此导致他对很多问题认识不清。

从空有之争这一维度来说，印顺的思路是一贯的，不论是他推崇中观学，还是贬斥真常唯心论，都在于以《阿含》为佛陀真实言教，进一步认为《中论》是《阿含》通论，正因如此，所以他推崇龙树中观学，认为与龙树中观学大相径庭的唯识、真常二系并非究竟。即使印顺主观上并不希望被当作中观研究者，或者是在为性空者辩护，但是客观上确

---

① 蓝吉富：《台湾佛教思想史上的后印顺时代》，《听雨僧庐佛学杂集》，台北：现代禅出版社，2003，第273页。

实形成了扬空抑有的理路，所以，不管印顺自己如何声称"我的论究佛法，有一原则：在大乘法中，依中观来说中观，依唯识来讲唯识，依真常来讲说真常的经论。在论到声闻乘的解脱道时，也依声闻法说，决不依自己所宗重的而附会歪曲"。[①] 在立足于"有宗"立场的批判者看来，印顺的偏好确实总能找到痕迹，连作为批评者的李元松也盛赞印顺为"中观学大师"，"印顺法师对于中观思想有极透彻的研究，有很多人赞叹他是中国佛教近几千年来，难得一见的中观学大师"。[②] "龙树菩萨的中观学自唐朝以后，逐渐没落，经印顺法师的阐扬，在台湾及海外华人地区隐然有复兴的气运，这实在是印顺法师对中观学的伟大贡献。"[③]

不管是印顺本人，还是印顺思想的反思者、批判者，就空有之争来说，相比较中观宗与唯识宗的"空有之争"，显然更为关心中观学与如来藏系之间的"空有之争"。原因很简单，因为前一个是理论问题，只存在于立足于文献的纯粹理论探究之中，而后一个则与活生生的佛教现实相关，不管是印顺面对近代佛教积弱积弊而反思传统如来藏系宗派，还是他的反对者立足于如来藏系对印顺的反思与批驳，都不仅仅是一个理论问题，与近现代佛教空有之争所真正隐含着的意味一样，其实是立足于佛教理论的根本内涵，展望佛教发展的正确方向。从这个角度来讲，印顺的一生似乎都与近代佛教的转型、复兴萦绕在了一起。

印顺所处的时代，中国佛教极弱不堪，如何重振佛教使其继续发展或者发展得更好，是当时所有学人的目标，不管是太虚，还是欧阳竟无，都是如此。积弊必有原因，若不能抽丝剥茧，拔除弊病，就谈不上再兴。对以如来藏系宗派为主的中国佛教传统进行批判的研究者，近现代不乏其人，杨文会、欧阳竟无、太虚、法尊、法舫等。杨文会是就宗门末流来谈的，是指向人的；太虚虽然也批判台、贤圆教贬低其他宗派，但是他的基本立场是"说大乘法，行小乘行"，也是指向人的；但是，欧阳竟无、法尊以及印顺，都认为汉传佛教的衰落并非仅仅是人的问题，而是宗派、理论、传统本身就存在问题。可见，对中国佛教传统进行反思者，并不是印顺一人。

---

① 释印顺：《永光集》，第 177 页。
② 李元松：《我有明珠一颗》，中国友谊出版公司，1995，第 11 页。
③ 李元松：《我有明珠一颗》，第 12 页。

在所有传统反思者中，印顺的观点是很鲜明的，虽然他上溯《阿含》，但他最为亲近的理论，一直都是中观学。站在中观学的立场上，重新审视中国佛教传统，认为如来藏系宗派都是"变质的"。从情感上来说，这与被太虚批判的台、贤各宗是一样的，台、贤祖师不会承认自己是因想高抬自宗而如此判教的，但客观上却形成了非圆教即可鄙的后果，印顺的批判者其实也是站在"影响"上谈，而不是印顺"初衷"的角度来讨论问题的。印顺的观点虽不及李元松所说的"到底是中观对呢？还是禅比较对？"①但是，确实会对传统形成一定的冲击，所以出现传闻台中净土道场焚烧印顺书籍，台湾佛教界部分僧人让信众不要看印顺的书，恐怕认为印顺"不中听"的不在少数。

印顺批判的真常如来藏系宗派中，以密教受到的批判最为严厉，除此之外，台、贤、禅、净，乃至综合型的三论宗，印顺都颇有微词，比如他区别三论宗与三论，就是一个典型的观点。但是，台湾"后印顺时代"中最为人关注的，是印顺对禅宗的看法，大部分反对者对同样被印顺批判的台、贤并不关心，原因可能是现实佛教生活中禅宗的广泛影响，而且切实地关乎宗教徒之安身立命，但也可能如蓝吉富先生所说的："纵使印老的观点正确无疑、颠扑不破，被评破的宗派必然仍是'各有眷属'。那些宗派（如：密教、禅宗、净土宗）的信仰必然仍是各行其道，不会转而依循印老所提供的法门。至少大部分人必是如此。显著的事例是另一位佛学大家吕澂的评破《楞严》。他写了一篇《楞严百伪》，列出101 条证据来论证《楞严经》是伪书，并认为该经是使'佛法奄奄欲息'的'邪说'。然而，数十年来研读《楞严》者仍然大有人在。吕澂的说法在佛教界并没有显著的影响。在台湾，印老所评破的密教、所贬抑的禅宗都愈来愈盛，这种情形与吕澂之评破《楞严》，真是如出一辙。"②吕澂证伪，内学院系统与武院围绕《起信论》真伪往复辩论，但这对普通民众宗教现实生活并无太大影响。印顺的指责真的能引起李元松所说的，使得普通佛教徒去思考，是中观学正确还是禅宗正确么？

讨论者之所以围绕禅宗，更多是现实原因，而不是学术原因，或者

①　李元松：《我有明珠一颗》，中国友谊出版公司，1995，第 13 页。

②　蓝吉富：《台湾佛教思想史上的后印顺时代》，《听雨僧庐佛学杂集》，台北：现代禅出版社，2003，第 276 页。

说是从现实出发的学术探讨。现代禅李元松《我有明珠一颗》是 1994 年写成的，并在大陆也有出版。在这本书中，有一节的名字直指印顺，"印顺法师间接影响禅的式微"，李元松认为印顺"将禅宗列为真常唯心系，并认为含有外道思想，我认为这是需要再探究的"。① 作者认为，基于印顺在台湾的影响力，这样的观点无疑会给信众建立极为不合适的榜样，而他反驳印顺的重要理由的基础是宗教实践，"站在我的角度，我觉得印顺法师对禅（包括对密教、对净土）的批评并没有深及禅的内在生命。换句话说，印顺法师对禅的批评只停留在表面的思维层次"。② 印顺在思想层面厚此薄彼，在李元松看来是很有问题的，因为他认为，基于宗教经验，不管是印顺所倡导的阿含、般若、中观，还是他反对的禅，原本就是同一件事情的不同说明。从近现代空有之争视域来考察，李元松的观点不仅类似太虚八宗平等的观点，而且与汉传向度和会空有的立场保持一致，既是汉传向度立场的重申，又是汉传向度对空有简别思路的印顺一次反击。

面对李元松的批判，印顺是再熟悉不过了，因为他自从在藏传佛教"得些消息"③ 之后，就再也不能接受如他自己在《抉择三时教》中所作的和会了，正如上文所述，他与王恩洋、默如等都做过类似的讨论。印顺作《〈我有明珠一颗〉读后》一文，发表于《狮子吼》，对李元松做出回应，印顺认为，他所倡导的阿含、般若、中观，与他所反对的真常唯心系，是有差别的，不能在视言教为方便的观点中被忽略过去。印顺区别了两点，解脱道与禅宗。声闻是解脱道，菩萨是菩提道，菩提道绝不是出发于断烦恼的，而中观、般若都是"但属菩萨"的菩提道，倡导解脱道而不重菩提道的现代禅，在印顺看来与般若、中观是有差别的，不能简简单单地和会。第二点，达摩传来的是如来禅，经过中国化之后形成禅宗，"论禅宗的思想，与'空'有关，而核心到底是'真心'（或'真我'）系的"。④ 在学理层面，"空"与"真心"是有差别的，是不能被笼统的宗教实践忽略过去的。

① 李元松：《我有明珠一颗》，第 12 页。
② 李元松：《我有明珠一颗》，第 13 页。
③ 释印顺：《为自己说几句话》，《永光集》，第 164 页。
④ 释印顺：《永光集》，第 156 页。

印顺这样的回答，其实并无法解开李元松教下宗门中的质疑，原因在于，印顺的回答还是立足于理论探究，而没办法在语言层面基于反对者所说的"实证经验"。五年之后，如石在其文中这样写到："如果研究的角度取向不当，淡化了佛教以实证为主的经验层面，而且以未经实证的片面研究成果或偏颇的结论，对传统佛教的某些理念、信仰或内证经验作负面的解释与批评，则可能会对佛教造成严重的破坏。在台湾，印老的学术研究就是一个最典型的例子。"①

在这篇题为《台湾佛教界学术研究、阿含学风与人间佛教走向之综合省思》的文章中，如石对印顺"《中论》是《阿含》的通论"、人间佛教的理念等进行了反思。其中就禅宗来说，作者认为"禅宗并不如印老所说的那么外道"②，"笔者以为，禅宗是以实证为主的宗派；禅语录是基于禅悟经验的开示。没有'少分内证'或不明禅宗大旨的学者，在引据禅录批判禅宗时，最好能多作保留。否则，不但违反学术求真求实的精神，也将贻误国人追求真理与解脱的方向"。③ 从李元松到释如石，反思印顺对作为真常唯心系的禅宗的批判，原因其实都是关于印顺"少分内证"都没有的质疑。

在《印顺法师的悲哀——以现代禅的质疑为线索》一书中，作者恒毓在"中观的定位问题一节"中，这样说到"中观思想不可能是第一义唯一的表诠方式，而印顺法师对中观的过分强调却没有实际的个人修炼行动与之相应的形式化的做法显而易见是与佛法的觉悟与解脱的精神貌合神离的"。④

可见，李元松、如石及恒毓，三个人都是在鸠摩罗什所说的有佛无佛常住不坏的法性的意义上说的，按照 Richard H. Robinson 的范畴来说，

① 释如石：《台湾佛教界学术研究、阿含学风与人间佛教走向之综合省思》，《香光庄严》，台北：香光庄严杂志社，2001（66），第 107 页。
② 释如石：《台湾佛教界学术研究、阿含学风与人间佛教走向之综合省思》，《香光庄严》，第 110 页。
③ 释如石：《台湾佛教界学术研究、阿含学风与人间佛教走向之综合省思》，《香光庄严》，第 111 页。
④ 恒毓：《印顺法师的悲哀——以现代禅的质疑为线索》，台北：正觉出版社，2005，第 40 页。

是在"事实系统"上否定"符号系统"①，是从实相般若的层面否定文字般若，如果严谨地说，是否定印顺脱离观照般若、实相般若的文字知解。

之所以在禅宗的讨论中，这样的问题会被凸显出来，原因就在于禅宗明明讲了教外别传、不立文字、以心传心，如果还以文字考察，而没有关于"心"的体证，往往会受到反弹，从大慧宗杲参话头的争议就可以窥其一斑了，印顺与现代学术接轨的佛学研究，当然更加受到排斥。

可以发现，批判印顺的人，其理由一般是基于教下、宗门之争，而印顺批判禅宗为代表的整个真常唯心系的原因，在于"真常""唯心"等理念违背缘起性空的佛教基本思想，所以两方的讨论维度是不同的。与欧阳竟无等一致，印顺更为关注强调"究竟"的"真佛教"，从清净法界等流的经论入手，但是批判者显然认为脱离宗教实证经验的理论认知恰恰远离了"真佛教"，更不用说立足于这样的理论认知而否定"整全佛教"之传统。

印顺受到的批判，难道与欧阳竟无、吕澂，甚至是太虚受到的批判有什么不同么？"欧阳竟无则与此截然相反，除了绝对的形而上道和文本研究之外，他对一切都不屑一顾。太虚的主张与欧阳相似，在他改革僧团的计划中，多少还象征性地提及修道，但在他所创办的佛学院中，罕有提起修道。他自己很少修禅念佛，甚至连平常宗教仪式也不参加。他注重的只是学问。"② 霍姆斯·维慈的描述可能缺乏证据，但确实反映出一个侧面，即近现代僧侣、居士、研究者对学问的重视已经远远超过过去的传统。所以，霍姆斯·维慈指出了佛教发展的一个张力，尤其是在近代更为突出，"导致佛教分裂的最根本也是最普遍的问题，是如何处理研究和修行的恰当关系。出家人到底应该致力于文本研究，对教义做理论上的理解，还是应该致力于宗教仪轨、禅修和念佛？极端的观点是非此即彼"。③

自杨文会强调教下而不满宗门开始，欧阳竟无、太虚大力提倡近似

①　这两个范畴参看 Early Mddhyamika in India and China, by Richard H. Robinson, University of Wisconsin Press, 1967。

②　霍姆斯·维慈：《中国佛教的复兴》，王雷泉、包胜勇、林倩等译，上海古籍出版社，2006，第 170 页。

③　同上。

现代学术研究的义理探究，印顺受此风气影响，并走得更远，自然会被认为走入了歧途。但是，来自宗教实证经验的批判并不是在批判印顺一人，正如霍姆斯·维慈一样，实际上是在批判自近现代开始的佛教转型的整个潮流，希望回到传统。

更进一步来考察，可以发现，"宗教实证经验"的理解在佛教历史中也并非那么明晰确定。印顺早在1943年《为性空者辨》中就指出了空宗缺乏行果的缺陷，但是马上遭到了太虚以《大智度论》具备广大行的批判。作为宗教徒的印顺，行果所意味着的宗教实践从来都萦绕在他头脑当中，但是为什么1943年印顺就关注的话题，直到他去世前几年仍有人质疑他呢？原因在于对"行"，即宗教实践的不同理解。

与印顺一样，法尊也严厉地批判了禅宗："其教外别传之禅宗，捷妙稳固之净土，对于吾国之机，虽不能云无益，然障碍经论之讲授，戒律之研学也未见其小也。……惟愿有志弘持如来正法之士，放舍夜郎自大之狂慢，审思吾国佛法衰弱之原因，为幸多矣。"[①] 与印顺一样，法尊甚至质疑了三论宗不具有宗教实践的成分，"应当如何依三论及成实而修行，乃至现在，曾未见有谁问之及谁释之。此是余见闻之狭小耶，抑中国佛法实如是耶？尚望三论诸师，有以教我也"。[②] 法尊不仅质疑禅宗轻视言教的态度，而且质疑教下无修行入手处，他之所以同时质疑教下宗门的原因，与印顺受到宗门批判的原因是一样的，都是从修行这一宗教实践角度出发，认为中观宗缺乏相应的修行方便的安立。

龙树《中论》文本中并没有提到禅定之类的修行，《般若灯论》《大乘掌珍论》等汉译中观学典籍，包括吉藏的注疏等三论宗典籍，都并未涉及修行，但是，这里所说的修行仅仅是狭义的修行，是立足于闻、思、修框架中的修，直接指向的是禅定，正如《俱舍论》以五停心观为"正入修"之门。相比较阿毗达摩修行次第的安立，以及禅宗对禅定的重视，中观宗尤其是前期中观、三论宗等确实缺乏这方面的论述，也许有人认为龙树《大智度论》以及《十住毗婆沙论》中具备"广大行"，以此

---

① 法尊：《从西藏佛教学派兴衰的演变说到中国佛教之建立》，《法尊法师论文集》，台北：大千出版社，2002，第33～34页。

② 法尊：《从西藏佛教学派兴衰的演变说到中国佛教之建立》，《法尊法师论文集》，第33页。

反驳中观宗缺乏行的教说，但这"广大行"恐怕远不是李元松等人质疑印顺的修行内容。

按照《大智度论》的内容来看，印顺高扬的菩提道是符合修行内容的，如果按照太虚的理解，中观宗的意义就在于真见道，而无关乎禅定，更多的是慧解的部分，所以，宽泛地说，印顺所代表的经论义理的探究本身就是清净法界等流的闻、思修行。但印顺仍旧受到质疑，说明质疑者的基础既不是这种泛泛而没有入手处的修行，也不是包含闻、思、修，乃至加行道、见道、修道在内的修行，更不是印顺提倡的菩萨的菩提道，而是指向禅定的狭义修行，而这也是为什么法尊知道《大智度论》，而仍旧说三论宗没有修行的方法，反问"谁知道"的原因了。法尊质疑三论宗的原因，与反对者对印顺的批判，竟有如此内在的关联，而法尊、印顺恰恰又是同样抱持着对汉传传统的反思态度，这不能不说是颇有趣味的。

恐怕印顺并没有被1943年太虚对他空宗缺乏行果的反驳所说服，所以，他才依据太虚有感于佛教末流的空疏而构建的由人成佛的"五乘共法"等，并结合宗喀巴的三士道，写了《成佛之道》一书，也代表他本人关于这方面的一些思考。但仅此不足以使人认为他没有脱离宗教实践。

所以，对印顺"后"的反思，在近现代空有之争维度下，既可以视作汉传向度的回应，更是有宗的反弹，其实质就是对"空宗"缺乏行果的批判，与宗喀巴对禅"无分别"修行的批判一样，都认为受批判者否定了修行，只不过转换了角色，从应成派批判禅宗，变成了禅宗批判中观学者印顺。

综上所述，"后印顺时代"对印顺的反思，一方面是对印顺所代表的近代佛教偏重理论探究的反思，另一方面也是对印顺思想背景的中观宗缺乏行果内容的批判。从近现代空有之争维度考察，可以发现，既是如来藏系"有宗"为主流的汉传向度对"空宗"为主流的藏传向度的反驳，以维护自身的合法性与正统性；也是有宗对空宗的批判，与历史上中观宗受到的断灭空批判不同，这次的批判集中于空宗缺乏行果的理论建构。

参考文献

一 佛教典籍

经

《摩诃般若波罗蜜经》二十七卷，（姚秦）鸠摩罗什译，《大正藏》第
8册。

《小品般若波罗蜜经》十卷，（姚秦）鸠摩罗什译，《大正藏》第8册。

《金刚般若波罗蜜经》一卷，（姚秦）鸠摩罗什译，《大正藏》第8册。

《解深蜜经》五卷，（唐）玄奘译，《大正藏》第16册。

《妙法莲华经》七卷，（姚秦）鸠摩罗什译，《大正藏》第9册。

《维摩诘所说经》三卷，（姚秦）鸠摩罗什译，《大正藏》第14册。

《胜鬘师子吼一乘大方便方广经》一卷，（宋）求那跋陀罗译，《大正藏》
第12册。

《大般涅槃经》四十卷，（北凉）昙无谶译，《大正藏》第12册。

《六祖大师法宝坛经》一卷，（元）宗宝编，《大正藏》第48册。

《入楞伽经》，《大正藏》第16册。

论

《中论》四卷，（姚秦）鸠摩罗什译，《大正藏》第30册。

《大智度论》一百卷，（姚秦）鸠摩罗什译，《大正藏》第25册。

《十二门论》一卷，（姚秦）鸠摩罗什译，《大正藏》第30册。

《十住毗婆沙论》十七卷，（姚秦）鸠摩罗什译，《大正藏》第26册。

《回诤论》一卷，（后魏）毗目智仙共瞿昙流支译，《大正藏》第32册。

《七十空性论》一卷，（民国）法尊译，民族出版社，2000。

《菩提资粮论》一卷，（隋）达摩笈多译，新文丰，1993。

《入菩萨行论》十卷，隆莲译述，上海古籍出版社，2005。

《成唯识论》十卷，（唐）玄奘译，《大正藏》第31册。

《唯识三十论颂》一卷，世亲造，（唐）玄奘译，《大正藏》第 31 册。

《摄大乘论》三卷，（唐）玄奘译，《大正藏》第 31 册。

《辨中边论》三卷，（唐）玄奘译，《大正藏》第 31 册。

《顺中论》卷二，（元魏）般若流支译，《大正藏》第 30 册。

《显扬圣教论》二十卷，（唐）玄奘译，《大正藏》第 31 册。

《辨法法性论》一卷，（民国）法尊译，民族出版社，2000。

《佛性论》四卷，（陈）真谛译，《大正藏》第 31 册。

《究竟一乘宝性论》四卷，（后魏）勒那摩提译，《大正藏》第 31 册。

《大乘起信论》一卷，（梁）真谛译，《大正藏》第 42 册。

《般若灯论释》十五卷，（唐）波罗颇蜜多罗译，《大正藏》第 30 册。

《入中论》，月称造，法尊译，民族出版社，2000。

《广百论》一卷，（唐）玄奘译，《大正藏》第 30 册。

《大乘广百论释论》十卷，（唐）玄奘译，《大正藏》第 30 册。

《百字论》一卷，（后魏）菩提流支译，《大正藏》第 30 册。

《大乘掌珍论》二卷，（唐）玄奘译，《大正藏》第 30 册。

《异部宗轮论》一卷，（唐）玄奘译，《大正藏》第 49 册。

《俱舍论疏》三十卷，世亲造，（唐）玄奘译，圆晖述，《大正藏》第 41 册。

著、疏

《中观论疏》十卷，（隋）吉藏撰，《大正藏》第 42 册。

《百论疏》三卷，（隋）吉藏撰，《大正藏》第 42 册。

《三论玄义》一卷，（隋）吉藏撰，《大正藏》第 45 册。

《二谛义》三卷，（隋）吉藏撰，《大正藏》第 45 册。

《胜鬘宝窟》三卷，（隋）吉藏撰，《大正藏》第 37 册。

《成唯识论述记》卷一，（唐）窥基，《大正藏》第 43 册。

《百法明门论解》二卷，窥基注解，《大正藏》第 44 册。

《十二门论宗致义记》二卷，（唐）法藏述，《大正藏》第 42 册。

《鸠摩罗什法师大义》三卷，（东晋）慧远问罗什答，《大正藏》第 45 册。

《肇论集解令模钞校释》，晋水净源，上海古籍出版社，2008。

《肇论》一卷，（后秦）僧肇作，《大正藏》第 45 册。

《注维摩诘经》十卷，（后秦）僧肇撰，《大正藏》第 38 册。

《禅源诸诠集都序》二卷，（唐）宗密述，《大正藏》第 48 册。

《古尊宿语录》四十八卷，（宋）赜藏主编集，《大正藏》第 68 册。

《五灯会元》二十卷，（宋）普济集，《大正藏》第 80 册。

《祖堂集》二十卷，（南唐）泉州招庆寺静、筠二禅僧编，中华书局，
　2007。

《高僧传》卷四，（南朝梁）慧皎，《大正藏》第 50 册。

《高僧传》卷六，（南朝梁）慧皎，《大正藏》第 50 册。

《宋高僧传》卷五，（宋）赞宁，《大正藏》第 50 册。

《续高僧传》卷四，（唐）道玄，《大正藏》第 50 册。

《弘明集》卷五，（南朝梁）僧祐，《大正藏》第 52 册。

《出三藏记集》卷十，（南朝梁）僧祐，《大正藏》第 55 册

《入唐求法巡礼记》，（唐）圆仁，上海古籍出版社，1986。

《大唐西域记》卷十，（唐）玄奘，《大正藏》第 51 册。

《菩提道次第广论》，《宗喀巴大师集》第一卷，民族出版社，2000。

《入中论善显密意疏》，《宗喀巴大师集》第三卷，民族出版社，2000。

《辨了不了义善说藏论》，《宗喀巴大师集》第四卷，民族出版社，2000。

二　近现代文献

梁启超：《大乘起信论考证》，山西人民出版社，2014。

杨仁山：《杨仁山集》，中国社会科学出版社，1995。

周叔迦：《周叔迦佛学论著全集》第一册，中华书局，2006。

周叔迦：《周叔迦佛学论著全集》第二册，中华书局，2006。

周叔迦：《周叔迦佛学论著全集》第四册，中华书局，2006。

周叔迦：《周叔迦佛学论著全集》第五册，中华书局，2006。

周叔迦：《周叔迦佛学论著全集》第七册，中华书局，2006。

法舫：《法舫文集》第一卷，金城出版社，2010。

法舫：《法舫文集》第二卷，金城出版社，2010。

法舫：《法舫文集》第四卷，金城出版社，2010。

法舫：《法舫文集》第五卷，金城出版社，2010。

巨赞：《巨赞法师全集》第一卷，社会科学文献出版社，2008。

巨赞：《巨赞法师全集》第二卷，社会科学文献出版社，2008。

巨赞：《巨赞法师全集》第三卷，社会科学文献出版社，2008。

巨赞：《巨赞法师全集》第五卷，社会科学文献出版社，2008。

巨赞：《巨赞法师全集》第六卷，社会科学文献出版社，2008。

法尊：《法尊法师论文集》，台北：大千出版社，2000。

法尊：《四宗要义略讲》，《现代佛学》，1951年11月刊至1952年4月刊。

法尊：《入中论讲记》，台北：佛陀教育基金会，2002。

印顺：《华雨香云》，中华书局，2011。

印顺：《平凡的一生》，中华书局，2011。

印顺：《中观今论》，中华书局，2010。

印顺：《永光集》，中华书局，2011。

印顺：《华雨集》，中华书局，2011。

印顺：《无诤之辩》，中华书局，2011。

印顺：《印度之佛教》，中华书局，2011。

印顺：《印度佛教思想史》，中华书局，2010。

印顺：《性空学探源》，中华书局，2011。

印顺：《中观论颂讲记》，中华书局，2011。

印顺：《如来藏之研究》，中华书局，2011。

印顺：《成佛之道》，中华书局，2010。

印顺：《中国禅宗史》，中华书局，2010。

印顺：《唯识学探源》，中华书局，2011。

印顺：《空之探究》，中华书局，2011。

印顺：《摄大乘论讲记》，中华书局，2011。

印顺：《大乘起信论讲记》，中华书局，2010。

印顺：《太虚法师年谱》，宗教文化出版社，1995。

印顺：《为性空者辨》，《民国佛教期刊文献集成》第201卷。

欧阳竟无：《欧阳大师遗集》第一册，台北：新文丰出版公司，1976。

欧阳竟无：《欧阳大师遗集》第二册，台北：新文丰出版公司，1976。

欧阳竟无：《欧阳大师遗集》第四册，台北：新文丰出版公司，1976。

欧阳竟无：《欧阳渐文选》，上海远东出版社，2011。

欧阳竟无：《龙树法相学》，《内学》，1925。

太虚：《太虚大师全书》第一卷，宗教文化出版社，2004。

太虚：《太虚大师全书》第二卷，宗教文化出版社，2004。

太虚:《太虚大师全书》第五卷,宗教文化出版社,2004。

太虚:《太虚大师全书》第七卷,宗教文化出版社,2004。

太虚:《太虚大师全书》第九卷,宗教文化出版社,2004。

太虚:《太虚大师全书》第十卷,宗教文化出版社,2004。

太虚:《太虚大师全书》第十六卷,宗教文化出版社,2004。

太虚:《太虚大师全书》第二十卷,宗教文化出版社,2004。

太虚:《太虚大师全书》第二十八卷,宗教文化出版社,2004。

太虚:《太虚大师全书》第三十一卷,宗教文化出版社,2004。

熊十力:《新唯识论》,中华书局,1985。

熊十力:《新唯识论》,中国人民大学出版社,2006。

熊十力:《体用论》,中国人民大学出版社,2006。

熊十力:《与友论〈新唯识论〉》,《学原》1947年第1卷第6期。

王恩洋:《中国佛教与唯识学》,宗教文化出版社,2003。

王恩洋:《评〈新唯识论〉者之思想》,《论著集》第九卷,四川人民出版社,2001。

王恩洋:《读〈印度之佛教〉书感》,《民国佛教期刊文献集成》第201卷。

王恩洋:《〈起信论唯识释〉质疑》,《内学》第二辑,1925。

吕澂:《吕澂致熊十力》,《熊十力论学书札》,上海书店出版社,2009。

吕澂:《吕澂复熊十力》,《熊十力全集》第八卷,湖北教育出版社,2001。

吕澂:《西藏佛学原论》,《吕澂佛学论著选集》卷一,齐鲁书社,1991。

吕澂:《汉藏佛学沟通的第一步》,《吕澂佛学论著选集》卷三,齐鲁书社,1991。

吕澂:《吕澂佛学论著选集》卷四,齐鲁书社,1991。

吕澂:《吕澂佛学论著选集》卷五,齐鲁书社,1991。

吕澂:《吕澂集》,中国社会科学出版社,1995。

张曼涛主编《中观思想论集》,台北:大乘文化出版社,1978。

张曼涛主编《三论宗之发展及其思想》,台北:大乘文化出版社,1978。

张曼涛主编《三论宗典籍研究》,台北:大乘文化出版社,1979。

张曼涛主编《般若思想研究》,台北:大乘文化出版社,1979。

张曼涛主编《大乘佛教的问题研究》,台北:大乘文化出版社,1979。

张曼涛主编《大乘起信论与楞严经考辨》,台北:大乘文化出版社,1978。

汉藏教理院编《汉藏教理院特刊》，1944。

黄夏年主编《民国佛教期刊文献集成》，全国图书馆文献缩微复制中心，2006。

三 研究专著、译著

平川彰：《印度佛教史》，庄坤木译，台北：商周出版社，2002。

水野弘元：《佛典成立史》，刘欣如译，台北：东大出版公司，2009。

梁启超：《佛学研究十八篇》，天津古籍出版社，2005。

洪修平：《禅宗思想的形成与发展》，江苏古籍出版社，2000。

洪修平：《中国佛教文化历程》，江苏教育出版社，2005。

纳珀：《藏传佛教中观哲学》，刘宇光译，中国人民大学出版社，2005。

郭朋：《印顺佛学思想研究》，中国社会科学出版社，1991。

Richard H. Robinson：《印度与中国的早期中观学派》，郭忠生译，南投：正观出版社，1996。

万金川：《中观思想讲录》，嘉义：香光书乡出版社，1998。

山口瑞凤等：《西藏佛教》，许洋主译，台北：法尔出版社，1991。

周志煌：《唯识与如来藏》，台北：文津出版社，1998。

镰田茂雄：《中国佛教通史》第二卷，关世谦译，高雄：佛光文化事业有限公司，2010。

镰田茂雄：《中国佛教通史》第六卷，小林静乃译，高雄：佛光文化事业有限公司，2012。

董群：《中国三论宗通史》，凤凰出版社，2008。

释东初：《中国佛教近代史》，台北：中华佛教文化馆，1974。

肖平：《中国近代佛教复兴与日本》，高雄县大树乡：佛光山文教基金会，2001。

罗琤：《金陵刻经处研究》，上海社会科学院出版社，2010。

邱敏捷：《印顺导师的佛教思想》，法界出版社，2000。

霍姆斯·维慈：《中国佛教的复兴》，王雷泉、包胜勇、林倩等译，上海古籍出版社，2006。

于凌波：《中国近现代佛教人物志》，宗教文化出版社，1995。

罗因：《空、有与有、无——玄学与般若学交会问题研究》，台湾大学出版委员会，2003。

杨惠南：《龙树与中观哲学》，台北：东大出版公司，1988。

汤用彤：《汤用彤全集》第一卷，河北人民出版社，2000。

吴汝钧：《中道佛性诠释学》，台北：台湾学生书局，2010。

梶山雄一：《佛教中观哲学》，吴汝钧译，高雄：佛光文化事业有限公
　　司，1978。

瓜生津隆真等：《中观与空义》，《世界佛学名著译丛》62，许洋主等译，
　　华宇出版社，1987。

梶山雄一：《中观思想》，《世界佛学名著译丛》63，吴汝钧译，华宇出版
　　社，1986。

张春波：《肇论校释》，中华书局，2010。

魏道儒：《中国华严宗通史》，江苏古籍出版社，1998。

陈平坤：《僧肇与吉藏的实相哲学》，台北：法鼓文化，2013。

释信融：《巨赞法师研究》，台北：新文丰出版公司，2006。

山口益：《般若思想史》，肖平、杨金萍译，上海古籍出版社，2006。

王尧、褚俊杰：《宗喀巴评传》，南京大学出版社，1995。

释见弘：《月称思想论集》，嘉义：香光书乡出版社，2010。

程恭让：《抉择与真伪之间》，华东师范大学出版社，2000。

程恭让：《欧阳竟无佛学思想研究》，台北：新文丰出版公司，2000。

丁小平：《总持之智——太虚大师研究》，巴蜀书社，2011。

松本史朗：《缘起与空》，肖平、杨金萍译，中国人民大学出版社，2006。

土观·罗桑却季尼玛：《土观宗派源流》，刘立千译，西藏人民出版
　　社，1985。

贡却亟美汪波：《宗义宝鬘》，陈玉蛟译，台北：法尔出版社，1988。

叶少勇：《中论颂：梵藏汉合校·导读·译注》，中西书局，2011。

郭朋：《太虚思想研究》，中国社会科学出版社，1997。

郭齐勇：《熊十力与中国传统文化》，台北：远流出版事业有限公司，1990。

何绵山：《台湾佛教》，九州出版社，2010。

蓝吉富：《佛教史料学》，台北：东大图书公司，2011。

李元松：《我有明珠一颗》，中国友谊出版公司，1995。

秦彧：《从〈三论玄义〉看吉藏的中道思想》，高雄县大树乡：佛光山文

教基金会，2001。

杨惠南：《佛教思想新论》，台北：东大图书股份有限公司，1982。

侃本：《汉藏佛经翻译比较研究》，中国藏学出版社，2008。

川田熊太郎、中村元等：《华严思想》，李世杰译，台北：法尔出版社，
　　2003。

李世杰：《华严哲学要义》，台北：佛教出版社，1978。

江灿腾：《现代中国佛教思想论集》，台北：新文丰出版公司，1990。

江灿腾：《新视野下的台湾近现代佛教史》，中国社会科学出版社，2006。

恒毓：《印顺法师的悲哀——以现代禅的质疑为线索》，台北：正觉，2005。

四　重要研究论文

黄夏年：《二十世纪的中国佛学研究》，《佛教与中国传统文化》，宗教文
　　化出版社，1997。

黄夏年：《印顺法师与王恩洋先生——以〈印度之佛教〉为中心》，《玄
　　奘佛学研究》2005 年第 2 期。

王海燕：《民国时期汉藏佛教界文化交流的历史进程》，中央民族大学博
　　士学位论文，2007。

方兰：《法尊法师研究》，中央民族大学博士学位论文，2009。

李广良：《太虚唯识学思想研究》，中国社会科学院博士学位论文，2001。

梅静轩：《民国以来的汉藏佛教关系——以汉藏教理院为中心的探讨》，
　　《中华佛学研究》1998 年第 2 期。

陈世贤：《吉藏对三论学之转化——以吉藏之佛性思想为中心》，《正观》
　　第 5 期。

佐久间秀范：《安慧和玄奘教义理论的相似性》，《汉语佛学评论第一
　　辑》，中山大学人文学院佛学院研究中心，上海古籍出版社。

陈一标：《他空说的系谱与内涵——论印顺导师对唯识空性说的理解》，
　　"印顺导师与入菩萨行海峡两岸学术会议"，2006。

王俊中：《台湾与西藏及在台的藏传佛教研究》，《思与言》1996 年第
　　37 期。

蓝吉富：《台湾佛教思想史上的后印顺时代》，《听雨僧庐佛学杂集》，台
　　北：现代禅出版社，2003。

释性广：《论法何苦"犹抱琵琶半遮面"？——回应如石法师"释疑"
　　之大作》，《法光杂志》2005 年第 152 期。

释如石：《台湾佛教界学术研究、阿含学风与人间佛教走向之综合省
　　思》，《香光庄严》，台北：香光庄严杂志社，2001 年第 66 期。

后 记

究竟哪一方面比较重要？"真"还是"全"，不论是对于近现代佛教的发展来说，还是对于我个人十年的佛学研究经历来说，都是一个至关重要的问题。

从硕士阶段研读佛教典籍与研究著作开始，我进入一个陌生的领域——佛教哲学研究。这个虽然陌生却有着莫名魅力的研究领域吸引着我，即使身在科技哲学专业，仍旧坚持完成题为《解释与回应：禅宗对环境伦理学的建设》的学位论文，并在入学第二个月就写信给日后的博导洪修平先生，诉说对于这个专业的向往以及考博士的计划。这一阶段中，由于考博的艰辛以及宗教研究渺茫的就业前景，曾有前辈建议我将佛学研究作为业余爱好而不是专业，甚至在毕业论文答辩时仍有答辩委员质疑禅学研究的意义。相对来说，科技哲学的研究前景似乎是比宗教研究更适合时代需求。然而，面对选择，我虽然忧虑过，却没有犹豫过，可能对于我来说，"真"所意味着的最初的向往比较重要吧！

2011 年，对于我来说，是幸运而重要的一年。我顺利地进入南京大学在洪修平先生门下就读中国哲学博士。在南京大学，我才深入地接触作为专业研究的佛学。先后选修了赖永海、徐小跃、孙亦平、杨维中、李承贵等老师的课程，既增长了专业研究方面的学识，更领略了学者的风范。不论是赖老师在第一节课对我关于《阿含》问题的回答、徐老师"不要指实性理解""要明确肯定的是什么、否定的是什么"的观点，还是孙老师在课程上耐心回答我们的问题、杨老师谈对"空有之争"的理解，我都记忆犹新。

在南大对我的意义最为重大的，当然是洪老师。当我在浩瀚汪洋的佛学典籍中找不到方向的时候，是洪老师为我指明了道路，下课陪洪老师从小白楼回图书馆办公室途中，洪老师对我说，"看书不可泛滥，既然现在上课在读《肇论》，你就去看看《中论》"，自此，我开始接触并饶有兴趣地研读中观学。在博士论文修改过程中，洪老师极为细致而不厌其烦地一次又一次指出我文章的问题，他在鼓楼图书馆馆长办公室吃着盒饭给我讲论文的情景，犹在眼前。

在我的印象中，洪老师是一位似乎只关心学问的学者。每次师门聚餐，洪老师谈的话头大多是学术话题；每次去洪老师家拜访，仿佛除了学术之外，好像也没有其他话题可以谈。工作后与洪老师合写的文章《佛教"空有之争"的嬗变及哲学义涵》也是在一次家中拜访时，讨论问题才初步成型的，现在仍旧记得洪老师那一天饶有兴致的情景。我想，这就是学者的风范吧！

在南京大学读博士期间，除上述各位老师之外，对我影响最大的是傅新毅老师与丁小平师兄。与他们的交往互动是非常频繁的，尤其是丁小平。所以，在某种意义上，可能比老师们对我的佛学研究影响更大。虽然好兄弟这个词用在学界颇为不妥，但是，我想不到其他更恰当的词语来形容我与小平日常频繁的来往与深厚的情谊。在佛教思想研究过程中，一旦产生自己无法解决的疑惑时，我都会向傅老师请教，他总能为我指明关键之处。

除此之外，师兄胡永辉、王俊杰、师姐周晓露、李璐、同门杨鸿源、室友代建鹏、董甲河，师弟王川、师妹马丽娜、同学袁大勇、王望峰、赵精兵、严震泽、李云、杨权、孙鹏、斯洪桥、陆畅等，常常一起探讨学问，也常常一起闲聊。

当我 2014 年毕业的时候，佛学研究在我头脑当中形成的图景，远非 2011 年来到南京的时候可比。我的师友们也如近现代空有之争的研究者们，观点各异，立场不同，向我呈现出佛学研究的复杂脉络。然而，正如近现代空有之争的研究，若单纯地判断对错，只会将自身限制于某种理论之中，只有在"全"背景下，才能没有偏见地看待这个领域中的所有研究与思考，虽然这确实很难做到。

2014 年，我入职浙江工商大学的哲学系，承担包括佛教哲学、禅学、中国哲学史（隋唐）在内的哲学课程，并继续佛教哲学的研究。入职之后，面临的挑战一点都不比攻读博士容易，不论是论文的发表，还是课题的申请，由于研究领域的局限，受到了前所未有的挫折，以至常有友人建议调整一下研究方向。然而，面对选择，我虽然坚持自己的研究。

图书在版编目(CIP)数据

近现代佛教空有之争研究 / 丁建华著. -- 北京：
社会科学文献出版社，2019.10
国家社科基金后期资助项目
ISBN 978 - 7 - 5201 - 5493 - 2

Ⅰ.①近… Ⅱ.①丁… Ⅲ.①佛学 - 研究 - 中国 - 近
现代 Ⅳ.①B948

中国版本图书馆 CIP 数据核字(2019)第 192189 号

国家社科基金后期资助项目
近现代佛教空有之争研究

著　　者 / 丁建华

出 版 人 / 谢寿光
组稿编辑 / 卫　羚　宋月华
责任编辑 / 刘　丹

出　　版 / 社会科学文献出版社·人文分社（010）59367215
　　　　　　地址：北京市北三环中路甲 29 号院华龙大厦　邮编：100029
　　　　　　网址：www.ssap.com.cn
发　　行 / 市场营销中心（010）59367081　59367083
印　　装 / 三河市龙林印务有限公司

规　　格 / 开　本：787mm × 1092mm　1/16
　　　　　　印　张：21.5　字　数：339 千字
版　　次 / 2019 年 10 月第 1 版　2019 年 10 月第 1 次印刷
书　　号 / ISBN 978 - 7 - 5201 - 5493 - 2
定　　价 / 148.00 元

本书如有印装质量问题，请与读者服务中心（010 - 59367028）联系

　　在经历连续三年省级课题、国家课题申请失败的挫折后，终于在2017年以博士论文为基础获得国家社科基金后期资助项目"近代佛教空有之争研究"，并在2018年底完成初稿。相比较博士论文，新增第六章"《起信论》之空有对辩"等章节，从原有的15万字增至25万字。能够以这个我投入了多年研究的主题出版我的第一本专著，作为这一阶段思考的总结，我欣喜万分！为能成全我最初之"真"而欣喜。

　　2019年，在本书即将出版的现在，我仍在思考，近现代佛学研究者们的选择是否存在对错？"真"还是"全"更适合佛教的发展呢？我也在思考，对我个人的研究发展来说，究竟应当在多大程度上坚持本然之"真"，又在多大程度上适应实然之"全"，其中，确乎存在一种张力。

丁建华

2019年2月　于丽泽苑定稿